NomosStudium

Thorsten Deppner | Matthias Lehnert
Philip Rusche| Dr. Friederike Wapler

Examen ohne Repetitor

Leitfaden für eine selbstbestimmte und erfolgreiche
Examensvorbereitung

3. Auflage

Die Deutsche Nationalbibliothek verzeichnet diese Publikation in
der Deutschen Nationalbibliografie; detaillierte bibliografische
Daten sind im Internet über http://dnb.d-nb.de abrufbar.

ISBN 978-3-8329-5754-4

3. Auflage 2011
© Nomos Verlagsgesellschaft, Baden-Baden 2011. Printed in Germany. Alle
Rechte, auch die des Nachdrucks von Auszügen, der fotomechanischen Wie-
dergabe und der Übersetzung, vorbehalten.

Vorwort zur 3. Auflage

Weder das Examen an sich noch die Möglichkeiten, sich darauf vorzubereiten, sind statische Angelegenheiten – Grund genug also, nach neun Jahren eine Neuauflage dieses Leitfadens für eine selbstbestimmte und erfolgreiche Examensvorbereitung herauszubringen.

Eine kleine Änderung findet sich bereits auf dem Buchdeckel: Drei neue Autoren sind hinzugestoßen – Thorsten Deppner, Matthias Lehnert und Philip Rusche kennen die Vorauflage noch aus eigener Erfahrung und haben sich selbst ohne den Repetitor auf das Examen vorbereitet. Nun hatten sie die wunderbare Möglichkeit, ihre Erfahrungen in dieses Buchprojekt einzubringen – ganz herzlichen Dank an dieser Stelle an die beiden Autoren der Vorauflage und Mitbegründer des Projektes, Achim Berge und Christian Rath. Sie sind beide mittlerweile „aus dem Geschäft" und haben uns vertrauensvoll die Aufgabe übertragen, die Ex-o-Rep-„Mission" weiterzuführen. Friederike Wapler, auch noch aus dem Kreis der ursprünglichen AutorInnen, hat derweil die Brücke geschlagen zwischen der alten und der neuen Generation und war an der Aktualisierung noch beteiligt. Unser Dank gilt schließlich auch Djamila Danz für ihre Beteiligung an der Neuauflage.

Heraus gekommen ist eine grundlegende Überarbeitung aller Teile und einige Neuerungen. Bevor ihr die Entscheidung pro oder hoffentlich wider den Repetitor trefft, wollen wir euch im ersten Teil zunächst dazu einladen, euch mit der Geschichte und dem Hintergrund der Institution Examen auseinanderzusetzen – und damit, was die Examenssituation und die Phase der Vorbereitung mit euch macht. Die Interviews in Teil 4 sind allesamt neu, denn schließlich sind die individuellen Erfahrungen aus den 1990er Jahren nicht mehr unbedingt so gewinnbringend für die Jahre 2011 ff. Ganz neu ist schließlich Teil 5: Wenngleich wir ja bekanntlich für eine selbstbestimmte Examensvorbereitung werben wollen, müssen wir feststellen, dass die Unis zunehmend vielfältige Angebote machen, auf die man gut und gerne auch einmal zurückgreifen kann. Diese Angebote haben wir in einem „Best-Practice-Teil" zusammengestellt – als Anhaltspunkt für all diejenigen, die einen Uniwechsel in Betracht ziehen oder auch ihrer eigenen Uni ein paar Ideen geben wollen, wie sich die Examensvorbereitung effektiv unterstützen lässt. Diese und andere nützliche Informationen sind außerdem auf der neuen „Homepage zum Buch" unter http://www.ex-o-rep.de zu finden – wir freuen uns auf euren Besuch!

Nicht nur die Neu-Autoren dieses Buches, sondern offensichtlich einige mehr haben von den Vorauflagen des Buches profitiert, wie uns etwa unsere InterviewpartnerInnen Claudia Perlitius, Ulrike Müller und Tom Seefried berichten konnten. Wir hoffen, dass sich auch in Zukunft viele – und immer mehr – Menschen gründlich überlegen, welche Art der Vorbereitung für sie die beste ist, anstatt blind zum Repetitor zu gehen. Hoffentlich können wir mit dem Buch weiterhin dazu beitragen.

Im Januar 2011   Thorsten Deppner, Matthias Lehnert,
                                                    Philip Rusche, Friederike Wapler

P. S.: Über Anregungen und Kritik freuen wir uns ausdrücklich, nicht zuletzt mit Blick auf eine weitere Auflage des Buches. Schreibt uns also unter: mail@ex-o-rep.de.

Vorwort zur 1. und 2. Auflage

> „Ungefähr zehn Prozent der Studierenden machen ein Examen ohne Repetitor
> — der Teufel weiß wie."
>
> Uwe Wesel

Von wegen – weder hatte der Teufel bei diesem Buch die Hand im Spiel, noch wird hier Teufelszeug empfohlen. Vielmehr wird ein Examen ohne Repetitor jedes Jahr hundertfach absolviert, und von diesem Wissen lebt dieses Buch. Die gemachte Erfahrung ist fast immer die gleiche: „Es ist günstiger, erfolgreicher, und man fühlt sich besser."

Während aber die Ausbildungsliteratur Jahr für Jahr um neue Werke bereichert wird, die sich immer wieder mit denselben juristischen Fragen beschäftigen, gibt es bisher keine umfassende Darstellung der Examensvorbereitung ohne Repetitor. Dafür aber umso mehr kommerziell motivierte Werbung für Repetitorien.

Problem erkannt, Problem gebannt: Dieses Buch soll die vorhandene Lücke schließen und nennt im ersten Teil die maßgeblichen Argumente als Grundlage für eine sinnvolle Entscheidung, die unserer Einschätzung nach eindeutig ausfallen wird – wir haben schließlich das Buch nach ihr benannt. Doch entscheidet selbst.

In den folgenden Teilen des Buches geht es um die Umsetzung der Entscheidung und damit um die Arbeit in der privaten AG und das Lernen alleine, wozu es bisher ebenfalls an einer umfangreicheren Darstellung fehlte. Abgerundet wird dieser Leitfaden mit Interviews, AG-Plänen und Statements von ProfessorInnen zum Thema.

Dieses Buch ist kein wissenschaftliches Werk juristischer Honorationen, sondern ein Produkt der Selbstorganisation von Betroffenen. Wir haben selber sehr gute Erfahrungen mit dem Examen ohne Rep gemacht und uns jahrelang in Fachschaften, Kommissionen und Hochschulgruppen für die Idee eines Examens ohne Rep und eine Verbesserung der universitären Examensvorbereitung eingesetzt.

Seit Erscheinen der Erstauflage haben wir eine Menge Unterstützung erhalten. Dafür danken wir recht herzlich. Gefreut haben wir uns auch über die positiven Rezensionen in den Zeitschriften „Juristische Schulung" („kritisch und klar") und „Juristische Ausbildung" („Note Sehr gut"). Selbst viele Tageszeitungen (Süddeutsche Zeitung, Berliner Zeitung, Hannoversche Allgemeine Zeitung, Badische Zeitung und taz) empfahlen das Buch. Ein Examen ohne Repetitor überzeugt also immer mehr. Ob aber unser Buch bereits zur „Pflichtlektüre" („Juristische Ausbildung") geworden ist, müsst ihr, die LeserInnen, entscheiden.

Für die zweite Auflage haben wir alle Angaben, insbesondere die Übersicht zu den universitären Angeboten zur Examensvorbereitung, aktualisiert, neue Interviews geführt und LeserInnenkritik verarbeitet. Die grundsätzliche Struktur des Buches blieb aber unverändert. Insbesondere versuchen wir weiterhin, auf alle relevanten Fragen einzugehen, selbst wenn sie manchen banal erscheinen. Schließlich kann das, was für die eine schon lange klar war, für den anderen einen wichtigen Hinweis darstellen.

Des Weiteren wollen wir trotz Aufforderung weiterhin keine konkreten juristischen Arbeitsmaterialien empfehlen. Denn in der selbstständigen Auswahl liegt ja gerade ein Vorteil und ein wichtiger Lerneffekt der Vorbereitung ohne Repetitor.

Im September 2000   Achim Berge, Christian Rath und Friederike Wapler

Inhalt

Vorwort zur 3. Auflage 5

Vorwort zur 1. und 2. Auflage 6

Teil 1: Die Entscheidung 13

  A. Ein neuer Lebensabschnitt 13
  B. Über das Examen 14
    1. Woher kommt die Ausbildung von heute? 14
    2. Die Generalausbildung hat bis heute überlebt... 15
    3. ...aber die Stofffülle nimmt zu 15
    4. Der Noten- und Zeitdruck steigt 16
    5. Reformversuche 17
  C. Examensangst 17
    1. Furchteinflößendes Prüfungsverfahren 18
    2. Massenphänomen Prüfungsangst 18
    3. Wozu diese Härte? 19
    4. Lasst euch nicht unterkriegen! 20
  D. (Falsche) Ratgeber 20
  E. Grundtypen der Examensvorbereitung 21
    1. Die kommerziellen Repetitorien 21
      a) Seit wann gibt es Repetitorien? 22
      b) Fast alle gehen zum Kommerz-Rep 23
    2. Angebote der Fakultäten zur Examensvorbereitung 23
      a) Uni-Repetitorien werden zum Standard 23
      b) Auf die Didaktik kommt es an 23
    3. Examen ohne Rep 24
      a) Vorbereitung in der AG 25
        Gemeinsame Arbeitsstruktur 25
        Diskursives Klima 25
        Stabilisierendes soziales Umfeld 26
      b) Die individuelle Examensvorbereitung 26
        Hohe Flexibilität 26
        Kein zusätzlicher sozialer Druck 26
        Mut zum Wechsel 26
        Nicht nur für „Überflieger" 27
    4. Mischformen 27
  F. Die Abwägung 28
    1. Selbstdisziplin 28
      a) Wirksame Motivation durch Gruppendruck 28
      b) Kostendruck motiviert nicht 29
      c) Kosten kosten auch Zeit 30
    2. Bequemlichkeit 30
      a) Welcher Rep passt zu mir? Eine aufwändige Auswahl 30
      b) Der Vergleich von Lernmaterial ist produktiv 31
    3. Sicherheit 32
      a) Es gibt kein Geheimwissen 32

	b) Flächendeckende Angebote gibt es nicht nur beim Rep	32
	c) Die Freiheit nicht vergessen!	33
	d) Auf das aktuelle Grundsatzurteil kommt es nicht an	34
	e) In der mündlichen Prüfung ist der Rep keine Hilfe	34
4.	Didaktik	35
	a) Frontalunterricht in großen Gruppen	35
	b) Jura braucht Diskussion	36
5.	Kontakt	37
	a) Familienersatz	37
	b) Schicksalsgemeinschaft	37
6.	Erfolg	38
	a) Alte Empirie...	38
	b) ...und eine frische Hypothese	39
	c) Bessere Noten ohne Rep?	40
7.	Exklusivität	40
	Von der Ausnahme zur Regel	41
G.	Fazit	42

Teil 2: Gemeinsam lernen – Die Arbeitsgruppe — 44

A.	Die Suche nach MitstreiterInnen	44
1.	Wo und wie suchen?	44
2.	Wie viele suchen?	45
	Zu zweit	45
	Zu dritt oder zu viert	46
	Für größere Gruppen: der AG-Verbund	46
3.	Wen suchen?	46
	a) Zeitplanung	46
	b) Niveau	47
	c) Erwartungen	47
	d) Sympathie	48
	e) AG mit FreundInnen	48
B.	Zum Warmwerden: die Planungsphase	49
1.	Wie wird aus Menschen eine Gruppe? Das Selbstverständnis der AG	49
2.	Der Rahmen für die Zusammenarbeit: Regeln und Absprachen	50
3.	Das Gerüst für die Zusammenarbeit: der AG-Plan	51
	a) Warum es sich lohnt, einen Plan zu haben	51
	b) Selbstgemacht oder nachgemacht?	52
	c) Die Zeitplanung	53
	Das Wochenpensum	53
	Sanfter Einstieg	54
	„Leersitzungen"	54
	Urlaub	54
	Die Zahl der AG-Sitzungen	55
	d) Wo steht, was examensrelevant ist? – Die Ermittlung des Lernpensums	55
	e) Die Gewichtung der Fächer	56
	f) Die Gewichtung der Themen	56
	Detailliertheit	57

Standardfälle und Schwerpunkte 57
g) Die Reihenfolge der Themen 58
C. Die Arbeit in der AG 59
1. Setting 59
a) Wo? 60
b) Wann? 60
c) Wie lange? 61
d) Pausen 61
e) Zeitbegrenzung 62
f) Arbeitsferien 62
2. Ablauf 63
a) Erarbeitung des Stoffes 63
Die Suche nach Fällen 63
Zeitschriften 64
Falllösungsbücher 64
Fälle von Repetitorien 65
Internet 65
Die Lösung der Fälle 65
Die Wiederholung vergangener AG-Themen 66
Abfragen, Referieren, Diskutieren 67
Auf dem Laufenden bleiben 68
b) Die Wiederholungsphase 68
c) AG-Arbeit während des Examens 69
D. Wenn es kracht: Konflikte in der Arbeitsgruppe 70
1. Probleme mit der Disziplin 70
2. Probleme mit der Kommunikation 71
a) Sachlichkeit 72
b) Gleichberechtigung und Kooperation 73
3. Probleme mit dem Niveau und dem Lernerfolg 75
4. Trennung und Auflösung 76

Teil 3: Allein am Schreibtisch 78
A. Mythen und Legenden 78
1. Lernerfolg ist eine Frage der Intelligenz 78
2. Was Hänschen nicht lernt, lernt Hans nimmermehr 79
3. ExamenskandidatInnen muss es schlecht gehen, sonst sind sie faul 79
B. Arbeitsmethoden: Wie kommt das Wissen in den Kopf? 80
1. Vom Buch ins Gedächtnis: Der Weg einer Information 80
a) Der sensorische Speicher 80
b) Das Kurzzeitgedächtnis 81
c) Das Langzeitgedächtnis 81
2. „Ich kann ohne Druck nicht lernen" 81
a) Vom Nutzen einer Lernstrategie 82
b) Die Suche nach der passenden Lernstrategie 82
c) Zweifel an der Lernstrategie 82
3. Die Techniken des Lernens 83
a) Die Aufnahme der Informationen 83
Sehen 83

			Hören	83
			Aktives Bearbeiten	84
		b)	Externe Speicher	84
			Mitschriften	85
			Karteikartensysteme	86
			Ordnung	86
			Abfragetauglichkeit	86
			Übersichten, Schemata, Mind Maps	87
			Baumstrukturen	87
			Mind Maps	87
			Plakate	88
			Farb- und Symbolsysteme	88
		c)	Wiederholen	88
		d)	Lernkontrolle	90
			Lernkontrolle in der Arbeitsgruppe	90
			Lernkontrolle im Klausurenkurs	90
			Lernkontrolle in Examinatorien	91
			Probeexamen	91
C.	Das Arbeitsmaterial: Woher kommt das Wissen?			91
	1.	Lehrbücher		92
	2.	Skripten		92
	3.	Zeitschriften		93
	4.	Schemata		93
	5.	Fallsammlungen		94
	6.	Wiederholungskurse der Universität		94
	7.	Rechtsprechung		94
D.	Der Arbeitsplatz			94
	1.	Lernen zu Hause		95
	2.	Lernen in der Bibliothek		95
E.	Die Arbeitszeit			96
	1.	Wann lernen?		96
	2.	Wie lange lernen?		97
	3.	Pausen		98
		a)	Wie lang sollten Pausen sein?	99
		b)	Was tun in den Pausen?	99
	4.	Probleme		99
F.	Zum Schluss: die Nerven			100
	1.	Lernerfolg und Motivation		100
		a)	Ziele und Zwischenziele	101
		b)	Erfolgserlebnisse	101
		c)	Belohnungen	101
		d)	Sinn	102
	2.	Lernerfolg und Prüfungsangst		102
		a)	Wissen, worauf ihr euch einlasst: Selbstbestimmung und Kontrolle	104
		b)	Unterstützung	105
		c)	Professionelle Hilfe	105

    d) Die innere Haltung: Von überhöhten Ansprüchen und negativer
       Selbsteinschätzung   106
       Wo beginnt das „Versagen"?   106
       Negative Selbstbilder...   107
       ...und ihre Überwindung   107
    e) Abschalten   108
       Entspannung und Ablenkung   108
       Mal blau machen   108
    f) Hilfe gegen die Angst kurz vor der Prüfung   108
       Ruhe fürs Gehirn   109
       In der Prüfung: Auszeit nehmen   109
  3. Lebensqualität: Es gibt ein Leben abseits des Schreibtisches   109

Teil 4: Die Interviews   111

„Die Meinung, keine Freizeit mehr haben zu dürfen, ist reaktionär und nicht
sinnvoll"   113
„Eine gesunde Konkurrenzsituation gab es in der AG schon."   116
„So lernen, wie man sich am Wohlsten fühlt"   119
„Ich bin einfach nicht so der auditive Typ"   122
„Repetitorium und Privat-AG passen nicht zu meinem Lerntyp"   125
„Wir haben uns vier Monate auf die Examensvorbereitung vorbereitet"   127
„Keine Lust auf Pappnasen"   130
„Verschieben war keine Option"   132
„Die AG hat mich diszipliniert"   134
„Die Mischung macht's"   136
„Selbst lernen muss man ohnehin"   138
„Pausen sind das Wichtigste während der Examensvorbereitung"   140
„Examen ohne Repetitor ist für mich keine Glaubensfrage"   143
„Autonomie und Pizzaconnection"   146
„Hilfe braucht man nur bei der Organisation"   148
„Das Examen ist auch eine Frage des richtigen Stils"   150

Teil 5: „Best Practice" der universitären Examensvorbereitung   153

  A. „Best Practice" Beispiele   154
    1. Ex-o-Rep-Workshops   154
    2. Unterstützung von Arbeitsgruppen   154
      a) AG-Findung   154
      b) AG-Räume   155
      c) Foren/Stammtische: Austausch unter ExamenskandidatInnen   155
    3. Klausurenkurse   155
    4. Probeexamen   155
    5. Simulation mündlicher Prüfungen   156
    6. Wiederholungs- und Vertiefungskurse   156
    7. Original-Examensklausuren   157
    8. Examensberatung/AnsprechpartnerInnen   157
    9. (Lern)Psychologische Beratung   157

B. Überblick über die Examensvorbereitungsangebote der rechtswissen-
    schaftlichen Fakultäten   158
    1. Tabellarischer Überblick (Stand 17.11.2010)   158
    2. Umfragebogen   164
    3. Umfrageergebnisse   165

Teil 6: Lernpläne   167

Lernplan Nr. 1: „Der Klassiker"   167
Lernplan Nr. 2 „Klassiker mit Selbstlerneinheiten"   172
Lernplan Nr. 3 „Klassiker mit Schwerpunktphase"   179
Lernplan Nr. 4: „Lernen in Potenzen"   184
Lernplan Nr. 5: „Gliederung nach Rechtsgebieten"   195
Lernplan Nr. 6: „Grobe Einteilung"   209

Anhang   212

Literatur   212
Der BAKJ – Selbstdarstellung und Kontaktadressen   217
Die AutorInnen   219

Teil 1: Die Entscheidung[1]

Der letzte Schein ist in Sicht oder schon in der Tasche. Eigentlich ein Grund zum Feiern. Doch kaum jemand fühlt sich in dieser Situation auch nur annähernd mit der Juristerei im Reinen, also examensreif. Im Gegenteil: Irgendwie muss der ganze Stoff, den man bislang gerade mal in Ansätzen gehört hat, jetzt erst richtig gelernt werden. Das heißt, ein bis eineinhalb Jahre intensives Lernen; zwölf bis achtzehn Monate ein Leben führen, das ziemlich auf einen Punkt ausgerichtet zu sein scheint: auf das Examen.

Was nun? Und vor allem wie? In diesem ersten Kapitel wollen wir euch bei der Entscheidung begleiten, auf welche Art und Weise ihr euch auf das Examen vorbereitet. Dabei werden wir die verschiedenen Möglichkeiten der Examensvorbereitung vorstellen und versuchen, Mut zu machen für ein Examen ohne Repetitor – dies verrät schon der Titel des Buches.

A. Ein neuer Lebensabschnitt

Wir nehmen an, dass auch ihr – wie die AutorInnen dieses Buches – nicht wie die WeltmeisterInnen studiert habt, dass euer juristisches Wissen vor allem von beachtlichen Lücken geprägt ist, und dass euch der große Überblick über den zu lernenden Stoff noch fehlt. Das alles, so meinen wir, ist aber kein Grund zur Panik, sondern völlig normal. Denn noch stehen euch alle Wege zur Prüfungsreife offen.

Welchen Weg aber solltet ihr nehmen? Wahrscheinlich habt ihr schon zahlreiche Flyer und Probeskripten der kommerziellen Repetitoren in die Hand gedrückt bekommen. Möglicherweise habt ihr bei einem der Angebote auch schon einmal probegehört, und vielleicht haben sich einige eurer FreundInnen auch schon dazu entschieden, von nun an jede Woche zum Kommerz-Rep zu gehen.

Bei all dem aber solltet ihr bedenken: Diese Angebote gaukeln zunächst vor allem die Sicherheit nur vor, sich das Examen durch den regelmäßigen Besuch eines Kurses und gegen eine ganze Stange Geld quasi erkaufen zu können. Vor vorschnellen Schritten kann jedoch nur gewarnt werden. Denn tatsächlich existieren vielfach erprobte Alternativen: universitäre Angebote und die Möglichkeit, das Examen in die eigene Hand zu nehmen – im Rahmen einer Arbeitsgruppe oder ganz individuell. Und wie im sonstigen Leben, hat auch bei der Examensvorbereitung jede/r unterschiedliche Bedürfnisse – deshalb sollte auch die Frage, welche Art der Examensvorbereitung die beste ist, individuell beantwortet werden. Dabei ist der kostspielige Massenbetrieb des Kommerz-Reps nicht unbedingt das Geeignetste.

Fest steht in jedem Fall: Die Entscheidung will wohl überlegt sein – sonst ärgert man sich später umso mehr. Es empfiehlt sich daher, alle Möglichkeiten einmal gründlich durchdacht zu haben. Weil das Erste Staatsexamen verglichen mit anderen akademischen Abschlussprüfungen eine besondere Gestalt hat, erklären wir in den folgenden Abschnitten kurz, wie es dazu gekommen ist, dass dies so ist, wie es ist, und vor allem: was all das mit Euch zu tun hat, die ihr jetzt in einem oder eineinhalb Jahren soweit seid.

---

[1] Dieser Teil wurde in den ersten beiden Auflagen von Christian Rath verfasst und hier weitgehend übernommen.

B. Über das Examen

Niemand beneidet euch um eure Situation. Das Juraexamen ist als besonders hart verschrien, und ganz falsch – ohne die Abschlussprüfungen anderer Fächer abwerten zu wollen – ist das nicht. Ihr könnt euch kaum spezialisieren, sondern müsst in den Klausuren und der mündlichen Prüfung große Teile aller drei Rechtsgebiete parat haben. Daneben nimmt die Menge des Lernstoffes von Jahr zu Jahr zu. Schließlich wird der Examensnote auch eine geradezu lebensentscheidende Bedeutung beigemessen. Aber der Reihe nach.

1. Woher kommt die Ausbildung von heute?

Die juristische Ausbildung hatte schon immer vor allem ein Ziel: Die Studierenden sollen für die gängigen juristischen Berufe ausgebildet werden. In Deutschland wird man sogar direkt für alle juristischen Berufe ausgebildet. Dieses – im Vergleich zu anderen Staaten – fast einzigartige Konzept von einheitlichen, also für alle juristischen Berufe notwendigen, und allumfassenden Staatsprüfungen am Ende der beiden Ausbildungsabschnitte ist keine Idee aus den Zeiten der Bundesrepublik. Die heutige Form der juristischen Ausbildung geht vielmehr zurück auf die Zeit des preußischen Königs Friedrichs II. Der „Corpus Iuris Fridericianum" aus dem Jahre 1781 regelte den Zugang zum Richteramt und setzte zugleich die Maßstäbe für die gesamte Juristenschaft – Friedrich II. misstraute diesem Berufsstand und wollte die Kontrolle über ihre Ausbildung behalten. Die universitäre Phase spielte damals noch eine untergeordnete Rolle, dauerte drei Jahre und schloss mit einem schlichten Zeugnis ab. Es folgte als „Erstes Examen" sowie als Beginn der praktischen Phase eine Justizeingangsprüfung. Vier Jahre Ausbildung in der Justiz und zwei weitere staatliche Examina machten den jungen Mann zum fertigen Juristen (Frauen war die Ausbildung erst ab dem Ende des 19. Jahrhunderts nach und nach zugänglich). Ziel der staatlichen Ausbildung war die Erziehung zum treuen Staatsdiener mit Rechtskenntnis – oder neutraler ausgedrückt: ein Mensch, der nach seiner Ausbildung zuverlässig alle juristischen Berufe ausüben konnte.

Es folgte eine größere Reform zu Bismarcks Zeiten mit dem Gerichtsverfassungsgesetz von 1877 und der Einführung der zweiphasigen Ausbildung (Universität und Referendariat) in heutiger Form, jeweils abschließend mit Erstem bzw. Zweitem Staatsexamen. Die Prüfung nach dem universitären Teil – auch damals das Erste Staatsexamen – war jedoch sowohl vor als auch nach dieser Reform noch vergleichsweise einfach zu bewältigen. Denn die Richter – Richterinnen gab es noch immer nicht –, welche zu dieser Zeit noch alleine die rein mündlichen Prüfungen abnahmen, fragten nach festen Katalogen immer dasselbe ab. In der Richterschaft hatte man damit keine Probleme. Denn sowohl die universitäre Ausbildung als auch die darauf folgende Erste Staatsprüfung hatten ohnehin keine praktische Relevanz: Es stand ganz das Römische Recht im Mittelpunkt; das 1794 eingeführte Preußische Allgemeine Landrecht und erst recht das geltende Recht in den übrigen Staaten des Deutschen Reiches wurden sowohl von den Professoren als auch von den Prüfern als „unwissenschaftlich" weitgehend ignoriert. Man ging davon aus, dass der nachfolgende juristische Vorbereitungsdienst aus den schwachen Kandidaten schon noch gute Juristen machen würde. Immerhin wurde der juristische Nachwuchs im Referendariat in vollem Umfang mit dem geltenden Recht konfrontiert.

Eine neue Ära für die Rechtswissenschaft begann, als im Jahr 1900 das Bürgerliche Gesetzbuch (BGB) in Kraft trat. Das BGB wurde wegen seiner Wissenschaftlichkeit auch an den Universitäten akzeptiert, das Studium damit praxisnäher. Gleichzeitig entwickelte sich das Erste Staatsexamen zu einer Prüfung, in der es verstärkt auf das Verständnis des Rechts und nicht mehr ausschließlich auf auswendig gelerntes Wissen ankam. Diese Entwicklung wurde auch dadurch gefördert, dass neben der mündlichen Prüfung Hausarbeiten und Klausuren geschrieben werden mussten.

2. Die Generalausbildung hat bis heute überlebt...

Kleine Reformen gab es seitdem immer mal wieder; im Großen und Ganzen aber hat die zunächst preußische Ausbildung von JuristInnen bis heute überlebt – wesentliche Kennzeichen waren und sind: die Ausbildung zu „GeneralistInnen"; so gut wie kein Bezug zu anderen Wissenschaften und den theoretischen Grundlagen des Rechts; das staatliche Monopol über die Ausbildung; die Staatsprüfungen, die über den gesamten beruflichen Werdegang entscheiden; die zweiphasige Ausbildung, in der Theorie und Praxis getrennt vermittelt werden.

Das bedeutet, dass sich auch am Ziel der Ausbildung bis heute nicht viel geändert hat: Die Studierenden sollen vor allem für die gängigen juristischen Berufe ausgebildet werden. Das klingt selbstverständlich, bedeutet aber eben auch, dass theoretische, philosophische, politische und soziologische Hintergründe keine Rolle spielen, zumindest nicht im Staatsexamen. Zwar ist in den meisten Justizausbildungsgesetzen eine Formulierung zu lesen wie etwa in § 2 Abs. 2 des Justizausbildungsgesetzes von Nordrhein-Westfalen: „Die Prüfung soll zeigen, dass der Prüfling [...] über die [...] erforderlichen Rechtskenntnisse in den Prüfungsfächern mit ihren [...] wirtschaftlichen und politischen Bezügen [...] sowie philosophischen, geschichtlichen und gesellschaftlichen Grundlagen verfügt." Abgesehen von ein paar seltenen Fragen in der mündlichen Prüfung dürfte ihr aber jetzt schon wissen: Das Examen beschränkt sich im Wesentlichen auf die dogmatische Lösung von Fällen.

Das Beharrungsvermögen dieser Ausbildung hat bis heute sogar dem so genannten „Bologna-Prozess" widerstanden, dessen Ziel ein einheitliches europäisches Hochschulwesen ist. Im Rahmen des Bologna-Prozesses wurden in den vergangenen Jahren die meisten Studiengänge in Deutschland auf das Bachelor- und Master-System umgestellt. Die traditionell konservative Rechtswissenschaft konnte das altbekannte Staatsexamen zumindest bislang vor einer Umstellung bewahren. Daran ändern auch die mittlerweile an Hochschulen vereinzelt angebotenen juristischen Bachelor- und Master-Studiengänge nichts, da man mit ihren Abschlüssen nicht in den klassischen juristischen Berufen, also vor allem als RechtsanwältIn oder RichterIn, arbeiten kann. Wer sich diese Optionen offen halten möchte, kommt am Staatsexamen nicht vorbei.

3. ...aber die Stofffülle nimmt zu

Geändert hat sich in den letzten Jahrzehnten trotz allem einiges, vor allem sind die inhaltlichen Anforderungen aus mehreren Gründen stetig gestiegen, und dieser Prozess dauert an. Zunächst einmal werden das Recht und die Diskussionen über das Recht immer komplexer. Die Vielfalt an Regelungen nimmt ständig zu, und die Fülle an Literatur mit den unterschiedlichsten Meinungen wächst ebenfalls von Jahr zu Jahr. Die Entscheidungsbände der Gerichte werden naturgemäß auch nicht weniger. Zu Beginn der sechziger Jahre, für die älteren der heute noch aktiven ProfessorInnen gerade Studienzeit, hatte das Bundesverfassungsgericht gerade einmal zehn Bände publiziert, heute sind es schon 124. Der Staatsrechtler Ernst-Wolfgang Böckenförde berichtete 1998 in einem Beitrag über die Anforderungen im Jurastudium, dass er sich für die Examensprüfung im Strafrecht mit einem 39-seitigen Skript vorbereitet habe – heute sind die gängigen Bücher allein zum Allgemeinen Teil im Strafrecht schon mehr als 400 Seiten stark. Zwar muss und sollte man nicht alles lesen, was einem in die Hände kommt, jedenfalls aber wird von den Prüflingen heutzutage viel mehr erwartet – für ein mehr als nur oberflächliches Nachdenken über das Rechtssystem bleibt da häufig keine Zeit.

In den letzten Jahren werden neben den bisherigen Prüfungsfächern zunehmend Kenntnisse im Europarecht und Internationalen Privatrecht erwartet. Auch die Einführung des Schwerpunktbereichs hat dazu geführt, dass sich das Studium inhaltlich weiter strafft: Neben der zweisemestrigen Spezialisierung bleibt für den übrigen Stoff noch weniger Zeit. Darüber hinaus müssen vielerorts Scheine in so genannten Zusatz- und Schlüsselqualifikationen erworben werden, z. B. die Kenntnis einer Fremdsprache. Wer in einen Bereich mehr Lernstoff in Studium und Prüfung hineingibt, müsste in anderen Bereichen eigentlich abspecken, wenn die Studien- und Prüfungszeit sich nicht verlängern soll. Der naheliegende Gedanke, den Prüfungsstoff auf diese Weise wieder zu reduzieren, wurde aber bisher in keinem Bundesland umgesetzt.

4. Der Noten- und Zeitdruck steigt

Zum Anstieg der Stoffmenge kommt absurderweise der Druck hinzu, immer schneller studieren zu müssen. Dazu jedenfalls wird man von allen Seiten angehalten. Im Jahr 1992 wurde die Möglichkeit eingeführt, nach acht Semestern Regelstudienzeit ein „Freischussexamen" zu absolvieren – mit dem Ziel, die Studierenden zu noch schnellerem Lernen anzuhalten. Auch wird allenthalben behauptet, auf dem Arbeitsmarkt dürfe man nicht zu alt sein, wenn man sich mit dem Studienabschluss bewirbt. Jedes Semester mehr macht sich mittlerweile in vielen Bundesländern durch die Studiengebühren auch auf dem Konto bemerkbar.

Zum Zeitdruck gesellt sich der Notendruck. An jeder Ecke wird euch eingetrichtert, dass man ohne Prädikatsexamen ohnehin nichts wird, und die hohe Durchfallquote lädt auch nicht gerade zur Entspannung ein. In keinem anderen Studiengang wird so häufig über Noten geredet. Dabei spielt nicht nur der entfernte Blick auf den Arbeitsmarkt eine Rolle – bewusst oder unbewusst vergleichen sich Jurastudierende auch gerne untereinander und definieren sich über ihre Noten. Dies gipfelt in den an manchen Universitäten erstellten Ranglisten der „Jahresbesten" und wird gerade von den „Guten" inzwischen so verinnerlicht, dass sie in Bewerbungen nicht nur ihre Note, sondern auch ihre Platzzahl auf der Rangliste ihres Examensdurchgangs angeben.

Und dabei sind diese Noten keinesfalls nur das Ergebnis guten oder schlechten Lernens und eines guten oder schlechten Verständnisses der Juristerei. All das, was man in der Examensvorbereitung gelernt hat, muss bekanntlich auf den Punkt präsentiert werden, nämlich in eben jenen alles entscheidenden Klausurwochen und den Stunden der mündlichen Prüfung. Da ist die Tagesform entscheidend, und es ist viel Glück und Pech dabei – eine kleine Wissenslücke oder auch einfach die übel gesonnene Prüferin oder der strenge Korrektor können schon einige Punkte kosten. Und nach einem vom Gefühl her verpatzten Gutachten am ersten Tag kann die Motivation für die nächsten Klausuren im Keller liegen. Es gibt nicht wenige ExamenskandidatInnen, die nach einem verpatzten ersten Examensversuch beim zweiten Mal und nur wenige Monate später plötzlich ein bombiges Ergebnis nach Hause bringen – dass diese Menschen nicht in der kurzen Zeit ein viel besseres „juristisches Verständnis" bekommen haben, sondern vor allem das Glück und die Tagesform den Ausschlag gegeben haben, ist offensichtlich. Martin Pagenkopf, ein ehemaliger Richter am Bundesverwaltungsgericht mit langjähriger Prüfungs- und Ausbildungserfahrung, schätzte in einer Ausbildungsreformdebatte auf dem 62. Deutschen Juristentag im Jahre 1998, dass die Examensnote zu immerhin 60 % vom Glück abhänge. Dieser Anteil dürfte mit zunehmendem Stoffumfang weiter gestiegen sein, da der Druck zum „Lernen auf Lücke" wächst, je mehr Dogmatik und Kasuistik verinnerlicht werden muss. Die Belastung durch die Klausurenwochen kann zumindest teilweise verteilt werden, wenn man die Klausuren abschichtet (→ Siehe dazu das Interview mit Jakob Quirin auf S. 116), aber auch das ist nur in wenigen Bundesländern – konkret: Nordrhein-Westfalen und Niedersachsen – möglich und auch nur dann, wenn man vorher schon schnell studiert und damit schon früher im Studium auf andere Dinge im Leben verzichtet hat.

5. Reformversuche

Reformvorschläge mit dem Ziel, diese Zustände zugunsten der Studierenden zu verbessern oder zumindest abzumildern, gab es durchaus. 1968 forderten einige RechtswissenschaftlerInnen, unter ihnen der damalige Frankfurter Professor Rudolf Wiethölter, mit dem „Loccumer Modell" die Einführung einer einphasigen Ausbildung, um die theoretische und die praktische Phase zu integrieren und daneben einen stärkeren Bezug zu den Sozialwissenschaften herzustellen. Das Ziel war die Ausbildung von reflektierteren JuristInnen, welche sich weniger durch reichhaltiges Detailwissen, als vielmehr durch ganzheitliches Denken und theoretische Kenntnisse ihres Faches auszeichnen sollten. Daraufhin wurde 1971 mit der sogenannten „Experimentierklausel" im Richtergesetz den Universitäten die Möglichkeit gegeben, entsprechende alternative juristische Studiengänge einzurichten. An acht der insgesamt 30 juristischen Fakultäten in der Bundesrepublik wurden schließlich ab 1978 Reformerprobungsmodelle begonnen; die progressivsten Projekte wurden dabei in den norddeutschen Städten Bremen, Hamburg, Bielefeld und Hannover durchgeführt. Diese Universitäten führten projektorientierte Schwerpunktphasen und sozialwissenschaftliche Eingangssemester ein, um von Anfang an ein umfassenderes und praxisbezogeneres Bild vom Recht zu vermitteln. Der Notendruck sollte dadurch reduziert werden, dass man die Prüfungen über einen längeren Zeitraum verteilte und die Examensnoten auf „bestanden" oder „nicht bestanden" beschränkte. Die Projekte wurden jedoch jäh beendet, ehe sie sich überhaupt entfalten konnten: 1984 beschloss die CDU/CSU/FDP-Koalition, die einheitliche zweiphasige Ausbildung bundesweit wieder einzuführen. Nur wenige progressive Ideen konnten sich etablieren – man denke an die Möglichkeit, die Examensklausuren abzuschichten, oder an eine verbesserte universitäre Examensvorbereitung. Im Großen und Ganzen kehrte man jedoch zur konventionellen Ausbildung zurück.

C. Examensangst

Für euch, die ihr in absehbarer Zeit selbst die Erste Juristische Staatsprüfung ablegen sollt, hat sich die Situation also nicht nur nicht verbessert – sie wird aufgrund der zunehmenden Fülle prüfungsrelevanter Inhalte und des anhaltenden Zeit- und Notendrucks tendenziell immer schlechter. Aber auch ohne diese Entwicklung wäre das Examen kein Zuckerschlecken. Prüfungsangst war unter Jurastudierenden schon immer weit verbreitet, und das muss auch nicht wundern, denn sie ist unmittelbar im System Staatsexamen angelegt. Das heißt auch, dass sie mit euch als Person weniger zu tun hat, als die meisten glauben.

Ziehen wir es von der anderen Seite auf: Damit vor einer Prüfung gleich welchen Faches wenig Angst empfunden wird, müssten eigentlich mehrere Kriterien erfüllt sein: Vertrautheit mit dem Prüfungsgeschehen und den PrüferInnen, transparente Bewertungsmaßstäbe, die Möglichkeit zur direkten Leistungsrückmeldung, die Erlaubnis zur Benutzung von Hilfsmitteln, die Wiederholbarkeit der Prüfung sowie ein überschaubarer Grad an Komplexität, Schwierigkeit und Umfang des Stoffes. Keine dieser Bedingungen wird im Ersten Staatsexamen erfüllt. Im Gegenteil.

1. Furchteinflößendes Prüfungsverfahren

Das juristische Staatsexamen baut nur bedingt auf eure Studienleistungen auf. Mit Ausnahme der Schwerpunktbereichsprüfungen sind alle Scheine, die ihr während des Studiums erworben habt, lediglich Zulassungsvoraussetzungen. Für die berufliche Zukunft sind sie bedeutungslos, denn es zählt ausschließlich die Examensnote. Die Prüfung ist also so gestaltet, dass sie die bisherigen Studienleistungen ignoriert und damit entwertet. Nicht zuletzt deswegen ist die Examensvorbereitung eine eigene Phase des Jurastudiums und dauert so lange: Die meisten Studierenden verbringen zwischen zwölf und achtzehn Monate damit, für das Examen zu lernen. Trotzdem fällt durchschnittlich mindestens ein Viertel der KandidatInnen durch (im Jahr 2008 z. B. waren es laut der Statistik des Bundesministeriums der Justiz 25,8 %). Es ist leicht zu ermessen, als wie niederschmetternd ein Scheitern nach Jahren des – ohne Examen vergeblichen – Studiums erlebt wird; entsprechend groß ist die Furcht, selbst zu den Durchgefallenen zu gehören. Wiederholen lässt sich das Examen nur einmal. Den zweiten Wiederholungsversuch erhält nur, wer den Freischuss gemacht, also zügig studiert hat.

Zudem ist die Bewertung im schriftlichen Teil des Examens in hohem Maße intransparent – sowohl hinsichtlich der KorrektorInnen als auch hinsichtlich des Korrekturmaßstabs. Wer sich nicht zur Akteneinsicht ins Justizprüfungsamt bemühen möchte, muss sich mit den wenig aussagekräftigen Ziffernoten zufrieden geben, die nach Monaten des bangen Wartens im Briefkasten liegen. Im mündlichen Teil wird die Benotung zwar unmittelbar nach dem Prüfungsgespräch bekannt gegeben und im Regelfall auch begründet; dafür hängt der Ablauf aber gänzlich vom Gutdünken der PrüferInnen ab, deren individuelle Vorlieben und Maßstäbe ihr allenfalls aus den Prüfungsprotokollen eurer VorgängerInnen rekonstruieren könnt.

Zwar erzeugen Gruppenprüfungen wie die mündliche Prüfung im juristischen Examen grundsätzlich weniger Angst als Einzelprüfungen. Dies gilt aber nur für Prüfungen, in denen die KandidatInnen ihre jeweiligen Kenntnisse einsetzen, um gemeinsam an der Lösung eines Problems zu arbeiten. Hiervon ist die mündliche Examensprüfung weit entfernt. Sie gleicht vielmehr einer Situation, in der RivalInnen um die bestmögliche Präsentation des eigenen Wissens konkurrieren. Dies führt – kaum verwunderlich – eher zu größerer Angst und Nervosität.

2. Massenphänomen Prüfungsangst

Dass das Examen übereinstimmend eher als ein „Härte-Nerven-Stresstest" denn als objektive Wissensprüfung empfunden wird, stellten Nell Bickel, Dirk Fabricius u. a. fest, als sie im Jahr 2002 für ihr Buch „Das examinierte Examen" 16 AbsolventInnen zu ihren Erfahrungen mit dem Staatsexamen befragten. Die Befragten berichteten, dass das Gefühl, sich auf sich selbst verlassen zu können, fast vollständig verloren gehe und man sich als ganze Person in Zweifel gezogen sehe. Viele stellten auch an sich selbst nachhaltige

Veränderungen infolge der Examenssituation fest. Ganz ähnlich wurde das Examenserleben auch schon 1993 bei einer größer angelegten, bundesweiten Untersuchung mit Fragebögen überwiegend beschrieben. Und bereits der altehrwürdige Gustav Radbruch berichtete aus den Zeiten der Weimarer Republik von der an den juristischen Fakultäten grassierenden Furcht vor den Abschlussprüfungen.

Massive Prüfungsangst scheint also von alters her zum Staatsexamen zu gehören. Die produktive Bewältigung dieser Angst ist seit jeher eine der zentralen Voraussetzungen für den Prüfungserfolg, obwohl sie weder in den Ausbildungsgesetzen noch in den Prüfungsordnungen erwähnt wird. Aber obwohl es den KandidatInnen so viel aufbürdet, ist das Examen praxisfern und zur Feststellung der fachlichen Eignung methodisch reichlich fragwürdig. Das zeigt sich u. a. an dem Verbot, in der Prüfung Kommentare als Hilfsmittel zu benutzen, obwohl dies im juristischen Berufsalltag selbstverständlich ist. Die Stichproben, die in den nur wenigen Klausuren und der mündlichen Prüfung gezogen werden, können nicht annähernd die Fülle des Stoffes abdecken. Und selbst den PrüferInnen ist – wie oben anhand des Richters a. D. Pagenkopf geschildert – nicht verborgen geblieben, dass Glück einen ganz wesentlichen Faktor des Examenserfolges darstellt.

3. Wozu diese Härte?

Wer das Examen aber dafür kritisiert, dass es jedes Jahr aufs Neue zahlreiche junge Menschen einer solchen Angst aussetzt – und dies noch dazu scheinbar ohne zwingenden Grund –, wird sich bald mit einem alten Argumentationsmuster herumschlagen müssen. Diesem zufolge wirke sich Prüfungsangst günstig auf die Persönlichkeitsentwicklung aus und sei eine für außergewöhnlich gute Leistungen notwendige Motivationsquelle. Das Examen sei ein Testlauf für spätere Extremsituationen, von denen im Leben schließlich noch so einige zu erwarten seien. Die AnhängerInnen einer solchen „Didaktik der Angst" sind zwar in der bequemen Lage, auf eine Problematisierung des Phänomens verzichten zu können – schließlich ist Prüfungsangst erwünscht. Sie ignorieren aber die prüfungs- und lernpsychologischen Erkenntnisse, nach denen Stimulation durch Angst bei den meisten KandidatInnen eben nicht zu einer besseren, sondern zu einer schlechteren Abrufbarkeit des Erlernten führt. Die mit dem Examen verbundenen Belastungen, die Prüflinge mitunter nicht nur in die soziale Isolation treibt, sondern auch zu depressiven Episoden und ernsthaften Erkrankungen führen können, als eine „förderliche Persönlichkeitsveränderung" – gar einen „Prozess der Reifung" – zu beschreiben, kann nicht als Ausdruck eines naiven Leistungsdenkens entschuldigt werden. Eine solche Beschreibung ist an Zynismus nur noch schwer zu überbieten.

Leider ist diese Argumentation unter JuristInnen dennoch sehr wirkmächtig. Entgegen der gerade unter den BefürworterInnen eines „harten Examens" verbreiteten Leistungsideologie sieht es aber nicht danach aus, als ob ein gelungener Umgang mit Prüfungsstress und Versagensängsten vorrangig auf individuelle Anstrengungen zurückgeführt werden könnte. Angst- und stressintensive Prüfungen werden von soziologischen und psychologischen Studien vielmehr als sozial selektive Mechanismen beschrieben. Denn wie ein Mensch mit Erfolg, Misserfolg und der Angst vor dem Misserfolg umgehen kann, hängt vor allem davon ab, wie sehr er oder sie von seinem sozialen Umfeld unterstützt oder auch angetrieben wird. Wer sich zu Hause noch dafür rechtfertigen muss, dass er überhaupt studiert, wird wahrscheinlich weniger resistent sein als KommilitonInnen, deren ebenfalls studierte Eltern schlicht voraussetzen, dass man einen solchen Lebensabschnitt eben durchsteht. Insofern kann die oben genannte Beobachtung von Nell Bickel, Dirk

Fabricius u. a., wonach das Staatsexamen die Prüflinge in einen Zustand der Identitätsverunsicherung versetze, durchaus wörtlich verstanden werden. Unter den erlernten rechtsdogmatischen Kenntnissen kommt auch die bisherige Sozialisation zum Vorschein, etwa ein vom Elternhaus vermitteltes akademisches Selbstverständnis.

Diese Hypothese wird durch die – wenigen und veralteten – empirischen Untersuchungen zum Examen gestützt. Unter den 1990 befragten nordrhein-westfälischen ReferendarInnen erzielten diejenigen im Examen signifikant bessere Noten, deren Eltern selbst AkademikerInnen waren. Begleitend kam eine im Wintersemester 1994/1995 bundesweit durchgeführte Befragung von Studierenden zu dem Ergebnis, dass Jura-Studierende im Vergleich zu anderen Studiengängen überproportional häufig aus AkademikerInnen-Haushalten stammten.

4. Lasst euch nicht unterkriegen!

Bitte versteht uns nicht falsch: Wir wollen mit diesen Bemerkungen nicht in das Geschäft mit der Examensangst einsteigen, in dem sich die Repetitorien so munter tummeln. Im Gegenteil: Wir wollen euch vor Augen führen, dass die Bedingungen, unter denen ihr euer Examen vorbereiten und absolvieren müsst, tatsächlich hart sind und dass die Angst davor keine persönliche Schwäche ist. Denn ganz egal, wie cool eure KommilitonInnen auch wirken: Uns AutorInnen ist niemand bekannt, den die Möglichkeit des Scheiterns im Examen vollkommen kalt gelassen hätte. Die Angst gehört zum Examen wie das Privatrecht – und zu lernen, mit ihr umzugehen, ist fast genauso wichtig für das Bestehen wie der Umgang mit dem BGB. Ein besonders perfider Zug des Staatsexamens liegt eben gerade darin, dass es zwar Angst systematisch erzeugt, dies aber nicht transparent macht. Wer mit „seiner" oder „ihrer" Angst nicht fertig wird, muss den nicht selten als demütigend empfundenen Gang zum psychologisch geschulten Profi antreten. Die Angst wird nicht als den Prüfungsbedingungen geschuldeter Normalzustand empfunden, sondern als Ausnahme pathologisiert. Ihr solltet also keinesfalls in Selbstzweifel verfallen, wenn ihr euch angesichts der Herausforderung Staatsexamen eingeschüchtert fühlt, sondern sofort damit aufhören, euch selbst die Schuld dafür zu geben. Weitere Hinweise zum Umgang mit Prüfungsangst findet ihr im dritten Teils dieses Buches ab S. 100.

D. (Falsche) Ratgeber

Es dürfte euch inzwischen klar geworden sein: Mit einem „Augen zu und durch" ist es nicht getan. Ebenso wenig sinnvoll ist es aber, einfach das zu tun, was alle anderen machen. Das Patentrezept für die Examensvorbereitung gibt es nicht. Auch wir wollen es nicht erfinden – denn welche Art der Vorbereitung sich am besten eignet, sollte jede/r für sich selbst entscheiden.

„Ratgeber" gibt es natürlich viele in dieser Zeit. Am massivsten treten dabei die kommerziellen Repetitorien auf. Kein Wunder, beraten sie doch in eigener Sache. Jedes Jahr aufs Neue müssen sie die ExamenskandidatInnen von ihrer Erforderlichkeit – oder zumindest von ihrer Nützlichkeit – überzeugen. Ökonomisch gesehen, ist das für die Reps eine ziemlich prekäre Situation, denn so etwas wie eine Stammkundschaft, die jedes Jahr wiederkommt, haben sie natürlich nicht. Dass deshalb der Mund ziemlich voll genommen wird, kann also nicht verwundern.

Die oben beschriebene Angst der Studierenden vor dem Examen ist das Kapital der Reps. Sie abzubauen liegt daher nicht in ihrem Interesse. Im Gegenteil: Die vermeintlichen Ursachen werden wortreich beschworen: Gewarnt wird etwa vor der „verwirrenden Fülle des Examensstoffes" und der „Kompliziertheit der Materie", natürlich auch vor der „sich ständig ändernden Rechtsprechung". Das alles ist nicht ganz falsch, zweifelhaft ist allerdings die Botschaft: Ohne die „Anleitung eines Profis", so die Repetitorien, könnten sich Studierende nur sehr schwer zurechtfinden. Versprochen werden Sicherheit und gute Noten, Bequemlichkeit und soziale Kontakte. Die Werbung ist erfolgreich, die Kurse der Reps sind voll. Doch Werbung bleibt Werbung; wer sie für bare Münze nimmt, ist selber schuld.

Auch die Ratschläge der ProfessorInnen sind häufig mit Vorsicht zu betrachten. Finanziell kann es ihnen zwar egal sein, wenn sich die Studierenden bei kommerziellen Repetitorien aufs Examen vorbereiten. Da dies jedoch häufig als Symptom für das Versagen der Universität gewertet wird, fühlen sich viele Profs in ihrer Ehre gekränkt. Teilweise haben sie ja auch Recht, denn die Universitäten bieten inzwischen durchaus ordentliche Programme zur Examensvorbereitung an. Dass die Säle der Repetitorien dennoch kaum leerer geworden sind, könnte man da durchaus als Undank der Studierenden werten.

Bedenklich ist es aber, wenn nun ProfessorInnen ihrerseits zu den Methoden der Rep-Werbung greifen, indem sie das Uni-Repetitorium als quasi unverzichtbar anpreisen. Teilweise werden mit dem Hinweis, dass ProfessorInnen auch PrüferInnen sind, sogar direkte Vorteile im Examen versprochen. Auch das ist mehr (unlautere) Werbung als sachliche Information.

Welche Interessen haben nun aber, so fragt ihr vielleicht, die AutorInnen dieses Buches? Eine berechtigte Frage. Selbstverständlich freuen wir uns, wenn das Buch sich gut verkauft. Aber für die hier vertretenen Positionen haben wir uns auch schon eingesetzt, als wir an dieses Werk noch überhaupt nicht dachten bzw. – im Fall der „zweiten Generation" – noch nicht wussten, dass wir an der Neuauflage beteiligt sein würden. Unser Interesse ist sozusagen aufklärerischer Natur. Wir verstehen nicht, warum Generationen von JuristInnen zum Repetitor rennen, anstatt auf den eigenen Kopf zu vertrauen. Wir sind davon überzeugt: Das „Examen ohne Rep" ist günstiger, erfolgreicher und außerdem fühlt man sich dabei auch besser. Und diese Erfahrung wollen wir euch vermitteln. Nicht als Werbung, sondern als guten Rat.

E. Grundtypen der Examensvorbereitung

Und das sind die Wege, die euch offenstehen, und die wir im Folgenden vorstellen wollen:

- kommerzielle Repetitorien,
- universitäre Angebote,
- Examen ohne Rep mit einer privaten Arbeitsgemeinschaft,
- Examen ohne Rep im Alleingang.

1. Die kommerziellen Repetitorien

Ein Repetitorium ist ein privates Unternehmen, das außerhalb der Universität gegen Entgelt Studierende der Rechtswissenschaft in Gruppen aufs Examen vorbereitet. So oder so ähnlich könnte eine Lexikon-Definition lauten. Im Unterschied zu ProfessorInnen konzentrieren sich RepetitorInnen ganz auf die Lehre. Methodisch spielt die Fallbearbeitung eine zentrale oder zumindest eine wichtige Rolle. Die Kurse sind geprägt vom schulartigen Frontalunterricht, zu dem auch das regelmäßige „Aufrufen" der HörerInnen gehört. Üblicherweise sitzt man in großen Gruppen von mehr als 50 Personen zusammen und zahlt dafür 100 bis 150 Euro pro Monat. Für Studierende, die es etwas exklusiver mögen, bieten einige der bekannten Repetitorien aber auch kleinere Gruppen bis hin zum Einzelunterricht an. Zu einem entsprechenden Preis, versteht sich. Die Kurse finden zwei- oder dreimal pro Woche statt und dauern drei bis fünf Stunden. Viele Repetitorien stellen eigene Unterrichtsmaterialien in Form von Skripten zur Verfügung. Auf diese Weise ist man für die Examensvorbereitung mehr oder weniger auf eine Lernmethode festgelegt, die in den jeweiligen Skripten angewandt wird. Daneben bieten die meisten AnbieterInnen eigene Klausurenkurse an.

Die Repetitorien setzen zwar in der Regel kein Vorwissen voraus, sondern beginnen bei Null – weshalb der Name „Repetitor" (Wiederholer) eigentlich nicht ganz korrekt ist. Durch die Klassenatmosphäre in den Lerngruppen entsteht allerdings, wie vielfach berichtet wird, eine Konkurrenzsituation und Wissenshierarchie, die auf einige Menschen motivierend, auf andere hingegen aber auch entmutigend wirken kann, wenn man das Gefühl hat, nicht so viel zu wissen wie die anderen.

a) Seit wann gibt es Repetitorien?

Repetitorien sind keine neumodische Erscheinung. Ihr erstes Auftreten wird teilweise mehrere hundert Jahre zurückdatiert. Mitgerechnet werden dann aber auch die „privaten" Vorlesungen von Professoren oder die Stunden beim persönlichen Privatlehrer, die einst manch trägem Studenten von den Eltern verordnet wurden. Der Beginn eines Repetitorienwesens heutiger Art wird im Preußen des 19. Jahrhunderts verortet.

Eine häufig gehörte These lautet in diesem Zusammenhang: Ohne Staatsexamen gäbe es auch keine Repetitorien. Tatsächlich beschränkten sich die Repetitorien, als Ende des 18. Jahrhunderts das Staatsexamen eingeführt wurde, jedoch darauf, die immer gleichen Prüfungen der Ersten Staatsprüfung auswendig lernen zu lassen (→ vgl. zur Geschichte des Staatsexamens auch oben S. 14 ff.). Als das Erste Staatsexamen, vor allem mit der Einführung des BGB, anspruchsvoller wurde, mussten sich die Repetitorien den veränderten Bedingungen anpassen. Die Privatlehrer begannen fortan, ähnlich zu „unterrichten" wie Hochschullehrer. Im Gegensatz zu jenen konzentrierten sie sich allerdings ganz auf Stoff und Niveau des Examens – und auf die Falllösungstechnik für die Klausuren. Damit war der Fortbestand der Repetitorien, deren Besuch von den Studierenden schon damals kaum hinterfragt wurde, gesichert.

Im Nationalsozialismus war der Repetitor weniger gern gesehen, da er als Konkurrenz zur gleichgeschalteten Universität galt. Direkt vorgegangen wurde jedoch nur gegen jüdische Repetitoren. Nach dem zweiten Weltkrieg nahmen auch die Repetitorien ihre Arbeit wieder auf. Zeitweise zurückgedrängt wurden sie nur, als mehrere Universitäten in den 1970er Jahren mit der Einphasenausbildung experimentierten. Hier wurde das Referendariat ins Studium integriert, wobei die Abfolge von Theorie und Praxiselementen für Repetitorien kaum noch Platz zu lassen schien – die lange Phase, die allein der Examensvorbereitung diente, war hierbei nicht mehr vorgesehen (→ vgl. zu den Reformversuchen auch oben S. 17).

Die 1970er Jahre brachten andererseits aber auch eine starke Zunahme der Studierendenzahlen, was das Geschäft für Repetitorien immer lukrativer machte. Neben den ortseingesessenen Einrichtungen entstanden überregional aktive Repetitorien wie Alpmann-Schmidt oder Hemmer. Nach Art eines Franchise-Systems werden dabei bundesweit einheitliche Materialien und Arbeitsmethoden verwandt. Im Wettbewerb versuchen sich gerade diese bundesweit tätigen AnbieterInnen mit eigenständigen Konzepten zu profilieren.

b) Fast alle gehen zum Kommerz-Rep

Was bleibt, ist die Feststellung, dass die Repetitorien mit ihren Konzepten und vor allem ihrer Werbung für sich gesehen großen Erfolg haben: Der Großteil der Studierenden geht hin, aus welchen Gründen auch immer – zum Teil auch schon während des Grundstudiums zur Vorbereitung auf die Semesterabschlussklausuren. Wie viele Studierende genau sich heutzutage beim Repetitor aufs Examen vorbereiten, ist nicht exakt festzustellen: Nach ungefähren Schätzungen sind es bundesweit aber wohl mehr als 85 %.

2. Angebote der Fakultäten zur Examensvorbereitung

Traditionell haben die juristischen Fakultäten die Examensvorbereitung als Privatsache der Studierenden betrachtet. Natürlich wurde der Stoff des Staatsexamens in der Universität gelehrt, was aber fehlte, war ein spezifisch aufs Examen ausgerichteter „zweiter Durchgang". Bei den preußischen Prüfungen des vorletzten Jahrhunderts hätten die Professoren dies wohl als Zumutung zurückgewiesen. Doch auch nach den Veränderungen des Staatsexamens blieb der universitäre Lehrkörper gegenüber einer vor allem an didaktischen Kriterien ausgerichteten Wissensvermittlung ziemlich reserviert. Die ProfessorInnen wollten keine „unwissenschaftliche Rechtskunde" nach Art der kommerziellen Repetitorien betreiben.

Allerdings gab es immer wieder auch HochschullehrerInnen, die von sich aus spezielle Veranstaltungen für ExamenskandidatInnen anboten. Geeignet waren diese allerdings eher als Ergänzung zu anderen Lernformen denn als eigen- und vollständiges Angebot, schließlich waren sie nicht in ein flächendeckendes Paket entsprechender Veranstaltungen eingebunden. Ob sie überhaupt stattfinden konnten, war ohnehin Jahr für Jahr eine Kapazitätsfrage, denn zuerst musste eine Fakultät ihre Pflichtangebote sicherstellen.

a) Uni-Repetitorien werden zum Standard

In den 1970er-Jahren begann dann der Zivilrechtler Wolfgang Harms quasi im Alleingang, neue Maßstäbe zu setzen. Ab 1971 in Kiel und ab 1976 in Münster organisierte er so genannte Wiederholungs- und Vertiefungskurse (WuV-Kurse). Ziel war das regelmäßige und verlässliche Angebot einer flächendeckenden Examensvorbereitung auf didaktisch hohem Niveau. Auswirkungen hatte dies auch auf die Repetitorien vor Ort. Alpmann-Schmidt verschwand nach Harms' Erinnerung an seinem Stammsitz Münster sogar einige Jahre von der Bildfläche.

Lange Zeit blieben die Pioniere allerdings ohne konsequente NachahmerInnen. Das Angebot der übrigen Fakultäten erschöpfte sich meist in Klausurenkursen. Erst Anfang der 1990er-Jahre kam bundesweit Bewegung in die Szenerie. Inzwischen bieten alle juristischen Fakultäten spezielle Programme zur Examensvorbereitung an. Diese folgen allerdings unterschiedlichen Konzeptionen und sind von unterschiedlicher Qualität (→ hierzu findet sich eine ausführliche Übersicht in Teil 5 auf S. 158-163).

b) Auf die Didaktik kommt es an

Zu beachten ist, dass die Qualität eines Uni-Reps nicht allein aus seinem Konzept ablesbar ist. Es kann inhaltlich flächendeckend und zeitlich lückenlos angeboten werden und doch auf wenig Interesse seitens der Studierenden stoßen. Für die Attraktivität eines Uni-Reps ebenso relevant ist eben auch die didaktische Leistung der Lehrenden. Sind sie in der Lage, den Stoff verständlich zu vermitteln? Können sie sich auf das Wesentliche beschränken? Und sind sie in der Lage, den selbstgesetzten Zeitplan auch einzuhalten? Das sind aus Sicht der Studierenden die entscheidenden Kriterien. Pluspunkte bringen auch die Ausgabe von Materialien und Skripten sowie von Zeitplänen mit dem geplanten Ablauf des Uni-Reps. Letzteres ist vor allem für private Arbeitsgruppen relevant, die sich am Programm der Uni-Angebote orientieren wollen.

Insbesondere wenn das universitäre Programm an die erste Stelle treten soll, kommt es auf die durchgehende Qualität der ProfessorInnen an. Die Studierenden vergleichen quasi die „Pakete" der staatlichen und kommerziellen AnbieterInnen. Findet sich dabei ein Ausreißer nach unten, wird das Paket als Ganzes abgelehnt. Es werden höchstens noch einzelne Veranstaltungen zur Ergänzung besucht. Diese Paketorientierung der Studierenden ist ein Vorteil für kommerzielle Repetitorien, denn diese haben es natürlich leichter, eine schwache Lehrkraft wieder loszuwerden. An den Fakultäten kommt es deshalb sehr darauf an, diejenigen ProfessorInnen zu identifizieren, die für eine derartige Aufgabe besonders geeignet sind – und diese müssen dann auch bereit sein, den Job regelmäßig zu übernehmen. So konnten die kommerziellen Repetitorien in Münster ihre Schwächephase erst überwinden, als damit begonnen wurde, die WuV-Kurse reihum an alle Interessierten – und damit auch an ungeeignete – ProfessorInnen zu vergeben.

3. Examen ohne Rep

Schon immer gab es Studierende, die das Examen ohne kommerzielles Repetitorium in Angriff genommen haben. Sei es, weil ihnen der Repetitor zu teuer war, sei es, weil sie seinen Nutzen nicht sahen. Immer wieder fanden und finden sich auch in den juristischen Fachzeitschriften kürzere Beiträge, in denen AutorInnen ihre persönlichen Erfahrungen mit einem bestimmten Lernsystem empfehlend weitergeben (→ vgl. die Literaturhinweise „Examen ohne Repetitor" ab S. 214).

Eine erste Broschüre zum „Examen ohne Rep", erstellt von der Freiburger Jura-Fachschaft, fand 1994 in einem halben Jahr bundesweit 3000 InteressentInnen. Das Beispiel machte Schule. In der Folgezeit produzierten mehrere Fachschaften (z. B. in München und Bielefeld) eigene Broschüren, in denen ebenfalls Erfahrungsberichte und AG-Pläne zusammengestellt waren. Die Freiburger Broschüre ist inzwischen bereits in der vierten Auflage erschienen.

Das Examen ohne Rep wurde zugleich auch als ausbildungspolitisches Thema begriffen. So befasste sich der Bundesarbeitskreis Kritischer Juragruppen (BAKJ) bereits 1995 auf einem Bundestreffen mit dem Thema und forderte in einem Positionspapier die Universitäten auf, bessere Angebote zu schaffen. Aber auch die Studierenden wurden ermuntert, nicht auf den Staat zu warten, sondern ihr Geschick in die eigenen Hände zu nehmen und „selbst organisierte Examensarbeitsgruppen" zu bilden.

Von dieser politisierten Aufbruchstimmung ist zwar heute nicht mehr viel zu spüren. Nichtsdestotrotz ist das Examen ohne Rep als eine mögliche Alternative keineswegs verschwunden – vielmehr ist diese Art der Vorbereitung heutzutage nicht mehr, wie noch vor 15 Jahren, als total exotisch verschrien. Stattdessen scheinen immer mehr Jurastudierende für sich festzustellen, dass es „auch ohne" geht – denn schließlich gehört man nicht mehr nur zu einer Graswurzelbewegung, sondern es gibt viele Vorbilder, die ihr Examen ohne Rep mehr als gut gemeistert haben.

An vielen Orten versucht man zusehends, die Hemmung zu reduzieren, das Examen ohne fremde Hilfe anzugehen. Das „Examen ohne Rep" wird in Veranstaltungen vorgestellt und diskutiert, zur Vermittlung von AG-PartnerInnen gibt es „Börsen" oder es werden Wochenendseminare abgehalten. Auch manche Fakultät unterstützt solche Aktivitäten, etwa indem sie AnsprechpartnerInnen benennt, an die sich Examens-AGs bei fachlichen oder organisatorischen Problemen wenden können (→ Beispiele finden sich in Teil 5 ab S. 154).

Die Examensvorbereitung ohne Repetitorium kann dabei grundsätzlich in zwei unterschiedlichen Formen stattfinden: Man kann sich in einer privaten Arbeitsgemeinschaft mit anderen KommilitonInnen organisieren oder sich ganz alleine vorbereiten.

a) Vorbereitung in der AG

Von denjenigen, die sich zum „Examen ohne Rep" entschließen, organisieren sich die meisten in einer privaten AG. Eine Arbeitsgemeinschaft hat gegenüber dem Alleingang – je nach den eigenen Bedürfnissen – drei wesentliche Vorzüge:

- eine gemeinsame Arbeitsstruktur,
- ein diskursives Klima,
- ein stabilisierendes soziales Umfeld.

Gemeinsame Arbeitsstruktur

Wie das Repetitorium, kann die private Arbeitsgemeinschaft eine klare Arbeitsstruktur bieten. Zum einen trifft man sich – in der Regel – zu festen Zeiten an einem festen Ort. Zum anderen werden die meisten AGs anhand eines Plans gestaltet (→ einige beispielhafte Lernpläne finden sich in Teil 6 ab S. 167). Dabei bieten AGs sogar noch mehr Sicherheit als die Teilnahme am Rep-Kurs: Denn Zeit, Ort und inhaltliche Gestaltung haben allesamt eine gewisse Verbindlichkeit, man ist noch stärker als beim Rep verpflichtet, zu kommen und aktiv mitzumachen, denn die anderen müssen sich darauf verlassen können. Durch den AG-Plan ist daneben sichergestellt, dass man nicht trödelt. Gewährleistet ist auch, dass der Stoff flächendeckend abgearbeitet wird und man nichts Wichtiges vergisst. Im Gegensatz zur Struktur eines Repetitoriums ist der AG-Plan freilich nicht vorgegeben, sondern kann eigenhändig mit den AG-PartnerInnen erarbeitet werden – dadurch kann man den eigenen Ansprüchen, Bedürfnissen und Wissenslücken am ehesten gerecht werden. Der Plan kann außerdem gegebenenfalls im Laufe der Zeit angepasst werden – möglicherweise ist man mal zwei Wochen krank und aus anderen Gründen arbeitsunfähig, oder die AG wird mit einem Thema schneller oder langsamer fertig als gedacht.

Die AG kann natürlich mehr oder weniger stringent geplant sein. Wem die exakte Abstimmung eines Lernplans zu viel ist, der/die kann sich darauf beschränken, mit den KommilitonInnen mehr oder weniger regelmäßig Fälle zu lösen, ohne den gesamten Lernstoff abzudecken oder gar durchzusprechen.

Diskursives Klima

Die Arbeit in der AG ist diskursiv angelegt. Das ist gut für die Konzentration, denn die TeilnehmerInnen sind immer gefordert. Auf diese Weise vermeidet man auch, sich beim Lernen allzu schnell selbst zu betrügen – dass man eine Sache nicht verstanden hat, merkt man häufig erst dann, wenn man sie anderen Leuten erklären muss. Außerdem entspricht diese Arbeitsweise auch eher dem juristischen Denken, das ja stark von streitenden Theorien, herrschenden und abweichenden Meinungen lebt. Auch für die mündliche Prüfung ist die permanente verbale Auseinandersetzung äußerst hilfreich.

Stabilisierendes soziales Umfeld

Das stabile soziale Umfeld, das die AG darüber hinaus bietet, ist gerade in der Examensphase wichtig. Schließlich beschäftigt man sich den ganzen Tag mit Dingen, die für andere Menschen ziemlich uninteressant sind. Da ist es gut, sich regelmäßig mit LeidensgenossInnen zu treffen, denen es ähnlich geht und auf deren Hilfe und Zuspruch man sich verlassen kann.

b) Die individuelle Examensvorbereitung

Die ganz individuelle Examensvorbereitung ohne jegliche Arbeit in der Gruppe bietet, gegenüber der Vorbereitung in der privaten Arbeitsgemeinschaft und erst recht im Vergleich zum Repetitorium, mehrere Vorteile:

- hohe Flexibilität,
- kein zusätzlicher sozialer Druck.

Hohe Flexibilität

Wer alleine lernt, will sich seine Flexibilität bewahren und spart sich viele Diskussionen um Plan, Organisation und Niveau einer Arbeitsgruppe. Man kann, noch eigenständiger als in der privaten Arbeitsgemeinschaft, eigene Schwerpunkte setzen und das Tempo selbst bestimmen. Themen, die die Alleinlernerin bereits gut beherrscht, kann sie überspringen. Dafür hat sie Zeit, besonders gewinnbringende Fragen nach Belieben zu vertiefen. Schließlich ist die Vorbereitung ohne jede Arbeitsgruppe für all diejenigen gut geeignet, die am liebsten und besten durch die Lektüre von Texten und Büchern lernen können – für manch eine/n ist es schlichte Zeitverschwendung, sich den Lernstoff anzuhören oder ihn zu besprechen.

Kein zusätzlicher sozialer Druck

Auch für Menschen, die ohne den Druck von anderen besser lernen können, ist dies die ideale Arbeitsform. Manch eine/r isoliert sich in einer Lernphase auch einfach gern – und sei es, weil man das Gefühl hat, schon genug mit Jura zu tun zu haben, und nicht andauernd noch andere Jurastudierende treffen will.

Mut zum Wechsel

Neben denjenigen, die von Beginn an allein lernen, gibt es noch eine zweite Gruppe, die erst im Laufe der Examensvorbereitung hierzu übergeht – sei es, weil sie mit dem Rep unzufrieden sind, sei es, weil ihre AG auseinanderfällt. Man sollte auch das nicht bloß als „Notlösung" sehen. Denn strukturierte Angebote wie ein Rep oder eine nach Plan arbeitende AG sind vor allem zu Beginn der Examensvorbereitung hilfreich. Hat man sich jedoch erst einmal ans Lernen gewöhnt und einen Überblick über Struktur und Dimension des zu bewältigenden Stoffs gewonnen, so wird das Alleinlernen schnell seinen

Schrecken verlieren, und man kann die Vorteile des eigenständigen Arbeitens doch noch etwas ausnützen.

Nicht nur für „Überflieger"

Dass diese Art der Vorbereitung besonderen Mut und besonderes Selbstbewusstsein verlangt, stimmt jedenfalls nur aus einem Grund: Es machen einfach die wenigsten. Dass man allerdings ein besonders schlauer Kopf oder anderweitig „krass drauf" sein muss, um sich „ohne alles" vorzubereiten, ist unseres Erachtens ein Gerücht. Es kommt allein darauf an, welche Bedürfnisse man hat – *lernen* muss man, egal welche Form der Vorbereitung man wählt, ohnehin selbst.

4. Mischformen

Faktisch benutzen die meisten ExamenskandidatInnen – dies bestätigen auch zahlreiche unserer InterviewpartnerInnen (→ siehe nur das Interview mit Lotta Leichtsinn ab S. 136) – nicht nur eine einzige Vorbereitungsform. Denn egal ob Kommerz-, Uni-Rep oder eine private AG gewählt wurde, daneben muss – wie gesagt – jede/r in erster Linie für sich selber lernen. Nur die „SolistInnen" sind vom Zwang befreit, zwei Arbeitsformen aufeinander abstimmen zu müssen.

Viele besuchen ein kommerzielles Repetitorium oder universitäre Angebote und sind außerdem noch in einer AG organisiert. Steht dabei der Rep im Vordergrund – was beim Kommerz-Rep die Regel sein dürfte, schließlich hat man teures Geld dafür bezahlt –, dient die AG vor allem dem persönlichen Gespräch. Hier kommt man auch selbst in ausreichendem Maß zu Wort und kann dabei das Prüfungsgespräch einüben. Außerdem bietet die AG einen Rahmen, persönliche Unsicherheiten und Probleme offen anzusprechen. Zu beachten ist allerdings, dass dies eine äußerst zeitaufwendige Form der Examensvorbereitung ist.

Umgekehrt kann auch die AG im Mittelpunkt stehen und ein Rep nur als Ergänzung dienen – typischerweise ist das dann ein kostenloses Uni-Rep. Gleichgewichtig sind Uni-Rep und private AG dann, wenn die AG ihr Programm auf den Plan des Uni-Angebotes abstellt. Voraussetzung hierfür ist allerdings, dass das Uni-Rep überhaupt einen konkreten und verlässlichen Plan über den Inhalt der einzelnen Stunden ausgibt. An den meisten Unis ist das leider noch nicht üblich. Notwendig ist im Übrigen, dass das Uni-Rep kontinuierlich angeboten wird. Viele Fakultätsangebote pausieren jedoch noch immer in den Semesterferien und sind dafür meist im Semester zu umfangreich.

Daneben gibt es die Möglichkeit des „Rosinenpickens", das sich vor allem auf die Uni-Angebote bezieht: Man geht zu einem bestimmten Wiederholungskurs, weil der/die DozentIn besonders gut ist. Wenn die AG-Arbeit ganz im Vordergrund steht, bleibt schon aus Zeitgründen nichts anderes übrig, als sich bezüglich des Uni-Reps auf das besonders attraktive Sahnehäubchen zu beschränken. Beim Kommerz-Rep ist so etwas weniger üblich und möglich, da es meist im Paket angeboten wird, man also alles zahlen müsste, auch wenn man gerne nur den Strafrechts-Kurs nutzen würde.

Schließlich gibt es noch unfreiwillige Mischformen, bei denen eine Arbeitsform durch eine andere abgelöst wird. Erwähnt wurden schon die KandidatInnen, die beim Rep oder aus ihrer AG aussteigen, um alleine weiterzulernen. Umgekehrt gibt es auch die Panikreaktion, kurz vor dem Examen doch noch schnell zum Rep zu gehen.

Man sollte sich allerdings über eines im Klaren sein: In der Examensphase ist jede/r nervös; es gehört daher einfach dazu, dass man am eingeschlagenen Weg zu zweifeln beginnt. Dies allein rechtfertigt noch keinen Wechsel der Arbeitsform. Leichtfertiges Experimentieren kann euch sogar völlig aus dem Gleichgewicht bringen. Anders sieht es dagegen aus, wenn man sich nicht nur sicher ist, dass die bislang praktizierte Arbeitsform ineffizient ist, sondern auch schon eine Alternative im Blick hat, die bessere Lernerfolge verspricht. In diesem Fall sollte man den Wechsel wagen, auch mitten in der Examensvorbereitung. Schließlich geht es nicht nur um eine Prüfung, die fürs weitere Leben recht wichtig sein kann, sondern auch ums eigene Wohlbefinden.

Unser Eindruck ist, dass im Rahmen von Arbeitsform-Wechseln eher ein Rep-Besuch aufgegeben als später doch noch begonnen wird. Möglich ist ein Wechsel der Arbeitsform zu jeder Zeit. Selbst beim Rep wird in der Regel nach Monaten bezahlt, so dass ein Ausstieg kein Problem darstellt. In der AG kann dies allerdings moralisch etwas schwieriger sein, schließlich wollte man sich ja aufeinander verlassen können.

F. Die Abwägung

So, damit wären nun die Möglichkeiten, zwischen denen ihr euch entscheiden könnt, einigermaßen umfassend vorgestellt. Wer jetzt schon ganz genau weiß, dass eine private Examens-AG für ihn oder sie genau das Richtige ist, braucht den folgenden Abschnitt nicht unbedingt weiterzulesen. In Teil 2 dieses Buches wird näher beschrieben, wie man AG-PartnerInnen findet, sich einen AG-Plan erstellt und wie die AG-Arbeit konkret aussehen kann. Und diejenigen, die eigentlich schon immer wussten, dass sie im eigenen Rhythmus am besten lernen, können sogar schon zu Teil 3 weiterblättern. Dort wird erläutert, wie man die richtigen Lernmaterialien findet, welche Erkenntnisse der Lernpsychologie man berücksichtigen sollte und wie man trotz allem Stress glücklich bleibt.

Für alle anderen, die die Frage „Rep oder nicht?" immer noch quälend im Herzen wälzen, haben wir im Folgenden noch einmal alle Argumente zusammengetragen, die für ein Examen ohne Repetitor sprechen. Den roten Faden unserer Betrachtungen sollen dabei die vermeintlichen Gründe für den Rep-Besuch bilden – gerade weil sie so allgemein verbreitet sind, dass sie in der Regel kaum hinterfragt werden. Am Beginn jedes Unterpunktes werdet ihr deshalb ein Zitat finden, das ihr sicher schon von KommilitonInnen gehört habt, die sich für den Repetitor entschieden haben.

1. Selbstdisziplin

„Wenn ich Geld bezahlt habe, kann ich mich besser aufraffen".

So etwas kann nur jemand sagen, der/die den Repetitor mit universitären Veranstaltungen vergleicht. In privaten Arbeitsgruppen sind Probleme mit der Disziplin dagegen in aller Regel unbekannt. Im Gegenteil, viele AG-TeilnehmerInnen berichten, dass erst der hohe Arbeitsdruck in der AG sie zu ungeahnten Examensanstrengungen motivierte.

a) Wirksame Motivation durch Gruppendruck

Dabei spielen drei zentrale Mechanismen zusammen:

- ■ *Verantwortung*: Alle AG-TeilnehmerInnen sind gemeinsam für den Erfolg der AG verantwortlich. Eine besondere Verantwortung hat dabei reihum derjenige, der die jeweilige AG-Sitzung planen und vorbereiten muss. Aber auch die anderen können sich nicht auf die faule Haut legen, soll die AG-Sitzung nicht zum Monolog verkommen. Alle wissen: Wer sich zu lax vorbereitet, schädigt nicht nur sich selbst, sondern auch die anderen.

■ *Erwartung:* Was die Verantwortung der einen ist, ist die berechtigte Erwartung der anderen. Kommt Unzufriedenheit bezüglich der Arbeitsmoral einzelner AG-Mitglieder auf, zeigen die anderen dies schnell mehr oder weniger deutlich durch spitze Fragen, mürrische Mienen und schlechte Stimmung. Nur besonders unsensible Gemüter schaffen es, diese Art von Gruppendruck zu ignorieren.

■ *Partizipation:* Gleichzeitig ermöglicht die Kleingruppen-Atmosphäre in der AG ein motivierendes Arbeitsklima. Eine Dreier- oder Vierergruppe ermöglicht eine viel aktivere Beteiligung als ein Rep mit Frontalunterricht und 20 bis 150 Leuten im Saal. Man hat nicht nur mehr Erfolgserlebnisse, auch auf individuelle Fragen kann viel ausführlicher eingegangen werden. In der AG steht nicht der Repetitor im Mittelpunkt, sondern jedes einzelne AG-Mitglied.

Und es kann wohl kaum gesagt werden, dass die Motivation jener, die zum Rep gehen, größer ist als die derjenigen, die sich „kostenlos" aufs Examen vorbereiten. Empirisch betrachtet ist es wahrscheinlich eher umgekehrt. In puncto Fachdidaktik sind die Repetitorien ungefähr so fortschrittlich wie staatliche Sekundarschulen in Süddeutschland. Entsprechend verhält es sich mit dem Arbeitsklima. Hinzu kommt die verbreitete Neigung, das Publikum mit Witzen auf Kosten von TeilnehmerInnen zu erheitern, die über besonders geringe juristische Vorkenntnisse verfügen.

Natürlich muss man sich trotzdem aufraffen, um morgens um neun Uhr beim Rep im Saal zu sitzen. Doch konkret geleistet hat man damit noch gar nichts – es sei denn, man gehört zu der kleinen Minderheit, die durch bloßes Zuhören schon gut lernen kann. Eher jedoch besteht die Gefahr, dass sich die Rep-TeilnehmerInnen in falscher Sicherheit wiegen, nur weil sie von nun an einen geregelten Tagesablauf haben. Der allein hilft noch nicht weiter, auf die Motivation zum Selbststudium kommt es an, und die ist in der privaten AG deutlich höher.

b) Kostendruck motiviert nicht

Wie aber sieht es mit der motivierenden Wirkung der Rep-Gebühren aus? Im Schnitt 1.200 Euro kostet der einjähriger Examenskurs beim Repetitor. Wer so viel Geld investiert, will, dass sich das eingesetzte Kapital auch amortisiert. Man ist so zusagen UnternehmerIn in eigener Sache.

Dennoch ist dieses häufig gehörte Argument etwas erstaunlich. Denn es sieht völlig davon ab, was man für das eingesetzte Geld bekommt. Es geht ja gerade nicht darum, für das investierte Geld eine besonders gute Examensvorbereitung zu erhalten. Investiert wird eigentlich nur in die eigene Motivation im Kampf gegen den inneren Schweinehund: Man zahlt, um sich morgens aufraffen zu können. Und für den Fall, dass das schöne Geld zum Fenster hinausgeworfen war, droht man sich schon vorab ein besonders schlechtes Gewissen an. Dabei wird immerhin völlig zu Recht davon ausgegangen, dass der Examenserfolg zu ganz großen Teilen von der eigenen Leistung abhängt, dass der Rep also nur ein Hilfsmittel ist wie andere auch.

Wenn der übers Materielle vermittelte Motivationsanreiz so groß ist wie dieses Argument suggeriert, ließe er sich auch sinnvoller einsetzen. Etwa indem der Prüfling gelobt, einen Betrag von 1.200 Euro an „Pro Asyl" zu spenden, wenn das Examen nicht oder nicht mit der gewünschten Note bestanden wird. Dies hat neben dem guten Zweck den Vorteil, dass das Geld anders als beim Repetitor nicht auf jeden Fall futsch ist, sondern nur beim Verfehlen des selbstgesteckten Ziels. Dass uns niemand bekannt ist, der sich auf diese Weise für sein Examen motiviert hat, ist vielleicht das beste Indiz dafür, dass der Lernanreiz durch den materiellen Verlust auch beim Rep nicht allzu groß ist.

c) Kosten kosten auch Zeit

Noch ein Gesichtspunkt, der zwar nicht alle betrifft, aber für alle diejenigen unter euch ziemlich wichtig sein dürfte, die nicht mit reichen Eltern gesegnet sind: Der Rep kostet bis zu 150 Euro pro Monat, die man entweder hat oder nicht hat. Wer sie nicht hat, muss in der Regel arbeiten gehen und hat damit gleich zwei zusätzliche Probleme am Hals. Zum einen ist es derzeit gar nicht mehr so leicht, einen ausreichend bezahlten Job zu finden, der mit eurer Situation als StudentIn zu vereinbaren ist; die allgemeine Arbeitslosigkeit im Segment ungelernter Tätigkeiten hat diesen Teil des Arbeitsmarktes deutlich ausgedünnt.

Entscheidend aber ist, dass durch den Zwang zu arbeiten einfach Zeit verloren geht, und das in einer Phase, in der man bei nüchterner Kalkulation Nebenjobs zu Gunsten des Selbststudiums eher reduzieren sollte, statt sie auszuweiten. Zieht man die Arbeitszeit also nicht vom Privatleben ab, dann bleibt letztlich weniger Zeit zum Lernen. So gesehen ist der Rep also nicht einmal eine Erleichterung, sondern eher eine zusätzliche Belastung in der Examensphase.

2. Bequemlichkeit

„Beim Rep bekomme ich den Stoff in gut strukturierten Materialien präsentiert und spare deshalb viel Zeit."

Auf den ersten Blick könnte man sagen, hier wiegt sich manches wieder auf. Die Zeit, die man verliert, weil man zusätzlich arbeiten muss, wird dadurch wieder aufgeholt, dass man sich um vieles nicht zu kümmern braucht. Und für diejenigen, die dank spendabler Eltern oder aus anderen Gründen genug Geld besitzen, scheint der Rep echte Zeitersparnis zu bringen – die dann wieder dem Privatleben zugute kommen könnte.

a) Welcher Rep passt zu mir? Eine aufwändige Auswahl

Doch geht diese Rechnung nur auf den ersten Blick auf. So gibt es nicht „den" Repetitor mit „den" Rep-Materialien. Die Unterschiede sind beträchtlich. Manche Reps erschlagen ihre TeilnehmerInnen mit Bergen von Material, bei anderen bekommt man nur sehr wenig und knapp gehaltenen Lesestoff. Die einen setzen ganz auf Fälle, die anderen auf vollständige Stoffvermittlung. Beim einen sitzen 150 Leute im Saal, beim anderen sind es maximal 20. Wer das Passende finden will, muss also erst einmal vergleichen. Und das kostet bei fünf bis acht Angeboten pro größerer Unistadt einige Zeit. Es genügt ja auch nicht, einmal zu jedem Rep hinzugehen, denn meist werden die Kernfächer Straf-, Zivil- und Öffentliches Recht von unterschiedlichen MitarbeiterInnen präsentiert. Und wenn die Zivilrechts-Frau besonders gut ist, heißt dies noch lange nicht, dass man auch mit dem Strafrechtler klarkommt.

Natürlich gehen auch fast alle, die mit einem „Examen ohne Rep" liebäugeln, zuvor mal probehören. Bei dieser Grundeinstellung gibt man sich aber meist schon mit einem einmaligen Besuch bei einem beliebigen Rep zufrieden; so hat man gesehen, dass dort auch nur mit Wasser gekocht wird und ist beruhigt.

Neben den didaktischen Fähigkeiten der einzelnen RepetitorInnen sollten Rep-InteressentInnen auch die Materialien gut vergleichen. Es gibt Repetitorien, bei denen insgesamt rund 2.000 Seiten Skripten durchzuarbeiten sind. Hier steht offensichtlich nicht die gezielte Selektion und Aufarbeitung des Stoffes im Vordergrund, sondern das pure Sicherheitsdenken. Zwar wird dabei die Erwartung, dass man beim Rep nichts verpasst, sicher gut bedient. Jedoch muss dann auch ordentlich gebüffelt werden. Fürs Verständnis bringt diese rein quantitative Wissenshuberei, in der fast jede irgendwann einmal diskutierte Theorie präsentiert wird, ohnehin recht wenig.

Auf der anderen Seite sind aber auch besonders knappe Materialien bedenklich. Man kann den Stoff auch so verkürzen, dass nur noch Ergebnisse mitgeteilt werden. Mit diesem Wissen kann man dann zwar Standardfälle lösen, die aber sind im Examen rar. Typisch ist eher das unbekannte Problem, bei dem man zeigen kann, dass man die Grundgedanken von Gesetz, Rechtsprechung und Lehre auch verstanden hat.

Dazwischen gibt es natürlich auch Materialien, die didaktisch gut aufbereitet sind, einen annehmbaren Umfang und akzeptable wissenschaftliche Tiefe aufweisen. Empfehlungen wollen wir aber schon deshalb nicht geben, weil letztlich jede/r selbst herausfinden muss, womit er/sie gut zurecht kommt.

b) Der Vergleich von Lernmaterial ist produktiv

Im Vergleich zur Selektion passender Rep-Materialien haben es AGs oder Alleinlernende mit der Auswahl individuell geeigneter Lehrbücher eher einfacher. Die in Frage kommenden Bücher stehen in den juristischen Fachbibliotheken nebeneinander und sind in den Lehrbuchsammlungen ausleihbar. Man kann sie also einfach mal nebeneinanderlegen und dann bei bestimmten Problemen vergleichen: Welcher Stil sagt mir besser zu? Wo begreife ich leichter?

Teilweise sind in den Bibliotheken auch die Skripten von Repetitorien (z. B. Alpmann-Schmidt) vorhanden. Diese sind zwar nicht exakt mit den Kursmaterialien identisch, aber nach ähnlichem Muster aufgebaut. Man muss also nicht unbedingt auf Rep-Materialien verzichten, wenn man nicht die teuren und zeitaufwendigen Kurse belegen will. Vielmehr kann man sogar (je nach Rechtsgebiet) abwechselnd die Skripten verschiedener Unternehmen nutzen.

Schließlich sollte man die Zeit, die man zum Auswählen des idealen Lernmaterials benötigt, nicht als verlorene Zeit ansehen. Wer nur deshalb ein bestimmtes Lehrbuch benutzt, weil es die beste Freundin empfohlen hat, der spart vielleicht Zeit, verpasst aber auch die eine oder andere Erkenntnis über den zu lernenden Stoff und das eigene Lernverhalten.

Das gleiche gilt für das Aufstellen eines Lernplanes. Wer blind eine Vorlage übernimmt (z. B. den Plan einer anderen AG), liegt zwar sicher nicht völlig falsch, hat aber die Chance verpasst, sich einen Überblick über den gesamten Stoff zu verschaffen und ein Gefühl für das zu leistende Pensum zu bekommen.

Auch die gewissenhafte Auswahl des geeigneten Repetitoriums kann in diesem Sinne wichtige Erkenntnisse bringen. Nur muss man sich auch hierfür genügend Zeit nehmen. Insofern ergibt sich allerdings für die Rep-InteressentInnen ein Dilemma: Prüfen sie die Angebote der verschiedenen Repetitorien gründlich genug, dann haben sie gegenüber einer AG, die sich ihre Materialien selbst zusammenstellt, keinerlei Zeit gewonnen. Verzichtet man dagegen aus Bequemlichkeit auf diesen Aufwand, landet man leicht bei einem Rep, mit dem man später unzufrieden ist.

3. Sicherheit

„Beim Rep kann ich sicher sein, dass mir nichts durch die Lappen geht."

Wer mit der Prüfungsvorbereitung beginnt, hat naturgemäß nicht das Gefühl, alles im Griff zu haben. Weder kann man die Relevanz aller Rechtsgebiete richtig einschätzen, noch ist man gewohnt, neue Rechtsprechung im Auge zu behalten. Gerne greift man da auf professionellen Rat zurück. Die Repetitorien bedienen so nicht zuletzt das Sicherheitsbedürfnis der ExamenskandidatInnen.

a) Es gibt kein Geheimwissen

Reps pflegen die Legende, sie könnten besonders gut abschätzen, was im Examen „drankomme". Manchmal wird sogar der Eindruck erweckt, eine kontinuierliche Beobachtung des Prüfungsgeschehens erlaube Prognosen für die Zukunft, etwa derart: „Erbrecht war jetzt schon zwei Jahre hintereinander dran, das kommt diesmal eher nicht."

Doch wer wird sich schon guten Gewissens auf solche Kaffeesatzleserei verlassen? Sie ist allenfalls denjenigen Trost, die sich ohnehin mit dem Erbrecht schwer tun.

Natürlich versuchen RepetitorInnen in Erfahrung zu bringen, welche Probleme und Rechtsgebiete jeweils Gegenstand der Klausuren waren. Damit erlangen sie aber kein Geheimwissen, denn auch die ProfessorInnen erfahren (und zwar auf direkterem Wege), welche Klausuren in ihrem Fach gestellt wurden. Nach einer Sperrfrist werden die Klausuren ohnehin häufig in Fachzeitschriften veröffentlicht. „Wir wissen, was wir prüfen und wir reden auch darüber", dieser Werbeslogan des Uni-Reps in Münster führt jedoch ebenfalls in die Irre. ProfessorInnen wissen zwar, was und wie sie in den mündlichen Prüfungen fragen (und schon hier muss man Glück haben, in seinem Prüfungsausschuss gerade eine solche Professorin zu haben, die man etwas besser kennt). Was aber Gegenstand der Klausuren kommender Prüfungen ist, wissen die HochschullehrerInnen natürlich auch nicht. Die Examensklausuren werden zwar zu großen Teilen von ProfessorInnen entwickelt (in manchen Bundesländern sogar ausschließlich von ihnen) und beim Prüfungsamt eingereicht. Welche Klausuren dort aber ausgewählt werden, weiß bis kurz vor der Prüfung nur das Prüfungsamt selbst.

Manche Repetitorien werben damit, dass viele „Examensthematiken" schon zuvor in ihrem Kursprogramm durchgesprochen wurden. Hier werden bei den KandidatInnen allerdings gefährliche Erwartungen geweckt. Denn in der Klausur ist die Erinnerung an einen bekannten Fall nicht immer hilfreich. Oft übersieht man vor lauter Freude über das Wiedererkennen von Ähnlichkeiten die Eigenheiten des aktuell zu lösenden Falles. Auch hier gilt: Zuviel Vertrauen macht blind.

b) Flächendeckende Angebote gibt es nicht nur beim Rep

Was die Reps dagegen bieten, ist ein einigermaßen flächendeckender Überblick über den „gesamten prüfungsrelevanten Pflichtstoff", anders ausgedrückt: „das unabdingbare juristische Basis- und Strukturwissen". Die Angst vor dem übersehenen Nebengebiet, vor der verpassten Grundsatzentscheidung oder vor der falschen Gewichtung der Lernkapazität, diese Angst treibt die Studierenden zum Repetitor, der ihnen Sicherheit verspricht und bietet.

Von den Uni-Reps wird zwar auch häufig ein flächendeckendes Programm versprochen. Doch hier sind in manchen Fakultäten noch Zweifel angebracht. Immer wieder verzetteln sich Profs im Klein-Klein und kommen mit dem vorgesehenen Stoff nicht durch. Viele Unis bieten Wiederholungs- und Vertiefungskurse auch heute noch nur im Semester an. Wer in den Semesterferien nicht auf der faulen Haut liegen will, muss sich dann doch selbst ein Programm zusammenstellen.

Private Arbeitsgemeinschaften stellen dagegen mit Hilfe eines AG-Planes sicher, dass ihnen kein wichtiges Rechtsgebiet durch die Lappen geht und sie sich nicht verzetteln. Um herauszufinden, auf welchen Stoff sich das Examen bezieht, genügt bereits ein Blick in die Juristenausbildungsgesetze der Länder und ihre jeweiligen Prüfungsordnungen. In Nordrhein-Westfalen sieht man dort etwa, dass die ersten drei Bücher des BGB in vollem Umfang gefragt sind, während aus dem besonderen Teil des StGB nur bestimmte Abschnitte relevant sind und das Landesdatenschutzgesetz als Teil des öffentlichen Rechts in der Prüfung gar nicht interessiert. Auch die Gewichtung der großen Rechtsbereiche (Zivilrecht, Öffentliches Recht und Strafrecht) lässt sich bereits aus der Prüfungsordnung erschließen. Wenn beispielsweise fünf Klausuren zu schreiben sind und diese sich auf zweimal Zivilrecht, zweimal Öffentliches Recht und einmal Strafrecht aufteilen, dann lässt sich daraus unschwer eine grobe Einteilung des Lernpensums gewinnen (→ ausführlich wird die Erstellung eines AG-Planes im nächsten Kapitel ab S. 51 beschrieben).

Solche AG-Pläne stellen natürlich genauso wenig eine Erfolgsgarantie dar wie der Besuch beim Rep. Sie bieten jedoch Sicherheit und Orientierung und beseitigen damit eine wichtige Hemmschwelle gegen ein „Examen ohne Rep". Wie schon oben erwähnt, sollte die Planerstellung auch nicht als Zeitverschwendung missverstanden werden. Vielmehr ist sie der erste Schritt zur produktiven Aneignung des Lernstoffes.

c) Die Freiheit nicht vergessen!

Der private AG-Plan erlaubt es außerdem, auf individuelle Lernbedürfnisse der Gruppe einzugehen. Zu Beginn der Examensvorbereitung (und bei Bedarf auch noch später) kann die Gewichtung der Themen im Hinblick auf Stärken und Schwächen der TeilnehmerInnen variiert werden.

An Flexibilität sind dem nur noch die echten EinzelkämpferInnen überlegen, die teilweise von Woche zu Woche entscheiden, was bei ihnen auf dem Programm steht – so auch unsere Interviewpartnerin Ulrike Lembke (→ vgl. S. 150). Sie erklären diese Flexibilität auch zum Hauptgrund für ihre Entscheidung, sich allein auf das Examen vorzubereiten. Dieses Mehr an Freiheit erkaufen sie natürlich mit einem Verlust an Sicherheit. Deshalb benötigen AlleinlernerInnen wohl auch ein etwas größeres Selbstvertrauen als AG-Mitglieder.

Lernen kann man von ihnen, dass es nicht entscheidend ist, beim erarbeiteten Stoff keinerlei Lücken mehr zu haben, sondern die Dinge wirklich zu verstehen. Und da kann es schon mal Sinn machen, ein Angstthema so ausführlich zu behandeln, dass man es in- und auswendig kennt. Oder einem Problem in anderen Büchern, Aufsätzen und Monographien auf den Grund zu gehen, wenn sich das eigene Lehrbuch vor einer klaren Aussage drückt. Derartig exemplarisches Lernen schafft manchmal Einsichten, die das eigene juristische Verständnis nachhaltiger verändern als drei Wochen flächendeckendes Lernen. Wichtig ist, dass man sich im begreiflichen Wunsch nach Vollständigkeit auch in der AG nicht in ein allzu strenges Lernkorsett pressen lässt.

In den kommerziellen Repetitorien wird das Sicherheitsbedürfnis der HörerInnen jedoch eher verstärkt als relativiert. Ständig wird vor dem Schicksal des „Einzelkämpfers" gewarnt, der zu Hause stundenlang Bücher wälzt, weil er nicht weiterkommt und die Übersicht verloren hat. So wird den Rep-TeilnehmerInnen selbstständiges Denken und Lernen geradezu ausgetrieben. Übervolle Skripten, die jedes Detailproblem und jede Theorie hierzu darstellen, tun ein Übriges. Sie zwingen zu bloßem Pauken, das weder Zeit noch Muße für das selbstständige Vertiefen spezieller Probleme lässt. Im Examen aber wird es immer auch Probleme zu lösen geben, die keines der flächendeckenden Skripten beschrieben hat. Wer mit solchen Situationen nicht umgehen kann, hat falsch gelernt.

d) Auf das aktuelle Grundsatzurteil kommt es nicht an

Auch die unter ExamenskandidatInnen weit verbreitete Furcht, ein kurz vor der Prüfung gefälltes wichtiges Grundsatzurteil zu verpassen, sagt mehr über die Angstwerbung der Repetitorien aus als über die tatsächlichen Anforderungen des Examens. Wer sich auf das schriftliche Examen vorbereitet, ist mit der neuesten Ausgabe von Lehrbüchern, die häufig jährlich neu aufgelegt werden, in der Regel gut bedient. Schließlich entstehen die Klausuren, die im Examen zu schreiben sind, nicht drei Wochen vor der Prüfung, sondern mindestens ein halbes Jahr vorher.

Die Angst vor dem verpassten Grundsatzurteil offenbart aber auch ein grundlegendes Missverständnis über den Charakter des Ersten Staatsexamens. Abgefragt wird eben nicht Detailwissen über den jeweiligen Stand der Rechtsprechung. Vielmehr sollen die Prüflinge in erster Linie „das Recht mit Verständnis erfassen und anwenden können" (so etwa die Formulierung in § 2 des Niedersächsischen Justizausbildungsgesetzes).

Im Hinblick auf das übersehene Grundsatzurteil heißt das: Eine derartige Entscheidung schließt in der Regel einen langen Streit ab. Es kommt also in der Klausur darauf an, den Streit zu erkennen und dann in sich stimmig zu argumentieren. Die Position eines bestimmten Gerichts (und sei es das letztinstanzliche) ist dabei ziemlich nebensächlich.

e) In der mündlichen Prüfung ist der Rep keine Hilfe

Anders sieht es im Hinblick auf die mündliche Prüfung aus. Hier wird durchaus erwartet, dass die Prüflinge auf der Höhe der Zeit sind. Gerne werden dabei Ereignisse und Urteile, die in den Tageszeitungen der letzten Tage eine Rolle spielten, zum Anlass von Prüfungsfragen genommen. Hilfreich ist deshalb die Lektüre einer überregionalen Tageszeitung sowie eine gute Allgemeinbildung.

Dagegen hat der Repetitor im Hinblick auf die mündliche Prüfung weitgehend seine Funktion verloren. Deutlich wird dies schon daran, dass die Examenskurse bereits vor der schriftlichen Prüfung enden. Das spontane Aufrufen der HörerInnen im Kurs dient auch nicht der Vorbereitung auf die mündliche Prüfung, sondern sollen dem/der DozentIn eher die Aufmerksamkeit des Publikums sichern. Mit privaten Arbeitsgruppen können die Reps in dieser Hinsicht ohnehin nicht mithalten, denn nur dort kommen die einzelnen TeilnehmerInnen auch häufig und ausführlich genug zu Wort, um daraus die nötige Routine für ein Prüfungsgespräch zu entwickeln.

Von einigen Reps werden allerdings immer noch Prüfungsprotokolle gesammelt und ausgeliehen. Inzwischen jedoch haben dieses Geschäft weitgehend die Jura-Fachschaften in ihre kostenlose Service-Arbeit übernommen. Auch BefürworterInnen von Repetitorien dürften diesen als Vorbereitung für die mündliche Prüfung heute wohl keine relevante Rolle mehr zubilligen.

4. Didaktik

„Der Rep erklärt die Sachen so, dass ich sie verstehe."

Ein Kommerz-Rep muss sein Publikum bei der Stange halten. Schließlich gibt es keine Pflicht, sein Geld dorthin zu tragen. Er muss besser sein als die Konkurrenz in der Uni und die anderer Repetitorien. Gelingt das nicht, können einfach die Angestellten oder Franchisenehmer ausgetauscht werden, damit das Unternehmen wieder an Attraktivität gewinnt. Was zählt, ist die Qualität der „Lehre", Forschungsinteressen sind hier völlig egal. Im didaktischen Bereich wird deshalb ein Kommerz-Rep im Vergleich zu einem Uni-Rep wohl immer gewisse Vorteile haben.

Vielerorts kokettiert das Uni-Rep damit, dass es sich vor allem an solche ExamensaspirantInnen wende, die „ordnungsgemäß" studiert hätten. Damit signalisiert man, dass hier die Grundlagen weitgehend vorausgesetzt werden und die Vertiefung des Stoffes im Mittelpunkt steht. Diese Orientierung am mittleren und oberen Niveau der Studierenden bringt natürlich auch den ProfessorInnen mehr Spaß. Der Kommerz-Rep kann es sich dagegen nicht so einfach machen. Zwar wird in der Werbung gerne mit „guten" und „sehr guten" Examenserfolgen geworben. Doch wissen die Repetitorien natürlich, dass ein Großteil ihrer Klientel am Kursbeginn von Jura nur recht wenig Ahnung hat und deshalb eine Wiederholung des gesamten Examensstoffes verlangt. Dieser Spagat zwischen ehrgeizig-anspruchsvollen JuristInnen auf der einen und relativen AnfängerInnen auf der anderen Seite ist – jedenfalls im Frontalunterricht der Repetitorgroßgruppe – nicht zu lösen. Schon wegen der größeren Nachfrage wird daher die Entscheidung im Zweifel zugunsten eines niedrigeren Niveaus ausfallen.

a) Frontalunterricht in großen Gruppen

Ansonsten lassen sich Uni- und Kommerz-Rep didaktisch relativ leicht vergleichen, weil beide in einem ähnlichen Rahmen arbeiten: Frontalunterricht vor relativ großen Gruppen. Im Uni-Rep sitzen je nach Qualität der DozentIn zwischen 50 und 400 ZuhörerInnen; auch im Kommerz-Rep sitzen regelmäßig mehr als 50 Leute in einer Gruppe. Wenn ein Repetitorium verspricht, mit „Kleingruppen" zu arbeiten, so sind damit Gruppen von etwa 15 bis 20 Studierenden gemeint.

Eine private Examens-AG hat dagegen in der Regel nur zwei bis fünf Mitglieder, ist also eine Kleingruppe, die diesen Namen auch verdient. Jede/r ist gefordert, jede/r kommt zu Wort. Das ergibt sich schon daraus, dass es nicht die „Autorität" gibt, die referiert und allenfalls Zwischenfragen stellt. In der AG bereiten sich in der Regel alle auf denselben Stoff vor. Wer den zu bearbeitenden Fall ausgesucht hat, kennt zwar die Lösung, ist aber dennoch Gleiche/r unter Gleichen. Es wird diskutiert, nicht doziert.

Im Rep wird zwar auch das „Gespräch" mit den TeilnehmerInnen gesucht. Doch wenn in einem Saal etwa 50 Leute sitzen, kann man sich ausrechnen, wie häufig der/die Einzelne zu Wort kommt. Und es liegt schon im Interesse der anderen TeilnehmerInnen, dass die Publikumsbeteiligung begrenzt bleibt. Schließlich sind die meisten Rep-TeilnehmerInnen nicht sonderlich gut vorbereitet und stochern deshalb mit ihren Antworten eher im Nebel herum – was noch dadurch verstärkt wird, dass man meist überraschend aufgerufen wird. Da ist es nur konsequent, dass die Repetitorien ihre TeilnehmerInnen schlicht als „Hörer" bezeichnen.

Die Gespräche in der AG sind dagegen deutlich produktiver. Denn die AG-Mitglieder sind auf das Thema besser vorbereitet, mit mehr Konzentration bei der Sache, und sie haben Gelegenheit, auch längere Gedanken oder kompliziertere Fragen zu formulieren. Als „Autorität" ist meist die offizielle Falllösung aus der Ausbildungszeitschrift dabei. Doch auch über sie kann diskutiert werden. Rechtswissenschaft ist nun mal keine „exakte" Wissenschaft, sondern lebt von der Auseinandersetzung unterschiedlicher Standpunkte.

b) Jura braucht Diskussion

Das Abwägen von Positionen anhand der vertretenen Interessen und deren Einfügen in einen größeren dogmatischen Zusammenhang ist daher besonders wichtig. Es liegt auf der Hand, dass diese Art des juristischen Denkens am besten im Rahmen von Diskussionen erlernt werden kann. Das Ausdiskutieren einer Kontroverse kann letztlich weder durch einen didaktisch geschickten Vortrag adäquat ersetzt werden noch durch das Auswendiglernen eines Streitstandes.

Auch AlleinlernerInnen dürfte hier etwas fehlen. Zwar kann jede Diskussion auch innerhalb eines einzigen Gehirnes geführt werden – so wie Menschen lernen können, bei einem Schachspiel Züge und Gegenzüge im Voraus zu berechnen. In der Examensklausur wird ein solches virtuelles Wortgefecht sogar verlangt. Vieles spricht aber dafür, euch zur Übung auch realen „GegnerInnen" zu stellen. So werdet ihr mit Winkelzügen konfrontiert, auf die ihr selbst vielleicht nie gekommen wärt.

Und wenn eine Diskussion am Ende tatsächlich einmal mehr offene Fragen hinterlässt als beantwortet, so kann sie ja ohne Probleme bis zur nächsten AG nachbereitet werden. Falls Lehrbücher und Kommentare nicht ausreichen, kann man sich auch an die ProfessorInnen und wissenschaftlichen MitarbeiterInnen der Uni wenden, die bei derartigen Anfragen in der Regel sehr hilfsbereit sind.

Auch bei der Einübung der Klausurtechnik ist die AG allen anderen Arbeitsformen überlegen. Genau genommen muss natürlich jede/r seine Klausuren erst einmal selber schreiben, und je häufiger man dies tut, umso mehr Routine bekommt man. Doch vom Schreiben allein lernt man noch nicht, Fehler zu vermeiden. Hier braucht es Anleitung und Diskussion. Und zwar am besten am konkreten Fall. Bei der Besprechung einer Klausur im Klausurenkurs der Uni oder beim Rep erfahrt ihr, wie eine Klausur nach Ansicht der Lehrperson am besten zu lösen war. Was aber macht ihr, wenn auf eurem Blatt eine andere Lösung steht und die Korrektur euch nur wenig weiterhilft? Dann wäre es gut, diese Alternativlösung mit anderen diskutieren zu können, die den Fall so gut kennen wie ihr.

Diesen Service gibt es (nur) in der privaten Arbeitsgemeinschaft. Gemeinsam könnt ihr dort den Unterschieden zwischen der offiziellen Lösung und euren Alternativen nachspüren. Hierbei werdet ihr vermutlich nicht nur über inhaltliche Geniestreiche und Denkfehler beraten, sondern auch über Aufbau und Struktur der gefundenen Lösungen. Für viele Arbeitsgruppen stehen Klausurtechnik und -taktik sogar im Mittelpunkt der AG-Arbeit, sie konzentrieren sich in der gemeinsam verbrachten Zeit ganz aufs Lösen und Diskutieren von Fällen (→ wie etwa unser Interviewpartner Ludger Pflug auf S. 132 beschreibt).

Auch hier gilt: Von einer intensiven Diskussion bleibt fast immer mehr hängen als von einem Vortrag, sei er auch noch so gut vorbereitet.

5. Kontakt

„Im Rep komme ich wenigstens unter Leute."

Je länger die Examensvorbereitung sich hinzieht, umso größer wird die Zahl der KandidatInnen, die über das Gefühl klagen, allein zu sein. Der wachsende Druck raubt vielen die Energie, die nötig wäre, um sich mit anderen Menschen zu treffen und mit ihnen womöglich über nichtjuristische Themen zu sprechen. So werden viele Menschen im Examen zu wortkargen EigenbrötlerInnen, die sich höchstens noch in ein Gespräch einschalten, wenn der letzte „Tatort" besprochen wird und sie zum prozessrechtlichen Teil Stellung beziehen können (zur Ergebniskontrolle siehe die unabhängige Tatort-Kontrollkommission des Arbeitskreises kritischer JuristInnen an der Humboldt-Universität Berlin: http://www.tatortkontrolle.blogspot.com).

a) Familienersatz

Gerne ist man daher hin und wieder mit anderen ExamensaspirantInnen zusammen. Für viele ist der Rep in der Lernphase eine Art Familienersatz. Die Pausen sind oft wichtiger als der eigentliche Unterricht. Ein Phänomen, das auch beim Besuch eines Uni-Reps oder der Teilnahme an einer privaten AG auftreten kann.

Für die private AG ist die Situation allerdings in zweierlei Hinsicht etwas anders. Zum einen kann das soziale Bedürfnis hier leichter überhand nehmen, indem es sich nicht nur auf die Pausen beschränkt, sondern die ganze AG-Sitzung den Charakter eines Kaffeekränzchens bekommt. Insbesondere, wenn FreundInnen sich zusammen aufs Examen vorbereiten, besteht diese Gefahr.

Auf der anderen Seite kann die AG mit diesem Phänomen auch strikter umgehen als ein Rep mit etwa 50 TeilnehmerInnen. Die Regel, Privatgespräche auf die Pause zu beschränken, lässt sich relativ leicht durchsetzen, wenn sie allgemein akzeptiert ist. Auch die Flucht in private Gedanken kann die AG leichter unterbinden als der Rep. Wer beim Rep nicht bei der Sache ist, fällt vielleicht ein bis zwei Mal pro Stunde negativ auf, bei der AG kann man keine Minute wegträumen, ohne sich einen (aufmunternden) Kommentar einzufangen.

b) Schicksalsgemeinschaft

Gleichzeitig ist die AG auch eher Schicksalsgemeinschaft. Weil man aufeinander angewiesen ist, kann man sich aufeinander verlassen. Wer eine Krise hat, wird von den anderen aufgefangen. Ist jemand krank, wird die AG verschoben. Bekommt jemand einen neuen Job, wird ein passender AG-Termin gesucht. Zu dritt oder viert kann man tatsächlich noch versuchen, es allen recht zu machen. Solidarität erstreckt sich hier nicht auf gemeinsame Pausengespräche wie beim Rep, sondern wird praktisch relevant.

Natürlich kann so ein Mikrokosmos auch aus den Fugen geraten, etwa wenn man sich mit seiner Examensangst gegenseitig verrückt macht, statt sich auf den Boden zurückzuholen. Dies aber ist eher die Ausnahme. Meist wirkt der/die jeweils Nervöseste in der

AG wie ein Blitzableiter, an dem stellvertretend auch die Zweifel der anderen kuriert werden. Wird eine/r unvernünftig, so werden die anderen umso vernünftiger.

Manchmal wird als Schwierigkeit gesehen, dass man seinen Leistungsstand in der AG nur bedingt einschätzen kann. Schließlich habe man ja nur wenige direkte Vergleichspersonen. Beim Rep sind die Vergleichsmöglichkeiten zwar zahlreicher, aber dafür nicht so intensiv. Außerdem besteht ja keine Kontaktsperre zu Rep-BesucherInnen, so dass außerhalb der Sitzungen, z. B. nachmittags beim Kaffeetrinken oder in der Bibliothek, der Stand der Stoffvermittlung mit diesen ausgetauscht werden kann. Vermutlich wird für alle ExamensaspirantInnen der Klausurenkurs der wichtigste Gradmesser für die Examensreife darstellen. Wer jedes Mal zwei Punkte schreibt, kann daraus wohl genauso Schlüsse ziehen, wie diejenige, die fast nur noch zweistellige Klausuren abliefert.

Für manche AlleinlernerInnen ist der Klausurenkurs sogar die einzige regelmäßige Vergleichsmöglichkeit. Oft aber haben auch die SolistInnen in ihrem Freundeskreis andere ExamenskandidatInnen, mit denen sie sich unterhalten und „messen" können. Manchmal müssen jene dann nicht nur fachlich die AG ersetzen, sondern auch ihre soziale Funktion übernehmen. Auf eine AG verzichten solltet ihr beim „Examen ohne Rep" deshalb nur, wenn ihr auf ein stabiles soziales Umfeld bauen könnt – oder von euch wisst, dass ihr in Prüfungssituationen unter zuviel Trost und Zuspruch eher leidet. Ein guter Kompromiss kann es sein, im Wesentlichen allein zu lernen, sich aber einmal pro Woche mit einer begleitenden AG zu treffen.

6. Erfolg

„Ich hab' Angst durchzufallen, da geh' ich lieber zum Rep."

Jahr für Jahr fallen rund 25 % der Prüflinge durch das Erste Staatsexamen. Gleichzeitig besuchen Jahr für Jahr rund 80 bis 90 % aller angehenden JuristInnen ein Repetitorium. Es ist deshalb nicht recht nachvollziehbar, warum so viele ExamenskandidatInnen hoffen, ihre Bestehenschance gerade durch den Rep-Besuch zu erhöhen. Empirisch ist dies jedenfalls nicht zu belegen.

Psychologisch aber sind die Reps in einer komfortablen Position. Wenn ihre HörerInnen das Examen bestehen, denken sie: „Es war doch ganz gut, dass ich beim Rep war." Vielleicht wäre er oder sie ohne Rep noch deutlich besser gewesen, doch das überlegt kaum jemand. Umgekehrt läuft die Zuschreibung jedoch meist dann, wenn ein/e Rep-BesucherIn durchgefallen ist. Denn wer den Rep für unentbehrlich hält, kann den Fehler nur bei sich selber suchen. In Wahrheit kommt es jedoch vor allem auf die Eigenarbeit an. Wer nur seine Stunden beim Rep absitzt und sonst wenig tut, mag den Fehler zwar nicht zu Unrecht in der eigenen Faulheit suchen, könnte aber auch die mangelnde Motivation durch den kommerziellen Helfer verantwortlich machen.

a) Alte Empirie…

Ob Studierende, die sich ohne Rep auf ihr Examen vorbereitet haben, entgegen der weit verbreiteten Ansicht unter Studierenden sogar größeren Erfolg in den Prüfungen erzielen, ist schwer festzustellen. Der Zusammenhang zwischen Examensnote und Repetitoriennutzung ist leider letztmalig in den 1990er Jahren empirisch untersucht worden – von verschiedenen AkteurInnen und mit unterschiedlichen Methoden.

Ihre eigenen AbsolventInnen befragten die juristischen Fakultäten in Erlangen (Streng, in: Hermann/Tag (Hrsg.), Die universitäre Juristenausbildung, Bonn 1996, 32, 28 f.) und

Heidelberg (Juristische Schulung 1991, 789, 792; Juristische Schulung 1997, 476, 477). Beide Untersuchungen dienten der Evaluation der eigenen universitären Angebote für die Examensvorbereitung und lieferten – kaum überraschend – auch die gewünschten Ergebnisse. In beiden Städten erzielten die NutzerInnen der universitären Vorbereitungsangebote bessere Noten in kürzerer Zeit. Je intensiver aber kommerzielle Repetitorien genutzt wurden, desto schlechter war die Examensnote und desto länger dauerte das Studium. Unter Herausrechnung der im Verlauf der Auswertung ermittelten Determinanten für ein erfolgreiches Examen (im Wesentlichen sind das die Abiturnote und Misserfolgserlebnisse beim Erwerb der Übungsscheine) für ein erfolgreiches Examen kann die Erlanger Studie aber keine signifikanten Auswirkungen kommerzieller Repetitorien auf Noten und Studiendauer mehr feststellen. Sie formuliert daher, dass die Effekte des kommerziellen Repetitors „günstigstenfalls neutral" seien.

Auf einer besseren Datengrundlage steht eine im Auftrag des Justizministeriums von Nordrhein-Westfalen durchgeführte Befragung der ReferendarInnen in den drei Oberlandesgerichtsbezirken Köln, Düsseldorf und Hamm (Hommerich, in: Hermann/Tag (Hrsg.), Die universitäre Juristenausbildung, Bonn 1996, 56, 63 f. und 67 f.). Einen Zusammenhang zwischen kurzer Studiendauer und guten Examensnoten auf der einen sowie des Besuchs kommerzieller Repetitoren auf der anderen Seite konnte die Studie in quantitativer Hinsicht nicht feststellen. Grund zum Nachdenken gibt allerdings, dass rund die Hälfte der Befragten angaben, sie hätten früher zum Repetitor gehen sollen. Auch im Gruppengespräch wurde die Rolle des Repetitors von den TeilnehmerInnen überwiegend positiv beschrieben, manche hielten ihn gar für unverzichtbar. An diesen Ergebnissen zeigt sich die oben skizzierte, äußerst vorteilhafte psychologische Position der Repetitorien hinsichtlich des ihnen zugeschriebenen Effekts. Die Prüfungsangst allerdings vermochte der Repetitor aus Sicht der Befragten nicht zu reduzieren. Diese berichteten vielmehr überwiegend von einem „Teufelskreis der Verunsicherung", da der Repetitor durch den vergeblichen Versuch, das examensrelevante Wissen erschöpfend darzustellen, bei den HörerInnen vor allem das Bewusstsein für immer neue Lücken schuf.

Auf noch nicht examinierte Studierende konzentrierte sich die vierte Studie (Bargel/Multrus/Ramm, Das Studium der Rechtswissenschaft, Bonn 1996, 228). Auch hier zeigte sich, dass die Repetitorien im Hinblick auf die Lernfortschritte eine hohe Wertschätzung erfuhren, obgleich ihre Nutzung „kaum zu mehr Prüfungssicherheit, besserer Prüfungseffizienz oder verringerten Prüfungsbelastungen" führte. Auch zur Reduzierung der Prüfungsangst trug der Repetitor nur bei einem sehr geringen Teil der Befragten bei. Eine positive Wirkung auf Studiendauer und Studienerfolg wird dem Besuch des Repetitors ebenfalls – allerdings unter Verweis auf die oben genannten Untersuchungen in Heidelberg und Erlangen – abgesprochen.

b) ...und eine frische Hypothese

Trotz der beschränkten Aussagekraft dieser Studien decken sich ihre Schlussfolgerungen mit unseren Alltagserfahrungen: Diejenigen, die ihr Examen „ohne Rep" gemacht haben, erreichten in der Regel das selbstgesteckte Ziel und übertrafen es häufig sogar noch deutlich. Auch hat niemand die Entscheidung bereut, auf ein Repetitorium verzichtet zu haben. Trotzdem waren wir verblüfft, als wir bei der Suche nach InterviewpartnerInnen für dieses Buch gleich reihenweise auf ganz hervorragende Examensnoten stießen. Nun ging es uns bei den Interviews nicht um eine repräsentative Erhebung, sondern um die

Vorstellung möglichst vielfältiger Lernformen. Aber es gibt uns doch zu denken, wie groß der Anteil unserer GesprächspartnerInnen war, die im Examen mindestens ein „befriedigend" erreichten.

Wie aber soll man solche Erfahrungen werten? Einige AutorInnen der oben genannten Studien warnen vor nicht belegbaren Kausalitätsvermutungen. Aus den Ergebnissen könne gerade nicht geschlossen werden, dass der Verzicht auf den Repetitor zu einem besseren Examen führe. Vielmehr sei es wahrscheinlich, dass sich eher die ohnehin bereits besser vorbereiteten und selbstbewussteren Studierenden dem „Herdentrieb" zum Repetitor entziehen könnten. Man brauche sich daher nicht zu wundern, wenn diese am Ende auch bessere Examensnoten erzielten. Rückschlüsse auf den Effekt eines Rep-Besuchs bei durchschnittlichen Studierenden ließen sich daraus jedenfalls nicht ziehen.

c) Bessere Noten ohne Rep?

Diese Argumentation kann man natürlich nicht einfach vom Tisch wischen. Sie passt aber vor allem auf die AlleinlernerInnen, die sich bewusst für diese Arbeitsform entschieden haben. Jene bringen tatsächlich ein besonders gesundes Selbstvertrauen und eine solide juristische Vorbildung in die Examensvorbereitung mit. Über ihre guten Noten muss man sich also nicht allzu sehr wundern.

Da aber auch die TeilnehmerInnen von privaten AGs im Schnitt jedenfalls nicht schlechter abschneiden als Rep-BesucherInnen, halten wir – bis zum Beweis des Gegenteils – an der folgenden Hypothese fest: Wer auf den Besuch eines Repetitoriums verzichtet, stellt damit bereits die Weichen zu mehr Selbstvertrauen und besseren Noten. Er/sie ist besser motiviert, hat eine didaktisch überlegene Arbeitsform und muss dank solider Planung keine Angst haben, etwas zu verpassen. Es wäre doch verwunderlich, wenn dabei nicht auch bessere Noten herauskämen, oder?

Geradezu eine Arbeitsbeschaffungsmaßnahme für Repetitorien ist allerdings der Freischuss, insbesondere seine Regelfall-Begrenzung auf das achte Semester. Das Rep-Argument, jetzt dürfe man in der Endphase des Studiums erst recht keine Zeit mehr mit riskanten Experimenten verlieren, treibt gerade diejenigen zum Repetitor, die im bisherigen Studium nicht mit guten Noten verwöhnt wurden. Ein ebenfalls äußerst riskantes Experiment also. Es sei noch einmal daran erinnert: Mindestens ein Viertel der KandidatInnen fallen jährlich durchs Examen, und der Löwenanteil davon war beim Repetitor. Eine „Examensgarantie" zu geben, halten daher im Übrigen auch die meisten Repetitorien für unseriös.

Wer wirklich Angst um sein Examen hat, sollte sich daher für eine Arbeitsform entscheiden, die täglich fordert und motiviert, aber auch Sicherheit gibt: die AG.

7. Exklusivität

„Wenn alle zum Rep gehen, kann das ja nicht so schlecht sein."

Wer sich mit dieser Logik zufrieden gibt, hat die Gewissheit, jedenfalls keine schlechtere Examensvorbereitung zu erhalten als ein Großteil der KommilitonInnen. Zumindest in seiner egalitären Anspruchslosigkeit ist das ein durchaus nicht unsympathischer Gedanke.

Tatsächlich ist die Entscheidung gegen ein Repetitorium heute noch eine äußerst individuelle Sache. Wer sie trifft, macht in der Regel nicht nur einen ziemlich wohl überlegten

Schritt, sondern hebt sich damit auch automatisch von der breiten Masse ab. Für viele, die sich für ein „Examen ohne Rep" entscheiden, hat dies sogar einen ganz besonderen Charme.

Die einen fühlen sich in diesem staatstragenden Studium endlich mal so richtig rebellisch. Autonomie und Selbstbestimmung sind für diese Gruppe auch in der Examensvorbereitung keine leeren Floskeln. Sie wollen sich nicht verbiegen lassen, nicht mit der Herde blöken. Gegen die von profitgierigen Einpaukern geschürte „Massenpsychose" setzen sie die Kühle ihres Kopfes und das Feuer ihres Herzens: ihren Willen zur Freiheit. Alles, was sich „Rep" abkürzt, lehnen sie dagegen entschieden ab: Repression, Republikaner und natürlich Repetitorien.

Ganz anders denkt eine zweite Gruppe, die reaktionären Jung-JuristInnen alten Schlages. Schon immer dem Elite-Gedanken verpflichtet, können sie im Stahlgewitter des Staatsexamens endlich zeigen, was in ihnen steckt. Wiederum mit kühlem Kopf, allerdings auch mit kaltem Herzen, stellen sie sich der Herausforderung – und zwar so männlich wie möglich. Jede kommerzielle, nicht dem Lebensbundprinzip verhaftete Hilfe lehnen sie deshalb schon um ihrer Ehre willen entschieden ab. So wie ihre von der Massenuniversität verweichlichten KommilitonInnen, so wollen sie wirklich nicht sein.

Ihnen ähnelt eine dritte Gruppe, nennen wir sie die SelbstoptimiererInnen. Das elitäre Bewusstsein ihrer Gruppe gründet sich jedoch nicht auf verstaubter Tradition, sondern alleine auf dem Prinzip Leistung. Daher sehen sie im Staatsexamen vor allem eine Chance, ihre Fähigkeiten unter Beweis zu stellen. Im „Examen ohne Rep" sehen sie eine Chance, sich ihrem Selbstbild entsprechend von der großen Zahl ihrer KonkurrentInnen um das Prädikat abzusetzen. Denn wer dank einer optimalen Vorbereitung ein ausgezeichnetes Examen schreiben will, der entscheidet sich gegen eine Examensvorbereitung von der Stange.

Eine letzte Gruppe schließlich, die HumanistInnen, sieht im „Examen ohne Rep" den Ausgang aus der „selbstverschuldeten Unmündigkeit" des JuristInnenstandes. Dem Leistungsgedanken ebenfalls nicht fernstehend, bejahen sie zwar das Staatsexamen in seiner jetzigen Form, betonen jedoch beständig, dass man dabei seine Würde nicht verlieren dürfe. Schon deshalb wollen sie sich nicht den infantilisierenden Massenveranstaltungen der Repetitorien aussetzen. Doch hinter der weltgewandten Rhetorik steckt ein nüchternes Kalkül: Auch sie wollen sich bestmöglich vorbereiten, um ein gutes Examen abzulegen. Anders als die SelbstoptimiererInnen stellen sie ihre AG-Pläne später aber gerne anderen zur Verfügung – auf dass die schwache Flamme der Vernunft nicht erlösche.

Von der Ausnahme zur Regel

Ihr seht, das „Examen ohne Rep" ist eine recht pluralistische Angelegenheit. Doch leben die skizzierten Selbststilisierungen bis auf weiteres von der Exklusivität der Entscheidung gegen den Repetitor. Wir aber wollen die selbstorganisierte Examensvorbereitung gerade von diesem Nimbus der Exklusivität befreien. Sie soll etwas völlig Selbstverständliches werden. Der Gang zum Repetitor soll nicht mehr die Regel, sondern die begründungspflichtige Ausnahme sein.

Dass es unter diesen Umständen nicht mehr so „cool" wäre, sein Examen ohne Rep zu machen wie noch in unserer Generation, nehmen wir dabei billigend in Kauf. Ebenso, dass die Entscheidung für diese Form der Examensvorbereitung dann nicht mehr ganz so intensiv überdacht werden würde. Letztlich wäre das aber auch eine Form gesellschaftlicher Rationalisierung: Das Vernünftige einfach tun, ohne zuvor ins Grübeln zu geraten.

Wir hoffen, dass sich der Besuch des Repetitors genauso entwickelt wie die Ableistung des – nun möglicherweise bald abgeschafften – Wehrdienstes. Noch in den 1960er-Jahren war es absolut üblich, zur Bundeswehr zu gehen. Wer verweigerte, galt als Drückeberger, der sich die Finger nicht schmutzig machen wollte. Heute ist es dagegen eher umgekehrt. Zivildienstleistende haben einen guten Ruf, weil sie eine bewusste Entscheidung getroffen haben und nicht einfach stumpf ihre Zeit in der Kaserne absitzen wollten. Um die Leistungsfähigkeit der Wehrdienstleistenden machen sich künftige ArbeitgeberInnen schon eher Sorgen.

Ähnlich wird es auch den Repetitorien gehen. Je mehr Studierende ihr Examen „ohne Rep" in die Hand nehmen, umso mehr müssen sich die BesucherInnen der Repetitorien später fragen lassen, welche Probleme sie damals eigentlich hatten: ob sie im Studium etwa nicht richtig mitgekommen seien, oder ob es ihnen an Selbstvertrauen mangelte. Wer will schon jemand einstellen, der nicht mal in der Lage war, sein Examen selbst zu organisieren? Früher oder später wird der Repetitor einen Ruf als bloße „Nachhilfe" weghaben. Der eine oder die andere wird vielleicht noch hingehen. Nur zugeben wird es später niemand mehr.

G. Fazit

Ihr seid noch unschlüssig? Hier sind noch einmal die wichtigsten Argumente auf einen Blick. Gut geeignet auch als Kurzdurchlauf für diejenigen, die jetzt ihre Freunde und Freundinnen zu einer gemeinsamen AG anstiften wollen:

■ Was ein Rep kann, könnt ihr mit einer soliden Arbeitsgruppe genauso leisten – und noch viel mehr. Warum dennoch so viele Jurastudierende 1.200 Euro für ein Repetitorium ausgeben, verstehen wir einfach nicht.

■ So ist schon die Motivation in der privaten AG deutlich höher als die der Rep-TeilnehmerInnen. In der AG fühlen sich die Mitglieder verantwortlich, sind stärker beteiligt, und der Gruppendruck fordert mehr Disziplin ein. Der bloße Rep-Besuch dagegen beruhigt vor allem das Gewissen und kostet Zeit.

■ Beim „Examen ohne Rep" müsst ihr zwar etwas Aufwand in die Auswahl der optimalen Lernmaterialien und das Erstellen eines soliden Arbeitsplanes investieren, doch ist damit bereits ein erheblicher Lerneffekt verbunden. Der Arbeitsplan sorgt dafür, dass ihr beim Lernen nichts Wesentliches vergessen könnt. Mehr bringt euch auch ein Repetitorium nicht.

■ Ein Rep praktiziert notgedrungen Frontalunterricht vor großen Gruppen. Um jedoch die juristische Argumentation und die Falllösungstechnik effektiv einzuüben, benötigt man Diskussionen, bei denen man auch zu Wort kommt. Die gibt es nur in der AG.

■ Bei der mündlichen Prüfung ist der Rep schon gar keine Hilfe. Auch das mündliche Argumentieren lernt man am besten in der AG.

■ Mehr noch als ein Rep ist die AG in der Examensphase Familienersatz und Schicksalsgemeinschaft, ein Ort der praktischen Solidarität.

■ Und schließlich: Der Rep-Besuch wirkt sich nicht einmal positiv auf den Examenserfolg aus. Auch eine Examensgarantie kann der Rep nicht bieten. Jahr für Jahr fällt mindestens ein Viertel der Prüflinge durch, die meisten davon waren beim Rep.

Ergo: Wer realistisch vergleicht und sich nicht blenden lässt, wird sich gegen die kommerziellen Repetitorien und ihre Angstmacher-Werbung entscheiden. Das „Examen ohne Rep" ist preiswerter, erfolgreicher, und man fühlt sich besser dabei. Habt ihr euch erst mal für das „Examen ohne Rep" entschieden, stehen euch drei Wege offen:

- Für die meisten von euch wird eine private AG die beste Variante darstellen.
- Ob ihr stattdessen auch ein Uni-Repetitorium zum Rückgrat eurer Examensvorbereitung machen könnt, müsst ihr nach dem Angebot vor Ort entscheiden.
- Für manche dürfte schließlich auch ein Alleingang zum Examen in Frage kommen. Dabei gilt die Faustregel: Wer mehr Wert auf Sicherheit legt, ist in der AG besser aufgehoben. Wem die Freiheit über alles geht, sollte alleine lernen.

Teil 2: Gemeinsam lernen – Die Arbeitsgruppe

Gegen den Repetitor wird sich nur entscheiden, wer eine Alternative vor Augen hat. Im vorigen Teil wurde bereits deutlich, dass es zwei Gruppen von Menschen gibt, die Examen ohne Repetitor machen: Solche, die allein lernen und solche, die sich in Arbeitsgruppen organisieren. AlleinlernerInnen haben es zunächst einmal einfacher: Sie müssen ein Konzept nur für sich selbst entwickeln. Wer hingegen eine Arbeitsgruppe gründen möchte, steht vor ganz anderen Entscheidungen: Wer macht mit? Wie groß soll die AG werden? Mit welchen Themen soll sie sich befassen? Sind diese Entscheidungen jedoch erst einmal getroffen, kann eine Arbeitsgruppe eine große Arbeitserleichterung sein. Wie ihr die Gründung anpacken könnt, was für Entscheidungen gemeinsam zu treffen sind und wie sich die Zusammenarbeit Gewinn bringend gestaltet, das sind die Themen des folgenden Teils.

Die Vorteile einer Arbeitsgruppe wurden schon angesprochen: Sie motiviert und ermöglicht eine Lernkontrolle. Das Lernen gestaltet sich interaktiv: Es wird diskutiert, nachgefragt und erklärt, und das führt dazu, dass alle Beteiligten den Stoff besser verstehen. Zudem bietet sie Zusammenhalt in Prüfungszeiten und ist damit eine wirksame Hilfe gegen Unsicherheiten und Prüfungsangst. Gerade der letzte Punkt ist für viele entscheidend. Arbeitsgruppen, die den Repetitor ersetzen sollen, spielen oft eine zentrale Rolle für die Examensvorbereitung ihrer Mitglieder. Sie treffen sich mehrmals in der Woche und bearbeiten den Prüfungsstoff so vollständig wie möglich. Oft halten sie auch dann noch zusammen, wenn ihre inhaltliche Zusammenarbeit eigentlich abgeschlossen ist: Ihre Mitglieder betreuen sich gegenseitig, wenn die Prüfungen anstehen, treffen sich privat zum solidarischen Lamentieren und begießen gemeinsam die eintrudelnden Prüfungsergebnisse.

Doch natürlich gibt es auch andere Arbeitsgruppen. Manche treffen sich nur hin und wieder und lösen Fälle, ohne dass sie ein gemeinsames Konzept oder einen Lernplan hätten. Andere arbeiten zuerst sehr intensiv zusammen, lösen sich aber vor den Prüfungen auf.

Der folgende Teil berücksichtigt eine Fülle solcher Beispiele. Lasst euch von ihnen dazu anregen, dem eigenen Kopf und den eigenen Bedürfnissen zu folgen. Denn je stärker die Examensvorbereitung der eigenen Persönlichkeit entspricht, desto befriedigender und erfolgreicher ist sie.

A. Die Suche nach MitstreiterInnen

Noch immer geht an den meisten Universitäten der größere Teil der Studierenden zum Repetitor. Viele potentielle AG-GründerInnen scheitern daher schon an der Frage, wo sie KollegInnen finden sollen: „Ich finde Repetitorien zwar blöd", heißt es dann, „aber es gibt so wenige Menschen, die in einer privaten AG mitmachen würden". Es gibt mehr, als ihr denkt. Ihr müsst nur die Augen offen halten.

1. Wo und wie suchen?

Wenn ihr schon in den ersten Semestern oder zur Vorbereitung der Schwerpunktbereichsprüfungen in einer Arbeitsgruppe gearbeitet habt und diese motivieren könnt, die Arbeit fortzusetzen, seid ihr gut dran: Ihr wisst dann, auf wen ihr euch einlasst und könnt auf gemeinsame Erfahrungen als AG zurückgreifen. So zielstrebig studieren allerdings die wenigsten. Alle Übrigen können zunächst einmal den juristischen Bekanntenkreis befragen und prüfen, ob sich dort nicht Leute finden, die auch gerade mit der Examensvorbereitung beginnen wollen. Wenn dort niemand zu holen ist, bleiben euch immer noch die folgenden Möglichkeiten:

- *Fachschaften/Fakultäten:* In den letzten Jahren haben immer mehr Fachschaftsgruppen und an einigen Orten sogar die juristischen Fakultäten damit begonnen, sich für ein Examen ohne Repetitor zu engagieren. Es werden beispielsweise AG-Börsen betrieben, AG-Findungstreffen angeboten oder Workshops und Informationsveranstaltungen zum Thema „Examen ohne Repetitor" organisiert. Eine Übersicht und einige ausgewählte Beispiele findet ihr (→ ab S. 154) in Teil 5 dieses Buches. Wenn eure Uni das Examen ohne Repetitor noch nicht für sich entdeckt hat, dann könnt ihr ja unter Rückgriff auf diese „Best Practice"-Beispiele in Zusammenarbeit mit der Fachschaft solche Veranstaltungen anregen – oder selbst ins Leben rufen.

- *Schwarze Bretter:* Weniger aufwändig und vor allem terminlich unabhängig von möglichen Veranstaltungen an der Uni ist ein Aushang am schwarzen Brett: „Suche motivierte und scheinfreie Menschen zwecks Gründung einer Arbeitsgruppe. Spätere Examensfeier nicht ausgeschlossen." Auch dieses Verfahren ist nicht aussichtslos. Die wenigsten Leute, die sich beim Repetitor anmelden, tun dies mit Begeisterung und dem Gefühl, damit ihre Zukunft glücklich zu gestalten. Den meisten fehlt nur der Mut oder der Elan, sich nach einer Alternative umzusehen. Scheut euch daher nicht, eure Idee mit Begeisterung und ausreichender Hartnäckigkeit anzupreisen. Ihr könnt den Unentschlossenen natürlich auch einfach dieses Buch schenken. Oder ihr organisiert eine Ex-o-Rep-Party, auf der sich Interessierte kennenlernen, austauschen und motivieren können (→ siehe unser Interview mit Sarah Ehlers auf S. 146).

- *Online-Foren:* Ein etwas „unpersönlicherer" aber gegebenenfalls (noch) erfolgversprechenderer Weg kann die Nutzung von Online-Foren oder Social Communities zur AG-Suche sein. Warum nicht „Facebook" oder „StudiVZ" ausnahmsweise einmal produktiv einsetzen? Der Vorteil solcher Online-Kommunikation liegt in dem potentiell sehr großen EmpfängerInnenkreis und der vergleichsweise unkomplizierten Kontaktaufnahme und Vernetzung. Am besten eignen sich natürlich speziell für die AG-Suche eingerichtete und an der Universität bekannte und genutzte Foren (→ vgl. z. B. die AG-Datenbank der Universität Freiburg in Teil 5 auf S. 154).

2. Wie viele suchen?

Die Größe einer AG hängt entscheidend vom Erfolg der oben beschriebenen Suche ab, aber natürlich auch davon, wie groß ihr die AG haben wollt. Wer nicht allein sein will, muss mindestens zu zweit sein, und tatsächlich gibt es AGs, die nur aus zwei Personen bestehen und damit zufrieden sind. Ein Beispiel dafür ist etwa unser Interviewpartner Sebastian Deckers (→ siehe S. 148).

Zu zweit

Entscheidender Vorteil: Es müssen weniger unterschiedliche Vorstellungen unter einen Hut gebracht werden. Das macht nicht nur die Terminabsprachen leichter. Auch die inhaltliche Planung der AG kann ganz auf die individuellen Bedürfnisse der beiden Mitglieder zugeschnitten werden. Obendrein sind beide Beteiligten gezwungen, während der

AG-Sitzungen stets aufmerksam zu bleiben. Denn wenn von zwei Personen eine wegträumt, fällt das schnell auf. Die Arbeit zu zweit ist aus diesen Gründen oft sehr effektiv.

Kommt es jedoch zu Streitigkeiten, so wiegen sie erheblich schwerer als bei größeren Gruppen: Es gibt keine Dritten oder Vierten, die schlichtend und ausgleichend wirken könnten. Möchte eine von zwei Personen die Zusammenarbeit beenden, so steht auch die andere gleich ganz ohne Arbeitsgruppe da. Auch ein Ausfall der einen Person durch Krankheit oder einen wichtigen anderen Termin führt gleich zum Ausfall der ganzen AG-Sitzung.

Zu dritt oder zu viert

Nicht nur aus diesen Gründen kann es sinnvoll sein, die Arbeitsgruppe aus mehr als zwei Personen zu bilden. Auch fachliche Diskussionen können sehr gewinnen, wenn in ihnen mehr als zwei Sichtweisen aufeinander treffen. Damit steigt die Wahrscheinlichkeit, dass alle wichtigen Gesichtspunkte eines Themas auf den Tisch kommen. Auch die organisatorische Arbeit verteilt sich in größeren Gruppen auf mehr Schultern – insbesondere die durchaus zeitaufwändige Suche nach und Vorbereitung von Besprechungsfällen für die AG-Sitzungen. Die Variante, zu dritt oder zu viert ins Rennen zu gehen, ist daher sehr empfehlenswert.

Für größere Gruppen: der AG-Verbund

Mehr als fünf Personen sollte eine AG dagegen nicht umfassen. Je größer die Gruppe, desto größer auch die Gefahr, dass einzelne Mitglieder während der Sitzungen nicht ausreichend zu Wort kommen. Auch die Diskussionsleitung wird umso anstrengender, je mehr Menschen um das Wort ringen. Wenn ihr aber mehr InteressentInnen gefunden habt, als in eine Arbeitsgruppe passen, könnt ihr unter Umständen einen „AG-Verbund" gründen: Dabei treffen sich zwei oder mehr Gruppen mit je drei oder vier Mitgliedern zu verschiedenen Terminen, lernen aber nach demselben Plan und lösen dieselben Fälle. Das erspart den Beteiligten viel Vorbereitungsarbeit, und wer einen Termin der eigenen AG verpasst, kann ihn in der Parallel-AG nachholen. Gleichzeitig muss man aber (nicht nur) bei der Erstellung des Lernplans die Interessen von recht vielen Leuten unter einen Hut bringen.

3. Wen suchen?

Nun sitzt ihr also mit den InteressentInnen für eine Arbeitsgruppe zusammen und sollt entscheiden, ob ihr miteinander arbeiten könnt. Auf den ersten Blick ist es den wenigsten Menschen anzusehen, ob sie verträglich oder unverträglich, kooperativ oder streitsüchtig sind. Lasst euch daher Zeit für die Entscheidung. Tauscht euch gründlich darüber aus, wie ihr euch eine Arbeitsgruppe vorstellt und mit welchen Zielen ihr in die Examensvorbereitung geht. Wenn ihr die anderen Personen gar nicht einschätzen könnt, dann könnt ihr auch eine oder mehrere Probesitzungen vereinbaren: Löst ein paar kleine Fälle zusammen.

Eine gute Wahl kann sich nach verschiedenen Kriterien richten:

a) Zeitplanung

Die meisten AGs nehmen sich vor, den gesamten examensrelevanten Stoff einmal durchzuarbeiten. Es sollte Einigkeit darüber bestehen, wie viel Zeit für diese Arbeit veranschlagt wird. Abgesehen davon ist es durchaus machbar, dass die Mitglieder einer AG verschiedene Examenstermine anstreben. Entweder löst sich die AG ohnehin auf, wenn der Stoff einmal durchgearbeitet wurde – dann lernt eben jedes Mitglied allein weiter bis zum gewünschten Prüfungstermin. Oder aber sie hängt noch eine Wiederholungsphase an, die für verschiedene AG-Mitglieder unterschiedlich lange dauert.

Allerdings sollte zwischen den angestrebten Prüfungsterminen noch ein zeitlicher Zusammenhang bestehen. Eine AG lebt auch davon, dass die KollegInnen sich in einer ähnlichen Situation befinden. Ist AG-Mitglied A noch mit der Vorbereitung der Klausuren beschäftigt, während B und C schon längst ihre Zeugnisse haben, dann wird sich die Zusammenarbeit auf Dauer schwierig gestalten. Denn B und C wollen ja auch keinen Leerlauf im Leben. Wenn A nach den Klausuren auf die mündliche Prüfung lernt, sind sie womöglich längst im Referendariat oder zur Erholung in Neuseeland.

b) Niveau

Eine Arbeitsgruppe wird umso fruchtbarer zusammenarbeiten, je mehr die AG-Partner-Innen in fachlicher Hinsicht voneinander halten. Wenn A seine Kollegin B für grundsätzlich inkompetent hält, wird er ihre Lösungsskizzen schon allein deswegen stets ablehnen und Kritik von ihrer Seite zurückweisen. Effektiv ist Gruppenarbeit auch nur dann, wenn niemand andauernd von ihr unter- oder überfordert wird. Dass aber unterschiedliche Stärken und Schwächen der AG-TeilnehmerInnen nicht nur unvermeidlich, sondern auch höchst produktiv für das gemeinsame Lernen sein können, sollte dabei nicht aus dem Blick verloren werden. Größtmögliche „Homogenität" ist selten ein Rezept für Lernerfolg.

Dass das fachliche Niveau innerhalb einer AG dennoch von einiger Bedeutung ist, soll aber nicht verschwiegen werden – die entscheidende Frage ist eher, was unter „Niveau" zu verstehen ist. Solltet ihr euch die Scheine potentieller AG-PartnerInnen vorlegen lassen und prüfen, ob die Noten übereinstimmen? Davon kann nur abgeraten werden. Studium und Examensvorbereitung sind sich zum einen nicht besonders ähnlich. Zum anderen gehen die meisten Studierenden an die Examensvorbereitung mit ganz anderem Ernst und Eifer heran als an das Bestehen der Scheine. Hinzu kommt, dass auch ein unterschiedlicher Wissensstand nicht unbedingt zu Reibereien führen muss, wenn alle Beteiligten tolerant damit umgehen: Wer schon „alles kann", kann immer noch üben, es gut zu erklären und überzeugend zu formulieren – und wer noch nicht so weit ist, kann dabei viel von seinen AG-KollegInnen lernen. Insbesondere können auch unterschiedliche Schwerpunktbereiche für Arbeitsgemeinschaften sehr hilfreich sein: So hat man in bestimmten Rechtsgebieten immer „ExpertInnen", die sich gegenseitig ergänzen können.

Entscheidend ist daher im Zweifel nicht, mit wie vielen Punkten ein potentielles AG-Mitglied diesen oder jenen Schein erschlagen hat. Es kommt vielmehr darauf an, ob ihr auf gleichberechtigter Ebene diskutieren könnt – ob ihr also eine AG-Kollegin oder einen Kollegen auch dann ernst nehmt, wenn er oder sie weniger Vorwissen hat. Oder umgekehrt: ob ihr selbst noch forsch eure Meinung vertretet und eigene Gedanken entwickelt, wenn ihr die AG-PartnerInnen für hochkompetente ÜberfliegerInnen haltet.

c) Erwartungen

Mindestens genauso wichtig ist eine ähnliche Einstellung zur Examensvorbereitung: Wollt ihr alles herausholen, was in euch steckt? Dann hütet euch vor Leuten, die nur die

Schemata auswendig lernen wollen. Plant ihr, nur schnell den Freischuss zu improvisieren? Dann sucht euch Gleichgesinnte, die euch nicht mit dogmatischen Spitzfindigkeiten belästigen. Fragt mögliche MitstreiterInnen also, wieviel Zeit und Mühe sie in die Examensvorbereitung investieren wollen und wieviel für sie von einer bestimmten Endnote abhängt. Beobachtet, wie sie ihr Wissen präsentieren und wie sie sich in Diskussionen verhalten.

d) Sympathie

Unerlässlich für eine funktionierende Arbeitsbeziehung ist in jedem Fall, dass ihr euch nicht unsympathisch seid. Denn ein angenehmes Lernklima fördert den Lernerfolg ungemein. Demgegenüber ist es in keiner Weise motivierend, wenn ihr euch zu jeder AG-Sitzung schweren Herzens hinschleppen müsst und dann den Rest des Tages damit beschäftigt seid, unterschwelligen Groll zu verdauen.

Der Begriff „Arbeitsbeziehung" deutet jedoch schon darauf hin, dass die Sympathie nicht umfassend sein muss. Eine AG ist eine Zweckgemeinschaft, die sich mit juristischen Fragen beschäftigen soll. Diesem Zweck dient eine offene, freundliche und sachliche Arbeitsatmosphäre, in der auf gleichberechtigter Ebene diskutiert wird. Darüber hinaus müsst ihr euch nicht für jedes Detail im Privatleben eurer KollegInnen interessieren.

e) AG mit FreundInnen

Eine andere Frage ist die, ob FreundInnen eine AG gründen sollten. Freundschaften, wie überhaupt ein persönliches Interesse füreinander, können dem AG-Klima sehr förderlich sein. Die Zusammenarbeit erstreckt sich dann mit einer gewissen Selbstverständlichkeit auch auf die seelische Unterstützung, die bei nahenden Prüfungsterminen oft wichtiger ist, als diese oder jene Information noch zu lernen.

Allerdings kann eine AG unter FreundInnen auch Probleme mit sich bringen – und zwar für die Freundschaft wie für die AG: Die Freundschaft kann darunter leiden, dass sie im Laufe der Zeit von der Arbeitsbeziehung absorbiert wird. Wenn ihr euch zwei- bis dreimal die Woche trefft, um Fälle zu lösen, mag die Lust schwinden, sich darüber hinaus noch privat zu begegnen. Zumal es nicht leicht ist, diese privaten Treffen dann vom AG-Alltag freizuhalten. Wenn also ein Freund oder eine Freundin eine wichtige Stütze eures Privatlebens ist, solltet ihr euch gut überlegen, ob ihr auch noch die Arbeitsgruppe miteinander teilen wollt.

Was die Arbeit in der AG betrifft, so prüft, ob ihr mit dem Freund oder der Freundin sachlich diskutieren könnt. Nichts ist der juristischen Arbeit abträglicher als eine Diskussion, bei der sich die sachlichen Argumente mit persönlichen Empfindlichkeiten oder Rücksichtnahmen vermischen. Verschärft gelten diese Bedenken für Paare, bei denen interne Querelen oft ungleich dramatischer sind als in platonischen Freundschaften. Die Gefahr, dass ein Beziehungskonflikt in die Arbeitsgruppe geschleppt und dort ausgetragen wird, sollte nicht unterschätzt werden.

Verbreitet allerdings ist auch das umgekehrte Problem: Wenn FreundInnen sich zu gut verstehen, droht die Gefahr des Verquatschens, auch „Kaffeekränzchenfalle" genannt. Schließlich ist es im Zweifel interessanter, über die Erlebnisse des letzten Wochenendes zu reden als über die spezifischen Probleme der Drittschadensliquidation. Die Kaffeekränzchenfalle lässt sich allerdings mit einigen wenigen Kniffen umgehen: Achtet zum einen darauf, dass während der Arbeit nicht über persönliche Dinge geredet wird. Gönnt euch dafür in jeder Sitzung mindestens eine Pause, in der diese Themen Platz finden – oder trefft euch einfach eine halbe Stunde vor AG-Beginn, um das Private vorab zu bequatschen (→ für ein sehr strenges Regime siehe unser Interview mit Henrike Wegener auf S. 134). Einigt euch vorher darauf, wie ihr das handhaben wollt – und haltet euch auch daran. So kommen weder die Arbeit noch die Geselligkeit zu kurz.

B. Zum Warmwerden: die Planungsphase

Habt ihr euch gefunden, so stürzt euch nicht gleich wild in die Arbeit. Die Qualität einer AG hängt nicht davon ab, wie schnell sie von null auf hundert kommt. Bedenkt, dass die durchschnittliche Examensvorbereitung länger als ein Jahr dauert. Diese Zeit will gut vorbereitet sein. Dazu gibt es einiges zu bereden, zu planen und zu organisieren: Die Mitglieder der AG müssen miteinander warm werden und sich aufeinander einstellen. Sie müssen absprechen, wie die AG-Sitzungen ablaufen und einen wie großen Teil des individuellen Lernens sie ersetzen sollen. Vielleicht wollen sie auch von vornherein bestimmte Regeln aufstellen. Wie lässt sich beispielsweise erreichen, dass alle AG-Mitglieder regelmäßig und pünktlich zu den Treffen erscheinen? Wie soll die Vorbereitung der Sitzungen geregelt sein? Sollen bestimmte Lehrbücher gelesen werden oder ist jede/r in der Wahl des Lernmaterials frei? Was tun, wenn ein AG-Mitglied aussteigen will? Je mehr Details der Zusammenarbeit gleich zu Beginn geklärt werden, desto weniger droht die Gefahr, dass mitten in den heißeren Phasen überraschende Grundsatzdiskussionen vom Zaun gebrochen werden. Dies gibt allen AG-TeilnehmerInnen auch gleich zu Anfang die Möglichkeit zu sehen, was auf sie zukommen wird und ggf. schon zu einem frühen Zeitpunkt zu erkennen, dass eine Zusammenarbeit auf dieser Grundlage für sie nicht das Richtige ist. Von einer sehr intensiven Vorbereitungsphase berichtet unser Interviewpartner Tom Seefried, dessen AG sich vier Monate lang auf das gemeinsame Arbeiten vorbereitet hat (→ vgl. Interview auf S. 127). Nutzt außerdem die Gelegenheit, eurer Zusammenarbeit von Anfang an eine Struktur zu geben. Das Gefühl, sich dem Lernstoff strukturiert und planvoll zu nähern, kann so manche Unsicherheit und viel Prüfungsangst beseitigen. Wichtigstes Instrument dieser Strukturierung ist der AG-Plan.

Das Selbstverständnis, die grundlegenden Regeln der Zusammenarbeit und der AG-Plan – diese Dinge sind Thema der folgenden Abschnitte.

1. Wie wird aus Menschen eine Gruppe? Das Selbstverständnis der AG

In der Einleitung wurde bereits angesprochen, dass Arbeitsgruppen unterschiedliche Funktionen haben können: Sie können das Herzstück der Examensvorbereitung sein, an dessen Struktur sich das individuelle Lernen ausrichtet. Oder aber nur eine gelegentliche Begleiterscheinung zum Alleinlernen. Auch Zwischenmodelle lassen sich finden: Eine Arbeitsgruppe kann zum Beispiel in ihrem Plan alle examensrelevanten Themen auflisten, diese dann aber in den Treffen nur stichprobenartig behandeln. Die flächendeckende Vorbereitung bleibt dabei jedem einzelnen Mitglied selbst überlassen.

Welche dieser Rollen der AG zugedacht wird, bestimmt den Charakter ihrer Zusammenkünfte: Während manche AGs in ihren Sitzungen den ganzen Stoff referieren, lösen andere nur einen exemplarischen Fall pro Thema. Viele AGs fragen sich gegenseitig ab, andere verzichten darauf. Auch die Wiederholung schon gelernter Themen kann fester Bestandteil der AG-Sitzungen sein oder den Mitgliedern selbst überlassen bleiben.

Neben diesem fachlichen Aspekt betrifft der Punkt „Selbstverständnis" auch persönlichere Gebiete der Zusammenarbeit. Manche AGs sind verschworene Gemeinschaften, die bei ihren Treffen viel Raum für private Gespräche lassen, sich über das jeweilige Level ihrer Prüfungsangst austauschen und auf Verständnis für persönliche Krisen hoffen können. Manchmal wachsen sie so zusammen, dass sie die regelmäßigen Zusammenkünfte nach bestandenem Examen sogar vermissen. Andere sehen sich eher als GeschäftspartnerInnen, die ein gemeinsames Projekt verbindet.

Wie sich das Verhältnis der AG-PartnerInnen gestaltet, lässt sich nicht per Mehrheitsentscheid festlegen, sondern ergibt sich erst im Laufe der Zusammenarbeit. Es kann aber sehr sinnvoll sein, sich von Anfang an darüber auszutauschen, wie ihr euch die gemeinsame Arbeit wünscht. Dadurch wird klar, was und wie viel ihr erwarten könnt.

Außerdem gibt es viele Möglichkeiten, das AG-Klima persönlich oder formell zu gestalten: Ihr könnt in unpersönlichen Uni-Räumen tagen oder zu Hause, ihr könnt Kaffeepausen machen und einen persönlichen Umgang pflegen oder euch auf sachliche Themen beschränken. Manche Arbeitsgruppen pflegen eine regelrechte „corporate identity": Sie geben sich Namen, schreiben sich Präambeln, um der gemeinsamen Arbeit einen rituellen Beginn zu geben, feiern „Bergfeste" nach der Hälfte der Zeit oder kochen, wie unsere Interviewpartnerin Claudia Perlitius (→ siehe Interview auf S. 130) erzählt, italienische Menüs, um erfolgreich absolvierte Abschnitte zu begehen. Oft werden auch private Treffen anberaumt, auf denen bei Strafe nicht über juristische Themen gesprochen werden darf. Solche Zusammenkünfte eignen sich auch hervorragend dazu, sich über die Stimmung in der AG auszutauschen – es kann daher nur dringend geraten werden, sie vor allem zu Beginn der Zusammenarbeit fest einzuplanen. So findet ihr frühzeitig heraus, ob sich eine Person unwohl fühlt, mit dem Lernen nicht zurechtkommt oder aus anderen Gründen Schwierigkeiten hat. Solche Selbstreflexionstreffen sind übrigens auch unter GeschäftspartnerInnen nicht unüblich, um sich über den Stand des gemeinsamen Projektes zu informieren. Es geht dabei also nicht um ein esoterisch angehauchtes „Ringelpiez mit Anfassen", sondern um eine professionelle Methode, Problemen vorzubeugen, sie gegebenenfalls zu lösen und für eine gute Stimmung in der AG zu sorgen.

2. Der Rahmen für die Zusammenarbeit: Regeln und Absprachen

Wer Jura studiert, ist an Regeln gewöhnt. Diese sind nicht immer angenehm und auch nicht immer sinnvoll. Manchmal ist es aber auch unangenehm, wenn Regeln fehlen. So auch in einer AG: Ohne eine Pünktlichkeitsregel droht die Gefahr, dass jede Sitzung mit einer halben Stunde Verspätung beginnt; ohne eine Schwänz-Regel kommt womöglich montags früh keine/r, und ohne klare Absprachen über die Vorbereitung der Treffen sitzt ihr vielleicht bald ohne Material da und könnt unverbindliche Gespräche über nicht näher definierte Themen führen.

Noch unschöner ist die Lage, wenn jedes AG-Mitglied seine eigene Vorstellung davon hat, welche Regeln eigentlich gelten. A denkt möglicherweise: „Neun Uhr heißt neun Uhr." B sagt sich: „Viertel nach neun ist auch noch früh genug." Mit der Folge, dass A und B regelmäßig aneinander geraten, wenn B um Viertel nach neun erscheint. Sie hätten es leichter, wenn sie sich rechtzeitig darüber unterhalten hätten, wie sie es denn halten wollen mit der Pünktlichkeit. Die entsprechende Regel könnte etwa heißen: „Neun Uhr heißt neun Uhr, und wer sich verspätet, ruft wenigstens an." Oder: „Neun Uhr heißt neun Uhr, und wer sich verspätet, zahlt zwei Euro in die Kasse, aus der der Sekt für die Examensfeier bezahlt wird."

Damit lassen sich natürlich nicht alle Konflikte aus dem Weg schaffen. Viele Punkte lassen sich auch gar nicht von Anfang an klären. Eine AG ist keine Handelsgesellschaft, die ihre Ziele und Verfahrensregeln bei ihrer Gründung schriftlich niederlegt und bei Bedarf vor Gericht zieht. Doch immerhin stellen solche Regeln die Zusammenarbeit in einen verbindlichen Rahmen und machen deutlich, dass dieser Rahmen auch ernst genommen werden soll. Macht euch also *möglichst früh* Gedanken über *möglichst Vieles* – wenn ein Konflikt erst einmal entstanden ist, ist es umso schwerer, sich auf eine gemeinsame Lösung zu verständigen.

3. Das Gerüst für die Zusammenarbeit: der AG-Plan

Die meisten Arbeitsgruppen haben einen Plan, den sie Stück für Stück abarbeiten. Demgegenüber arbeiten AlleinlernerInnen häufig ohne einen solchen. Sie hangeln sich an der Prüfungsordnung entlang, arbeiten Lehrbücher systematisch durch oder lernen das, was ihnen gerade am schwierigsten erscheint – oder schlicht, worauf sie gerade Lust haben (→ vgl. unser Interview mit Ulrike Lembke auf S. 150). Arbeitsgruppen hingegen müssen sich in ihrer Arbeit aufeinander einstellen. Sie können nicht einfach das nächste Kapitel eines Lehrbuches auf die Tagesordnung setzen, weil ihre Mitglieder womöglich mit verschiedenen Büchern arbeiten oder unterschiedlich schnell lesen. Fruchtbar ist die Arbeit in der AG aber erst, wenn alle Beteiligten auf dasselbe Thema vorbereitet sind und es fundiert diskutieren können. Sie müssen also für jede Sitzung absprechen, was behandelt werden soll. Das könnte natürlich auch bei jedem AG-Treffen spontan entschieden werden: „Nächstes Mal machen wir die Drittschadensliquidation." Vielen Arbeitsgruppen ist dies jedoch nicht genug. Denn es gibt noch andere Gründe dafür, sich dem Examensstoff planvoll zu nähern:

a) Warum es sich lohnt, einen Plan zu haben

- Repetitorien versprechen viele Dinge, die sie nicht halten. Eines jedoch bieten sie tatsächlich: Sie arbeiten den Lernstoff systematisch durch und geben den TeilnehmerInnen damit die Sicherheit, dass die examensrelevanten Probleme in einer bestimmten Zeit und ziemlich vollständig behandelt werden. Nichts anderes tut der AG-Plan. Ihr müsst nur nichts dafür bezahlen.

- Den AG-Plan müsst ihr jedoch selbst herstellen. Das kann zwar viel Arbeit machen, hat aber auch einen Vorteil: Indem ihr den examensrelevanten Stoff auflistet, in mundgerechte Häppchen teilt und in eine Reihenfolge bringt, strukturiert ihr den Stoff schon einmal für euch selbst. Schon bevor ihr ein konkretes Thema gelernt habt, habt ihr so bereits den ersten Überblick. Ihr wisst, was alles im Examen gefragt werden kann und habt eine Vorstellung davon, wie einzelne Themen aufeinander aufbauen. Die Planerstellung ist also schon der erste Schritt zum strukturierten Lernen.

- Zu Beginn der Examensvorbereitung haben viele nur die vage Vorstellung, dass sie „alles" lernen müssen: einen unübersichtlichen Berg an Wissen, bei dem sie nicht wissen, wo sie anfangen und wo sie aufhören sollen. Auch hier hilft der AG-Plan. Er teilt den Stoff in leichter verdauliche Portionen – lernpsychologisch gesprochen: Zwischenziele. Das einzelne Lernhäppchen wirkt dann weniger angsteinflößend als das Gesamtpensum. Auch eine Marathonläuferin denkt am Start zweckmäßigerweise nicht an die 42 Kilometer, die sie noch vor sich hat. Sonst wird sie schnell vor der Frage kapitulieren, ob sie das durchhalten kann. Für einen Kilometer aber wird die Energie reichen. Für noch einen auch. Und dann für noch einen.

■ Bleiben wir beim Bild der Marathonläuferin: Der wird es auf Dauer nicht reichen, immer nur an den nächsten Schritt zu denken. Denn wie viel Energie soll sie in die einzelnen Streckenabschnitte investieren? Läuft sie beim Startschuss gleich so schnell sie kann, dann kommt sie nicht weit. Spart sie auf den letzten Metern noch Reserven, dann misslingt ihr der Sprint und sie verfehlt ihre persönliche Bestleistung. Eine Marathonläuferin muss also noch zwei Dinge mehr wissen: wie lang ihre Strecke insgesamt ist und auf welchem Abschnitt sie sich gerade befindet. Genauso ist es mit der Examensvorbereitung. Ihr müsst eure Zeit und Energie über viele Monate so sparsam einsetzen, dass es für einen Spurt in den letzten Wochen vor den Klausuren noch reicht. Der AG-Plan erleichtert dieses Management der Zeit- und Energiereserven. Denn an ihm ist immer genau abzulesen, wie viel ihr noch vor euch habt. Er erlaubt aber auch, „erledigt!" zu rufen und ins Café zu gehen, sobald das Kapitel für die nächste AG durchgearbeitet ist.

b) Selbstgemacht oder nachgemacht?

Wie kommt eine AG an ihren Plan? Sie kann es sich leicht machen, indem sie den Plan einer anderen AG übernimmt, einen der in Teil 6 dieses Buches (→ ab S. 167) abgedruckten Pläne kopiert oder sich am Plan eines Uni-Reps entlanghangelt (soweit dieser zu Beginn des Semesters ausgegeben wird). Das ist bequem und praktisch – und muss nicht unbedingt schlecht sein. Die meisten Arbeitsgruppen greifen inzwischen auf Vorlagen zurück. Aber häufig tun sie das nur, um einen Ausgangspunkt zu haben. Manchmal kommt die Vorlage zum Beispiel aus einem anderen Bundesland und muss noch auf die eigene Prüfungsordnung abgestimmt werden. In anderen Fällen hat die Vorgänger-AG vielleicht viel zu viel Stoff für die einzelnen AG-Sitzungen vorgesehen oder die Schwerpunkte anders gesetzt, als ihr euch das vorstellt. Gerade im AG-Plan können sich individuelle Stärken und Schwächen niederschlagen. Wenn ihr zum Beispiel alle die Vorlesung des Herrn Professor Y im Besonderen Schuldrecht leider nicht besuchen konntet, weil der Herr Professor Y nicht in der Lage war, den Stoff ansprechend zu präsentieren, dann könnt ihr im AG-Plan Sondersitzungen zum Besonderen Schuldrecht einbauen. Wenn das Verwaltungsrecht euch mehr schreckt als das Verfassungsrecht, dann könnt ihr es zeitlich vorziehen, um es länger wiederholen zu können. Schließlich ergibt sich vielleicht aus der Wahl eurer Schwerpunktfächer oder aufgrund von Auslandsaufenthalten ein besonderer Anpassungsbedarf.

Deswegen sind auch die AG-Pläne in Teil 6 dieses Buches (→ ab S. 167) nicht als Kopiervorlagen gedacht – obwohl sie sich alle in der Praxis bewährt haben und im Nachhinein noch einmal überarbeitet wurden. Kein Zweifel, dass ihr sie gefahrlos kopieren *könntet*. Wir empfehlen dies jedoch nicht. Ihr beraubt euch einer wichtigen Möglichkeit, die Examensvorbereitung so zu gestalten, dass sie wirklich auf eure speziellen Bedürfnisse zugeschnitten ist.

Die folgenden Seiten enthalten darum eine ausführliche Bastelanleitung für AG-Pläne. Dabei gilt: Plan ist nicht gleich Plan, so wie AG nicht gleich AG ist. Es gibt eine Fülle unterschiedlicher Möglichkeiten, einen AG-Plan zu gestalten. Doch wie immer er letztlich aussehen wird, es gibt einige unerlässliche Schritte auf dem Weg zu seiner Entstehung: Ihr braucht einen Zeitrahmen, müsst euch über das examensrelevante Pensum informieren und Zeitplan und Pensum einander angleichen.

c) Die Zeitplanung

Die meisten AGs stehen vor der Aufgabe, den gesamten examensrelevanten Stoff einmal komplett durchzuarbeiten, ähnlich wie es auch ein Rep anbietet. Daran schließen sich sinnvollerweise noch einige Wochen oder Monate an, in denen das Erarbeitete wiederholt werden kann. Einen Plan braucht ihr erst einmal nur für die erste Phase. Was und wie viel ihr wiederholen möchtet, könnt ihr besser beurteilen, wenn ihr den gesamten Stoff schon einmal bearbeitet habt. Dann wisst ihr, wo ihr noch Lücken habt und welche Zusammenhänge ihr euch besonders schlecht merken könnt. Für den AG-Plan ist also erst einmal wichtig, wie viel Zeit für die Hauptphase der Examensvorbereitung, die Erarbeitung des Stoffes, veranschlagt wird. Zwei Kriterien spielen dabei eine Rolle:

- Es muss für alle Beteiligten möglich sein, den Stoff nicht nur einmal durchzulesen, sondern ihn halbwegs gründlich zu bearbeiten, anzuwenden, zu verstehen und – ganz wichtig – abzuspeichern. Das klausurrelevante Pensum ist in allen Bundesländern enorm. Kürzer als ein Dreivierteljahr zu planen, ist daher in den meisten Fällen Utopie.

- Die Examensvorbereitung darf nicht so lange dauern, dass ihr am Ende schon nicht mehr wisst, was ihr am Anfang gelernt habt. Die Kunst besteht im Examen gerade darin, so viel Wissen wie möglich gleichzeitig präsent zu haben. Länger als eineinhalb Jahre sollte die Erarbeitungsphase daher auch nicht dauern. Orientiert euch ruhig an den Zeitplänen der Repetitorien, die in der Regel auf zehn bis zwölf Monate angelegt sind. Was die können, könnt ihr auch.

Das Wochenpensum

Danach müsst ihr entscheiden, wie viele AG-Sitzungen ihr pro Woche einplant. Auch hier geht es darum, ein realistisches Maß zu finden, das euch weder unter- noch überfordert. Auf der einen Seite der Abwägung steht dabei die Stoffmenge, die zu bewältigen ist. Auf der anderen die Zeit, die jede/r für sich zur Vorbereitung der AG-Sitzungen braucht.

- Eine AG, die den Stoff vollständig behandeln möchte, sollte sich mindestens einmal in der Woche treffen. Seltenere Sitzungen sind nur dann sinnvoll, wenn ihr eigentlich lieber alleine lernt und in der AG nur ausgewählte Themen ansprechen wollt.

- Andererseits ist es kaum zu leisten, sich öfter als dreimal wöchentlich zu treffen. Jede Zusammenkunft der AG bedeutet schließlich auch eine Portion juristischen Lernstoffes, der gelernt werden muss. Außerdem wird jede Sitzung in der Regel von einer Person besonders vorbereitet – sei es, dass sie Fälle heraussucht und bearbeitet, sei es, dass sie den Lernstoff so aufbereitet, dass sie die anderen AG-Mitglieder abfragen kann. Wenn ihr nicht rund um die Uhr in Sachen Jura unterwegs sein wollt, dann solltet ihr euch daher auf zwei bis drei AGs pro Woche beschränken. Wer sich mehr zumutet, muss schon recht arbeitswütig oder in einer besonderen Situation sein (→ vgl. das Interview mit Birte Brodkorb auf S. 119). Je nachdem, ob ihr einen Uni-Rep in eure Vorbereitung integrieren wollt, kann es auch sinnvoll sein, zwischen Semester und vorlesungsfreier Zeit zu differenzieren – also z. B. während des Semesters zwei, in der vorlesungsfreien Zeit drei Treffen pro Woche. Allerdings gibt es inzwischen auch Universitäten, die eine „durchgängige" Examensvorbereitung anbieten – hier erübrigt sich eine solche Aufteilung.

Sanfter Einstieg

Wenn ihr mehr als eine AG-Sitzung pro Woche anstrebt, bedeutet das nicht, dass ihr euch von Anfang an so häufig treffen müsstet. Ihr könnt euch zum Beispiel in den ersten vier Wochen nur ein- oder zweimal wöchentlich treffen und die AG-Dichte dann langsam steigern. Denn gerade in den ersten Wochen seid ihr noch nicht auf der vollen Höhe eurer Konzentrationsfähigkeit und Aufnahmebereitschaft, sondern arbeitet euch vermutlich erst einmal ein. Der Tagesablauf muss auf den Lernrhythmus eingestellt werden, und ihr müsst herausfinden, wie ihr am besten lernen könnt. Ebenso könnt ihr die einzelnen AG-Sitzungen anfangs ein wenig kürzer gestalten als später. Insbesondere wenn ihr die regelmäßige Wiederholung des Stoffes in die AG integrieren wollt, braucht ihr am Anfang noch nicht so viel Zeit wie kurz vor dem Examen.

Auch die AG als Gruppe wird erst einmal ausprobieren müssen, wie sie ihre Treffen gestaltet. Ein sanfter Einstieg gibt allen Beteiligten die Möglichkeit, sich und die AG ein paar Wochen lang zu beobachten und sich nach und nach auf die neue Situation einzurichten. Sprünge ins kalte Wasser mögen zwar heroisch sein, sind aber nicht unbedingt auch klug und angemessen.

Andererseits wollen wir nicht verschweigen, dass der Beginn der Examensvorbereitung bei vielen auch eine gewisse „Aufbruchstimmung" auslöst – jetzt wird „der Schalter umgelegt" und es geht hochmotiviert auf „die letzte Etappe". Sollte das bei euch der Fall sein, dann lasst euch nicht bremsen, im Gegenteil: Nutzt diese Anfangsmotivation. Nur: Überfordert euch dabei nicht gleich.

„Leersitzungen"

So gut ihr euren Lernplan auch machen werdet – er wird nicht „perfekt" sein. Vielleicht unterschätzt ihr den Zeitaufwand für ein Thema, vielleicht merkt ihr erst beim Erarbeiten eines Themas, dass euer Lernplan einen wichtigen Aspekt eines Themas nicht vorsieht – oder eine Sitzung läuft eben einfach nicht gut und man kommt mit dem geplanten Stoff nicht durch. Mindestens eines dieser Szenarien steht jeder AG bevor – und sie sind umso einfacher zu handhaben, je besser man sich von vornherein darauf eingestellt hat. Eine Methode, die sich bewährt hat, stellt das Einplanen von „Leersitzungen" dar: Ihr seht in eurem Lehrplan in regelmäßigen Abständen – beispielsweise einmal alle acht Wochen – Sitzungen vor, die aber noch nicht mit einem Thema belegt werden. Wenn eine solche „Leersitzung" naht, könnt ihr dann gemeinsam entscheiden, ob ihr Ergänzungsbedarf habt oder nicht. Wenn ja, dann seid ihr „im Plan", obwohl ihr eigentlich „nicht im Plan" wart. Wenn nicht: Kaum jemand wird sich über einen freien Tag beschweren. Insgesamt gilt: Je besser euer Plan von vornherein auf nicht plan-, aber erwartbare Szenarien eingestellt ist, desto weniger Unsicherheit kommt auf, wenn diese eintreten.

Urlaub

Vergesst nicht, Urlaub einzuplanen! Es ist schlichtweg unmöglich, monatelang zu lernen und dann auch noch eine ganze Reihe Prüfungen hinter sich zu bringen, ohne zwischendurch einmal die Bücher zuzuklappen. Die Examensvorbereitung ist eine langfristige Angelegenheit, und es ist wichtig, an ihrem Ende noch Energiereserven zu haben – und zwar nicht nur für einen letzten schleppenden Atemzug. Am Ende der Vorbereitungszeit stehen schließlich die entscheidenden Prüfungstermine, zu denen ihr euer Wissen so vorteilhaft wie möglich präsentieren wollt. Gönnt euch daher Urlaub – aber nicht nur so einen verschämten, bei dem ihr euch für ein paar Tage von der AG absetzt, während die anderen weiterarbeiten, nein: Gönnt euch als AG Urlaub. Den können dann alle genießen, ohne dabei AG-Sitzungen zu verpassen und nacharbeiten zu müssen.

Eine solche Auszeit sollte sich schon wie richtiger Urlaub anfühlen dürfen, also nicht kürzer als eine Woche sein. Mehr als zwei Wochen können dagegen dazu führen, dass ihr den Faden verliert und hinterher nur mühsam wieder in den Lernrhythmus zurückkehrt. Was die Häufigkeit der Ferienperioden angeht, sind die Argumente ähnlich: Zu viele von ihnen hindern daran, eine Arbeitsroutine zu entwickeln. Zu wenige machen nur urlaubsreifer.

Die Zahl der AG-Sitzungen

Was habt ihr nach diesen Überlegungen gewonnen? Ihr könnt festlegen, aus wie vielen AG-Sitzungen eure Erarbeitungsphase bestehen wird: Zählt die Zahl der Wochen, die ihr für diese Phase veranschlagt habt. Zieht die Urlaubswochen ab. Multipliziert mit der Zahl der geplanten AGs pro Woche (vergesst dabei u. U. nicht die sanfte Einstiegsphase oder die „Leersitzungen") – und schon habt ihr die Zahl der AG-Termine ermittelt.

▶ *BEISPIEL: A, B und C veranschlagen ein Jahr für die erste Phase der Examensvorbereitung. Sie wollen in dieser Zeit dreimal zwei Wochen Urlaub machen und sich dreimal wöchentlich treffen. Im ersten Monat wollen sie vorsichtig mit zwei wöchentlichen Sitzungen beginnen. Außerdem planen sie ca. alle 8 Wochen eine Leersitzung ein. Sie rechnen: Ein Jahr hat 52 Wochen, davon gehen sechs als Urlaub ab. Macht 46 Wochen. Vier davon werden mit zwei AG-Sitzungen gefüllt, das sind schon mal acht Treffen. Für die restlichen 42 Wochen sind drei Treffen geplant, also insgesamt 126. Ca. alle acht Wochen eine Leersitzung zu machen heißt, es müssen 46 / 8 ~ 5 Termine „abgezogen" werden. Das ergibt insgesamt also 121 AG-Sitzungen, die ihr thematisch füllen könnt.* ◀

Aber das ist natürlich nur der erste Schritt zum AG-Plan.

d) Wo steht, was examensrelevant ist? – Die Ermittlung des Lernpensums

Die so ermittelten AG-Termine müssen in einem nächsten Schritt mit dem examensrelevanten Stoff gefüllt werden. Den Katalog der möglichen Prüfungsthemen findet ihr in der Prüfungsordnung eures Bundeslandes. Vorausgesetzt, ihr findet die Prüfungsordnung. Das aber ist nicht schwer. Die meisten Fachschaften haben eine kleine Broschüre mit ihrem Text bereitliegen, die ihr nur abholen müsst. Ansonsten findet ihr die Prüfungsordnung in der Loseblatt-Gesetzessammlung eures Bundeslandes und meist auch auf der Website des jeweiligen Landesjustizprüfungsamts bzw. des Prüfungsamts der jeweiligen Fakultät.

In der Prüfungsordnung ist detailliert aufgelistet, welche Themen prüfungsrelevant sind. Was dort nicht drinsteht, braucht ihr nicht zu lernen – jedenfalls nicht fürs Examen. Natürlich ergibt sich aus Formulierungen wie „im Überblick: Verfassungsprozessrecht" (§ 8 Abs. 2 Nr. 9 JAPrO Baden-Württemberg) noch nicht bis ins Kleinste, was hier zu lernen ist – zur Konkretisierung sollten also durchaus Lehrbücher, (Vorlesungs-)Skripten oder bewährte Lernpläne früherer AGs herangezogen werden. Wenn auch das Zweifel noch nicht restlos ausräumt, lohnt ggf. der Weg zum Assistenten oder der Professorin eures Vertrauens.

e) Die Gewichtung der Fächer

Ihr könnt nun festlegen, in welcher Woche welche AG-Sitzung zu welchem Fach stattfinden soll. Hierbei sind zwei Entscheidungen zu treffen:

- *Die Gewichtung:* Beim Studium der Prüfungsordnung wird euch schnell auffallen, dass die Anforderungen in den einzelnen Fächern unterschiedlich sind. Das Strafrecht beschränkt sich auf ausgewählte Abschnitte des StGB und ist von daher recht übersichtlich, während im Zivilrecht zahlreiche Nebengebiete wie Handels- und Gesellschaftsrecht oder Arbeitsrecht verlangt werden. Im Öffentlichen Recht ist neben dem materiellen Recht auch das ganze Prozessrecht gefragt, während prozessuale Fragen in den anderen Fächern eine eher untergeordnete Rolle spielen. Als *Ausgangspunkt* liegt es nahe, sich am jeweiligen Anteil der Fächer an den Klausuren der schriftlichen Prüfung zu orientieren. In den meisten Bundesländern ergibt sich so eine Gewichtung Zivilrecht – Öffentliches Recht – Strafrecht im Verhältnis 3 : 2 : 1. Allerdings raten wir eher davon ab, dieses Schema unmodifiziert zu übernehmen – zum einen ist das Strafrecht hier im Vergleich zum verlangten Stoffumfang unterrepräsentiert. Kalkuliert ihr streng utilitaristisch allein nach der Devise „Minimaler Einsatz – maximaler Ertrag", dann mag eine Ausrichtung rein an der Klausurenzahl dennoch sinnvoll erscheinen. Geht es euch aber um eine möglichst lückenlose Erarbeitung des Prüfungsstoffes, dann solltet ihr dem Strafrecht wohl etwas mehr Anteil einräumen. Eine Abänderung dieser Gewichtung kann auch dann sinnvoll sein, wenn ihr „besonderes Vorwissen" mitbringt. Zum Beispiel dann, wenn ihr – vielleicht aufgrund eurer Schwerpunktwahl – im Zivilrecht solide Grundlagen habt, vom Strafrecht aber sehr viel weniger versteht. Oder weil ihr beispielsweise einzelne Öff-Recht-Scheine im Ausland gemacht habt und dementsprechend größere Defizite etwa im Besonderen Verwaltungsrecht der Bewältigung harren.

- *Die Reihenfolge:* Ferner wird oft die Frage gestellt, ob erst einmal ein Fach ganz gelernt werden soll oder ob es sinnvoller ist, alle Fächer parallel zu bearbeiten. Grundsätzlich gilt, dass ihr im Examen alle Fächer gleichzeitig parat haben müsst – und es ist auch spannender und abwechslungsreicher, die Materie von Zeit zu Zeit zu wechseln. Empfehlenswert ist daher für die meisten AGs, die Fächer abwechselnd zu behandeln. Vor einer besonderen Situation stehen aber diejenigen, die einzelne Fächer abschichten wollen (dies ist aktuell in Niedersachsen und Nordrhein-Westfalen möglich → vgl. dazu auch das Interview mit Jakob Quirin auf S. 116). Ihnen mag es sinnvoller erscheinen, zunächst einmal das Fach zu lernen, das abgeschichtet wird und die anderen nachzuziehen. Ebenso klug kann es aber auch hier sein, sich erst einmal einen Überblick über den ganzen Stoff zu verschaffen und dann eine spezielle Wiederholungsphase unmittelbar vor der Abschichtklausur einzubauen. Das hat den Vorteil, dass ihr Querverbindungen zwischen den Fächern kennenlernt.

f) Die Gewichtung der Themen

Wenn ihr einen relativ offenen Plan haben wollt, dann ist er an dieser Stelle fertig. Die konkreten Themen werden dann von der Arbeitsgruppe jeweils kurz vor dem Treffen festgelegt – oder gar nicht.

- Im letzteren Fall bleibt es der vorbereitenden Person überlassen, das Thema der jeweiligen AG auszuwählen. VertreterInnen dieses Modells schätzen daran den garantierten Überraschungseffekt: Wenn niemand weiß, worum es in der Sitzung geht, muss man sich eben überraschen lassen. Wie im Examen, in dem auch niemand vorher verrät, welche Themengebiete abgefragt werden. Diese Art der Vorbereitung eignet sich für Studierende, die mit soliden Grundlagen in die Examensvorbereitung gehen, aber im Zweifel auch nur für sie. Für alle anderen steht zu befürchten, dass sie sich gerade in den ersten Wochen und Monaten der AG hoffnungslos überfordern.

■ Werden die Themen dagegen kurz vor den Terminen besprochen, so wird die Sache schon berechenbarer. Ihr könnt jeweils kurzfristig absprechen, welches Thema euch gerade besonders auf den Nägeln brennt. Aktuelle Gerichtsentscheidungen können brandheiß besprochen, oder es können Klausurenkursprobleme auf die Tagesordnung gesetzt werden. Der Nachteil: Es ist dem Plan nicht zu entnehmen, ob auch wirklich der gesamte Stoff behandelt wird und wann welche Themen an der Reihe sind. Die AG-Mitglieder haben also kein Gerüst, an dem sie sich beim Lernen orientieren können.

Die meisten Arbeitsgruppen legen daher für jeden AG-Termin auch schon von vornherein fest, welches Thema behandelt wird. Die Vorteile: Die AG hat zu jedem Zeitpunkt einen Überblick über ihr vollständiges Programm. Und die AG-Mitglieder können ihr persönliches Lerntempo dem Plan anpassen und sparen sich die Diskussion darüber, ob nun beim nächsten Treffen dieses oder jenes Thema das sinnvollere wäre.

Detailliertheit

Doch auch bei den detaillierten Themenplänen variieren die Modelle. Manche AGs umreißen das Thema jeweils mit einem Stichwort. Sie schreiben etwa: *„AG 35: Gewährleistung im Kaufrecht"*. Andere AGs machen sich mehr Mühe und beschreiben auch noch, welche Unterpunkte in dieses Thema gehören. Beispiel: *„AG 35: Gewährleistung im Kaufrecht: Sachmängelhaftung (Nachbesserung/Nachlieferung), Rücktritt, Minderung, Schadensersatz, Ausschlussgründe, Verjährung); Rechtsmängelhaftung"*. Und das ist noch die harmlose Variante. Es gibt AGs, die in ihren Plänen jedes Thema auf einer ganzen Seite beschreiben. Ob dieser Aufwand sich lohnt, kann guten Gewissens bezweifelt werden. Denn die wichtigsten Aspekte eines Themas findet jedes AG-Mitglied mühelos, wenn es ein gutes Lehrbuch oder Skript aufschlägt, also früh genug. Hilfreich kann daher auch sein, sich bei der Planerstellung auf ein „Orientierungslehrbuch" zu einigen, aus dem die entsprechenden Kapitel angegeben werden. Das heißt dann allerdings nicht, dass mit diesem Lehrbuch auch gelernt werden muss – sondern nur, dass der in den dort angegebenen Kapiteln behandelte Stoff drankommt. Wie und mit welchen Materialien dieser Stoff dann gelernt wird, bleibt jedem und jeder selbst überlassen.

Standardfälle und Schwerpunkte

Viel wichtiger als eine Unzahl von Unter- und Unter-Unter-Punkten sind die Schwerpunkte, die im AG-Plan gesetzt werden. Im Examen werden bestimmte Probleme immer wieder abgefragt, andere hingegen so gut wie nie. Während zivilrechtliche Figuren wie Spiel und Wette in Klausuren zum Beispiel ein eher unauffälliges Dasein fristen, kommt der Kaufvertrag in jedem dritten Fall vor. Diese Gewichtung sollte im AG-Plan berücksichtigt werden. Dabei hilft die Prüfungsordnung allerdings nicht mehr weiter. In ihr steht zwar hin und wieder, eine bestimmte Materie müsse nur „im Überblick" bekannt sein. Welche Probleme in diesen Überblick gehören und welche nicht, verraten sie häufig leider nicht.

Leider sind viele Lehrbücher nach dem Gießkannenprinzip aufgebaut: Jedem Thema werden ein paar Seiten gewidmet, unabhängig von ihrer Prüfungsrelevanz. Eine Ausnahme bilden hier speziell auf die Examensvorbereitung zugeschnittene Lehrbücher wie bspw. Werner Beulkes „Klausurenkurs im Strafrecht – Band 3: Ein Fall- und Repetitionsbuch für Examenskandidaten" oder der „Studienkommentar StGB" von Wolfgang Joecks, in dem mittels eines „Sternchensystems" auf die Examensrelevanz eines Themas hingewiesen wird. Zu beachten ist allerdings, dass Prüfungsordnungen wie auch -praxis von Bundesland zu Bundesland variieren, Lehrbücher aber meist bundesweit angeboten werden. Dieser Punkt ist es denn auch, auf den sich die Repetitorien stürzen. Sie werten die Examensklausuren vergangener Durchgänge aus und meinen so im Laufe der Zeit ermitteln zu können, welche Probleme gern abgefragt werden und welche eher nicht. Diese Arbeit könnt ihr natürlich nicht leisten – müsst ihr aber auch gar nicht. Zum einen könnt ihr ohne weiteres einen Blick in die Unterlagen der Repetitorien werfen und vergleichen, wo sie ihre Schwerpunkte setzen. Zum anderen helfen an dieser Stelle erprobte AG-Pläne weiter – zum Beispiel die in Teil 6 dieses Buches (→ ab S. 167) abgedruckten Exemplare. Schließlich könnt ihr auf die Vorlesungsskripten der Examensvorbereitungskurse eurer Universität zurückgreifen oder auch die Assistentin oder den Professor eures Vertrauens konsultieren.

Orientiert euch für die Gewichtung der Themen also ruhig an Vorbildern. Doch auch wenn ihr euch noch so viel Mühe gebt, kann es passieren, dass ihr euch hin und wieder verschätzt. Es kann sein, dass ihr für einzelne AG-Termine zu viel oder zu wenig Stoff vorseht oder wichtige Themen ganz vergesst. Das ist kein Wunder. Ihr könnt nicht vor der Examensvorbereitung den Überblick schon haben, den ihr durch sie erst bekommen sollt. Es spricht nichts dagegen, später mit größerer Fachkenntnis Themen zu verschieben, zu streichen oder hinzuzufügen. Im hinten abgedruckten Plan Nr. 2 (→ auf S. 172) etwa waren „Spiel und Wette" berücksichtigt, während die hochwichtige Forderungsabtretung vergessen wurde. In solchen Fällen empfiehlt sich ein diskreter Austausch. Es muss nicht unbedingt sein, dass sich dadurch die Vorbereitungszeit verlängert. Genauso wie hier und da ein Thema längere Bearbeitung erfordert als geplant, können andere Themen auch ganz wegfallen. Wenn ihr eurem Lernplan „Leersitzungen" hinzugefügt habt, seid ihr auf solche „Ungereimtheiten" ohnehin bestens vorbereitet.

g) Die Reihenfolge der Themen

Schließlich bleibt noch eine Frage zu klären: In welcher Reihenfolge sollen die Themen bearbeitet werden? Die Hauptaufgabe des AG-Plans ist die, den Stoff zu strukturieren. Alle wichtigen Themen, die im Examen geprüft werden können, sollen einmal darin vorkommen. Die meisten AGs stellen dies dadurch sicher, dass sie sich den Stoff von Grund auf erarbeiten. Ihre Pläne fangen mit den Allgemeinen Teilen an und schreiten dann im Laufe der Zeit zu den Besonderen Teilen fort. So wird systematisch gelernt, und die wichtigen Grundlagenprobleme können in späteren Einheiten wiederholt werden.

Es gibt aber auch AGs, die schnell einen Überblick über die wichtigsten Probleme bekommen möchten, etwa weil sie sich von Anfang an in den Klausurenkurs setzen wollen. Vielleicht möchten sie auch bestimmte Angstthemen wie das Eigentümer-Besitzer-Verhältnis oder das Bereicherungsrecht von Beginn an behandelt haben, damit sie sie möglichst oft wiederholen können. Diese AGs ziehen vor die systematische Erarbeitungsphase eine „Schwerpunkt-Phase", in der besonders wichtige oder besonders komplizierte Themen vorgezogen werden (→ vgl. Lernplan Nr. 3 ab S. 179).

Die Erfahrungen mit diesem Modell sind unterschiedlich. Dafür spricht, dass ihr von zentralen BT-Problemen schon von Beginn an zumindest die Grundzüge kennt. Denn in der Tat ist es oft nicht leicht, zu AT-Einheiten Fälle zu finden, in denen nicht auch schon Probleme der Besonderen Teile auftauchen. Für das Selbstwertgefühl aber kann es sehr ungünstig sein, gerade komplizierte Themenbereiche vor die Klammer zu ziehen. Gleich zu Beginn der Examensvorbereitung kann so der Eindruck entstehen, das juristische Lernen sei eben doch ein Zustand permanenter Überforderung. Mit den entsprechenden Grundlagen lassen sich komplexe Zusammenhänge hingegen leichter auseinandernehmen und verstehen. Die Schwerpunkt-Phase ist daher nur denen anzuraten, die entweder aus dem Studium solide Grundlagenkenntnisse mitbringen oder aber den schon erwähnten Sprung ins kalte Wasser brauchen, um richtig in Gang zu kommen.

Ein drittes Modell ist schließlich, sich mit den AG-Plänen an der universitären Examensvorbereitung zu orientieren. Dies empfiehlt sich insbesondere dann, wenn man diese neben der AG ohnehin mitnutzen will – in diesem Fall können sich Uni-Angebot und AG gut ergänzen. Relativ unproblematisch ist dies, wenn die Uni-Examensvorbereitung systematisch aufgebaut ist und ihr mit eurer Examensvorbereitung zu dem Zeitpunkt beginnt, zu dem auch das Uni-Angebot „startet". Oft ist dies jedoch nicht der Fall – an vielen Unis fehlt bereits eine systematische Abstimmung der Examenskurse. Oder die Uni-Kurse beginnen mit dem „AT-Teil" im Wintersemester, ihr wollt eure Examensvorbereitung aber zum Sommersemester starten. In diesen Fällen empfiehlt es sich, einen autonomen, systematisch aufgebauten AG-Lernplan zu erstellen und das Uni-Angebot neben der AG zu nutzen – entweder als „Einführung" in ein Thema, das in eurem Lernplan später drankommt oder als willkommene Wiederholung eines Themas, das ihr bereits behandelt habt.

C. Die Arbeit in der AG

Herzstück, Existenzgrund und Daseinsberechtigung jeder AG sind die Arbeitssitzungen, in denen der Stoff er- und bearbeitet wird. Dabei sind die Ansprüche an eine Arbeitsgruppe ohne Repetitor in der Regel hoch. Die Mitglieder versprechen sich fachlich hochwertige und effektive Arbeit ebenso wie Solidarität und Zusammenhalt in der Kleingruppe, und die AG ist nicht selten von einer halb trotzigen, halb stolzen „Denen werden wir es zeigen"-Haltung durchdrungen. Nun ist Stolz nicht unbedingt schlecht und auch gar nicht unangemessen angesichts der von Repetitorien gern geschürten Angst, es ohne sie nicht schaffen zu können. Und die meisten AG-Sitzungen sind tatsächlich angenehmer und effektiver als der Unterricht beim Rep. Der Schwachpunkt jeder AG ist jedoch, dass sie ein vergleichsweise hohes Maß an Absprache und Organisation erfordert. Entsprechend ausführlich ist das folgende Kapitel geraten, das sich mit den zahlreichen organisatorischen Fragen beschäftigt, die sich im Leben einer Arbeitsgruppe stellen.

1. Setting

Die Zusammenarbeit in einer Arbeitsgruppe verläuft umso reibungsloser, je stabiler ihre Rahmenbedingungen sind. Das bedeutet zum Beispiel, dass die AG sich idealerweise immer zur gleichen Zeit trifft. Nützlich ist es auch, wenn sie sich nach und nach auf eine bestimmte Arbeitsweise einspielt, also die verschiedenen Tagesordnungspunkte (Falllösung, Wiederholung, Abfragen, Pause etc.) in immer gleicher Reihenfolge abarbeitet. Was nicht bedeutet, dass ihr unflexibel werden solltet, denn Flexibilität ist ja gerade einer der Hauptvorteile einer AG, die nicht an einen Repetitor gebunden ist. Derartige Gewohnheiten haben aber – vernünftig gehandhabt – den Vorteil, dass ihr euch nach kurzer Zeit schon keine Gedanken mehr um die äußeren Bedingungen der Arbeit machen müsst. Ihr könnt euch in vertrautem Rahmen voll und ganz auf die inhaltliche Arbeit konzentrieren. Wenn ihr dagegen vor jeder AG wieder einen Termin suchen und die Tagesordnung diskutieren müsst, dann wird euch das viele Nerven kosten, die der sachlichen Arbeit nicht mehr zur Verfügung stehen. Einigt euch darum frühzeitig auf das „Setting" eurer AG.

a) Wo?

Die Stimmung in einer AG ist sehr davon abhängig, wo sie sich trifft. Kommt sie in einer ruhigen Ecke in der Bibliothek zusammen, dann werden sich die Diskussionen weniger leidenschaftlich entwickeln als an einem Ort, an dem ohne Skrupel die Stimme erhoben werden darf. Sitzt sie im Sommer auf der Wiese, wird sie schon bald durch Rasenmäher oder Wespen abgelenkt werden. Doch sind das eher unrealistische Alternativen.

Entscheidender ist schon die Frage, ob sich die AG in privaten Räumen trifft oder lieber in der Universität. Eine Frage, die sich allerdings nur stellt, wenn es an eurer Universität überhaupt geeignete Räume gibt. Gruppenarbeit gehört leider zu den Arbeitsformen, die nur von den wenigsten juristischen Fakultäten gefördert werden (→ zu den erfreulichen Ausnahmen vgl. Teil 5 dieses Buches ab S. 154). Deswegen finden sich an den wenigsten Unis Arbeitsräume für studentische Gruppen. Entweder gibt es formschöne Lernwaben für die individuelle Büffelei oder aber Cafeterien, in denen viel Lärm und Ablenkung drohen. Mit ein bisschen Hartnäckigkeit und offenen Augen lassen sich oft aber immerhin leerstehende Seminarräume finden – oder sogar über die universitäre Raumverwaltung buchen. AG-Sitzungen in derartigen Räumen haben eine offiziellere Atmosphäre als solche in privaten Gemächern. Wenn ihr fürchtet, die AG in eurem eigenen Zimmer nicht richtig ernst zu nehmen, dann ist euch ein Uni-Raum als Treffpunkt zu empfehlen.

Reicht es euch dagegen, die Uniluft in den Klausurenkursen zu schnuppern und habt ihr es lieber gemütlich bei Tee oder Kaffee, dann trefft euch ruhig privat. Achtet aber auch in privaten Räumen auf ein arbeitstaugliches Ambiente: Hört keine Musik, setzt euch an einen soliden Tisch und geht nur im Notfall ans Telefon.

A propos Telefon: Mobiltelefone haben in angeschaltetem Zustand in keiner AG-Sitzung etwas verloren. Auch „lautlos" vibrierende Handys stören bei der konzentrierten Falllösung immens. Denkt also daran, eure Mobiltelefone vor der Sitzung auszuschalten. Manche AGs arbeiten sogar mit „Handy-Kisten", in die zu Beginn der Sitzung die Mobiltelefone abgelegt werden.

b) Wann?

Die meisten Menschen können sich vormittags besser konzentrieren als beispielsweise am frühen Nachmittag. Für sie liegt es nahe, die AG-Sitzungen morgens zu beginnen und gegen Mittag zu beenden. Nachtaktivere Naturen dagegen brauchen morgens oft lange, bis sie sich auf andere Menschen einstellen können. Sie sollten sich mit der Arbeitsgruppe lieber nachmittags treffen. Auch Abendtermine werden gelegentlich vereinbart, wenn die AG-KollegInnen ihre Tage lieber für andere Dinge frei haben. Solange ihr euch noch konzentrieren könnt, ist auch das ein gangbarer Weg. Und schließlich sind natürlich auch hier Kompromisse im Sinne von Mischformen möglich: Dann findet ein AG-Treffen eben am Morgen, das andere am Abend statt.

Keinesfalls aber solltet ihr AG-Sitzungen auf die Zeiten des Tages legen, an denen die Konzentration nachlässt. Auch wenn diese Idee zunächst einmal gar nicht abwegig klingen mag. Immerhin könnten dann die Konzentrationshochs ausschließlich für das individuelle Lernen reserviert werden. Aber auch die Arbeit in einer Kleingruppe erfordert einiges an Aufmerksamkeit: Ihr müsst mitdenken und mitdiskutieren und euch dabei auch noch auf andere Menschen und ihre Arbeitsstile einstellen. Eine AG, die sich nur dann trifft, wenn alle ohnehin nicht mehr aufnahmefähig sind, wird sich auf Dauer zu einem ziemlich müden Verein entwickeln. Schließlich ist eure AG nicht nur eine nette Begleiterscheinung der Examensvorbereitung, die auch mal verträumt werden kann. Sie soll den Repetitor ersetzen, eine Lernkontrolle sein und eine Möglichkeit bieten, den gelernten Stoff auf konkrete Fälle anzuwenden. Darum verdient sie einen prominenten Platz im Tagesplan. Nutzt eure Konzentrationstiefs lieber, um euch zu entspannen, zu erholen, zu ernähren oder zu amüsieren.

c) Wie lange?

Wie lange eine AG-Sitzung dauern sollte, hängt in erster Linie davon ab, was ihr während der Sitzung alles machen wollt. Geht es nur darum, ein paar Details abzufragen, so genügt eine knappe Stunde zwischendurch. Um aber ein Thema, und sei es noch so klar abgegrenzt, mit einiger Gründlichkeit zu behandeln, bedarf es mindestens zwei Stunden Zeit. Das gilt jedenfalls dann, wenn Fälle gelöst werden und alle Beteiligten ausreichend zu Wort kommen sollen.

Werden in der AG komplexere Fälle gelöst, die womöglich jede/r erst einmal still für sich vorbereitet, oder soll neben der Falllösung auch noch abgefragt oder wiederholt werden, dann reichen zwei Stunden nicht aus. In der Hauptphase einer AG, in der der Stoff zum ersten Mal durchgearbeitet wird, ist die gängige Variante daher eine drei- bis fünfstündige Sitzung. Diese Zeitspanne ist von der Konzentration her auch durchzuhalten, wenn zwischendurch ausreichend Pausen gemacht werden. Außerdem ist es in einer drei- bis fünfstündigen AG leichter möglich, mit einem Themengebiet tatsächlich durchzukommen. Die Länge der jeweiligen Sitzungen hängt aber natürlich auch davon ab, wie oft in der Woche ihr euch trefft – und vom Verlauf eurer AG – so zum Beispiel davon, ob ihr Klausursachverhalte erst in der Sitzung verteilt oder ob sie schon vor den Treffen gelesen werden (→ wie etwa bei unserem Interviewpartner Ludgar Pflug, S. 132).

Dazu kommt, wie bei jeder Veranstaltung, zu der die TeilnehmerInnen eigens anreisen, dass zu Beginn und gegen Ende Zeit gebraucht wird, um sich zu begrüßen und die Sachen aus- und einzupacken. Schließlich gibt es auch immer wieder organisatorische Fragen zu besprechen. Plant also lieber großzügig als zu knapp.

d) Pausen

Das Thema „Pausen" verdient es, in einem Buch wie diesem mit beständiger Penetranz erwähnt zu werden. Viele ExamenskandidatInnen erlauben sich mit zunehmender Examensnähe immer seltener Pausen einzulegen – aus lauter Angst, dann vor sich selbst als faul dazustehen. Pausen haben jedoch mit Faulheit überhaupt nichts zu tun. Eine Pause ist das Stück lernfreie Zeit, das sich zwischen zwei Perioden des Fleißes schiebt. Ohne sie wäre der Fleiß auf Dauer nicht auszuhalten. Auch für kurze AG-Treffen kann nur empfohlen werden, ausreichend Pausen zu machen. Bei Sitzungen, die sich über mehr als eineinhalb Stunden erstrecken, sollten Pausen sogar eine Selbstverständlichkeit und ein angenehmes Ritual sein. Sie bieten Raum für persönliche, organisatorische oder meteorologische Gespräche und für die neuesten Gerüchte aus Prüfungsamts- oder Freundeskreisen. Das ist keinesfalls verlorene Zeit, die durch straffe Disziplin eingespart werden kann, sondern das Mindestmaß an sozialem Nahkontakt, das jede Gruppe zur Zusammenarbeit braucht.

Hinsichtlich Häufigkeit und Länge von Pausen lassen sich keine allgemein gültigen Empfehlungen geben. Man kann sich am „Schulrhythmus" orientieren und nach jeweils 45 Minuten eine fünfminütige Pause einlegen oder aber die Arbeitsphasen verlängern; dann sind aber auch entsprechend längere Pausen nötig. Bei vier- bis fünfstündigen Sitzungen empfiehlt sich außerdem eine längere Pause nach der Hälfte oder zwei Dritteln der Arbeitszeit, um neue Energie schöpfen und vielleicht gemeinsam einen Kaffee trinken gehen zu können. Auch an dieser Stelle solltet ihr aber keine völlig unflexiblen Regelungen treffen: Manchmal ist es einfach besser, einen Fall noch zu Ende zu besprechen, auch wenn die Pause dadurch zehn Minuten später beginnt – und umgekehrt (→ ausführlich zur Bedeutung von Pausen für konzentriertes Lernen vgl. den folgenden Teil dieses Buches ab S. 98).

Noch einmal: Pausen gehören zum effektiven Lernen dazu. Macht euch deshalb immer wieder klar: Unter dem Strich zählt nicht die Zeit, die ihr „formell" gearbeitet habt – sondern das, was ihr in eurer Arbeitszeit tatsächlich effektiv gelernt habt.

e) Zeitbegrenzung

Zur Gewohnheit werden sollte nicht nur, dass jede AG zu einer bestimmten Zeit beginnt, sondern auch, dass sie zu einer festgelegten Zeit endet – auch wenn eigentlich noch ein Fall, eine Wiederholungseinheit oder ein paar Fragen auf dem Programm stehen. Denn wenn ihr die AG erst dann verlasst, wenn eure Konzentration am Boden liegt, dann hat das zwei nachteilige Folgen: Zum einen könnt ihr das weitere Lernen für den Rest des Tages vergessen, selbst wenn ihr eine längere Pause einlegt. Zum anderen sinkt mit der Konzentration auch die Motivation. Eine AG-Sitzung, die sich gegen Ende zieht wie Kaugummi, motiviert nicht gerade zu weiteren Treffen (→ über die Bedeutung der Motivation für den Lernerfolg ist im folgenden Teil 3 ab S. 100 mehr zu lesen).

Auch auf den nächsten AG-Termin solltet ihr ungelöste Fälle nicht verschieben, denn dann kommt über kurz oder lang der Zeitplan durcheinander. Ihr könnt aber prüfen, ob der ungelöste Fall thematisch auch in eine der folgenden AGs passt – dann hat die vorbereitende Person gleich weniger Arbeit. Ansonsten könnt ihr ggf. eine „Leersitzung" nutzen, Themen auf die Zeit nach dem „ersten Durchgang" vertagen oder dem individuellen Lernen überlassen.

f) Arbeitsferien

Als sehr motivierend und effektiv hat es sich in vielen AGs erwiesen, zusammen für ein paar Tage wegzufahren und an einem stillen Ort fern der Heimat zu lernen. Das kann ein Ferienhaus im Schwarzwald sein, irgendeine Jugendherberge oder das sturmfreie Elternhaus – in solchen Arbeitsferien kann viel Stoff in relativ kurzer Zeit behandelt werden (→ vgl. das Interview mit Sarah Ehlers auf S. 146). Vom Nutzen für den persönlichen Zusammenhalt ganz zu schweigen. Vorausgesetzt, ihr seid in persönlichen Dingen einigermaßen kompatibel. Wenn AG-Mitglied A auf ein Einzelzimmer besteht, während B Matratzenlager liebt, wenn C darauf besteht, allabendlich vegan zu kochen, D aber McDrive bevorzugt, wenn E lauschige Gespräche bei Kerzenschein liebt, F sich aber nicht gern unterhält – dann solltet ihr von Gruppenerfahrungen der intensiveren Art, wie sie Arbeitsferien darstellen, lieber absehen.

2. Ablauf

Die Examensvorbereitung besteht aus verschiedenen Phasen: Zuerst wird der Stoff erarbeitet, dann wiederholt, und schließlich kommen die Prüfungen. An eine AG stellen sich in jeder dieser Phasen unterschiedliche Anforderungen.

a) Erarbeitung des Stoffes

Die erste Phase der Examensvorbereitung (wie auch die zweite, die Wiederholungsphase) dient im Wesentlichen der Vorbereitung der Klausuren. Zwar sehen alle Prüfungsordnungen auch mündliche Prüfungen vor; auf diese kann man sich aber in der Zeit zwischen Klausuren und mündlicher Prüfung noch spezifisch vorbereiten – der Stoff ist ohnehin der gleiche. Die AG hat in dieser Phase also zwei Aufgaben:

- Sie soll dafür sorgen, dass der examensrelevante Stoff einmal komplett durchgearbeitet wird und eine Lernkontrolle bieten.
- Sie soll auf die Anwendung des abstrakten Wissens in komplexen Klausurfällen vorbereiten.

Dementsprechend gibt es verschiedene Möglichkeiten, wie eine AG gestaltet werden kann: Es können leichte oder schwierige Fälle gelöst werden; eine Person kann die anderen abfragen oder das AG-Thema referieren. Die AG kann die Themen vergangener Sitzungen wiederholen oder die neuere Rechtsprechung diskutieren.

Wenn im Folgenden alle diese Möglichkeiten angesprochen werden, so bedeutet das nicht, dass sie alle notwendigerweise in eine AG-Sitzung hineingehören. Eine AG kann sich zum Beispiel durchaus auch darin einig sein, dass die Wiederholung Sache des individuellen Lernens ist und sich ganz auf das Lösen von Fällen beschränken.

Die Suche nach Fällen

In vielen AGs ist jeweils eine Person dafür zuständig, zum Thema einer Sitzung Fälle herauszusuchen und vorzubereiten. Diese Arbeitsteilung ist auch sinnvoll. Denn so gibt es bei jedem Treffen eine Person, die die Lösungsskizze schon kennt. Sie kann die Leitung der Diskussion übernehmen, sie mit fehlendem Wissen füttern und weiterführende Fragen stellen. Ohne eine solche kompetente Diskussionsleitung droht die Gefahr, dass in der AG nur mehr oder minder stichhaltiges Halbwissen ausgetauscht wird. Die vorbereitende Person erfüllt dabei eine wichtige Funktion: Sie stellt eine Instanz mit Wissensvorsprung dar. Auch das ist ein Gesichtspunkt, der viele KandidatInnen zum Rep gehen lässt: die Angst, ohne den Repetitor nie zu wissen, was richtig oder falsch ist. Abgesehen davon, dass in der Juristerei die Meinungen darüber, was nun richtig oder falsch ist, ohnehin zu jedem nennenswerten Punkt auseinandergehen, solltet ihr euch von dem vermeintlich überlegenen Wissen des Rep nicht einschüchtern lassen. Schon wenn die vorbereitende Person einen Überblick über das Tagesthema und einen Fall mit übersichtlicher Lösungsskizze hat, weiß sie genug, um den Repetitor zu ersetzen. In vielen AGs herrscht sogar regelmäßig Ärger über vorgefertigte Lösungsskizzen, die oft einseitiger und oberflächlicher sind, als viele sich das wünschen.

Fälle, die in der AG gelöst werden können, müssen eigentlich nur zwei Bedingungen erfüllen: Sie müssen sich mit dem jeweiligen AG-Thema beschäftigen und eine brauchbare Lösungsskizze haben. Zu den meisten Themen ist es nicht schwer, solche Fälle zu finden. Wichtige Quellen sind:

Zeitschriften

Der größte Fundus aktueller Fälle findet sich in den Ausbildungszeitschriften JuS, JA und Jura. Dazu kommen im Öffentlichen Recht die Verwaltungsblätter der jeweiligen Länder. Diese Fälle sind häufig auf bestimmte Themen zugeschnitten und mit ihrem Schwierigkeitsgrad gekennzeichnet. Oft sind sie bereits in Klausurenkursen oder vergangenen Examensdurchgängen verwendet worden. Zeitschriftenfälle sind daher im Zweifel eine gute Wahl. Um den jeweils passenden Fall zu finden, bietet sich vor allem die Nutzung der Online-Datenbank „juris" an, die für die Studierenden der meisten rechtswissenschaftlichen Fakultäten zugänglich sein dürfte. Hier kann mithilfe geeigneter Suchwörter schnell und zielsicher nach passenden Klausuren gesucht werden; juris bietet zudem eine kurze Inhaltsangabe zu den jeweiligen Klausuren. Eine bewährte Methode, um bei juris fündig zu werden, ist die „Erweiterte Suche" zu wählen und dann folgende Angaben zu machen:

- Im Suchfeld „Fundstelle": „Jus UND JA UND Jura"
- im Suchfeld „Text": „(Klausur ODER Hausarbeit ODER Examen) UND [AG-Thema]"

Nicht zu verachten ist auch das Angebot der Online-Zeitschrift „ZJS" (Zeitschrift für das juristische Studium, http://www.zjs-online.com/), das auch durch eine komfortabel zu bedienende Suchfunktion besticht.

Eine Alternative für alle, die nicht gerne mit Computern arbeiten, findet sich in manchen Lehrbüchern: Im „Strafrecht AT"-Lehrbuch von Kristian Kühl sind beispielsweise zu allen wichtigen Themen Klausuren aus der JuS angegeben.

Falllösungsbücher

Neben den Zeitschriften gibt es zu allen Fächern zahlreiche Bücher, in denen Fälle gesammelt und exemplarisch gelöst werden. Diese Bücher sind von der Qualität her sehr unterschiedlich. Teils sind sie hoffnungslos veraltet, teils bieten sie nur magere Gerippe als Lösungsskizzen, in denen die wichtigen Probleme oberflächlich oder einseitig behandelt werden. Viele sind auch nicht auf die Examenssituation zugeschnitten. Empfehlenswert ist das Werk „Die Examensklausur" von Hanns Prütting (3. Aufl., Köln 2007). In ihm sind eine ganze Reihe Original-Examensklausuren und ihre Lösungen abgedruckt. Ebenso empfehlenswert ist der schon erwähnte Band 3 der Reihe „Klausurenkurs im Strafrecht" von Werner Beulke sowie der „Klausurenkurs im Staatsrecht" von Christoph Degenhart sowie die zivilrechtlichen Entsprechungen von Karl-Heinz Gursky und Karl-Heinz Fezer. Kleinere Fälle finden sich in den Bänden der Reihe „Prüfe dein Wissen", die allerdings keine übersichtlichen Lösungsskizzen bieten und sich eher zum kurzen Wiederholen bereits gelernten Stoffes eignen.

Fälle von Repetitorien

Stärker auf die Situation im Examen zugeschnitten sind naheliegenderweise die Fälle, die Repetitorien anbieten. Bei Alpmann-Schmidt etwa wimmelt die käufliche Literatur von Beispielsfällen, in denen einzelne Probleme aufbereitet werden. Andere Repetitorien wie Hemmer bieten Fälle und Lösungen nur für ihre KlientInnen an und geizen dementsprechend in ihren Skripten damit. Auch bei den Repetitorien ist die Qualität des Fallmaterials sehr unterschiedlich. Oft sind sie entweder zu knapp gehalten oder verlieren sich in Details. Auch prüfen viele Rep-Klausuren bloß aneinandergereihte Standardprobleme ab und haben so wenig mit den häufig in sich komplexen echten Examensklausuren zu tun. Zudem sind ihre Lösungsskizzen meist von so genannten „klausurtaktischen" Erwägungen geprägt. Gute inhaltliche Argumente für oder gegen eine Entscheidung finden sich dagegen selten.

Internet

Als die Arbeiten für die erste Auflage dieses Buches abgeschlossen wurden, waren die AutorInnen noch (zu Recht!) ungeheuer stolz darauf, eine Referendar-Homepage im Internet gefunden und ihre Fundstelle angegeben zu haben. Mittlerweile wimmelt es im Internet von privaten Homepages, auf denen Jurastudierende ihr Lernmaterial unterschiedlichster Qualität anbieten. Für die Examensvorbereitung nutzbarer sind die Angebote der Universitäten. Viele stellen inzwischen die Fälle und Lösungen aus ihren Klausurenkursen ins Netz. Die Materialien sind hier allerdings – in noch größerem Maße als bei Lehrbüchern oder Zeitschriftenaufsätzen – von unterschiedlicher Qualität; eine eigenständige „Qualitätskontrolle" ist hier ein Muss. Eine zusätzliche Schwierigkeit stellt die Tatsache dar, dass solche Dokumente aus urheberrechtlichen Gründen oft passwortgeschützt sind. In diesen Fällen hilft aber meist bereits eine E-Mail an die Dozentin oder den Dozenten, um als Ex-o-ReplerIn Zugriff auf die Materialien zu erhalten. Auch so manche Fachschaft hält entsprechende Passwörter bereit.

Die Lösung der Fälle

Wie in der AG Fälle gelöst werden, lässt sich auf verschiedene Weise organisieren. Vieles hängt davon ab, ob vorrangig „kleine" oder „große" Fälle gelöst werden sollen.

- „Kleine" Fälle sind solche, die sich unter dem Niveau einer Examensklausur bewegen, nur wenige Probleme zum Inhalt haben und keinen verwickelten Aufbau erfordern. Ihr findet sie etwa in den „Prüfe dein Wissen"-Bänden oder als Klausuren für AnfängerInnen in Zeitschriften. Kleine Fälle lassen sich gut spontan und ohne vorherige Notizen lösen. Ihr Vorteil liegt darin, dass in eine AG-Sitzung mehrere Fälle passen, also viele Einzelprobleme eines Themas behandelt werden können. Kleine Fälle eignen sich besonders gut für die Vorbereitung auf die mündliche Prüfung, in der ihr ebenfalls keine Zeit habt, eine Lösungsskizze anzufertigen.

- Es spricht andererseits auch einiges dafür, in der AG „große", also komplexere Fälle auf dem Niveau von Examensklausuren zu lösen. Dabei ist es jedoch erforderlich, dass sich alle Beteiligten zuerst – jede/r für sich – eine Lösungsskizze anfertigen. So haben alle den Fall schon einmal durchdacht, bevor sie zu seiner Diskussion schreiten. Das ist nicht nur eine hervorragende Selbstkontrolle, sondern gibt auch denen eine Chance, gleichberechtigt mitzudiskutieren, die bei spontanen Lösungen von schneller denkenden oder sprechenden KollegInnen überrollt werden. Nicht übersehen werden sollte auch, dass in den Examensklausuren jedes Einzelproblem in einen größeren Zusammenhang gestellt ist. Deswegen zählt für die Klausur nicht nur, die Einzelprobleme zu (er)kennen. Sie müssen auch in einen sinnvollen Aufbau gebettet werden. Wer zum Beispiel nur die Anfechtung, nicht aber ihr Verhältnis zum Gewährleistungsrecht lernt, weiß unter Umständen zu wenig. Schließlich spricht für ein Lernen am komplexen Fall, dass Examensfälle noch einmal erheblich kniffliger sind als Fortgeschrittenen-Klausuren. Viele stehen vor ihnen zunächst einmal wie vernagelt und verlieren nach kurzer Zeit die Lust, sich überhaupt auf ihre Verwicklungen einzulassen. Fälle auf Examensniveau zu lösen erfordert ein hohes Maß an Dickfelligkeit und Sturheit. Es kann nicht schaden, sich frühzeitig darin zu üben – im Gegenteil: Die Fähigkeit, komplexe und einen auf den ersten Blick überfordernde Sachverhalte ruhig zu analysieren und zu strukturieren ist eine der Schlüsselqualifikationen für ein erfolgreiches Staatsexamen.

■ Die Vorbereitungszeit in der AG entfällt, wenn die Fälle jeweils ein paar Tage vor dem Treffen ausgegeben werden. Dann können alle AG-Mitglieder zu Hause in Ruhe eine Lösungsskizze anfertigen und diese dann in die AG mitbringen. Bei diesem Verfahren ist jedes AG-Mitglied selbst dafür verantwortlich, wie sehr es den Fall als Lernkontrolle nutzt oder die Lösung doch lieber in einem Lehrbuch nachschlägt. Von letzterem Vorgehen können wir aber, so verlockend der „kurze Blick ins Skript" auch sein mag, nur abraten. Die Mogelgefahr sinkt, wenn in der AG nicht die perfekte Lösungsskizze zum Standard gemacht wird. Je weniger peinlich es ist, sich auch einmal in die Nesseln zu setzen, desto authentischer werden die Lösungen auch über mehrere Tage Vorbereitungszeit bleiben. Wenn ihr den Text des Falles nicht schon in der vorangehenden AG-Sitzung verteilen wollt, dann könnt ihr ihn auch an einem verabredeten Ort in der Uni hinterlegen. Aus sicherer Quelle wissen wir beispielsweise, dass sich die Werbeplakate der Repetitorien sehr gut dazu eignen, Fälle hinter ihnen anzupinnen. Natürlich kann man die Sachverhalte auch einfach einscannen und per E-Mail verschicken – wenn man bereit ist, das romantische Flair eines solchen toten Briefkastens der kalten Rationalisierung digitaler Kommunikation preiszugeben.

Die Wiederholung vergangener AG-Themen

Wenn ihr in der AG Fälle löst, dann ist das im günstigsten Falle schon eine Wiederholung des Stoffes. Dann nämlich, wenn jedes AG-Mitglied sich zu Hause auf das Thema des Treffens vorbereitet hat und seine Inhalte bereits kennt. Diese Art der Wiederholung hat alle Eigenschaften, die eine Wiederholung gelernter Informationen haben sollte: Sie beschränkt sich auf ein Thema und folgt der Lerneinheit in relativ kurzem Abstand. Zudem werden die gelernten Inhalte auf neue Zusammenhänge – den unbekannten Fall – angewendet.

Vielen Arbeitsgruppen reicht dies jedoch nicht. Sie wiederholen in ihren Sitzungen auch noch die Themen eines oder mehrerer vergangener Treffen. Das ist auch sehr sinnvoll: Denn das Wiederholen gehört zum Lernen wie das Wiederkäuen zur Kuh. Informationen bleiben umso besser im Gedächtnis haften, je regelmäßiger sie durchgekaut werden. Mit jedem dieser Kauprozesse sind sie leichter verdaulich – für das Gehirn. Sie werden besser eingeordnet, und es bleiben mehr Details haften. Von Wiederkäuern und Wiederholungen ist im folgenden Teil noch einmal ausführlicher die Rede (→ vgl. Teil 3 ab S. 88). Für die Arbeit in der AG sind insbesondere die folgenden Wiederholungssysteme interessant:

- *Fächerspezifisches Wiederholen:* In jeder Zivilrechts-AG wird das Thema der vergangenen Zivilrechts-AG wiederholt. In den anderen Fächern läuft es genauso. Das Wiederholen wird hier zweckmäßigerweise so gestaltet, dass eine Person die anderen abfragt. Wieder Fälle zu lösen, würde zu viel Zeit verschlingen.

- *Blockweises Wiederholen:* Andere Arbeitsgruppen lagern den Wiederholungsteil lieber aus: Jeweils nach einem Monat oder nach zehn AGs schieben sie zwei, drei Sitzungen ein, in denen sie nur wiederholen. Das kann in diesem Fall nicht nur durch Abfragen, sondern auch durch neue kleine Fälle geschehen. Gegen dieses Wiederholungssystem ist grundsätzlich nichts einzuwenden. Zwei Dinge sollten allerdings beachtet werden: Die Wiederholungsphasen müssen im AG-Plan berücksichtigt sein, sonst kommt die Zeitplanung durcheinander. Und die Zeit zwischen der AG-Sitzung zu einem Thema und ihrer Wiederholung sollte nicht zu lang werden. Sonst habt ihr schon zu viele Details wieder vergessen.

- *Wiederholen in Potenzen:* PerfektionistInnen aber verlieben sich vermutlich sofort in das System „Lernen in Potenzen", das schon seit geraumer Zeit „als Geheimtipp" in der Ex-o-Rep-Szene kursiert: Ein AG-Thema wird das erste Mal in der folgenden Sitzung wiederholt, das zweite Mal zwei Treffen später, dann nach weiteren vier, dann nach acht Sitzungen – und so weiter, bis es sitzt. Perfekt: Am Anfang muss viel wiederholt werden, damit sich die Informationen im Langzeitgedächtnis verankern. Mit der Zeit können die Abstände zwischen den Wiederholungen aber vergrößert werden, ohne dass dabei viel Wissen verlorengeht. Der Nachteil: Schon nach kurzer Zeit häuft sich ein beträchtlicher Hügel zu wiederholenden Wissens neben dem auch nicht gerade niedrigen Berg des noch zu erarbeitenden an. Das Lernen in Potenzen hält konsequent nur durch, wer sich dabei auf das Wesentliche beschränkt. Und selbst dann gibt es noch genug zu tun. Wer den Wiederholungs-Rhythmus ein wenig entzerren will, kann von 2er-Potenzen auch zu 3er-Potenzen übergehen: Wiederholung in der folgenden Sitzung, dann nach drei, neun etc. Sitzungen. Wer sich für diese Art des Wiederholens interessiert, dem kann Lernplan Nr. 4 (→ in Teil 6 dieses Buches ab S. 184 zu finden) wärmstens empfohlen werden.

Welches Wiederholungs-Konzept am besten zu euch passt, müsst ihr selbst entscheiden – sie alle bieten Vor- und Nachteile. Allein von einem Modell möchten wir dringend abraten: Dem „Jetzt lernen wir erst mal alles und dann schauen wir mal"-Modell. Wiederholen gehört zum Lernen dazu – das gilt insbesondere für das Lernen über lange Zeiträume hinweg. Setzt euch also schon bei der Erstellung des Zeit- und Lernplans mit dem Thema „Wiederholungen" auseinander – und entscheidet euch für das Wiederholungs-Modell, das euch am ehesten zusagt.

Es empfiehlt sich im Übrigen, dass für die Organisation des Wiederholens eine andere Person der Lerngruppe zuständig ist als für die Vorbereitung des neuen Stoffes – so wird der Vorbereitungsaufwand besser auf mehrere Schultern verteilt.

Abfragen, Referieren, Diskutieren

Allein mit Fällen wird es nur selten möglich sein, alle wichtigen Aspekte eines AG-Themas anzusprechen. Es gibt AGs, denen das nichts ausmacht: Nach ihrem Selbstverständnis ist jedes Mitglied selbst dafür verantwortlich, sich den Stoff vollständig anzueignen. In der AG wird das Gelernte dann exemplarisch auf einige Fälle angewendet. Mehr nicht. Die meisten AGs sind damit aber nicht zufrieden. Sie wollen eine umfassendere Lernkontrolle. Eine solche zu gewährleisten, kann auf vielerlei Weise geschehen:

- *Referate:* Ein AG-Mitglied kann den anderen die Inhalte des AG-Themas kurz vortragen. Dies kann vor oder nach der Falllösungsphase geschehen – oder statt ihrer. Auch das gibt es: AGs, die es vorziehen, den Stoff abstrakt zu diskutieren. Doch Vorsicht: Diese Methode eignet sich nur für Studierende, die keine Schwierigkeiten mit der Falllösungstechnik haben. Viele haben jedoch gerade das Problem, dass sie juristische Fragen zwar abstrakt beantworten, sie im Fall aber nicht wiedererkennen oder ihr Wissen hier nicht anwenden können. Gehört ihr zu diesen Menschen, dann solltet ihr in der AG unbedingt Fälle lösen.

- *Abfragen:* Eine andere Methode, Inhalte kurz zur Sprache zu bringen, ist das Abfragen: Die verantwortliche Person bereitet dann nicht nur die Fälle vor, sondern denkt sich auch kleine Fragen aus, mit denen weitergehende oder durch die Fälle nicht erfasste Bereiche des Themas abgedeckt werden.

- *„Rollenspiel":* Wenn ihr in der AG zu einem Problem alle einer Meinung seid, dann kann die vorbereitende Person die Rollen verteilen und damit der Diskussion ein wenig auf die Sprünge helfen: „A ist für die *reformatio in peius*, B dagegen. Los!". A und B haben dann die Aufgabe, möglichst viele Argumente für die jeweilige Ansicht zusammenzutragen und zu verteidigen. Der Vorteil gegenüber dem gewöhnlichen Diskutieren: Ihr seid gezwungen, euch auf eine Meinung zu versteifen, auch wenn ihr sie womöglich ganz und gar nicht überzeugend findet. In Klausuren wird es euch dann leichter fallen, auch fernliegendere Argumente zu rekonstruieren.

Auf dem Laufenden bleiben

Nun ist die Juristerei nicht nur ein sehr unübersichtliches Fach, sondern die Unübersichtlichkeiten befinden sich auch noch in ständigem Fluss. Spätestens in der mündlichen Prüfung kommen oft sehr aktuelle Gerichtsentscheidungen oder (rechts)politische Themen auf den Tisch. Es lohnt daher, über die aktuelle Rechtsentwicklung und das politische Tagesgeschehen auf dem Laufenden zu bleiben. Es bietet sich daher an – aber nicht nur deshalb – eine überregionale Tageszeitung zu abonnieren. Wer klug und reich ist und viele leere Reihen in den Bücherregalen hat, bezieht außerdem schon früh eine der juristischen Ausbildungszeitschriften (und liest sie auch). Wer auch klug, aber nicht so reich ist, geht hin und wieder in die Bibliothek und blättert die neuesten Zeitschriften durch. Wer klug und netzaffin ist, kann sich diesen Gang durch das Abonnieren von elektronischen Newslettern, z. B. des Bundesverfassungsgerichts oder der obersten Bundesgerichte, ersparen. Und wer schließlich klug ist und zudem noch eine AG hat, organisiert diese Arbeit umschichtig. Dann genügt es, wenn monatlich jeweils nur ein Mitglied sich und die anderen informiert.

b) Die Wiederholungsphase

Wenn ihr den Plan abgearbeitet habt, werdet ihr vor der heiklen Frage stehen, ob und wann ihr euch zum Examen meldet. Es ist nur zu empfehlen, vor dem eigentlichen Prüfungstermin noch einige Monate Luft zu lassen, um das Gelernte noch einmal zu wiederholen und ggf. noch vorhandene Lücken zu schließen. Denn selbst wenn ihr in der Erarbeitungsphase regelmäßig wiederholt habt, werdet ihr viele Themen noch nicht abschließend bearbeitet haben. So kann es sein, dass bestimmte Bereiche in der Vorbereitung zu kurz gekommen sind, weil die Zeit für sie zu niedrig veranschlagt war. Manchmal ist ein Thema auch so komplex, dass es öfter wiedergekäut werden muss als andere. Materien wie das Bereicherungsrecht oder das Eigentümer-Besitzer-Verhältnis sind sehr examensrelevant, erschließen sich aber nicht unbedingt schon beim ersten Durcharbeiten. Die meisten Prüflinge fühlen sich ohnehin erst dann sicher, wenn sie sich unmittelbar vor den Prüfungen alle wichtigen Punkte noch einmal angeschaut haben. Plant daher auch die Wiederholungsphase großzügig. Sie kann auf verschiedene Art und Weise gestaltet werden:

■ Manche AGs haben gar keine. Sie lösen sich auf, nachdem sie ihren Plan abgearbeitet haben und stellen alles Weitere in die Eigenverantwortung ihrer Mitglieder. Der Grund: Kurz vor den Klausuren lernen viele Menschen lieber allein als in der Gruppe. Sie haben dann schon einen Überblick darüber, wo ihre persönlichen Stärken und Schwächen sitzen und können das Lernen ganz auf ihre Bedürfnisse zuschneiden. Der Nachteil: Löst die AG sich auf, verzichten ihre Mitglieder meist auch auf die Unterstützung, die sie im Examen bekommen könnten. Selbst wenn eine AG nicht gemeinsam weiterlernen möchte, kann sie sich deshalb trotzdem noch treffen – und sei es nur, um zusammenzusitzen und über das Lebensgefühl im Examen zu parlieren.

■ Andere Arbeitsgruppen organisieren die Wiederholungsphase ähnlich wie die Erarbeitung des Stoffes: Zu besonders wichtigen Themen lösen sie neue Fälle, und im Übrigen fragen sie sich gegenseitig ab. Der Unterschied zur Erarbeitungsphase ist folgender: In der Kürze der Zeit können nicht mehr alle Aspekte des Pensums thematisiert werden, sondern die AG muss sich beschränken – auf besonders komplizierte, verunsichernde oder zu kurz gekommene Bereiche. In den wenigsten Fällen wird für die Wiederholungsphase noch ein haarkleiner Plan erstellt. Denn in dieser Phase der Examensvorbereitung, wie gesagt, können die meisten Menschen beurteilen, wo sie noch Lücken haben. Sich ungefähr abzustimmen, was man noch gemeinsam wiederholen möchte, ist natürlich trotzdem sinnvoll.

■ Schließlich kann die Wiederholungsphase auch ganz ohne thematische Absprachen organisiert werden. Zu diesem Zeitpunkt ist der Stoff ja schon mindestens einmal durchgearbeitet, ihr sollt also in jedem Fall zumindest einen Einstieg finden. Es genügt daher, wenn eine vorbereitende Person festgelegt wird, die den anderen einen netten Fall oder ein paar fiese Fragen heraussucht und sie damit überrascht. Probiert aus, ob euch dieses Verfahren frustriert. Ist das der Fall, dann verzichtet lieber darauf. Gerade kurz vor den Prüfungen solltet ihr nicht das Gefühl herausfordern, dem Stoff nicht gewachsen zu sein.

c) AG-Arbeit während des Examens

Eines Tages ist es dann soweit: Das erste Mitglied der AG meldet sich zu den Prüfungen an – oder alle. Ob sich eine Arbeitsgruppe geschlossen zu einem Prüfungsdurchgang meldet oder versetzt, das ist eine Frage des Geschmacks und des individuellen Gefühls der Examensreife. Unterschiede finden sich eher im persönlichen als im fachlichen Bereich: Meldet sich die gesamte AG für einen Prüfungsdurchgang, ist sie auch geschlossen fertig und kann eine große Abschlussparty feiern. Meldet sie sich versetzt zu mehreren Durchgängen, so besteht für die späteren KandidatInnen das Risiko, dass die früheren schon nach Neuseeland abgereist sind. Sind sie aber noch am Ort, können sie den verbleibenden Prüflingen bei der Bewältigung ihrer Prüfungssorgen psychische Beihilfe leisten.

■ Vor den *Klausuren* kann die Arbeitsgruppe nicht nur in fachlicher Hinsicht unterstützend wirken, sondern auch durch Ablenkung. Viele ExamenskandidatInnen sind gerade vor den Klausuren sehr nervös und lernen eher zu viel als zu wenig. Eine Arbeitsgruppe kann in dieser Zeit eine sehr beruhigende Wirkung entfalten. Zum einen kann die Ablenkung in ein fachliches Treffen verpackt werden: Ihr könnt euch treffen, um den Prüfling abzufragen oder ihm ein paar nette kleine Fälle zu stellen. Denn allein sind die meisten Menschen nervöser als in Gesellschaft. Ihr könnt aber auch einfach einen Kaffee miteinander trinken oder für ein Stündchen ins Grüne fahren. Oder den Prüflingen lästige Alltagsarbeit abnehmen – und zum Beispiel während der Klausurphase für sie kochen. Vielen Menschen tut es auch gut, wenn sie zu den Prüfungen gebracht oder von ihnen abgeholt werden. Es fällt ihnen dann schwerer, sich in Ängste hineinzusteigern und leichter, die Prüfungssituation wieder zu vergessen.

■ Vor der *mündlichen Prüfung* kann die AG ebenfalls sehr wichtig werden, und zwar auch, wenn ihre Mitglieder sich in demselben Prüfungsdurchgang befinden. Ein eingespieltes Team, mit dem mündliche Prüfungsgespräche simuliert werden können, ist in dieser Phase Gold wert. Dies berichtet z. B. unsere Interviewpartnerin Annelie Kaufmann (→ siehe S. 140).

■ Nach Abschluss der Prüfungen gibt es dann die Examensergebnisse zu begießen. Sie sind schließlich das Produkt der gemeinsamen Arbeit. Vergesst also nicht, den Sekt kaltzustellen.

D. Wenn es kracht: Konflikte in der Arbeitsgruppe

Die private AG – eine kleine Gruppe aufeinander eingeschworener und eingespielter Menschen, die sich den Stoff selbstbestimmt und gleichberechtigt erarbeiten; ein Team, dessen Mitglieder sich solidarisch gegenseitig durch das Staatsexamen schubsen – das klingt gut. Das klingt nach Nähe und Zusammenhalt, nach Selbstverantwortung und einem Fünkchen Rebellion in einem an Rebellionen so armen Fach wie der Juristerei. Und so ist es auch – jedenfalls meistens. Die Kehrseite: In jeder AG besteht ein reiches Potential für Spannungen und Konflikte: Was passiert, wenn sich die AG-KollegInnen streiten? Wenn eine/r nur unregelmäßig erscheint? Wenn A im Klausurenkurs regelmäßig Erfolge feiert, B aber immer durchfällt? Alles Probleme, die im Rep so nicht bestehen. Nicht, dass es dort nicht auch vorkommt, dass Leuten über den Mund gefahren wird und es dort nicht auch unsachliche Diskussionen gäbe. Von einem Rep wird allerdings auch nichts anderes erwartet. Ganz anders oft die Ansprüche an eine private AG: Nett soll es hier zugehen, und alle sollen sich einbringen können. Aber gerade diese Nähe, die Übersichtlichkeit und die Eigenverantwortung sind die größten Konfliktherde: Ihr *müsst* ständig mit denselben Menschen zusammensitzen, ihr kennt irgendwann eure Macken und Gewohnheiten bis zum Überdruss, und ihr *müsst* jeden Schritt der AG selbst planen und beschließen. Manchmal geht das schief. Wenn die AG zur Patientin wird, leidet sie meist an einer der folgenden drei Krankheiten: Disziplinschwäche, Kommunikationsstörungen, Über- oder Unterforderung. Von Symptomen, Diagnose und Therapie handeln die folgenden Abschnitte.

1. Probleme mit der Disziplin

Unpünktlichkeit, Unzuverlässigkeit, schlechte Vorbereitung – das sind Beispiele für Störungen der AG-Disziplin. Bis zu einem gewissen Grad kann eine tolerante und flexible AG solche Schwierigkeiten hinnehmen: Wenn A einmal verschläft oder B eine Woche lang miserabel vorbereitet ist, dann bewegt sich das im Rahmen des üblichen Chaos, das das menschliche Leben nun einmal begleitet. Es gibt jedoch Grenzen. Denn wichtig für eine produktive Zusammenarbeit sind stabile Rahmenbedingungen. Die Mitglieder einer Arbeitsgruppe werden nur dann ihre Energien in die gemeinsame Arbeit investieren, wenn sie sich darauf verlassen können, dass die anderen das auch tun und dass gemeinsame Pläne nicht von vornherein zum Scheitern verurteilt sind. Ist A also nicht nur einmal unpünktlich, sondern immer, dann werden die AG-PartnerInnen ihn bald nur noch mit zähneknirschender Unfreundlichkeit empfangen. Oder sie werden ihrerseits unpünktlich werden, bis irgendwann niemand mehr genau sagen kann, wann die AG denn nun eigentlich beginnt und ob sie überhaupt noch existiert. Ist B nicht nur eine Woche lang, sondern permanent schlecht vorbereitet, so wird weder sie besonders viel von den AG-Sitzungen haben, noch werden die anderen sonderlich von der Zusammenarbeit profitieren.

Wie können solche Schwierigkeiten aus dem Weg geräumt werden? Disziplinprobleme haben damit zu tun, dass die selbstgesetzten Regeln missachtet werden. Ihnen kann mit zwei Strategien begegnet werden: Die AG kann darauf pochen, dass die Regeln eingehalten werden, oder sie kann die Regeln ändern.

- *Alternativen suchen:* Ihr habt eure Regeln selbst gesetzt, also seid ihr auch in der Lage, sie selbst wieder zu ändern. Natürlich versucht eine kluge AG, sich von Anfang an so zu organisieren, dass niemand zu kurz kommt. Aber bedenkt den langen Zeitraum, den ihr zusammenarbeiten werdet. Manches wird euch erst im Laufe dieser Zeit klarwerden, und manches wird sich einfach ändern. Wer im Sommer zustimmt, die AG morgens um acht zu beginnen, bereut dies vielleicht am ersten dunklen Wintermorgen, und wer am Anfang der AG noch ruhig schläft und täglich sechs Stunden konzentriert arbeiten kann, kann dies kurz vor den Prüfungen vielleicht nicht mehr. Erlaubt euch also, die Arbeit in der AG veränderten Verhältnissen anzupassen. Dabei solltet ihr aber immer bedenken: Die Regeln sollen eine Struktur bieten, an der sich die AG-KollegInnen orientieren können. Eine Struktur, die alle naselang umgeworfen wird, ist keine mehr.

- *Beharren:* Nicht ohne Berechtigung ist daher auch die härtere Strategie, konsequent an den Regeln festzuhalten. Das ist wenig klug, wenn es unkomplizierte und für alle vertretbare Alternativen gibt. Manchmal aber gibt es genau diese nicht. Wenn alle AG-KollegInnen außer X der Meinung sind, dass die AG sich zu regelmäßigen Zeiten treffen sollte, X dies aber mit gezücktem Terminkalender Woche für Woche in Frage stellt, dann fällt es irgendwann schwer, noch einen Ausweg zu finden. In einem solchen Fall tut eine AG gut daran, über eine Trennung nachzudenken.

2. Probleme mit der Kommunikation

In der AG wird Wissen ausgetauscht und diskutiert, es werden Fragen gestellt und Antworten gegeben, unterschiedliche Lösungsansätze für ein Problem entwickelt, einander gegenübergestellt, verteidigt, abgewogen, abgelehnt. Organisatorische Fragen müssen geklärt und gemeinsame Strategien entwickelt werden, kurz: Die Basis jeder AG ist Kommunikation. Wenn die stimmt, dann kann kaum noch etwas schief gehen.

Was tun aber, wenn sich gereizte Töne in die Diskussion eines Falles schleichen? Wenn A dauernd redet, ohne ein Ende zu finden, B dagegen gar nichts sagt? Was tun, wenn X immer nur wiederholt, was die anderen schon gesagt haben, dauernd unterbricht oder immer alles besser weiß?

a) Sachlichkeit

Ein großes Problem in manchen AGs ist die schon erwähnte „Kaffeekränzchenfalle": Statt sich in die Tiefen eines Falles zu begeben, wird lieber über die Ereignisse des letzten Wochenendes geschwätzt. Diese Situation ist aber kein Kommunikations- sondern ein Disziplinproblem. Denn die Tatsache, dass vom Thema abgewichen wird, ist allen Beteiligten klar. Eine subtilere Variante der Unsachlichkeit schleicht sich ins Gespräch, wenn sich sachliche und persönliche Faktoren heimlich vermischen. Beispiele:

- A kritisiert immer die Position des B, weil sie B für einen Besserwisser hält. B reagiert zunehmend ungehalten.

- A widerlegt die Argumente des B ganz sachlich und ohne sich etwas dabei zu denken. B aber fühlt sich als dumm hingestellt und beginnt, seine Position mit Zähnen und Klauen zu verteidigen.

In beiden Fällen scheinen A und B ihre Wortbeiträge „zur Sache" zu leisten, gleichzeitig aber wabern unausgesprochene Botschaften hin und her. Diese Botschaften sagen viel darüber, was A und B voneinander halten und in welcher Beziehung sie zueinander stehen. Im ersten Beispiel denkt A über B: „Mach dich nicht immer so wichtig." B über A: „Die will doch nur Recht haben." Im zweiten Beispiel verschickt A keine versteckten Botschaften, B meint aber eine zu hören: „Du bist wohl ein bisschen blöd." Daraufhin spickt er seinerseits die folgende Äußerung mit einem versteckten: „Und ich habe aber doch recht."

Es liegt auf der Hand, dass in Arbeitsgruppen die sachliche Diskussion im Vordergrund stehen sollte. Wird diese anhaltend von darunter liegenden emotionalen Geheimbotschaften torpediert, wird die Arbeit an der Sache – dem Stoff der AG – schnell mühsam und Schauplatz verdeckter Machtkämpfe. In solchen Situationen stehen euch im Wesentlichen zwei Strategien zur Verfügung:

- *Abwimmeln*: In leichten Fällen genügt es oft schon, die Diskussion in dem Moment abzubrechen, in dem sie umzukippen droht. Mit einem freundlichen „Das führt jetzt zu weit", „Das gehört hier nicht her", „Das ist sicher auch vertretbar" lassen sich viele derartige Situationen entschärfen.

- *Aussprechen*: Treten solche Störungen jedoch wiederholt auf und verderben dauerhaft das Klima der AG, wird das Abwimmeln sehr anstrengend. In chronischen Fällen lohnt es sich deshalb oft, den Konflikt zur Sprache zu bringen, auch wenn dann zunächst einmal nur noch über die persönlichen Gereiztheiten gesprochen wird und gar nicht mehr über den AG-Stoff. Ihr tretet damit in eine so genannte „Metakommunikation", sprich: Ihr redet über euer Redeverhalten. Oft führt das dazu, dass die Lage hinterher geklärt ist und alle Beteiligten kooperativer werden. Allerdings: Das Ansprechen solcher Probleme ist meist nicht ganz einfach. Es kann deshalb hilfreich sein, einen definierten Raum dafür zu schaffen: Entweder ihr seht am Ende jeder AG-Sitzung eine kurze Reflexions-Runde vor oder ihr macht in regelmäßigen Abständen Reflexionstreffen. Der Vorteil: Wenn sich alle darüber einig sind, dass diese Treffen dazu da sind, bestehende Schwierigkeiten anzusprechen, fällt es den Betroffenen auch leichter, offen gefühlte Missstände anzusprechen. Dadurch wird auch sichergestellt, dass Probleme frühzeitig aufgedeckt werden – und damit zu einem Zeitpunkt, zu dem diese meist noch gut lösbar sind. Erfolgt eine Aussprache erst, „wenn das Fass übergelaufen ist", können Fronten schon so verhärtet sein, dass eine einvernehmliche Lösung deutlich schwerer fällt.

b) Gleichberechtigung und Kooperation

Das häufigste Problem in Arbeitsgruppen aber ist ungleiches Redeverhalten, sprich: eine Diskussionskultur, bei der eine oder mehrere Personen das Gespräch beherrschen. Dominantes Redeverhalten ist ein verbreitetes Problem bei Männern, insbesondere gegenüber Frauen. Was aber nicht bedeutet, dass es sich nicht auch quer zu den Geschlechtergrenzen fände. Dominante RednerInnen bestimmen Themen und Verlauf der Diskussion und besetzen einen Großteil der Redezeit. Die Untergebutterten haben folgerichtig weniger Einfluss darauf, worüber in der AG diskutiert wird und kommen seltener zu Wort. Das führt dazu, dass sie ihre eigenen Stärken nicht entfalten können und unsicher und unzufrieden aus den AG-Treffen gehen. Nicht selten entwickeln sie Gegenstrategien, die die Diskussion wiederum unsachlich gestalten: Sie halten möglicherweise den Redeschwällen der dominierenden Person trotzige Ignoranz entgegen, verschließen die Ohren oder verfallen in subtile Piesackerei.

Es lohnt daher, den dominanten Gesprächsstil als solchen zu erkennen und ihm entgegenzuarbeiten. In Arbeitsgruppen äußert er sich meist in folgender Weise:

- *Nicht enden wollende Wortbeiträge*: A beginnt mit der Falllösung und rattert sie ohne Punkt und Komma herunter – inklusive komplizierter Aufbaufragen und mehrerer Theorienstreits. Kooperativ wäre, nach jeweils einem sachlichen Abschnitt eine Pause zu machen und den KollegInnen die Gelegenheit zu geben, eigene Lösungsansätze einfließen zu lassen oder die von A gewählten Lösungen zu kritisieren. Darin liegt aber genau das Problem, das A mit seiner Strategie vermeidet: sich der Kritik der anderen zu stellen.

- *Unterbrechen*: A beginnt mit der Lösung des Falles: „Also, der X könnte sich hier wegen Verunglimpfung des Bundespräsidenten strafbar..."; B fährt dazwischen: „Ich würde mit der verfassungsfeindlichen Verunglimpfung von Verfassungsorganen beginnen, da wäre dann nämlich im objektiven Tatbestand das Merkmal...". Die Botschaft lautet: „Dein Beitrag ist so abwegig, dass es sich nicht lohnt, ihn bis zum Ende zu hören."

- *Übergehen*: A argumentiert: „Hier müssten wir zunächst einmal diskutieren, ob es sich beim Unterausschuss für Unterfragen der europäischen Gemüserichtlinien überhaupt um ein Verfassungsorgan handelt, das verunglimpft werden könnte." B: „Die Definition des ‚Verunglimpfens' ist in Rechtsprechung und Lehre höchst umstritten. Die einen sagen zum Beispiel...". Auf den Wortbeitrag des A wird in keiner Weise eingegangen. Der solcherart wie Luft Behandelte wird aus diesem Verhalten eine ähnliche Botschaft heraushören wie aus einer Unterbrechung: „Dein Beitrag ist nicht der Rede wert."

- *Objektivierende Formulierungen*: Dominante RednerInnen pflegen ihre Wortbeiträge so in den Raum zu stellen, als seien sie der Gipfel objektiver Erkenntnis des jeweiligen Themas: „Man fühlt sich in solchen Situationen eben unwohl", statt: „Ich fühle mich in solchen Situationen unwohl"; „Hier wird die Saldotheorie angewendet", statt „Ich bin der Meinung, dass hier die Saldotheorie greift". Das letzte Beispiel macht deutlich, dass der juristische Stil ganz und gar durchdrungen von objektivierenden Stilelementen ist. In einer Klausur wird jedes „ich denke" oder „meiner Meinung nach" die

Korrekturperson zu spitzen Randbemerkungen herausfordern. Insofern werdet ihr auch in der AG bei den Falllösungen nicht umhin kommen, den objektivierenden Stil zu pflegen. Das Problem vieler JuristInnen ist aber, dass sie diesen Stil nicht als einen Teil des juristischen Theaterspiels begreifen, sondern schnell verinnerlichen. Auch in einer juristischen Arbeitsgruppe gibt es viele Gelegenheiten, bei denen persönlich formuliert werden kann. Das betrifft vor allen Dingen organisatorische Fragen. Aber nicht nur. Denn obwohl die JuristInnen alle immer so tun, als könne „man" das Gesetz nur so und nicht anders auslegen und dies sei nur eine Frage der „richtigen" Subsumtionstechnik, werden doch zu jedem noch so unwichtigen Detail stets mehrere Meinungen vertreten. Das Gefühl dafür, dass viele Meinungen „vertretbar" sind, muss in einer juristischen Arbeitsgruppe nicht verloren gehen. Auch dann nicht, wenn ihr für die Klausuren lernen müsst, euch in die Rolle des allwissenden Organs der Rechtspflege zu werfen.

Dominantes Redeverhalten zu durchbrechen ist nicht leicht. Es gehört zu den wenigen Phänomenen der menschlichen Kommunikation, bei denen die Metakommunikation die Lage oft eher verschlimmert als verbessert. Denn wer die Dominanz zur Sprache bringt, begibt sich damit sogleich wieder in eine verletzliche Position, die auszunutzen dominante RednerInnen sich häufig nicht scheuen: „Wieso bin ich dominant? Wenn du den Mund nicht aufbekommst, ist das doch dein Problem."

Entgegenwirken kann eine AG solchen Kommunikationsschwierigkeiten am besten durch eine klar definierte und klug agierende Diskussionsleitung. In den meisten AGs hat ohnehin eine Person den Fall vorbereitet und führt durch die Lösung – ihr gleichzeitig die Diskussionsleitung zu übertragen liegt also nahe. Wichtig ist zum einen, dass diese Leitungsfunktion von allen TeilnehmerInnen akzeptiert wird. Und zum anderen, dass es ihr gelingt, tatsächlich als „neutrale Instanz" zu agieren. Dazu ist es zum Beispiel wichtig, sich aus Meinungsstreitigkeiten persönlich eher herauszuhalten. Hilfreich ist es auch, wenn sich die AG im Vorfeld auf bestimmte Diskussionsregeln geeinigt hat – diese bieten der Diskussionsleitung zum einen einen „Leitfaden", zum anderen verleihen sie ihr aber auch eine bestimmte (inhaltlich begründete) Autorität. Schließlich können bestimmte Absprachen über den Ablauf der Falllösung dominantes Redeverhalten verhindern helfen: Zum Beispiel, dass die Falllösung immer reihum fortgeführt wird – und dass seitens der Diskussionsleitung auch bei Meinungsstreiten sichergestellt wird, dass alle zu Wort kommen. Eine gute Diskussionsleitung ist keine leichte Aufgabe und erfordert viel Übung – und konstruktive Kritik der anderen AG-TeilnehmerInnen. Angesichts der Dauer der Examensvorbereitung besteht aber jedenfalls an Übungsgelegenheiten kein Mangel.

Wenn ihr – aus welchen Gründen auch immer – keine Diskussionsleitung wollt oder auch diese die Kommunikationsschwierigkeiten nicht eindämmen kann, empfiehlt es sich für die betroffene Person, so lange wie möglich auf der sachlichen Ebene zu bleiben und sich auf dieser selbst deutlich zur Wehr zu setzen. Dies kann mit einem klaren „Unterbrich mich nicht" ebenso geschehen wie mit der Strategie, abgewürgte oder übergangene Redebeiträge zu wiederholen und auf einer Reaktion zu bestehen. Das ist natürlich sehr anstrengend und erfordert ein dickes Fell und eine hartnäckige Sturheit, mit der die Betroffenen vielleicht nicht glücklich sind. Sie sollten sich dann fragen, ob es sich für sie lohnt, die AG unter diesen Bedingungen aufrechtzuerhalten. Denn gerade während der Examensvorbereitung kann es sehr schädlich sein, mehrmals wöchentlich in unterschwelliger Weise heruntergeputzt zu werden.

Stellt ihr daher fest, dass euer Selbstwertgefühl und euer juristisches Selbstbewusstsein unter den Zusammenkünften der AG leiden, dann solltet ihr früher oder später eine Trennung in die Wege leiten. Kleiner Tipp: Eine solche AG-Spaltung muss nicht unbedingt so aussehen, dass das unterlegene Mitglied resigniert geht. Eine AG kann sich auch dafür entscheiden, lieber ohne die dominante Person weiterzuarbeiten.

3. Probleme mit dem Niveau und dem Lernerfolg

Konflikte entstehen auch leicht, wenn AG-Mitglieder unzufrieden mit dem Erfolg der gemeinsamen Arbeit sind. Beispiele:

- A möchte gern mindestens ein Prädikat erzielen. Woche für Woche ärgert er sich deshalb über Kollegin B, die einfach nur bestehen will und sich dogmatischen Debatten stets mit den Worten verweigert: „Was sagt denn der BGH dazu?" Umgekehrt ärgert sich B über die Erbsenzählerei des A und bezichtigt ihn des krankhaften Ehrgeizes. A arbeitet derweil ein mehrbändiges Standardwerk zum Eigentumsvorbehalt durch und beschuldigt B, ständig nur im Café zu sitzen und in der AG dann in den Schemata zu spicken.

- Probleme können auch dann entstehen, wenn zwei AG-KollegInnen unterschiedlich organisiert sind: A hat womöglich ständig einen Stapel Karteikarten zur Hand, auf denen die einschlägigen Probleme des AG-Themas vierfarbig notiert sind. B hingegen hat sich nur gemerkt, dass dieser oder jener Punkt streitig ist und argumentiert dann kreativ aus dem jeweiligen Zusammenhang heraus. Mit dem Erfolg, dass A sich über die chaotische Herangehensweise der B ärgert und immer wieder spitz fragt, ob das denn nun BGH oder herrschende Lehre sein soll oder vielleicht doch die Mindermeinung von Herzberg. B vermisst demgegenüber bei A das eigenständige Denken und beschimpft ihn als kleinkariert.

- Schließlich passiert es in vielen AGs, dass ihre Mitglieder unterschiedliche Erfolge einfahren: Der ehrgeizige A fällt womöglich im Klausurenkurs durch die Hälfte der Probeklausuren durch, während B sich schon nach kurzer Zeit auf befriedigendem Niveau bewegt. A verschiebt deswegen vielleicht sogar seinen angepeilten Examenstermin und entfernt sich damit noch weiter von B.

Alle diese Formen des Konflikts sind sehr ernst zu nehmen. Wenn die KollegInnen einer AG mit ihrer Arbeit zufrieden sind und regelmäßig Erfolgserlebnisse feiern können, so ist das ein besserer Motor für die weitere Zusammenarbeit als jeder gute Vorsatz, detaillierte Plan oder politische Beweggrund. Umgekehrt stellt sich bei enttäuschender Bilanz schnell die Sinnfrage. Ein Rep, das sich als sinnlos erweist, hat ja immerhin Geld gekostet, was für viele der letzte, wenn auch sinnlose Grund bleibt, die Zeit abzusitzen. Wenn eine AG nichts bringt, macht sie sich selbst überflüssig.

Wie können die oben angedeuteten Probleme gelöst werden? Die Strategien sind hier von Fall zu Fall unterschiedlich:

- Oft besteht das Problem nur darin, dass verschiedene Menschen in verschiedenen *Geschwindigkeiten* lernen. In diesen Fällen ist es fair, sich nach der langsamsten Person zu richten. Schnellere werden schon ein Betätigungsfeld finden, auf dem sie sich austoben können: Nebengebiete bearbeiten, Probleme vertiefen, Lücken füllen, wiederholen – angesichts des enormen Pensums steht Beschäftigungslosigkeit nicht zu befürchten. Andererseits soll der AG-Plan eingehalten werden, und danach sollte sich grundsätzlich auch das langsamste AG-Mitglied richten. Dessen Strategie kann dann etwa sein, sich zunächst auf die Grundstrukturen der Rechtsgebiete zu beschränken oder hin und wieder eine AG ausfallen zu lassen. Nachdem der Stoff einmal abgearbeitet wurde, kann dann eine längere Wiederholungsphase dazu dienen, den Rückstand aufzuholen.

■ Schwieriger wird es bei Konflikten um die *inhaltliche Tiefe* der Diskussionen. Hier ist es sehr viel wichtiger, dass ihr euch auf einen gemeinsamen Nenner einigt. Möglicherweise ist die dogmatikfeindliche B auf Dauer ja doch davon zu überzeugen, dass sie ein wenig zu oberflächlich an die Sache herangeht. Umgekehrt kann es dem tiefgründigen A auch nicht schaden, wenn er hin und wieder gezwungen wird, seine Gedanken auf das Wesentliche zu konzentrieren. Aber auch hier sind Konstellationen denkbar, in denen es wenig sinnvoll scheint, weiter zusammenzuarbeiten.

■ *Unterschiedlicher Lernerfolg* kann in jeder AG andere Konsequenzen haben: A und B aus unserem Beispiel halten in juristischen Dingen ersichtlich nicht viel voneinander. Wenn A die B nur lange genug mit seinen Ansprüchen piesackt, dann wird B ihre besseren Klausurergebnisse genüsslich gegen den AG-Kollegen ausspielen. Ähnlich unangenehm wäre die umgekehrte Lage: A mit seiner Überzeugung, alles besser zu machen, fährt als „Beweis" auch noch die besseren Klausurergebnisse ein. B hat nun gar keinen Trumpf mehr gegen ihn und fühlt sich vermutlich permanent niedergemacht. In diesen beiden Fällen sollten A und B erwägen, die Zusammenarbeit zu beenden. Es sind jedoch auch andere Situationen denkbar. In einer AG können die KollegInnen auch stur an die juristischen Fähigkeiten der jeweils anderen glauben. Die meisten ExamenskandidatInnen durchlaufen eine kürzere oder längere Durststrecke, in der sie Klausuren reihenweise nicht bestehen. Das muss nichts heißen. Auch wer bis kurz vor den Prüfungen noch regelmäßig im Klausurenkurs scheitert, kann in den Examensklausuren plötzlich zu ungeahnten Höhen auflaufen. Wenn ihr daher das Gefühl habt, dass eure fachlichen Diskussionen weiter ausgewogen bleiben, dann können euch Klausurenkursergebnisse ganz egal sein. Und selbst wenn ein Mitglied der AG eine Zeitlang mit den anderen nicht mithalten kann, muss das noch lange nicht bedeuten, dass die Zusammenarbeit keinen Sinn mehr hat. Eine gewisse Bereitschaft, sich gegenseitig auch durch schwierige Zeiten zu ziehen, kann keiner Arbeitsgruppe schaden. Oft erlebt das schwächere AG-Mitglied schon wenig später seinen nächsten Aufwind.

4. Trennung und Auflösung

Nicht übersehen werden sollte allerdings auch, dass eine AG keine katholische Ehe ist: Die meisten von ihnen versprechen sich zwar Treue, bis dass das bestandene Examen sie scheide. Einige reichen aber im Laufe der Zeit dann doch die Scheidung ein. Dafür gibt es verschiedene Gründe: Manche verlassen die AG, weil sie sich mit den anderen nicht verstehen, andere fühlen sich über- oder unterfordert oder möchten lieber im eigenen Tempo weiterlernen. In anderen Arbeitsgruppen wollen einzelne Mitglieder plötzlich früher ins Examen oder die Sache noch ein wenig verschieben; vielleicht werden sie auch unverhofft krank. Die wenigsten AGs geraten durch derartige Trennungen in Katastrophenstimmung. In größeren Gruppen ist es in der Regel zu verschmerzen, wenn eine Person nicht mehr mitmacht. Und auch die, die gehen, kommen damit meist gut klar. Sie haben ja ihre Gründe, und oft haben sie auch schon die bessere Alternative im Kopf: Viele lernen einfach allein weiter oder schließen sich mit anderen zusammen.

Die Trennung an sich ist also kein Beinbruch. Schwierig zu beurteilen ist aber, wann sie die beste Lösung ist und wann es sich lohnt, es noch ein Weilchen miteinander zu versuchen. Welches Problem auch immer euch auseinander dividiert – es kann vorübergehender Natur sein oder irreparabel. Manchmal passen Menschen einfach nicht zusammen, und wenn ihr zu dieser Erkenntnis gekommen seid, solltet ihr euch nicht scheuen, die Zusammenarbeit friedlich zu beenden.

Bedenkt aber folgendes: Gerade die Examenszeit ist eine Zeit des seelischen Ausnahmezustandes. Je näher die Prüfungen kommen, um so seltsamer werden die KandidatInnen. Denn das Selbstwertgefühl wird immer wieder auf die Probe gestellt, die Sorge nimmt zu, nicht das „Richtige" zu lernen oder alles wieder zu vergessen. Erschöpfung kriecht in die Glieder, und Anfälligkeiten jeder Art stellen sich ein – für Krankheiten oder Ungeduld, für Gereiztheiten, Appetit- und Schlaflosigkeit. Das ist die Regel, und ihr könnt davon ausgehen, dass die vorübergehende Unverträglichkeit jede/n von euch treffen wird. Ihr tut euch also nicht unbedingt einen Gefallen, wenn ihr der Person, die es gerade erwischt hat, prompt die Solidarität entzieht. Ihr könntet euch dafür schämen, wenn ihr euch keine zwei Wochen später selbst so benehmt.

Entwickelt daher ein Gespür dafür, welche Merkwürdigkeiten an den anderen examensbedingt sind und welche darauf schließen lassen, dass ihr grundsätzlich nicht miteinander könnt. Toleriert unstete, unkommunikative, unfreundliche, pessimistische und spleenige Phasen, solange sie euch nicht selbst unstet, unkommunikativ, unfreundlich, pessimistisch und spleenig machen. Denn nach dem Examen werdet ihr ebenso wie eure MitstreiterInnen diese Eigenschaften schneller wieder ablegen als das Schlafdefizit aufgeholt ist – und übrig bleibt das Gefühl, dass der Zusammenhalt nicht von jeder daherkommenden Schlechtwetterwolke verregnet werden konnte. Und das im Studium gelernt zu haben, ist wirklich einmal was fürs Leben.

Teil 3: Allein am Schreibtisch

Die Arbeit in der Arbeitsgruppe – falls ihr eine habt – ist nur ein kleiner Ausschnitt aus dem, was die Examensvorbereitung ausmacht. Den weitaus größeren Teil der Zeit seid ihr auf euch selbst gestellt – allein am Schreibtisch oder aber allein vor der Frage, ob und wann es erlaubt ist, den Schreibtisch auch einmal zu verlassen. Denn das Lernen kann euch keine Arbeitsgruppe abnehmen. Höchstens erleichtern.

„Lernen", das ist nicht nur der Versuch, Informationen in den Kopf zu bekommen, die dort vorher noch nicht waren. Die Informationen sollen auch im Kopf bleiben und im entscheidenden Moment wieder ausgespuckt werden. Um diese drei Dinge zu erreichen, können sehr verschiedene Wege gegangen werden. Manche schreiben alles vierfarbig auf Karteikarten, während andere sich lieber das Buch unters Kopfkissen legen. Die einen lernen alles auswendig, andere geben sich mit ein paar Grundsätzen zufrieden, aus denen sie den Rest logisch ableiten. Welche Methode ist die beste für juristische Zusammenhänge?

Das juristische Lernen ist eine merkwürdige Kombination aus auswendig zu lernenden Definitionen und Schemata und einer logischen Struktur, aus der sich viel herleiten lässt. Die allgemein gültige Lernstrategie hat sich da noch nicht gefunden, auch wenn die Repetitorien sich seit Jahren gegenseitig überbieten mit Behauptungen der Art, sie hätten nun aber den Stein der Weisen gefunden – „Lernen am großen Fall", „Verstehen statt Auswendiglernen", „Ganzheitliches Lernen" usw. Letztlich muss jeder Mensch sich selbst auf die Suche nach seiner Methode machen.

A. Mythen und Legenden

Ein paar Dinge lassen sich jedoch darüber sagen, was Lernen jedenfalls *nicht* ist. Vieles davon wird landläufig durchaus als „Lernen" oder ein Bestandteil desselben verstanden. Dieser Abschnitt beginnt daher mit einer kurzen Vorstellung der hartnäckigsten Mythen und Legenden, die sich um das Lernen ranken:

1. Lernerfolg ist eine Frage der Intelligenz

Verbreitet ist die Meinung, der Lernerfolg eines Menschen sei ohnehin vorbestimmt durch seine Intelligenz. Intelligenz? Was war das nochmal? Die „Fähigkeit, die sich in der Erfassung und Herstellung anschaulicher und abstrakter Beziehungen äußert, dadurch die Bewältigung neuartiger Situationen durch problemlösendes Verhalten ermöglicht" – so schreibt das Lexikon. Diese Definition enthält ungefähr alles, was man zum Bestehen des ersten juristischen Staatsexamens braucht: anschauliche Beziehungen (Fälle), abstrakte Beziehungen (Paragraphen), Bewältigung neuartiger Situationen (unbekannte Fälle) und problemlösendes Verhalten (Anwendung der Paragraphen auf die Fälle). Es könnte also alles ganz einfach sein: A ist intelligent und bewältigt die vielen neuartigen Examenssituationen ohne Probleme. B ist nicht intelligent, also dumm, und fällt durch.

Dem ist nicht so. Ohne behaupten zu wollen, es gebe keine Unterschiede in der menschlichen Lernfähigkeit, und vor der Examensvorbereitung seien alle gleich, lässt sich dennoch sagen, dass ein Examen mit Intelligenz allein nicht bestanden werden kann. Es muss auch noch Wissen hinzukommen, und das muss jeder Mensch sich irgendwie aneignen. Vielleicht brauchen einige dafür länger als andere. Vermutlich können einige damit virtuoser umgehen als andere. Aber Lernen ist nicht nur eine Frage der geistigen Fähigkeiten. Es ist auch: aus dem richtigen Material die richtigen Informationen herausfiltern. Nicht an Schlaflosigkeit zugrunde gehen. Nicht vor lauter Prüfungsangst alles wieder vergessen. Sich nicht in Einzelheiten verzetteln. Sich täglich neu motivieren. Und so weiter. Stellt euch vor der Examensvorbereitung daher nicht die Frage nach eurem Intelligenzquotienten. Fragt lieber, wie ihr die Zeit bis zum Prüfungstermin am sinnvollsten organisiert.

2. Was Hänschen nicht lernt, lernt Hans nimmermehr

Zum Standard professoraler Ratschläge gehört die Warnung, nur ja schon in den Anfangssemestern fleißig zu studieren, denn nur auf derart soliden Grundlagen lasse sich eine Examensvorbereitung vernünftig gestalten. Die Herren und Damen haben ja Recht: Wer sechs Semester lang die einschlägigen Vorlesungen fleißig nachgearbeitet hat, kann auf einen ganz anderen Fundus an Wissen zurückgreifen als jemand, der das nicht getan hat. Falsch ist aber die umgekehrte Schlussfolgerung: Die meisten Studierenden können zu Beginn ihrer Examensvorbereitung keine derartige Bilanz ziehen und machen trotzdem keine schlechten Examina. Ihr braucht euch daher keine Sorgen zu machen, wenn ihr euch nicht vom ersten Semester an zielstrebig auf das Examen und nichts als das Examen zubewegt habt. Was Hänschen nicht gelernt hat, kann Hans sehr wohl noch nachholen. Und Johanna auch.

3. ExamenskandidatInnen muss es schlecht gehen, sonst sind sie faul

Der letzte Mythos betrifft ein Phänomen, das sich ExamenskandidatInnen oft ganz ohne fremde Hilfe schaffen: das schlechte Gewissen. Das klassische Bild eines Examenskandidaten oder einer Examenskandidatin sieht folgendermaßen aus: bleich, Ringe unter den Augen, schlabbernde Hosen von der vielen Appetitlosigkeit oder Übergewicht und ein hoffnungslos in Schreibtischhaltung verkrümmter Rücken. Dazu der müde Blick – und schon kann niemand mehr daran zweifeln, dass dieser Mensch nichts unversucht lässt, um eine gute Note zu erzielen. Wer es anders macht, erntet unter Umständen ungläubige Blicke: „Wie, du hast in zwei Monaten Prüfung und erlaubst dir, eine Woche auf die Insel zu fahren?" „Du steckst im Examen und gehst noch zum Sport/ins Konzert/in die Sauna/auf die Party?"

Viele Menschen lassen sich von ihrer Examensvorbereitung verschlingen wie von einem Sog. Sie wollen so viel lernen wie nur irgend geht. Leider kennen sie oft niemanden, der sie einmal von ihrem Schreibtisch wegzieht und ihnen eine Pause verordnet. So bleiben sie eben sitzen, solange sie nicht umfallen. Da wird dann nachts um eins noch die dritte Kanne Kaffee gekocht, um das Kapitel über die Drittschadensliquidation auch noch schnell durchzuziehen. Das Kaffeetrinken nach dem Mensabesuch muss dafür leider entfallen, weil die Lehrbücher warten.

Sich von diesem schlechten Gewissen zu emanzipieren, ist schwierig. Denn niemand möchte sich im Nachhinein vorwerfen müssen, sich nicht genügend angestrengt zu haben. Doch die moderne Lernpsychologie ist auf der Seite derer, die nicht mit diesem Strom schwimmen: Prüflinge, die durch ihre Prüfungen durchfallen, haben in den seltensten Fällen weniger gelernt als erfolgreichere KollegInnen. Im Gegenteil berichten viele von ihnen, sie hätten geradezu blindwütig gelernt und sich dann leider in dem Gelernten nicht zurechtgefunden. Dieses so genannte „massierte Lernen" ist sehr ineffektiv. Denn das Gedächtnis muss den Stoff nicht nur aufnehmen, sondern ihn auch sortieren und einordnen. Dafür braucht es Zeit. Zeit, in der ihr es nicht mit neuem Lernstoff bombardieren dürft. Empfehlenswert ist daher, die Informationen in kleinen Häppchen zu sich zu nehmen, regelmäßig zu wiederholen und mit ernst zu nehmenden Pausen zu umgeben. Es ist nicht nötig, dass ihr nächtelang nicht schlaft, tagelang nichts esst und frische Luft nur auf dem Weg zur Bibliothek schnuppert. Diejenigen, die sich derartig in ihr Examen hineinsteigern, zahlen einen hohen Preis an Lebensqualität – ohne mit einer Gegenleistung der PrüferInnen rechnen zu können.

B. Arbeitsmethoden: Wie kommt das Wissen in den Kopf?

Das Lernen einer Information geschieht in drei Schritten: Die Information wird aufgenommen, im Gedächtnis abgelegt und schließlich – ganz wichtig – im entscheidenden Moment wieder ausgegeben. Bei diesem Prozess kann einiges schiefgehen: Es kann passieren, dass eine Information gar nicht aufgenommen oder abgelegt wird. Das ist der bekannte Nachrichteneffekt: Ihr sitzt vor den „Tagesthemen", und wenn ihr nachher erzählen wollt, was in der Welt so passiert ist, fällt euch nichts mehr ein. Ebenso häufig passiert es, dass eine Information zwar aufgenommen und abgespeichert wird, sich aber nicht abrufen lässt. Auch diese Situation dürfte allen bekannt sein: Ihr erzählt von dem wundervollen französischen Weichkäse, den ihr im Urlaub genossen habt, und der hatte auch so einen prägnanten Namen, „na, wie hieß der noch, es liegt mir auf der Zunge." Mag sein. Ihr habt es nur leider vergessen. Der Kampf gegen das Vergessen ist eine Lebensaufgabe. Besonders während der Examensvorbereitung.

Zwei Dinge lassen sich nach diesen Überlegungen schon darüber sagen, wie eine effektive Arbeitsmethode beschaffen sein sollte:

- Eine Arbeitsmethode ist effektiv, wenn mit ihrer Hilfe möglichst viele Informationen im Gedächtnis hängen bleiben.
- Eine Arbeitsmethode ist effektiv, wenn mit ihrer Hilfe möglichst viele der abgespeicherten Informationen in dem Moment abgerufen werden können, in dem sie gebraucht werden.

1. Vom Buch ins Gedächtnis: Der Weg einer Information

Wie kommt es, dass manche Informationen im Gedächtnis abgelegt werden und manche nicht? Wie gelangt eine Information überhaupt ins Gedächtnis? Die Lerntheorie erklärt die Funktionsweise des Gedächtnisses mit der so genannten „Dreispeichertheorie":

a) Der sensorische Speicher

Nehmen wir an, vor euch läge ein Buch, aus dem ihr eine examensrelevante Information X aufnehmt. Die Augen empfangen einen entsprechenden Sinnesreiz und geben ihn an das Gehirn weiter. Im Gehirn verbleibt eine Art Abdruck dieses Sinnesreizes, der allerdings sehr vergänglich ist – er hält sich nur wenige Millisekunden. Diese Art des Speicherns wird „sensorischer Speicher" oder auch „Ultrakurzzeitgedächtnis" genannt. Der sensorische Speicher ist relativ groß und nimmt in jedem Moment eine Fülle verschiedener Sinnesreize auf, ohne sie weiter zu filtern. Im selben Moment wie die examensrelevante Information X empfangt ihr etwa Informationen über die Temperatur in eurem Arbeitszimmer, die Farbe des Lehrbuches und die Musik aus der Nachbarwohnung. Die meisten dieser Informationen sind es nicht wert, gespeichert zu werden. Um das Gedächtnis nicht zu überlasten, verschwinden sie sofort wieder. Das kann leider auch der examensrelevanten Information X passieren.

b) Das Kurzzeitgedächtnis

Aus den unzähligen ungefilterten Sinneseindrücken wählt das Gehirn jedoch einige aus, die es für wichtig hält. Wenn ihr Glück habt, wählt es nicht die Farbe des Lehrbuches, sondern die examensrelevante Information X. In diesem Fall landet sie im Kurzzeitgedächtnis. Auch dort bleibt sie allerdings nur etwa 20 Sekunden. Wenn mit der Information gearbeitet wird (wenn ich mir also z. B. eine Telefonnummer so lange zu merken versuche, bis ich einen Bleistift gefunden habe, um sie aufzuschreiben), kann sie etwa drei bis vier Minuten lang festgehalten werden. Ein weiteres Problem: In den Kurzzeitspeicher zu gelangen, ist nicht so leicht. Er kann nur ungefähr sieben Elemente gleichzeitig aufnehmen. Für das Lernen hat dies mehrere Konsequenzen:

Es ist wichtig, so konzentriert bei der Sache zu sein, dass die examensrelevante Information X dem Gehirn bedeutsam genug erscheint, um sie in den Kurzzeitspeicher zu lassen – sobald ihr abschweift, entscheidet er, dass andere Dinge wichtiger sind: die Musik aus dem Nachbarhaus, der scheußliche Pullover eines Passanten oder das interessante Gespräch vom Vorabend. Die examensrelevante Information X strengt das Gehirn dann zwar an, bleibt aber ausgesperrt.

Das Kurzzeitgedächtnis zählt die Sinneinheiten, die es betreten, und schließt nach der siebten, achten oder spätestens der neunten die Tür. Wie groß diese Sinneinheiten sind, ist ihm dagegen egal. Trickreiche Menschen überlisten es daher, indem sie mehrere kleinere Sinneinheiten unter einen gemeinsamen Oberbegriff fassen und sie dem Kurzzeitgedächtnis so als ein einziges Speicherelement unterjubeln. Aus diesem Grund ist es so wichtig, jede Information gleich in größere Zusammenhänge einzuordnen.

c) Das Langzeitgedächtnis

Einmal im Kurzzeitgedächtnis angelangt, macht sich unsere examensrelevante Information X auf den Weg in den Langzeitspeicher. Aber auch hier muss sie einen Filter passieren: Möglicherweise steht X im Zusammenhang mit anderen Informationen, die bereits im Langzeitgedächtnis gespeichert sind. Dann wird sie mit hoher Wahrscheinlichkeit durchgelassen. Kann sie keine derartigen Beziehungen spielen lassen, muss sie sich wieder als wichtig verkaufen. Der Langzeitspeicher sortiert die Informationen nach ihrer Bedeutung. Er ist wie eine große Bibliothek, in der die Bücher nach Themengebieten geordnet sind. Unsere Information X hat also gute Chancen, wenn sie für uns einen Sinn hat. Sonst wird sie leise verblassen.

Die examensrelevante Information X hat also wie im Märchen drei Proben zu bestehen, bevor sie im Langzeitgedächtnis Platz nehmen darf. Dort wird sie dafür nicht mehr hinausgeworfen. Die Speicherung ist lebenslang. Nur der Zugriff kann sich mit der Zeit verlieren, wie es auch in manchen Bibliotheken dunkle Kämmerlein voller verstaubter Bücher gibt, durch die sich kein Mensch mehr durchfindet. Voll ist das Langzeitgedächtnis jedoch nie. Sein Speicherplatz ist praktisch unbegrenzt.

2. „Ich kann ohne Druck nicht lernen"

Lernen besteht also nicht nur daraus, sich so viele Informationen wie möglich zuzuführen. Es ist im Gegenteil ein recht komplizierter Vorgang. Die Kunst des Lernens steht trotzdem weder in der Schule noch in der Universität auf dem Stundenplan. Es wird davon ausgegangen, dass „man" es eben kann – oder eben nicht. Viele Menschen kennen deswegen nur eine Lernstrategie: „Ich kann nur unter Druck lernen". Kurz vor den Prüfungen prügeln sie sich in nächtlichen Gewaltsitzungen alle wichtigen Informationen in den Kopf hinein. Diese Strategie ist sehr ineffektiv. Sie laugt Körper und Geist aus, verbreitet unnötige Panikstimmung und führt zu einem gewaltigen Klumpen ungeordneten Wissens, der nach den Prüfungen so schnell wie möglich wieder vergessen wird.

Für das juristische Examen ist diese Form des Lernens schon gar nicht brauchbar. Denn in ihm werden nicht nur viele Details abgefragt, sondern auch ihre Zusammenhänge. Gerade die Verknüpfung der Einzelinformationen aber geschieht nicht von einem Tag auf den anderen. Das Gedächtnis braucht seine Zeit, um die Einzelheiten zu sortieren und einzuordnen. „Ich kann nur unter Druck lernen" ist also kein gutes Motto für die Examensvorbereitung.

a) Vom Nutzen einer Lernstrategie

Ohne den unmittelbaren Druck zu lernen, ist leichter, wenn das Lernen einem System folgt. Wenn ihr euch vornehmt, jeden Tag „ganz viel" zu studieren, dann ist dieses „ganz viel" zu schwammig, um euch auf Dauer bei der Stange zu halten. Die Zielvorgaben müssen genauer sein: „Ich will zu jeder AG-Sitzung das AG-Thema einmal durchgearbeitet haben"; oder auch: „Ich will jeden Tag mindestens vier Stunden lernen."

Ein System schafft ihr euch auch dann, wenn ihr nach einer bestimmten Strategie lernt: Ihr könnt ein Lehrbuch von vorn bis hinten durchlesen und die gelesenen Informationen auf Karteikarten schreiben, in den Computer eingeben oder als grafische Übersicht an die Wand hängen. In den folgenden Abschnitten werden einige solcher Strategien vorgestellt.

b) Die Suche nach der passenden Lernstrategie

Doch die richtige Methode zu finden, dauert seine Zeit. Auch eine Strategie, die anfangs perfekt erscheint, kann sich im Laufe der Zeit als untauglich erweisen. Vielleicht ist sie zu zeitaufwändig, vielleicht auch zu oberflächlich oder zu wenig systematisch. Oft kann sie veränderten Verhältnissen noch angepasst werden: Wenn ihr bislang die Themen in ausführlichen Essays niedergeschrieben habt, könnt ihr Zeit sparen, indem ihr euch künftig auf Stichworte beschränkt. Merkt ihr aber, dass ihr die Mitschriften ohnehin nie wieder in die Hand nehmt, dann lohnt sich der ganze Aufwand nicht. In solchen Fällen seid ihr gut beraten, wenn ihr die Lernmethode wechselt.

c) Zweifel an der Lernstrategie

Aber übertreibt es nicht mit dem Wechseln. Selbst die beste Strategie schützt euch nicht davor, dass ihr gelegentlich unzufrieden seid und mal besser, mal schlechter zurechtkommt. Denn was auf dem Papier noch so systematisch und ausgeklügelt aussieht, wird vom Leben gern torpediert. Auch in Lernzeiten muss abgewaschen werden, auch Lernzeiten bleiben von unvorhergesehenen Ereignissen, Behördengängen, Familienfesten und anderen Begegnungen mit den Mitmenschen nicht verschont. Es hat daher keinen Sinn, in jedem Formtief die Methode zu ändern. Nicht nur, weil euch dann später zusammenhängendes Material zur Wiederholung fehlt. Ihr betrügt euch selbst mit dem Gefühl, noch gar nicht richtig begonnen zu haben: „Morgen, mit dieser neuen Strategie, geht es richtig los." Fangt lieber schon heute an.

3. Die Techniken des Lernens

Eine gute Lernstrategie enthält zweierlei: einen Weg, die Informationen aufzunehmen sowie Methoden, mit deren Hilfe sie sinnvoll im Langzeitgedächtnis eingeordnet werden.

a) Die Aufnahme der Informationen

Die Kanäle, über die das Gehirn an Informationen gelangt, sind die Sinne: Sehen, Hören, Fühlen, Schmecken, Riechen. Die drei letztgenannten sind für die juristische Examens-vorbereitung erwiesenermaßen untauglich. Bleiben das Sehen und das Hören.

Sehen

Um den Sehsinn werdet ihr bei der Examensvorbereitung nicht herumkommen, denn die wichtigen Informationen stehen nun einmal in Büchern, Skripten und Zeitschriften, und die müsst ihr lesen. Das Lesen allein ist leider für die wenigsten Menschen eine effektive Lerntechnik. Es erfordert viel Konzentration, dauert verhältnismäßig lange, und erfah-rungsgemäß bleibt nur ein Bruchteil der gelesenen Informationen im Gedächtnis hängen. Das Problem ist, dass der Geist beim Lesen gern abschweift: Während die Augen brav die Buchstaben betrachten, rauscht der Inhalt ungeprüft am Gedächtnis vorbei. Damit der Geist bei Laune bleibt, muss er beschäftigt werden. Der Trick heißt: Aktives Lesen.

■ Verführt euch dazu, die wichtigen Informationen von den unwichtigen zu unterschei-den, indem ihr die wichtigen unterstreicht. Das geht allerdings schief, wenn der Text selbst schon eine sehr knappe Zusammenfassung eines Themas ist – dann werdet ihr über kurz oder lang alles unterstrichen haben und seid so schlau wie vorher.

■ Lockt euren Geist in solchen Fällen, indem ihr den Text beim Lesen strukturiert. Das kann durch Randbemerkungen geschehen, in denen ihr den Inhalt des jeweiligen Ab-schnitts in einem Stichwort zusammenfasst. So habt ihr zugleich eine Kontrolle da-rüber, ob ihr den Gedankengang des Autors oder der Autorin nachvollziehen könnt. Könnt ihr das nicht, dann verlegt die Arbeit auf einen Extrazettel oder in eine Datei. Notiert dort, welche Gedanken des Textes logisch zusammengehören oder aufeinan-der aufbauen. Solche Mitschriften eignen sich auch ganz gut dazu, den Inhalt eines Textes später einmal zu wiederholen (→ mehr zu Aufzeichnungen und Mitschriften ab S. 85).

Doch ist das Lesen nicht der einzige Weg, Informationen über den Sehsinn aufzunehmen. Auch Bilder bleiben gut im Gedächtnis hängen. Mehrfarbige Markierungen und sche-matische Übersichten können daher eine gute Hilfe sein, um ein Thema zu strukturieren und im Überblick darzustellen (→ mehr zu Übersichten und Farbsystemen ab S. 88).

Hören

Es gibt Menschen, die können sich beim Lesen partout nicht konzentrieren. Dafür lernen sie gut und schnell, wenn ihnen die Informationen erzählt werden. Ganz ohne zu lesen werden auch sie nicht durch das Examen kommen. Aber die Examensvorbereitung hat einiges an Hörerlebnissen zu bieten, insbesondere, wenn ihr eine Arbeitsgruppe habt: In jeder AG-Sitzung hören die KollegInnen einander zu, wenn sie sich gegenseitig ihre Falllösungen vorstellen oder Details des AG-Themas erklären. Sind alle TeilnehmerInnen eher Hörtypen, dann können sie auch dazu übergehen, das AG-Thema in Form von Referaten aufzuarbeiten und sich gegenseitig vorzutragen. AlleinlernerInnen können ihre Mitschriften auch in ein Diktiergerät sprechen und sich zur Wiederholung anhören. Zusätzlich könnt ihr euch um*hören*, ob an eurer Uni gute Wiederholungskurse, Kolloquien oder Examinatorien angeboten werden.

Ansonsten kann es auch schon eine Erleichterung sein, wenigstens sich selbst zuzuhören: Lest einfach laut. Wenn ihr nicht allein wohnt, solltet ihr die WohnungsgenossInnen allerdings vorher einweihen, sonst machen sie sich womöglich Sorgen um euren Geisteszustand.

Aktives Bearbeiten

Egal, ob ihr lest oder zuhört – Informationen werden stets besser aufgenommen, wenn der Geist sie aktiv bearbeitet. Das hat seinen Grund in der Struktur des menschlichen Gedächtnisses: Vom Langzeitgedächtnis wurde bereits gesagt, dass es aufgebaut ist wie eine Bibliothek: Die Informationen werden nach ihrer Bedeutung sortiert und unter den entsprechenden Oberbegriffen abgelegt. Indem ihr über die Informationen nachdenkt, ordnet ihr sie ein. Ihr betrachtet ihre Struktur, ihren Sinn und damit auch ihren Zusammenhang mit anderen Informationen. Wenn ihr euch also aktiv mit dem Stoff auseinandersetzt, sorgt ihr dafür, dass die Informationen unter den richtigen Oberbegriffen abgespeichert werden. Das erleichtert später den Zugriff. Was bedeutet es aber, den Stoff „aktiv" zu „bearbeiten"?

- Gebt den Informationen Struktur. Wenn ihr zum Beispiel gerade die Anfechtung lernt, dann überlegt euch auch, wo sie im Aufbau einer Falllösung eingebaut wäre. Wenn der Erlaubnistatbestandsirrtum auf dem Programm steht, dann malt euch ein kleines Schaubild zu den verschiedenen Irrtümern im Strafrecht.
- Forscht nach dem *Sinn* der jeweiligen Information. Warum dürfen Verträge angefochten werden? Warum gibt es die Mietminderung? Je mehr ihr von einem Thema wirklich verstanden habt, desto leichter fällt es euch, Details zu behalten.
- Macht den Stoff für euch anschaulich, indem ihr ihn ausschmückt. Einige Repetitorien reduzieren den Stoff in ihren Skripten auf die nackten Aufbauschemata. Sie haben natürlich Recht damit, dass niemand sein Gehirn mit unnötigem Kleinkram belasten sollte. Aber manche Details sind nicht überflüssig, sondern geben dem Stoff erst Sinn. Wer einmal die eigene Miete gemindert hat, weiß nicht nur, dass es diese Einrichtung gibt, sondern auch, wie sie funktioniert. Wer einmal auf einer Sitzblockade war, versteht die Problematik des strafrechtlichen Gewaltbegriffes. Was natürlich nicht heißen soll, dass ihr alles ausprobieren solltet, was das Recht erlaubt und verbietet. Die Examensvorbereitung könnte – sehr ineffektiv! – von längeren Gefängnisstrafen unterbrochen werden. Aber lasst euren Geist schweifen und malt euch aus, welche Konfliktfälle sich hinter den Paragraphen und dogmatischen Problemen verstecken. Das macht den Stoff interessanter als ein Aufbauschema aus drei Definitionen und einem Hinweis auf einen Theorienstreit.

b) Externe Speicher

Vom Lesen, Hören und Vorstellen allein bleibt aber nur wenig hängen. Pessimistische Schätzungen gehen davon aus, dass von den Informationen eines gelesenen Textes innerhalb von 24 Stunden satte 60 bis 70 % wieder vergessen werden. Einziger Lichtblick: Werden dieselben Informationen später noch einmal aufgenommen, dann treffen sie bereits auf den Hauch eines Wiedererinnerns und bleiben gleich ein bisschen besser hängen. Fazit: Es kann nicht genügend wiederholt werden.

Nun wäre es sehr zeitaufwändig, jeden Text drei- bis fünfmal zu lesen, um sich seinen Inhalt einzuprägen. Kluge LernerInnen legen sich deshalb frühzeitig externe Speicher an, in denen sie die Informationen komprimiert festhalten: Mitschriften, Karteikarten, Übersichten etc. Den Lernstoff schriftlich niederzulegen, kostet zwar viel Zeit, in der ihr noch mehr und noch mehr neue Informationen lesen könntet. Auf lange Sicht jedoch wird es sich lohnen.

Ein Tipp vorweg: Schreibt solche Aufzeichnungen immer in euren eigenen Worten. Schreibt *nie* einfach nur aus dem Lehrbuch ab. Die eigenen Formulierungen sind dem Gedächtnis eingängiger als fremde. Sie werden besser aufgenommen und leichter wieder ausgespuckt. Damit ihr einen Text in sinnvolle eigene Worte fassen könnt, müsst ihr ihn natürlich verstanden haben. Aber das ist ja auch Sinn der Sache.

Als wir im Jahr 1997 an der ersten Auflage dieses Buches schrieben, hatte übrigens noch nicht jede/r einen Computer und einen Zugang zum Internet, Notebooks waren riesig, schwer und teuer, die ersten juristischen Datenbanken wurden gerade erst aufgebaut und kaum eine Fakultät hatte eine eigene Homepage. In den ersten beiden Auflagen finden sich daher gesonderte Abschnitte zu den Themen „Arbeit mit dem Computer" und „Internet", die aus heutiger Sicht recht amüsant zu lesen sind. Heute dürfte klar sein, dass Mitschriften, Übersichten und Karteikartensysteme auch in Dateiform an- und abgelegt werden können und dass das Internet eine wichtige Quelle für Informationen ist. Die Möglichkeiten haben sich also im Laufe des letzten Jahrzehnts erheblich erweitert. Auch hier gilt: Sucht nach der Speicherart, die euch am besten entspricht.

Mitschriften

Das simpelste Modell eines externen Speichers ist folgendes: Ihr lest ein gutes Lehrbuch und schreibt währenddessen die wichtigsten Informationen heraus. Wenn ihr mehrere Quellen parallel heranzieht, könnt ihr dabei auch gleich die verschiedenen Modelle, Theorien, Aufbauten und Ansichten einander gegenüberstellen. Diese Aufzeichnungen geht ihr zur Wiederholung durch. Vorteil dieser Methode: Der Zeitaufwand ist minimal.

Eine Mitschrift lässt sich aber auch strukturierter gestalten: Überlegt bei den Informationen immer auch gleich, wo sie in der Fallprüfung gebracht werden müssten. Geht es beispielsweise um den objektiven Tatbestand des Diebstahls, dann listet unter dieser Überschrift die Definitionen für „fremde bewegliche Sache" und „Wegnahme" auf. Auch die entsprechenden Theorienstreite sollten gleich dazugeschrieben werden, also beispielsweise die Leichenfledderei zu „fremd" und die Gewahrsamstheorien zur „Wegnahme". Ihr könnt euch dabei an den käuflichen Schemata oder an der Gliederung eines Lehrbuches orientieren oder euch eine eigene Struktur erarbeiten.

Diese Art der Mitschrift hat gegenüber der unsystematischeren zwei Vorzüge: Schon beim Lesen strukturiert ihr den Stoff das erste Mal – er wird also gleich in logisch nachvollziehbarer Weise abgespeichert. Und beim Wiederholen steht euch genau diese logische Struktur sofort wieder vor Augen. Neue Inhalte können in die bestehenden Zusammenhänge eingefügt werden, ohne dass ihr jedes Mal wieder von vorn anfangen müsst.

Karteikartensysteme

Die Lernforschung hat herausgefunden, dass Informationen, die am Anfang und am Ende eines Lernabschnitts aufgenommen werden, besser behalten werden als Informationen aus der Mitte. Es kommt also darauf an, die „Mitte" klein zu halten, sprich: die Lernabschnitte in möglichst kleine Einheiten zu unterteilen. Ein gern genutztes Mittel zu diesem Zweck sind Karteikarten: Auf ihnen findet alles Platz, was beim Lernen so anfällt: Definitionen, Theorienstreits und Aufbauschemata ebenso wie die schematische Übersicht über einen Themenbereich. Sind die Grundlagen erst einmal erarbeitet, können auch neuere Gerichtsentscheidungen oder kleine Beispielsfälle eingefügt werden.

Die Vorteile eines Karteikartensystems gegenüber anderen Mitschriften sind vielfältig: Neue Informationen können jederzeit auf eine neue Karte geschrieben und eingeordnet werden. Entpuppt sich eine Karte als unvollständig oder falsch, lässt sie sich problemlos ergänzen, ersetzen oder aussortieren. Außerdem sind Karteikarten eine optimale Basis für die Wiederholung. Mit ihrer Hilfe lässt sich der Stoff in übersichtliche kleine Häppchen einteilen, die ihr euch abfragen könnt. Was ihr schon wisst, könnt ihr aussortieren und den Rest dann noch einmal wiederholen. So beschäftigt ihr euch immer nur mit dem, was ihr wirklich noch nicht wisst.

Ordnung

Allerdings sind Karteikarten nur dann eine Lernhilfe, wenn sie mehr sind als ein Haufen zusammenhangloser Zettel, die in der Gegend herumfliegen. Sie sollten sich deswegen nach einem bestimmten Prinzip ordnen lassen.

Ihr könnt die Karten zum Beispiel durch Stichwörter kennzeichnen und dann alphabetisch ordnen. Was den Nachteil hat, dass auf diese Weise die Karten zu einem Themenbereich auseinandergerissen werden. Für das Wiederholen ist das ziemlich unsinnig: Wollt ihr den Diebstahl wiederholen, dann steht das Aufbauschema unter „d", und die Definitionen für „fremd", „Wegnahme" und „Zueignungsabsicht" könnt ihr unter den jeweiligen Buchstaben suchen. Deswegen raten wir, die Karteikarten von Anfang an nach Themengebieten zu sortieren. Dazu schreibt ihr zu dem jeweiligen Stichwort auch noch ein Ordnungswort, etwa „Diebstahl" oder „Zueignungsdelikte". Wenn ihr die AG-Themen im Plan durchnummeriert habt, könnt ihr auch die Nummern der jeweiligen AG als Sortierhilfe nehmen.

Noch professioneller: Ihr benutzt eine Software zur Verwaltung eurer digitalen Karteikarten, die es euch ermöglicht, eine Karteikarte mehreren thematischen Kategorien zuzuordnen. Damit könnt ihr etwa die Definitionen des Leistungsbegriffes sowohl dem Themenkomplex Bereicherungsrecht als auch den strafrechtlichen Tatbeständen Betrug und Untreue sowie dem Staatshaftungsrecht zuweisen.

Abfragetauglichkeit

Karteikarten sind auch nur dann nützlich, wenn sie zur Wiederholung verwendet werden können. Das können sie, wenn auf jeder Karteikarte ein klar umrissenes Thema steht, das mit einem ebenso klaren Stichwort bezeichnet ist. Das Stichwort kann auch als Frage formuliert sein. Schreibt also „Weiterfressermangel" oder „Wie wird im Produkthaftungsrecht der Weiterfressermangel definiert?" und nicht: „Produkthaftung". Denn wenn ihr das ganze Aufbauschema für die Produkthaftung inklusive aller Definitionen, Fallgruppen und Theorienstreits auf eine einzige Karte kritzelt, dann werdet ihr das niemals so vollständig reproduzieren können – ihr werdet also wieder und wieder die Definition des Weiterfressermangels herleiern müssen, nur weil ihr den ersten Prüfungsschritt für die Produkthaftung immer vergesst. Für diese Art der Darstellung sind strukturierte Mitschriften besser geeignet. Auf Karteikarten solltet ihr das Thema stückeln. Auf die erste Karte passen die groben Prüfungsschritte, auf die zweite die Fallgruppen, auf die dritte der Weiterfressermangel usw. Nur dann könnt ihr die Einzelfragen, die ihr schon beherrscht, tatsächlich aussortieren.

Übersichten, Schemata, Mind Maps

Das Langzeitgedächtnis, wie gesagt, liebt Informationen, die ihm in strukturierter Weise angeboten werden. Noch mehr schätzt es Informationen, die es in bereits bestehende Strukturen einordnen kann. Glücklicherweise bietet uns unser Fach eine Menge Gelegenheiten, sich seinen Inhalten strukturiert zu nähern. Nicht nur, dass es eine allgemeine Methodenlehre gibt, die sich damit befasst, wie juristische Entscheidungen generell getroffen werden sollten. Auch in jedem einzelnen Fach bemühen sich Wissenschaft und Praxis unermüdlich darum, den Details Strukturen zu geben oder aufzunötigen – je nach Kunstfertigkeit. Nicht umsonst gibt es in allen Fächern allgemeine und besondere Teile und wird in der Fallprüfung vom Allgemeinen zum Speziellen gegangen. Macht euch diese Struktur zunutze, indem ihr die Grundlagen gründlich lernt. Das Langzeitgedächtnis wird dann begeistert die Details der besonderen Teile, spektakulären Fälle und neuesten Gerichtsentscheidungen in diese Grundstrukturen einordnen.

Was für jedes Fach im Großen gilt, gilt auch im Kleinen für die einzelnen Themengebiete. Sehr nützlich ist es, sich die Systematik eines Kapitels mit Hilfe einer Übersicht klarzumachen, bevor die Einzelheiten gelernt werden. In einer solchen Übersicht werden die Elemente eines Themas unter einen gemeinsamen Oberbegriff gefasst. Ihre Zusammenhänge können auf verschiedene Art und Weise dargestellt werden:

Baumstrukturen

Die verschiedenen Unterkategorien eines Themas können in hierarchischer Gliederung untereinander geschrieben werden. Solche Übersichten finden sich in vielen Lehrbüchern, wenn es um Aufbauschemata geht: Oben steht, worum es geht, und dann werden die vielen kleinen Prüfungsschritte darunter aufgeführt. Gibt es an einer Stelle mehrere Möglichkeiten, dann kann die Darstellung sich verzweigen.

Solche Baumstrukturen kommen der logischen Struktur der Rechtswissenschaft sehr entgegen. Der Funktionsweise des Gedächtnisses auch: Beim Abspeichern verknüpft es die Elemente des Themas gleich mit ihren jeweiligen Oberbegriffen. Wenn ihr euch dann an den Oberbegriff erinnert, werden die darauf aufbauenden Einzelheiten gleich mit abgerufen. Das erinnert an die Arbeit eines Souffleurs im Theater: Manchmal stockt eine Schauspielerin im Text. Normalerweise genügt ein einziges Wort des Souffleurs, und schon spult die Schauspielerin die ganze weitere Rede wieder problemlos ab – weil sie im Zusammenhang gelernt wurde.

Mind Maps

Etwas freizügiger und kreativer zu gestalten sind die so genannten „Mind Maps", für die es mittlerweile auch Computerprogramme gibt. Auch bei ihnen geht es darum, alle Aspekte eines Themas in ihren Zusammenhängen sichtbar zu machen. Dabei wird der

Oberbegriff aber nicht an den Anfang, sondern in die Mitte des Blattes oder der Karteikarte geschrieben, und die Folgeprobleme werden dann locker um ihn herumgruppiert. Diese Art der Darstellung ist im juristischen Bereich eher unüblich. Sie kann jedoch sehr nützlich sein, um einen Überblick über ein bestimmtes Thema zu bekommen. Denn wenn es beispielsweise um die Elemente des Bundesstaatsprinzipes geht, dann sind diese Elemente nicht hierarchisch gegliedert, sondern stehen nebeneinander. Jedes Element hat aber seine Unterelemente. Diese Zusammenhänge lassen sich mit Hilfe einer Mind Map hervorragend darstellen.

Ihr profitiert dann nicht nur von der übersichtlichen und vollständigen Darstellung. Eine Mind Map ist zugleich ein Bild, mit dem ihr dem Thema eine visuelle Komponente gebt. Wenn ihr an den Oberbegriff denkt, habt ihr gleich das dazugehörige Bild im Kopf. Mit dessen Hilfe könnt ihr die einzelnen Bestandteile rekonstruieren.

Plakate

Übersichten jeder Art eignen sich im Übrigen auch prächtig dazu, sie an die Wand zu hängen. Es gibt ExamenskandidatInnen, die ihre ganze Wohnung mit solchen Malereien pflastern. Das ist nicht zu empfehlen, wenn ihr ohnehin schlecht abschalten könnt – in diesem Fall solltet ihr nicht auch noch in eurer Freizeit auf juristische Aufbauschemata starren müssen. Andererseits aber ist dies die einzige Methode, bei der ihr hoffen könnt, dass das Wissen über das Unterbewusste ins Gehirn diffundiert. Wie weit diese Hoffnung berechtigt ist oder nicht – darüber gibt es leider keine verbindlichen Aussagen.

Farb- und Symbolsysteme

Schließlich gibt es noch zahlreiche Möglichkeiten, die eigenen Aufzeichnungen so übersichtlich und ansprechend wie möglich zu gestalten: Macht die verschiedenen Gliederungsebenen eines Schemas mit verschiedenen Farben sichtbar. Streicht wichtige Gerichtsentscheidungen rot an und beliebte Theorienstreits gelb. Oder benutzt Symbole: Ausrufezeichen für wichtige Details, grüne Dreiecke für die Meinung des BGH und kleine Teufelsköpfe für besonders unverständliche Zusammenhänge.

Solche Kennzeichnungen können sinnvoll auch dafür benutzt werden, den niedergelegten Stoff das erste Mal zu wiederholen. Denn so lest ihr die Aufzeichnungen nicht nur einmal flüchtig durch, sondern bearbeitet sie erneut. Warum das eine gute Sache ist, steht im folgenden Kapitel:

c) Wiederholen

Nun sind die Informationen aufgenommen, aktiv bearbeitet und auf Karteikarten, in Dateien oder dicken Ordnern niedergelegt, strukturiert, bildlich dargestellt und also einmal gründlich gekaut. Fehlt das Wiederkäuen. Wie die Kühe Ostfrieslands stundenlang das Gras wieder hochwürgen und noch einmal kleinkauen, so solltet ihr mit dem examensrelevanten Stoff umgehen – so lange, bis sich kein Fetzen mehr schwer im Magen dreht. Die Kühe Ostfrieslands nehmen sich für diesen Vorgang alle Zeit der Welt und beenden ihn, bevor ihnen das Zeug zu den Ohren wieder herauskommt. Macht es genauso. Informationen brennen sich nicht umso tiefer ins Gedächtnis, je öfter sie ihm vorgesetzt werden. Wenn ihr eine Information zu einem bestimmten Zeitpunkt präsent habt, dann ist sie für diesen Moment ausgekaut. Reif zum Herunterschlucken. Sobald ihr eine Frage richtig beantwortet oder eine Karteikarte fehlerfrei abgearbeitet habt, könnt ihr sie deswegen weglegen. Fürs erste jedenfalls. Tut ihr das nicht, sondern stellt euch dieselbe Frage noch einmal und noch einmal, dann ermüdet das zwar, hat für die Gedächtnisleistung aber nicht den geringsten Effekt. Dieses Phänomen wird Überlernen genannt. Es gibt noch ein paar weitere Eigentümlichkeiten der menschlichen Gedächtnistätigkeit, die zu kennen für die Wiederholung nicht schaden kann:

- *Tiefere Informationsverarbeitung:* Wenn ihr mit Karteikarten oder euren eigenen Aufzeichnungen arbeitet, wiederholt ihr dieselben Informationen so lange immer wieder, bis sie sitzen. Das ist auch sinnvoll, solange es sich um Grundlagen handelt. Gerade Definitionen im Schlaf daherrattern zu können, kann im Examen sehr hilfreich sein. Wenn ihr ansonsten nicht weiterwisst und hemmungslos improvisieren müsst, kann eine konkrete Definition hier und da so erholsam sein wie eine Oase in der Wüste. Effektiver aber als dieselben Dinge immer wieder zu reproduzieren, ist jede Form der Wiederholung, die zu tieferer Informationsverarbeitung führt. Diese findet statt, wenn ihr mit den Informationen erneut aktiv umgeht. Das kann geschehen, indem ihr ein komplexes Thema auf wenige Grundstrukturen reduziert, also zum Beispiel zu einer längeren Mitschrift ein Aufbauschema erarbeitet. Genauso funktioniert es aber auch, ein mageres Aufbauschema oder eine knappe Mitschrift durch kleine Fälle zu bereichern und damit anschaulicher zu machen. Auch die oben angesprochenen farblichen Gestaltungen haben diesen Effekt. Wenn die Grundstrukturen sitzen, könnt ihr zum Wiederholen auch kleine unbekannte Fälle heranziehen. Ärgert euch nicht, wenn ihr bei der Lösung dann Fehler macht. Wenn ihr begreift, warum ihr den Fehler gemacht habt, dann habt ihr auch schon wieder etwas gelernt.

- *Verteiltes Wiederholen bringt mehr als massiertes:* Wie gesagt, innerhalb von 24 Stunden vergisst der Mensch 60 bis 70 % des Gelernten wieder. Es liegt daher nahe, im Laufe dieser 24 Stunden eine Wiederholung einzuschieben, um zu retten, was zu retten ist. Die erste Wiederholung findet darum zweckmäßigerweise gleich im Anschluss an die Erarbeitung statt. Danach sollte das Wissen in regelmäßigen Abständen wieder aufgefrischt werden. Vorbildlich ist das System des „Lernens in Potenzen", das in Teil 2 schon erläutert wurde (→ siehe S. 67). Ganz so ausgereift müsst ihr es aber gar nicht betreiben. Nur der Grundgedanke ist nachahmenswert: Behandelt ein Themengebiet nach der Erarbeitung mehrmals in kurzen Abständen und lasst diese Abstände dann langsam wachsen.

- *Lernhemmungen:* Gelernter Stoff muss sich auch setzen. Die Informationen brauchen eine Weile, bis sie im Gedächtnis verankert sind. Denkt noch einmal an die schwarzbunten Kühe, die auf den ostfriesischen Wiesen stehen. Die kauen zunächst einmal eine Portion Gras, dann käuen sie sie wieder. Danach wird verdaut. Genauso solltet ihr es auch machen: Lernt Thema A, und dann wiederholt es. Oder wiederholt Thema A, und wiederholt danach nochmal alles von Thema A, was ihr in der ersten Wiederholung nicht wusstet. Macht dann eine Pause. Was ihr nicht tun solltet, ist folgendes: Thema A lernen, dann Thema B lernen, dann Thema A wiederholen. Denn dabei besteht die Gefahr der so genannten Lernhemmungen, auch „Interferenzen" genannt: Die Verarbeitung des Themas A wird durch das dazwischengeschobene Thema B gehemmt, fällt also schwerer. Doch damit nicht genug: Auch Thema B wird schlechter verarbeitet. Es wird seinerseits von Thema A gehemmt. Diese Interferenzen sind umso gravierender, je ähnlicher Thema A und Thema B sich sind. Die ostfriesische Kuh würde sagen: Beginne mit dem Wiederkäuen, wenn der Magen voll ist – mit Thema

A. Und friss erst dann wieder vom frischen Gras, wenn Thema A vollständig verarbeitet ist.

■ *Sensorische Belastung:* Ähnlich sieht es mit anderen Reizen aus. Auch Lärm und optisches Chaos hemmen die Verarbeitung von Informationen. Womit nicht gesagt sein soll, dass es der Examensvorbereitung schadet, wenn ihr laute Musik hört oder ins Fußballstadion geht. Das ist alles in Ordnung, solange es nicht unmittelbar nach dem Lernen geschieht. Springt also nicht vom Schreibtisch zur nächsten Party, sondern esst zwischendurch erst einmal in Ruhe etwas. Legt die Fernbedienung nicht direkt neben das Lehrbuch, sondern geht vor dem Fernsehkrimi ein bisschen an die frische Luft.

d) Lernkontrolle

Dadurch, dass ihr den Stoff regelmäßig wiederholt, kontrolliert ihr, ob er aus dem Gedächtnis abrufbar ist. Das solltet ihr nicht nur allein machen. Denn es ist nicht leicht, den eigenen Lernerfolg und die eigene Examensreife einzuschätzen. Sinnvoll ist es daher, sich hin und wieder einer externen Lernkontrolle zu stellen.

Lernkontrolle in der Arbeitsgruppe

In der Arbeitsgruppe tauscht ihr euer Wissen aus und wendet es auf unbekannte Fälle an. Das kann eine wirksame Lernkontrolle sein, wenn ihr euch nicht selbst betrügt. Das bedeutet, dass die vorbereitende Person nicht zu viel von der Lösung des Falles verraten sollte, bevor sich nicht alle einmal an ihm versucht haben. Es bedeutet auch, dass ihr eure Aufzeichnungen nicht als Spickzettel benutzen solltet, auch wenn ihr erst einmal ratlos vor der Fallgestaltung steht. Übt euch lieber frühzeitig im Mut zur Lücke und in der Kunst der Improvisation.

Lernkontrolle im Klausurenkurs

Noch weiter aus der Studierstube herauswagen müsst ihr euch, wenn ihr einen Klausurenkurs besucht. Alle Universitäten bieten inzwischen zumindest während des Semesters solche Kurse an. In ihnen werden Fälle auf Examensniveau unter Examensbedingungen geschrieben und von KorrekturassistentInnen benotet. Auch Repetitorien bieten Klausurenkurse an, die unabhängig von ihrem sonstigen Programm besucht werden können. Sie kosten allerdings Geld. Ebenfalls nicht billig sind die Fernklausurenkurse, die einige Repetitorien anbieten. Sie haben allerdings den Vorteil, dass ihr die Klausuren zu Hause schreiben könnt.

Für die Klausurenkurse ist die Frage des Spickens nicht so leicht beantwortet. Natürlich ist die wirksamste Lernkontrolle die, die unter Prüfungsbedingungen geleistet wird. Wann immer es möglich ist, solltet ihr euch diesen Bedingungen daher stellen.

Andererseits aber ist es gar nicht so leicht, gute Examensklausuren zu schreiben. Es kann daher auch ganz nützlich sein, das zunächst einmal zu versuchen – und sei es mit allem Material, das euch zur Verfügung steht. Denn in den ersten Monaten der Examensvorbereitung werdet ihr von vielen Problemen, die im Klausurenkurs zur Sprache kommen, noch nie gehört haben. Während in der AG in solchen Momenten immer noch die vorbereitende Person dem Geist auf die Sprünge helfen kann, tut das im Klausurenkurs niemand. Wer die Technik des Klausurenschreibens frühzeitig lernen will, sollte sich daher in den ersten Wochen ruhig mit einem Buch oder den Schemata in den Klausurenkurs setzen.

Häufig wird die Frage gestellt, wie viele Klausuren ein Mensch denn geschrieben haben soll, bevor er sich ins Examen wagen kann. Manche Repetitoren geben konkrete Empfehlungen der Art: „Schreiben Sie auf keinen Fall weniger als 50 Klausuren, bevor Sie sich zum Examen melden." So pauschal ist dieser Tipp wenig brauchbar. Es gibt Leute, die ihr Examen gut bestanden haben, ohne auch nur eine einzige Probeklausur geschrieben zu haben. Denn das Klausurenschreiben muss nur üben, wer Schwierigkeiten damit hat. Der persönliche Bedarf an Probeklausuren ist also davon abhängig, wie gut oder schlecht ihr die Technik des Klausurenschreibens beherrscht. Auch hier gilt wie überall: Lasst euch kein schlechtes Gewissen machen.

Lernkontrolle in Examinatorien

Ähnliches gilt für die Vorbereitung der mündlichen Prüfung. Grundsätzlich ist es von unschätzbarem Wert, die Situation einer mündlichen Prüfung vorher einige Male durchgespielt zu haben. Nützlich sind hierfür – neben der AG – die Examinatorien, die an vielen Universitäten angeboten werden. In ihnen seid ihr gezwungen, vor einer größeren, unbekannten Gruppe euer Wissen zu präsentieren. Für viele ist es beruhigend zu merken, dass in diesen Examinatorien keine Brutalitäten abgefragt werden. In den meisten mündlichen Prüfungen ist das auch so.

Wer sich einen Eindruck von der Atmosphäre bei wirklichen mündlichen Prüfungen machen will, hat an jeder Universität die Möglichkeit, bei ihnen zuzuhören. Auch das kann nur empfohlen werden.

Probeexamen

An einigen Universitäten gibt es inzwischen die Möglichkeit, ein Probeexamen zu schreiben. Welche Universitäten das sind, könnt ihr der Tabelle in Teil 5 (→ ab S. 158) entnehmen. Das bedeutet, dass ihr Klausuren unter Prüfungsbedingungen schreibt, und dass sie auch wie im Examen bewertet werden. Oft wird danach auch noch die mündliche Prüfung simuliert. Solche Probeexamina sind eine sehr gute Sache. Allerdings solltet ihr nicht unmittelbar vor den Prüfungen daran teilnehmen, sondern lieber schon ein paar Wochen früher. Auch wenn dann die Ergebnisse noch nicht so gut ausfallen. Eine beruhigende Wirkung wird das Probeexamen trotzdem haben, gerade auch dann, wenn ihr unter Prüfungsangst leidet. Denn es ist immer gut, viel über das Ereignis zu wissen, das diese Angst verursacht. Dadurch wird es von einem konturlosen Monster zu einer berechenbaren Größe. Mehr zu Prüfungsangst und Lernblockaden unter Buchstabe F (→ ab S. 100).

C. Das Arbeitsmaterial: Woher kommt das Wissen?

Das Geschäft mit der Examensangst lohnt sich. Alle naselang werden Neuerscheinungen auf den Markt geworfen, die sich rühmen, *das* Ausbildungsmaterial schlechthin zu sein. ProfessorInnen, die sich der Nachwelt erhalten wollen, schreiben Lehrbücher, Repetitorien vermarkten ihre Skriptenreihen, findige Menschen mit lockerer Feder bieten Literatur der Marke „idiotensicher" an. In der Studienliteratur werden sich die meisten von euch schon auskennen, und ihr werdet für die verschiedenen Fächer auch schon eure jeweiligen Lieblingsbücher entdeckt haben. Nicht jedes Studienbuch taugt aber auch schon für die Examensvorbereitung. Andersherum ist nicht alles, wo „Examen" drauf-steht, auch gut. Viel hängt auch hier wieder von individuellen Vorlieben ab. Grast den

Markt daher gründlich ab. Probiert alles aus, was ihr in die Finger bekommen könnt, bedient euch schamlos an der offiziellen Ausbildungsliteratur wie an Repetitor-Material, durchstöbert die Bibliotheken und das Internet und geht auch ruhig hin und wieder im Buchladen eures Vertrauens an den Regalen entlang. Ihr habt keinen Repetitor, der euch sein Material aufdrängt, sondern ihr könnt wählen. Also wählt.

1. Lehrbücher

Zunächst einmal gibt es die offiziellen Lehrbücher, meist von Professoren geschrieben, seltener von Professorinnen oder nicht habilitierten Menschen. Den meisten sind sie schon aus dem Studium vertraut (ansonsten solltet ihr für die erste Phase der Examensvorbereitung noch ein paar Monate mehr veranschlagen). Es gibt sie in dünner und in dicker Form.

■ Vergleichsweise dünne Lehrbücher, in denen auf wenigen Seiten ein Überblick über ein Fachgebiet gegeben wird, sind zum Beispiel „Wessels" oder „Haft" im Strafrecht, „Degenhart" im Staatsrecht oder die Bände von Brox im Zivilrecht. Daneben gibt es „halbamtliche" Bücher, etwa den „Rolf Schmidt" für alle Grundlagenfächer. Kurzlehrbücher bieten oft gute Übersichten über die Grundstrukturen eines Faches und sind deswegen auch für die Examensvorbereitung nicht zu verachten. Gerade für Themengebiete, die euch noch nicht so vertraut sind, bieten sie sich an, um einen Einstieg zu finden. Auch für Gebiete, in denen nur ein Überblick verlangt wird, sind knappe Darstellungen genau das Richtige. An ihre Grenzen stoßen sie jedoch, wenn es um ein vertieftes Verständnis geht.

■ Manche lehnen es daher grundsätzlich ab, mit Kurzlehrbüchern zu arbeiten. Sie halten sich lieber gleich an die ausführlicheren Darstellungen. Auch dieses Vorgehen hat seine Vorteile: In diesen Lehrbüchern wird das Wissen oft umfassender dargestellt und werden Zusammenhänge besser deutlich gemacht. Das erleichtert es, den Stoff zu verstehen. Allerdings sagt die Seitenzahl eines Buches allein noch nichts darüber, ob es tatsächlich mehr wichtige Informationen enthält. Manchmal ist der Autor oder die Autorin auch nur weitschweifiger.

Unser Tipp: Die Kombi-Lösung. Für den Überblick über ein Thema ist ein gutes Kurzlehrbuch sinnvoller als eine detaillierte Darstellung. Vieles erschließt sich daraus schon erschöpfend genug – zum Beispiel Definitionen oder unstreitige Rechtslagen. Hier lohnt es nicht, sich in Details zu verlieren. Andere Zusammenhänge versteht ihr vielleicht aus der kurzen Darstellung nicht, oder sie scheinen euch oberflächlich behandelt. Möglicherweise stellt ihr auch in der AG oder im Klausurenkurs fest, dass ein bestimmtes Problemfeld gern abgefragt wird. Diese Themengebiete solltet ihr vertieft bearbeiten – mit einem ausführlichen Lehrbuch, einem besseren Problemaufriss oder einem guten Zeitschriftenaufsatz.

2. Skripten

Auch die Repetitorien rühmen sich mehrheitlich damit, ihren Kundinnen und Kunden eigenes Lernmaterial zur Verfügung zu stellen. Mal sind das nur Kopien voller Schemata und Verweise auf Lehrbücher, immer öfter aber gleich ganze Skriptenreihen. Der Unterschied zu den Lehrbüchern besteht darin, dass sie von keinem wissenschaftlichen Anspruch getrübt sind. Sie wollen nichts weiter sein als ein Handwerkszeug, mit dem sich auf vermeintlich sicherem Wege das Examen bestehen lässt. Das bedeutet, dass sie sich auf den examensrelevanten Stoff beschränken und sich bemühen, diesen so anschaulich wie möglich zu strukturieren – was ein Vorteil sein kann, wenn es gelingt. Werft einen Blick in dieses Skript von „Alpmann" oder jenes von „Hemmer" und macht euch selbst ein Bild – so wie es etwa unserer Interviewpartnerin Babette Nossol getan hat (→ vgl. das Interview auf S. 125). Gerade bei diesen beiden Vertretern der Gattung Rep werdet ihr allerdings schnell feststellen, dass ihr Material keineswegs weniger umfangreich ist als ein gutes Kurzlehrbuch. Wer also hofft, mit Rep-Material weniger lesen zu müssen, täuscht sich sehr.

Vorlesungsskripten von ProfessorInnen sind häufig auf das Wesentliche reduziert. Es lohnt sich in jedem Fall, auf der Homepage eurer Uni durch das Angebot zu stöbern, denn die Informationen in den Skripten sind oft aktueller als die in den Lehrbüchern, und häufig ist auch die aktuelle Rechtsprechung schon eingearbeitet.

Der mangelnde Anspruch der Repetitorien zeigt sich noch in einem weiteren Punkt: Sie bereiten den Stoff nach rein klausurtaktischen Gesichtspunkten auf. Sie geben viele Ratschläge, ob diese Definition oder jene Theorie in der Klausur zu bevorzugen sei. Begründet wird dies nur selten inhaltlich, sondern damit, dass so der weitere Aufbau der Lösung glatter vonstattenginge. Es spricht nicht unbedingt etwas dagegen, an das Examen derart taktisch heranzugehen. Zwei Gegenargumente seien trotzdem genannt: Zum einen kann es auch eine klausurtaktische Überlegung sein, den Stoff wirklich verstehen zu wollen. Was ihr verstanden habt, könnt ihr besser reproduzieren und auf unbekannte Sachverhalte übertragen als schematisches Wissen. Zum anderen machen die Hinter- und Beweggründe einer Regelung oder eines dogmatischen Streits die Sache interessanter. Und was euch interessiert, könnt ihr euch besser merken.

3. Zeitschriften

Falls jedes Lehrbuch darin versagt, euch einen verständlichen Überblick zu komplizierten Materien zu geben, dann findet sich mit Sicherheit in einer der Ausbildungszeitschriften ein gut geschriebener Aufsatz, der die Dinge auf das Wesentliche reduziert. Sehr nützlich sind Zeitschriften auch, wenn sich Gesetze ändern oder spektakuläre Gerichtsentscheidungen getroffen werden: In ihnen finden sich Darstellungen und Fälle zur neuen Rechtslage schon, wenn die VerlegerInnen der Lehrbücher noch am Rechnen sind, ob sich eine Neuauflage lohnt. Die meisten juristischen Zeitschriften werden mittlerweile von den juristischen Datenbanken ausgewertet, so dass ihr sie im Netz problemlos finden und u. U. auch im Volltext speichern oder ausdrucken könnt.

4. Schemata

Sehr hilfreich können auch die sogenannten „Schemata" sein – mehrere Ordner voller kleiner Blätter im Schönfelderformat, die in aller Kürze die Aufbauten der häufigsten Norm- und Zulässigkeitsprüfungen darstellen. Den meisten schon aus dem Studium bekannt, werden sie für viele in der Examensvorbereitung erst recht zur Überlebenshilfe – sie ermöglichen einen schnellen Einstieg in unbekannte oder dem Gehirn spontan entfallene Materien und liefern ein Gerüst für den weiteren Aufbau der Lösung.

Schemata können auch dafür genutzt werden, dem gelernten Stoff eine Struktur zu geben: Überlegt bei jeder juristischen Denkfigur gleich, wo sie in der Prüfung eines Falles eingebaut werden müsste. Ob ihr dafür allerdings die käuflichen Schemata braucht, lässt sich bezweifeln. Bei näherem Hinsehen sind auch sie nicht der Weisheit letzter Schluss, sondern eine Lösung der jeweiligen AutorInnen, die diese für die beste halten. Was nicht unbedingt heißen muss, dass sie auch für euch die Besten sind. Wenn ihr einen Problemkreis in einem guten Lehrbuch nachlest, könnt ihr ihn danach normalerweise auch in eine logische Reihenfolge bringen und euch so eure eigenen Schemata basteln.

5. Fallsammlungen

Fallsammlungen sind Bücher, in denen das juristische Wissen in Fällen abgefragt wird, zu denen dann mehr oder weniger ausführliche Lösungsskizzen abgedruckt sind. Als Quelle des Wissens sind sie weniger brauchbar, weil sie ihre Themen nicht systematisch darstellen, sondern exemplarisch. Als Lernkontrolle jedoch können sie sehr nützlich sein. Fälle finden sich aber auch in den Ausbildungszeitschriften sowie in den Materialien der Repetitorien ($\rightarrow$ vgl. dazu S. 63-65 in Teil 2).

6. Wiederholungskurse der Universität

Für Menschen, die es langweilig oder ineffektiv finden, immer nur zu lesen, bietet sich an, die Wiederholungskurse zu besuchen, die mittlerweile an allen Universitäten angeboten werden ($\rightarrow$ vgl. dazu die Übersicht ab S. 154 in Teil 5). Allerdings kostet der Besuch von Lehrveranstaltungen in der Regel mehr Zeit, als es dauert, den Stoff in Büchern nachzulesen. Effektiv für das eigene Lernen sind solche Veranstaltungen daher nur, wenn sie gut gemacht sind – gut strukturiert, anschaulich dargeboten, ohne unnötige Längen. Sonst malt ihr zwei Stunden lang Blümchen aufs Papier und seid hinterher müde, obwohl ihr euch nichts gemerkt habt. Insbesondere Examinatorien und Kolloquien können aber eine wertvolle Ergänzung zum eigenen Lernen sein. Dort sind die Gruppen oft kleiner, und es besteht die Möglichkeit, sich zu beteiligen und Fragen zu stellen.

7. Rechtsprechung

„Lesen Sie Gerichtsentscheidungen im Original!" ist ein weit verbreiteter Tipp vieler ProfessorInnen. Wie man am Beispiel unserer Interviewpartnerin Ulrike Lembke ($\rightarrow$ siehe Interview ab S. 150) sieht, macht das Sinn: Wer häufig Gerichtsentscheidungen liest, lernt viel darüber, wie in der Praxis argumentiert wird und worauf es dabei ankommt. Dennoch beherzigen die wenigsten Studierenden diesen guten Rat. Auch das hat seine Gründe: Gerichtsentscheidungen zu lesen kostet Zeit, und Zeit wird von Studienreform zu Studienreform knapper. Trotzdem: Wenn euch ein juristisches Problem ernsthaft interessiert, wenn ihr alle Darstellungen in Lehrbüchern, Skripten oder Aufsätzen nicht versteht, wenn ihr es zu einem bestimmten Punkt einfach einmal genau wissen wollt: dann lest die Grundsatzentscheidungen zu dem Thema. In einigen Fachgebieten gibt es mittlerweile auch „Casebooks" – zum Beispiel für das Verfassungs- und Verwaltungsrecht – nach angelsächsischem Vorbild, in denen die Rechtsprechung zu grundlegenden Problemen aufgearbeitet wird. Sie bieten nicht nur einen guten Überblick über die examensrelevanten Probleme, sondern können den Stoff auch anschaulicher machen.

D. Der Arbeitsplatz

Das Lernen fällt umso leichter, je angenehmer die Atmosphäre ist. Ein solches lernfreundliches Klima zu schaffen, beginnt damit, den richtigen Ort zu finden. Manche lernen im Sommer gern im Garten und im Winter gern im Bett. Die einen brauchen eine bullernde Heizung und Ohrstöpsel, die anderen ein offenes Fenster und Musik. Wieder andere nehmen ihre Karteikarten mit in die U-Bahn. Der Phantasie sind keine Grenzen gesetzt. Die meisten jedoch entscheiden sich zwischen zwei Alternativen: dem heimischen Schreibtisch und der Bibliothek.

1. Lernen zu Hause

Zu Hause lernen solltet ihr nur, wenn ihr euren Schreibtisch genauso ernst nehmt wie einen offiziellen Bibliothekstisch. In den eigenen vier Wänden lauern zahlreiche Ablenkungen: Das Telefon klingelt, MitbewohnerInnen suchen nach Frühstücksgesellschaft, die Zeitung lockt, der Abwasch türmt sich... Wer zu Hause lernt, braucht die Disziplin, sich gegen diese Versuchungen zur Wehr zu setzen. Schaltet also die Mailbox ein. Speist die MitbewohnerInnen mit der Zeitung ab und setzt euch feste Zeiten für die Pausen – auch für die Abwaschpausen. Unter diesen Umständen hat das Lernen zu Hause folgende Vorteile:

- Auf dem eigenen Schreibtisch liegen mit der Zeit schon alle Materialien, die ihr zum Lernen braucht: Papier, Stifte, Karteikarten, Aktenordner etc. Ihr müsst das Notebook nicht durch die Gegend schleppen und könnt auf alle eigenen Aufzeichnungen zurückgreifen.

- Zu Hause wird es euch leichter fallen, an die Lerneinheit des vorigen Tages anzuknüpfen. Ihr müsst nicht erst zur Uni fahren, ein ruhiges Plätzchen suchen und auf Bücherjagd gehen, sondern habt die räumliche Kontinuität, in der der Faden ungestört wieder aufgenommen werden kann.

2. Lernen in der Bibliothek

Die Vorteile der Entscheidung, in der Bibliothek zu lernen, ergeben sich im Grunde aus dem, was über das Lernen zu Hause gesagt wurde:

- Ihr könnt zu einem Thema auf verschiedene Quellen zurückgreifen. Möglicherweise ist ein Lehrbuch zum Strafrecht AT für die Fragen des Versuchs und Rücktritts gut, bei den Fahrlässigkeitsdelikten aber ganz unverständlich. In der Bibliothek kann problemlos auf ein anderes Buch oder einen Zeitschriftenaufsatz zurückgegriffen werden. Ebenfalls sehr effektiv kann die Methode sein, ein Thema in zwei oder drei verschiedenen Quellen parallel zu studieren. Ihr bekommt so schnell einen Überblick über gegensätzliche Meinungen. Außerdem gehen verschiedene AutorInnen oft ganz unterschiedlich an ein Problem heran: Es wird anders gegliedert, oder eine Norm wird in verschiedenen Schritten geprüft. Oft sind auch die Begrifflichkeiten ganz unterschiedlich. Das kann verwirrend sein, aber auch nützlich. Aus mehreren angebotenen Strukturierungen könnt ihr die beste auswählen. Der Lerneffekt wird spürbar größer sein.

- Die offizielle Atmosphäre in der Universität schützt euch vor den beschriebenen Ablenkungen des häuslichen Lebenskreises. Allerdings bietet auch eine Bibliothek die eine oder andere Ablenkung: KommilitonInnen kommen vorbei und wollen mit euch Kaffee trinken, und manche Menschen sind schon empfindlich aus der Bahn geworfen, wenn sie ihre Karteikarten, Textmarker, Radiergummis oder sonstigen wichtigen Utensilien zu Hause vergessen haben.

- Nicht alle dieser Ablenkungen aber sind in jedem Falle schlecht. Manche Menschen neigen dazu, sich am Schreibtisch zu vergraben und alles um sich herum zu vergessen.

Sie fühlen sich während der Examensvorbereitung schnell allein. Ihnen kann es gut bekommen, hin und wieder von KollegInnen zu einer Pause animiert zu werden.

E. Die Arbeitszeit

Qualität statt Quantität – dieses Motto gilt uneingeschränkt, wenn es um die Frage geht, wie viel Zeit für das Lernen aufgebracht wird. Die Examensvorbereitung dauert in der Regel länger als ein Jahr, und so lange hält es kein Mensch durch, in jeder freien Minute zu lernen. Es ist daher sehr nützlich, sich von Anfang an zu überlegen, wann und wie lange ihr am Tag und in der Woche lernen wollt. Dabei macht es wenig Sinn, sich einfach irgendein Pensum zu setzen – „naja, so neun Stunden, über den Daumen gepeilt" –, das ihr dann womöglich nie erreicht. Viele ExamenskandidatInnen stecken sich ihre Ziele zunächst einmal viel zu hoch und müssen sie im Laufe der Zeit Stück für Stück reduzieren. Das ist ein sehr frustrierender Weg der Erkenntnis. Weniger entmutigend ist die umgekehrte Strecke: Gönnt euch zwei bis drei Wochen, in denen ihr es ruhig angehen lasst und euch selbst beobachtet. Stellt euch dabei folgende Fragen:

- Wie lange kann ich mich ohne Pause konzentrieren?
- Zu welchen Tageszeiten kann ich mich am besten konzentrieren? Zu welchen am schlechtesten?
- Wie ist meine Motivationslage? (Muss ich mir den Wecker eher stellen, um morgens an den Schreibtisch oder um abends von ihm weg zu kommen?)
- Wie lang müssen die Pausen sein, damit ich mich erhole? Womit kann ich mich in den Pausen am besten beschäftigen? Besteht bei mir eher die Gefahr, dass ich zu viele oder zu wenige Pausen mache?
- Wie lange brauche ich, um vom Lernen abzuschalten? Kreisen mir die Paragraphen abends vor dem Einschlafen noch im Kopf herum? Was kann ich tun, um das Abschalten zu erleichtern?

1. Wann lernen?

Die durchschnittliche Leistungskurve des Menschen sieht so aus: Nach einem Hoch zwischen 8.00 und 9.00 Uhr morgens fällt die Leistungsfähigkeit zunächst stetig ab, bis sie zwischen 14.00 und 15.00 Uhr ihren Tiefpunkt erreicht. Dann geht es allmählich wieder aufwärts, bis gegen 17.00 Uhr das nächste Leistungshoch zu beobachten ist. Ab 17.00 Uhr geht es wiederum abwärts bis zum nächsten Tief, dessen tiefster Punkt am frühen Morgen gegen 2.00 bis 4.00 Uhr beobachtet werden kann – wenn der Mensch nicht sowieso gerade schläft. Dies, wie gesagt, ist der Durchschnitt, aber es gibt viele Menschen, bei denen sich ganz andere Rhythmen eingespielt haben. Von notorischen FrühaufsteherInnen, die den Nachmittag verschlafen, bis zu überzeugten NachtarbeiterInnen, die morgens nicht aus den Federn kommen, lässt sich alles beobachten. Versucht, die Lernphasen eines Tages mit euren persönlichen Leistungshochs abzugleichen. Dabei empfiehlt es sich, möglichst jeden Tag zur selben Zeit zu lernen. Das erleichtert es dem Körper, sich auf einen Rhythmus einzustellen.

Ebenfalls von Vorteil ist die Methode, „blockweise" zu lernen: Setzt euch beispielsweise ein Pensum von fünf Stunden Lernzeit, das morgens um neun beginnt und bis in den frühen Nachmittag dauert. Der Rest des Tages ist frei. Und zwar wirklich *frei*, soll heißen: Die Bücher sind tabu. Natürlich könnt ihr auch weniger oder mehr Stunden täglich lernen. Das Wichtige am Blocklernen ist, dass ihr klare Grenzen zwischen Arbeit und Freizeit zieht. Damit erhöhen sich die Chancen, dass ihr euch in der Freizeit tatsächlich mit anderen als juristischen Dingen beschäftigt und euch wirklich erholt. Im Gegenzug wird es euch leichter fallen, euch während der Lernzeiten nicht ablenken zu lassen.

2. Wie lange lernen?

Fragt man ExamenskandidatInnen, wie viel Zeit sie täglich für das Lernen einplanen, so nennen die meisten auf diese Frage Werte zwischen vier und acht Stunden. Wichtiger als das, was „netto" an Stunden herauskommt, ist aber auch hier die Frage, wie effektiv ihr in dieser Zeit arbeitet. Wenn A zwei Stunden lang konzentriert die Strukturen einer komplizierten Materie auseinander klamüsert, hat er hinterher mehr geschafft als B, die acht Stunden lang am Schreibtisch sitzt, Unmengen von Lehrbuchseiten liest und dabei verzweifelt gegen den Schlaf kämpft. Denn A hat nach den beiden Stunden tatsächlich etwas verstanden und kann zufrieden die Freizeit einläuten. Dagegen wird B sich am folgenden Tag nur noch an Bruchstücke dessen erinnern, was ihr beim Lesen womöglich noch sehr einleuchtend erschien. Aus dieser Erkenntnis lassen sich einige Tipps herleiten, die bei der Bemessung des Pensums helfen können:

- Findet heraus, wie weit eure Konzentrationsfähigkeit reicht. Seid dabei ehrlich mit euch selbst. Wenn es nur vier Stunden sind, und die auch nur mit langen Pausen – dann sind es eben nur vier Stunden. Das muss nicht daran liegen, dass ihr weniger belastungsfähig seid als andere. Möglicherweise seid ihr sogar konzentrierter bei der Sache und arbeitet daher in der kürzeren Zeit intensiver und effektiver. Im Übrigen lässt sich die Konzentrationsfähigkeit steigern. Wenn ihr zu Beginn der Examensvorbereitung erst einmal nur halbtags lernt, dann könnt ihr nach einiger Zeit immer noch einen draufsetzen.

- Denkt auch hier wieder daran, dass ihr nicht nur ein paar Wochen mit dem Lernen beschäftigt sein werdet, sondern ungefähr ein volles Jahr. Psychologisch spitzt sich in dieser Zeit alles auf die Tage der Klausuren zu – dann wollt ihr auf dem Höhepunkt eures Wissens sein, nicht davor und nicht danach. Im vorigen Teil über die AG-Arbeit wurde diese Zeit mit dem Weg einer Marathonläuferin beschrieben: Die letzten Wochen vor den Klausuren sind sozusagen der Endspurt, der für das Endergebnis sehr entscheidend ist. Wenn ihr euch auf den ersten paar hundert Metern gleich auslaugt, dann fehlen euch für diesen Spurt die Energiereserven.

- Effektives Lernen ist umso leichter, wenn ihr euch realistische Zwischenziele steckt. Macht euch daher einen Arbeitsplan für jeden Tag und jede Woche. Das muss nicht unbedingt schriftlich geschehen. Manche/r fühlt sich furchtbar eingeengt, wenn ihm oder ihr stets die selbstgefertigten Pläne und Zielvorgaben vor den Augen hängen. Es genügt, wenn ihr euch eine Mindestzeit setzt, die ihr täglich mit Lernen verbringen möchtet.

- Aber was ist, wenn die Zeit zu kurz ist, um den AG-Plan abzuarbeiten? Bislang war nur die Rede davon, wie viel Lernzeit geistig-seelisch gut zu verkraften ist. Unwohlsein kann sich allerdings auch einstellen, wenn eure Zeit nicht reicht, um die AGs gründlich vorzubereiten. Dazu sind zwei Dinge zu sagen: Dass hier in erster Linie empfohlen wird, die Lernzeit von euren geistig-seelischen Kapazitäten abhängig zu machen, hat einen Grund: Examina werden im Kopf bestanden. Bei allem nützlichen Wissen entscheiden letzten Endes doch die Nerven darüber, wie viele Informationen in den Prüfungen abrufbar sind und wie flexibel ihr seid, um notfalls zu improvisieren. Die Nerven zu pflegen, ist daher eine sehr wichtige Voraussetzung für den Lernerfolg. Abgesehen davon, dass auch in Examenszeiten ein Recht auf ein menschenwürdiges Leben besteht. Insofern steht die Frage, wie viel Zeit nötig ist, um eine bestimmte Menge Wissen zu bewältigen, bei diesen Überlegungen tatsächlich an zweiter Stelle. Dafür spricht auch die Natur des juristischen Lernstoffes: Er hat kein Ende. Alles kann immer noch ein bisschen vertiefter behandelt werden. Der Stoff selbst setzt euch daher keinen Schlusspunkt. Das müsst ihr selbst tun, indem ihr irgendwann aus eigenem Antrieb die Bücher zuklappt. Aber selbstverständlich ist auch dies kein Dogma. Hier soll nicht empfohlen werden, jeden Tag um eins mitten im Satz abzubrechen und den Schreibtisch zu verlassen. Es geht auch nicht darum, dem vorgesehenen Zeitbudget auf jeden Fall den Vorrang zu geben, auch wenn ihr chronisch dem AG-Plan hinterherhinkt. Wenn ihr dauernd das Gefühl habt, nicht genug zu schaffen, dann denkt darüber nach, ob dieses Gefühl reale Grundlagen hat. Manchmal ist es ja auch nur die Examensangst, die euch so treibt. Schafft ihr aber wirklich nicht, was ihr als Mindestbedingung einer erfolgreichen Examensvorbereitung anseht, dann solltet ihr etwas ändern. Doch überlegt euch gut, *was* ihr ändert. Ihr könnt mehr Zeit veranschlagen. Genauso gut könnt ihr es auch mit einem anderen Lehrbuch versuchen – einem dünneren oder einem besseren. Vielleicht nutzt ihr eure Zeit auch schlecht, weil ihr euch in Details verliert oder zu umfangreiche Mitschriften anfertigt. Macht euch klar, dass es die abstrusesten Wege gibt, ein Examen vorzubereiten. Es ist *eure* Zeit. Gestaltet sie nach *euren* Vorstellungen.

3. Pausen

Eine erste Lanze für die Pause wurde bereits im vorigen Teil über die Arbeit in der AG gebrochen. Hier folgt die nächste: Macht Pausen! Pausen sind nie verschwendete Zeit, wenn sie tatsächlich *Pausen* sind, also bewusste und gewollte Unterbrechungen der Arbeit. Etwa 10 bis 30 % der Lernzeit sollten Pausen sein. Ein besonders lobenswertes Bewusstsein für Pausen hat unsere Interviewpartnerin Annelie Kaufmann (→ siehe Interview auf S. 140) entwickelt. Denn die Vorteile der Pause sind zahlreich:

- Der Körper braucht Pausen. Wenn ihr sie ihm nicht gönnt, dann holt er sie sich selbst. Das bedeutet, dass ihr zwar ohne Punkt und Komma lernen könnt, aber schon nach einiger Zeit werdet ihr auf dem Stuhl ruckeln und verträumt in die Gegend starren, bis das schlechte Gewissen euch zurück ans Lehrbuch treibt. Dann werdet ihr Hunger oder Durst bekommen und erst einmal etwas essen oder trinken – was euch ablenken wird, selbst wenn ihr nebenbei weiter in das Lehrbuch starrt. Wer es dann immer noch nicht begriffen hat, den wird früher oder später die Konzentration verlassen.

- Das Lernen gestaltet sich effektiver, wenn ihr Pausen macht. Denn es geht dabei nicht nur darum, dem Gehirn Informationen zuzuführen. Die Informationen müssen auch abgespeichert werden. Das bedeutet, dass sie in das Langzeitgedächtnis eingeordnet werden müssen – und das möglichst so, dass sie auch wieder abgerufen werden können. Für diese Verarbeitung braucht das Gehirn Zeit. Wird eine Information gleich mit der nächsten gedeckt, geht sie verloren.

- Pausen wirken motivierend. Jede Lernpause ist eine kleine Belohnung dafür, dass ihr vorher fleißig gewesen seid. Jede Belohnung hebt die Stimmung und reizt dazu, das belohnte Ereignis zu wiederholen. Regelmäßige Pausen halten euch also bei Laune.

a) Wie lang sollten Pausen sein?

„Pause" bedeutet dabei nicht nur die einstündige Unterbrechung zum Mittagessen. Schon in der Schule gab es abgestufte Pausenregelungen: Kleine Pausen von fünf, große von 20 Minuten und Mittagspausen von zwei Stunden. Das war zwar in der Regel zu wenig, aber im Prinzip entsprach es den Erkenntnissen der Lernpsychologie, die ebenfalls mehrere Pausentypen kennt:

- *Die Denkpause:* Während des Lernens wird euch auffallen, dass ihr immer wieder den Kopf hebt und in die Gegend schaut, die Sitzposition verändert, euch reckt, gähnt oder anlehnt. Das sind so genannte „Denkpausen", die nicht länger als eine Minute dauern und nicht dazu führen sollten, dass ihr vom Thema abschweift. Sie sind nichts als winzige Auszeiten, nach denen ihr den Faden sofort wieder aufnehmen könnt.

- *Die Fünfminutenpause:* Alle 30 bis 60 Minuten sollte eine Fünfminutenpause eingelegt werden, die dazu genutzt werden kann, kurz aufzustehen und ein bisschen herumzulaufen oder eine Kleinigkeit zu essen.

- *Die große Pause:* Nach anderthalb bis zwei Stunden ist dann eine längere Pause von 15 bis 20 Minuten angesagt; je komplizierter die Materie, desto schneller sollte diese Sorte Pause eingelegt werden und desto länger sollte sie dauern.

- *Die Erholungspause:* Lernt ihr länger als vier Stunden insgesamt, solltet ihr nach eben diesen vier Stunden einen merkbaren Schnitt machen und eine Erholungspause von mindestens ein bis zwei Stunden einschieben, in der ihr richtig abschalten könnt.

b) Was tun in den Pausen?

Nicht unerheblich für den Erholungseffekt ist auch, wie ihr die Pausen nutzt. Grundsätzlich sind sie um so wirkungsvoller, je weniger die Pausenaktivität dem Lernen gleicht. Lest ihr also viel, solltet ihr das nicht auch in der Pause tun, sondern etwas trinken, euch unterhalten oder den schon erwähnten Abwasch machen. Bewegung ist sehr nützlich, um dem ewigen Sitzen etwas entgegenzusetzen: Geht spazieren oder schwimmen, macht Rückengymnastik, und wenn ihr zu alledem zu faul seid, dann geht wenigstens zu Fuß ins nächste Café. Auch Schlafen ist keine schlechte Pausenaktivität, denn im Schlaf kann das Gelernte ungestört verarbeitet werden.

Achtet aber darauf, dass ihr die Pausen nicht über Gebühr ausdehnt. Sie sind immer auch potentielle Disziplinkillerinnen. Wenn ihr fest einschlaft und erst einige Stunden später wieder aufwacht, wenn ihr euch am Telefon festquatscht oder von dem spannenden Buch nicht losreißen könnt – dann ist die Tagesplanung schnell zunichte.

4. Probleme

Zum Schluss noch ein kurzer Blick auf die häufigsten Probleme, die im Zusammenhang mit der Arbeitszeit auftreten:

- *Zeitverschwendung:* Viele lernen über den Punkt hinaus, an dem sie sich nicht mehr konzentrieren können. Das heißt, sie starren brav auf die Buchstaben und blättern von Zeit zu Zeit um. Das laugt nicht nur aus, sondern ist pure Zeitverschwendung. Denn wenn das Gehirn nicht mehr richtig arbeitet, kann es die angebotenen Informationen auch nicht richtig verarbeiten.

- *Vermeidungsstrategien:* Andere kommen gar nicht erst in den Tritt. Sie nehmen sich immer wieder vor, ab jetzt aber wirklich konzentriert und strukturiert zu lernen, aber vorher müssen sie nur noch eben schnell den Schreibtisch aufräumen, die unbezahlten Rechnungen erledigen, den Abwasch machen, diesen oder jenen Brief schreiben und und und. Der gute Vorsatz, sinnvoll zu planen, kann dazu führen, dass das Lernen vor lauter guten Vorsätzen gar nicht erst beginnt. Fangt lieber einfach an. Die ungeklärten Fragen beantworten sich dann im Laufe der Zeit von selbst, und andere Dinge als die Juristerei gibt es immer zu erledigen.

- *Schlechtes Gewissen:* Von schlechtem Gewissen ist schon die Rede gewesen. Auch die Zeitplanung bietet viele Möglichkeiten, sich ein solches zu machen: Wer total unstrukturiert arbeitet, schämt sich vielleicht für die Unstrukturiertheit; wer täglich vier Stunden strukturiert lernt, könnte womöglich auch fünf schaffen; wer fünf schafft, auch sechs etc. Im Extremfall ist ein schlechtes Gewissen erst dann beruhigt, wenn im Tagesablauf nachweisbar keine freie Minute bleibt. Viele gaukeln ihrem schlechten Gewissen genau dies vor: Sie gönnen sich keine Pausen, sondern träumen lieber über ihren Büchern weg. Ihre Freizeit füllen sie mit vermeintlich sinnvollen Tätigkeiten (dem Abwasch), und sie sind stets voller Pläne, wie die Zukunft noch besser und reibungsloser organisiert werden kann. Damit betrügen sie sich in zweierlei Richtung: Weder kommen sie dazu, wirklich effektiv zu lernen, noch erlauben sie sich wirkliche Erholung.

F. Zum Schluss: die Nerven

Was nützen euch die schönsten Karteikarten, wenn ihr morgens nicht aus den Federn kommt, um sie durchzublättern? Was nützt der raffinierteste Arbeitsplan, wenn euch in nächtlichen Alpträumen missglückte Prüfungssituationen verfolgen? Das Lernen ist umso erfolgreicher, je motivierter, ausgeglichener und optimistischer ihr es angeht. Das ist leicht gesagt. Wer bleibt schon ausgeglichen angesichts des Staatsexamens?

Doch es gibt Abstufungen: Fröhlich pfeifend wird wohl niemand in die Klausuren schlendern, und Träume von Prüfungssituationen sind sehr verbreitet. Aber ihr könnt angespannt in die Prüfung gehen oder völlig aufgelöst. Das ist schon ein Unterschied. Genauso könnt ihr beim Lernen unter einem gewissen Druck stehen oder aber Tag für Tag wie getrieben durch die Bibliotheken laufen, gelegentlich auch einmal abschalten oder an nichts anderes mehr denken als an juristische Probleme. Es lohnt sich daher, die Nerven zu pflegen und die Nervosität zu bekämpfen. Für die Lebensqualität, für den Lernerfolg und für die Stimmung im Examen.

1. Lernerfolg und Motivation

Sich zum Lernen aufzuraffen, fällt vielen nicht leicht. Oft interessiert sie der Stoff gar nicht besonders, oder sie hassen das Gefühl, unter Druck zu stehen und eine Prüfung vor sich zu haben. Es ist nicht leicht, die entsprechende Motivation zu finden.

Leider ist es erst recht schwierig, unmotiviert zu lernen. Wer unmotiviert ist, nutzt jede Gelegenheit, sich vor der ungeliebten Tätigkeit zu drücken. Die unordentlichsten Menschen können in der Examensvorbereitung zu wahren Putzteufeln mutieren, wenn der Abwasch sie nur vom Lernen abhält.

Setzt sich der unmotivierte Mensch dennoch an den Schreibtisch, dann macht sich der fehlende Antrieb auch hier bemerkbar: Konzentration und Gedächtnisleistung sind erheblich schlechter als beim motivierten Lernen. Denn eine Information, die euch gleichgültig ist, hat sehr viel schlechtere Chancen, das Tor zum Langzeitgedächtnis zu passieren als eine, die euch richtig am Herzen liegt. Das dürfte einleuchten.

Woher aber Motivation nehmen und nicht stehlen? Was tun, wenn angesichts der bevorstehenden Prüfungen jeglicher Antrieb zum Lernen leise in sich zusammenfällt? Es ist selbstverständlich nicht möglich, sich eine motivierte Lebenseinstellung einfach zusammenzudichten. Die Methode, sich morgens vor dem Spiegel grimmig ins Gesicht zu lächeln und beschwörend zu murmeln: „Ich gehe jetzt motiviert an die Arbeit", dürfte nicht von Erfolg gekrönt sein.

Doch so wenig sich Motivation erzwingen lässt – einem kleinen Flirt ist sie durchaus nicht abgeneigt. Deshalb: Wo immer ihr den Hauch eines motivierenden Gefühls zu packen bekommt, umgarnt es, füttert es, singt ihm freundliche Lieder vor und ladet es zum Verweilen ein. Der Schlüssel für diesen Flirt liegt im Kopf. Denn wer eine Sache nicht um ihrer selbst willen macht (und das dürften beim Ersten Staatsexamen die wenigsten sein), muss andere Gründe dafür finden, sie zu tun.

a) Ziele und Zwischenziele

„Motivation" bedeutet: Begründung. Jemand ist zu einer Handlung motiviert, wenn er einen Grund für sie hat, ein Motiv. Ihr werdet daher umso motivierter lernen, wenn ihr wisst, wofür ihr es tut. Vielleicht wisst ihr schon, wofür ihr das Staatsexamen gebrauchen könnt: Um Geld zu verdienen, einen bestimmten Beruf zu ergreifen oder endlich einmal ruhigen Gewissens nach Neuseeland zu reisen. Je wichtiger es euch ist, das Examen tatsächlich zu haben, desto motivierter werdet ihr auf die Prüfungen zusteuern.

Allerdings ist es sehr leicht, diese entfernten Ziele aus den Augen zu verlieren, wenn ein bestimmtes Thema gelernt werden muss. Denn unmittelbar habt ihr von der Vorstellung, irgendwann einmal ein Examenszeugnis zu haben, überhaupt nichts. Effektiver für den Lernerfolg sind daher so genannte Zwischenziele. Ziele also, die schnell erreicht werden können. Wenn ihr einen AG-Plan habt, dann sind die einzelnen AG-Themen solche Zwischenziele. Denn jedes Mal, wenn ihr eines dieser Themen abgehakt habt, habt ihr auch einen klar abgrenzbaren Teil der Lernarbeit geschafft.

b) Erfolgserlebnisse

Das oben beschriebene Abhaken von Zwischenzielen beschert euch Erfolgserlebnisse. Neue Informationen werden besser aufgenommen, wenn ihnen ein derartiges Erfolgserlebnis vorangegangen ist – wenn also die vorangegangene Lernleistung als lohnend bestätigt wurde. Solche Erlebnisse werden als „Verstärkung" bezeichnet, weil sie die Lernmotivation bestärken. Es gibt viele Möglichkeiten, sich derartige Verstärkungserlebnisse zu gönnen. Wenn ihr mit Karteikarten arbeitet, hat jede erfolgreich repetierte Karte einen verstärkenden Effekt. Auch die AG kann positive Nachwirkungen erzeugen, wenn die TeilnehmerInnen wohlwollend miteinander umgehen. In den AG-Sitzungen könnt ihr euch gegenseitig bestätigen, dass ihr Fortschritte macht und mit der juristischen Materie zunehmend besser umgehen könnt.

c) Belohnungen

Nicht nur Lernerfolge haben eine beflügelnde Wirkung auf die Motivation. Die Aussicht auf ein angenehmes Essen, auf ein Treffen mit FreundInnen oder einen freien Tag haben denselben Effekt. Ebenso verhält es sich mit der Tafel Schokolade oder dem Milchkaffee, die vielleicht in der Pause auf euch warten. Derartige Ereignisse sind umso wirksamer für die Motivation, je unmittelbarer sie dem Lernen folgen. Esst die Schokolade also wirklich in der Pause und nicht erst Stunden später. Denn später bringt das Gehirn sie nicht mehr mit der Lernarbeit in Verbindung. Derartige Belohnungen sind kein Luxus, sondern sie wirken positiv auf den Lernerfolg zurück.

Um sich motivierende Erlebnisse zu verschaffen, muss man natürlich wissen, welche Ereignisse diese Wirkung haben. Das ist von Mensch zu Mensch unterschiedlich. Manche mögen zum Beispiel gar keine Schokolade. Andere wissen nicht, was ihnen gut tut oder bekommen sofort ein schlechtes Gewissen, wenn es ums Genießen geht. Diesen Menschen kann nur empfohlen werden, sich in einer ruhigen Stunde eine kleine Liste zu erstellen. In ihr können sie die geistigen und weltlichen Genüsse aufführen, von denen sie sich eine besonders hohe Motivation erhoffen. Wenn dann im entscheidenden Moment die Einfälle fehlen, kann der Phantasie durch einen Blick auf die Liste nachgeholfen werden: Ach ja, Schokolade! Oder: Ach ja, Spazierengehen! Je nach Gusto.

d) Sinn

Das Langzeitgedächtnis freut sich über Informationen, die ihm sinnvoll erscheinen. Einen Sinn in den eigenen Handlungen zu finden, wirkt sich auch positiv auf die Motivation aus. Ihr wisst dann, dass es nicht gänzlich nutzlos ist, was ihr euren grauen Zellen einverleibt. Sucht daher auch aus diesem Grund den Sinn hinter dem Paragraphengeflecht, wo immer er zu finden ist. Besonders motivierend wirkt im Übrigen ein praktischer Bezug zu eurem Leben. Das Gelernte in der Zeitung wiederzufinden, kann ein solches Praxiserlebnis sein. Oder die schon erwähnte Mietminderung zugunsten des eigenen Geldbeutels.

2. Lernerfolg und Prüfungsangst

Jeder noch so mächtigen Motivation droht die Gefahr, von negativen Stimmungen unterlaufen zu werden. Die häufigste dieser gegenläufigen Stimmungen ist die Prüfungsangst. Kaum eine Studentin und kaum ein Student kann sich in der Examensvorbereitung vor ihr sicher fühlen. Das ist auch kein Wunder. Denn wer fühlt sich nicht gestresst und überfordert angesichts der Aufgabe, den Stoff aus drei oder mehr Jahren Studium innerhalb eines Jahres verstehen, behalten und sinnvoll anwenden zu können? Wer leidet bei dem Gedanken an die übliche Durchfallquote nicht unter Ängsten und Zweifeln?

Angst ist ein Gefühl, das euch in gefährlichen Situationen schützen soll. Wenn ihr vor einem Abgrund steht, ist es sehr sinnvoll, sich vor dem nächsten Schritt zu fürchten – sonst würdet ihr angstfrei hinuntersegeln. In Angstzuständen wird zudem Adrenalin ausgeschüttet, das euch leistungsfähiger und wacher macht – zumindest für den Moment. So führt eine kleine Dosis Prüfungsangst bei vielen Menschen dazu, dass sie in Prüfungen hochkonzentriert sind und alle Reserven mobilisieren. Deswegen seid ihr auch schlecht beraten, wenn ihr vor Prüfungsterminen Beruhigungsmittel schluckt. Das Gedächtnis empfängt dann den Impuls, dass gerade alles irgendwie egal ist. Warum soll es dann auch noch in den letzten Winkeln seiner Speicher nach Informationen zum Examensfall suchen? Das wird es nur tun, wenn es den Ernst der Lage erkennt.

Problematisch wird die Prüfungsangst erst dann, wenn sie euer Seelenleben beherrscht. Denn mit jeder Angst geht ein Fluchtreflex einher, der euch handlungsunfähig machen kann. Das kann nicht nur in der Prüfung selbst passieren – der berühmt-berüchtigte „Blackout" ist sehr viel seltener als viele meinen. Prüfungsangst kann auch schon während der Examensvorbereitung zu Lernstörungen führen, die euch das Leben schwermachen und die Informationsverarbeitung erschweren. Solche Lernstörungen sind etwa:

- *Lernblockaden:* Ihr setzt euch an den Schreibtisch und schlagt das Buch auf, aber das Gehirn blockiert. Es weigert sich, die dargebotenen Informationen auch nur zur Kenntnis zu nehmen. Ihr könnt es im Guten versuchen und mit Flüchen, ihr könnt die Buchstaben des Textes sorgfältig abschreiben – allein, der Sinn wird sich euch nicht erschließen. Viele dieser Blockaden sind Schutzmechanismen der Seele: Das Lernen würde möglicherweise starke Versagensängste auslösen. Lieber werden dann die Informationen nicht hineingelassen, als dass das Risiko eingegangen wird, mit den Informationen auch den Ängsten Raum zu geben.

- Eine ähnliche Schutzfunktion haben *Vermeidungsstrategien:* Ihr drückt euch darum, überhaupt mit dem Lernen zu beginnen. Gründe dafür lassen sich immer finden. Der Abwasch wurde schon mehrfach erwähnt. Ebenso kann es euch passieren, dass ihr an jedem Lehrbuch etwas zu mäkeln findet oder – schlimmer – an euren AG-PartnerInnen. Beliebt sind auch die „ich habe ja noch gar nicht angefangen"-Strategien: „Ich kann noch gar nicht anfangen, weil..." der Schreibtisch nicht aufgeräumt ist, die Schönfelder-Nachlieferung noch nicht einsortiert wurde oder weil der Textmarker seinen Geist aufgegeben hat. Nicht jeder dieser Gründe ist in jedem Fall eine Vermeidungsstrategie; manchmal müssen andere Dinge ja tatsächlich erledigt werden. Wenn ihr aber merkt, dass eure Phantasie immer wieder neue Begründungen für eure Untätigkeit aus dem Hut zaubert, dann stellt euch in einer ruhigen Minute einmal die Frage, wovor ihr euch eigentlich fürchtet.

- *Perfektionismus:* In das andere Extrem fallt ihr, wenn euch die Examensangst in den Perfektionismus treibt. PerfektionistInnen fühlen sich nur dann sicher, wenn sie jedes Detail zu jedem Zeitpunkt vollständig präsent haben. Das ist zunächst einmal nicht verwerflich. PerfektionistInnen lernen in der Regel sehr, sehr gründlich und geben sich große Mühe, alles wirklich zu verstehen. Ihr Problem aber ist die Zeit. Es ist ein wahnwitziger Plan, das gesamte examensrelevante Wissen vollständig und detailgenau zu beherrschen. Zweifelhaft ist schon, ob das überhaupt möglich ist. Jedenfalls aber dauert es ungeheuer lange. Nicht verwunderlich ist daher, dass die PerfektionistInnen unter den ExamenskandidatInnen häufig einen getriebenen Eindruck machen, keine Pausen einlegen und kein Ende finden. Viele neigen dazu, angepeilte Examenstermine wieder und wieder zu verschieben und sich in Examensklausuren krankzumelden, wenn sie den Fall nicht souverän und fehlerlos zu lösen wissen. Abgesehen davon, dass eine Examensvorbereitung keine Lebensaufgabe ist, sondern irgendwann einmal ihr Ende haben sollte, ist dieser perfektionistische Ansatz im höchsten Grade ineffektiv. Er kostet viel Energie, die durch einen moderaten Mut zur Lücke gespart werden kann.

- *Seelische und körperliche Leiden:* Prüfungsangst schlägt sich leider nicht nur in der Lernstrategie nieder, sondern auch im Lebensgefühl. Die seelischen Wirkungen von Ängsten sind bekannt: Nervosität, Reizbarkeit, das Gefühl, klein und schwach zu sein, Deprimiertheit, Konzentrationsstörungen und Müdigkeit – um nur einige mögliche Reaktionen zu nennen. Nicht weniger belastend sind die körperlichen Beschwerden, die durch Ängste ausgelöst werden können. Bedenkt, dass Angst mit Adrenalinausschüttung und Fluchtreflexen einhergeht – der Körper eines ängstlichen Menschen befindet sich also im Dauerstress. Die Folgen: Appetitlosigkeit, Schlaflosigkeit, Anfälligkeit für Krankheiten aller Art.

Es gibt also viele Gründe, die Prüfungsangst auf ein der Situation angemessenes Niveau herunterzuschrauben und sich nicht von ihr lähmen zu lassen. Für dieses Ziel stehen zwei grundsätzliche Strategien zur Verfügung: Ihr könnt die äußeren Umstände der Examensvorbereitung so gestalten, dass sie möglichst wenig Angst erzeugen. Daneben gilt auch hier wieder, dass die innere Haltung zum Examen einen erheblichen Einfluss darauf hat, in welcher Stimmung ihr ihm entgegentretet.

a) Wissen, worauf ihr euch einlasst: Selbstbestimmung und Kontrolle

Das Erste juristische Staatsexamen ist für euch eine Rechnung mit vielen Unbekannten: Ihr wisst nicht, welche Themen abgefragt werden oder wer die Klausuren korrigiert. Ihr habt nur eine vage Vorstellung davon, nach welchen Kriterien die Noten verteilt werden. Auch könnt ihr nicht wissen, wie ihr euch während der Prüfungen fühlen werdet und wie gut ihr das angelernte Wissen im Ernstfall abrufen könnt.

Ein Zustand oder ein zukünftiges Ereignis sind umso angsteinflößender, je undeutlicher und unklarer sie sind. Je weniger ihr wisst, was euch erwartet und was von euch verlangt wird, desto stärker werdet ihr euch unbekannten und unberechenbaren Mächten ausgeliefert fühlen. Ein wirksames Mittel gegen Prüfungsangst ist daher, Unsicherheiten zu beseitigen, wo immer es geht.

- Diese Funktion hat beispielsweise der Lernplan: Er zwingt euch dazu, euch frühzeitig mit dem Stoff auseinander zu setzen. Habt ihr einen Plan erst einmal erstellt, seid ihr mit dem Katalog der wichtigen Themen bereits vertraut und habt auch mitbekommen, dass er nicht unbegrenzt ist. Gleichzeitig bietet der Plan ein Gerüst für die weitere Examensvorbereitung: Ihr könnt euch an seiner Gliederung entlanghangeln und dabei sicher sein, dass ihr kein wichtiges Thema vergessen werdet.

- Sicherheit verleihen kann auch die Teilnahme am Klausurenkurs oder an einem Probeexamen (→ an welchen Unis Probexamina angeboten werden, steht in der Tabelle ab S. 154). Diese Einrichtungen bieten eine Selbstkontrolle. Dabei ist die Benotung gar nicht das Wichtigste. Es gibt Leute, die fallen bis kurz vor den Prüfungen beim Schreiben von Probeklausuren durch und haben dann in den Examensklausuren trotzdem keine Probleme. Was ihr im Klausurenkurs und im Probeexamen lernt, ist vor allen Dingen, euch der Prüfungssituation zu stellen: euch durch einen Fall durchzubeißen, auch wenn ihr nicht so recht wisst, worum es eigentlich geht; die Zeit so einzuteilen, dass ihr nicht zu früh und nicht zu spät fertig werdet; den Proviant nicht zu vergessen etc. Auch die AG-Sitzungen bieten eine ähnliche Selbstkontrolle.

- Vor der mündlichen Prüfung lassen sich Unsicherheitsfaktoren am besten dadurch ausräumen, dass ihr bei solchen Prüfungen zuhört. Aber auch hier kann die AG weiterhelfen, indem sie mündliche Prüfungsgespräche simuliert.

- Auch über die äußeren Bedingungen der Prüfungen lässt sich viel herausfinden: Wann laufen die Meldefristen, und welche Unterlagen sind einzureichen? Wie lange dauert es, bis dann die Zulassung verschickt wird? Wo werden in eurer Stadt die Klausuren geschrieben? Wie lange dauert es, bis die Noten bekannt gegeben werden? Und so weiter.

- Aber nicht nur bezogen auf das juristische Wissen könnt ihr dafür sorgen, dass ihr wisst, worauf ihr euch einlasst. Ein wichtiger Schritt war es schon, dieses Buch in die

Hand zu nehmen: Ihr wisst nun, dass ihr einen großen Einfluss auf die Bedingungen nehmen könnt, unter denen ihr euch auf das Examen vorbereitet. Zumindest bis zum Tag der Prüfungen könnt ihr selbst dafür sorgen, dass es euch so gut wie möglich geht – indem ihr eine gute AG findet, die sich einen guten Plan macht, und indem ihr euch überlegt, wie ihr euch die Zeit einteilt, welche Literatur ihr benutzt und wann und wie ihr lernt. Je eigenverantwortlicher ihr eure Lebensbedingungen gestaltet, desto weniger werdet ihr euch dem Lernen ausgeliefert fühlen.

b) Unterstützung

Zu den äußeren Umständen gehört auch, wie allein ihr den Prüfungen gegenübertretet. Es gibt Menschen, die sich am besten fühlen, wenn sie auf sich selbst gestellt sind. Sie neigen dazu, sich allein auf das Examen vorzubereiten und auch allein zu den Prüfungen zu gehen. Unterstützung würde sie nur ablenken. Wenn ihr so seid, dann lasst euch nicht beirren, sondern zieht die Sache durch. Tut das aber nur, wenn ihr wirklich so seid.

Die wenigsten Menschen sind derart zufrieden damit, auf sich selbst gestellt zu sein. Viel öfter wird Unterstützung und Hilfe aus Stolz abgelehnt oder aus dem Gefühl, es unbedingt allein schaffen zu müssen. Dazu ist Folgendes zu sagen: Wie auch immer eure Unterstützung durch andere Menschen aussieht, in jedem Fall werdet *ihr* es sein, die die Prüfungen macht, und ihr werdet sie allein machen. Dafür sorgt schon das Prüfungsamt. Davor und danach aber könnt ihr euch von euren Freundinnen und Freunden, AG-KollegInnen oder Familien unterstützen lassen.

Das gilt schon für die Zeit des Lernens: Lasst euch ablenken und beruhigen; macht die Prüfungsangst auch in der AG zum Thema. Tauscht euch mit anderen AGs aus und sprecht mit Leuten, die das Examen schon hinter sich haben. Fahrt ruhig einmal ein Wochenende zu Bekannten oder Verwandten, wenn ihr dort gut abschalten könnt und vielleicht ein bisschen bekocht werdet. Was die Prüfungen selbst betrifft, so überlegt euch früh genug, wen ihr wann um euch haben wollt. Eine freundliche AG schickt mindestens eine Person vorbei, um euch von der Prüfung abzuholen; vielen tut es auch gut, wenn jemand sie morgens zur Prüfung bringt. Vielleicht wollt ihr in den Tagen vor der Prüfung gar nicht mehr so viel lernen, sondern lieber abgelenkt werden – sorgt dafür, dass Menschen um euch sind, die ihr mögt und die euch nicht noch nervöser machen.

c) Professionelle Hilfe

Doch unterschätzt die Prüfungssituation nicht. Die Examensvorbereitung ist eine Zeit, in der ihr in vieler Hinsicht unter Druck steht. Wenn ihr euch zum Examen meldet, liefert ihr euch den Bedingungen des Prüfungsamtes aus. Ihr werdet mit PrüferInnen konfrontiert, die ihr euch nicht aussuchen könnt und nach Themen gefragt, auf die ihr keinen Einfluss habt. Ihr wisst, dass eine wohlwollende Notengebung unter JuristInnen nicht üblich ist. Mindestens ebenso wie euer Wissen werden daher im Examen auch eure Nerven geprüft. Den meisten wird das irgendwann einmal zu viel, und sie möchten den ganzen Kram am liebsten hinwerfen. Nicht alle haben ein freundliches Umfeld, das sie dann auffängt. Zumal die Verzweiflung sich oft gerade dann einstellt, wenn zum üblichen Lernstress auch noch Probleme mit den Mitmenschen treten. Auch in Examenszeiten kann es Dinge wie Liebeskummer und Familienkrach geben. Nicht alle FreundInnen, PartnerInnen und Verwandten sind so feinfühlig, auf die Examenssituation Rücksicht zu nehmen.

Doch wenn das Umfeld nicht mehr weiterhelfen kann, dann gibt es immer noch professionelle HelferInnen. Nicht von ungefähr betreiben die Universitäten und Studierendenwerke psychosoziale Beratungsstellen, an die ihr euch wenden könnt. Die dortigen BeraterInnen kennen die Wirkungen der Examenssituation. Sie wissen, dass es keine Schwäche ist, unter bevorstehenden Prüfungen zu leiden. Oft genügen ein oder zwei Gespräche, um die Stimmung wieder zu heben und zu sehen, wie es weitergehen kann. Gerade, um Auswege aus verfahrenen Situationen zu finden, kann es sehr nützlich sein, mit einer außenstehenden Person zu sprechen. Denn eure FreundInnen, PartnerInnen und Verwandten hängen in eurem Leben selbst mit drin und sehen womöglich auch nicht weiter als ihr. Oder sie trauen sich nicht, offen mit euch zu sprechen. Oder sie sind selbst das Problem.

d) Die innere Haltung: Von überhöhten Ansprüchen und negativer Selbsteinschätzung

Was ein Mensch sich abverlangt, liegt zuerst und vor allem daran, was er von sich erwartet: A geht an die Examensvorbereitung vielleicht mit dem Gefühl heran: „Ein Prädikat muss es schon sein". Er ist hochmotiviert, weil er ein anspruchsvolles Ziel anstrebt. Dieses Ziel wird ihn durch viele geistige und seelische Krisen hindurchtreiben und kann der Motor dafür sein, sehr diszipliniert und gründlich zu lernen. Aber er hat auch viel zu befürchten. Denn wenn er das Prädikat nicht erreicht, dann hat er sein Ziel schon verfehlt – obwohl doch auch ein gutes „befriedigend" schon eine überdurchschnittliche Leistung wäre. Es ist daher davon auszugehen, dass A viele Ängste mit sich herumträgt, wenn er an die Prüfungen denkt. Eine mit „ausreichend" bestandene Probeklausur wird er nicht als Erfolgserlebnis empfinden, sondern als Versagen. Einen nicht perfekt gelösten Fall wird er als Niederlage begreifen. Diese negativen Empfindungen und die damit verbundenen Ängste, das Ziel nicht zu erreichen, werden seine ansonsten ja sehr mächtige Motivation unterlaufen und lähmen. Denn das Gefühl, ständig an den eigenen Ansprüchen zu scheitern, blockiert den Antrieb, den er aus seinen hoch gesteckten Zielen eigentlich schöpfen könnte. A muss damit rechnen, während der Examensvorbereitung von großflächigen Lernblockaden heimgesucht zu werden.

Auch Vermeidungsstrategien werden häufig von Menschen verfolgt, die an Erfolge gewöhnt sind und eigentlich mit einem guten Examen rechnen können. Gerade sie haben oft sehr hohe Erwartungen an sich und fürchten sich davor, nun, im Ernstfall des Staatsexamens, ihre Erfolge nicht wiederholen zu können. Um dieses Versagenserlebnis zu vermeiden, vermeiden sie oft gleich das ganze Studieren und hängen der irrationalen Vorstellung an, dass sie das Kind schon irgendwie schaukeln werden – kraft Begabung. Dieser Schuss kann allerdings böse nach hinten losgehen.

Wo beginnt das „Versagen"?

Möglicherweise hat A eine AG-Kollegin B, die ebenfalls recht motiviert ist. Ihre Einstellung lautet: „Ich will das Examen so gut machen, wie ich kann". Sie will zwar so gut wie möglich sein, aber nicht um jeden Preis. Wenn B merkt, dass Prüfungsängste sie auffressen, wird sie vermutlich Gegenmaßnahmen ergreifen, sprich: Pausen machen, sich Ruhe gönnen und die Überzeugung wiederauffrischen, dass es wichtigere Dinge im Leben gibt als Erfolg im Examen. Es ist anzunehmen, dass sie damit besser fährt. Denn ihre Definition des „Versagens" beginnt nicht schon beim verpassten Prädikat. Und tatsächlich: Versagt jemand, der im Ersten juristischen Staatsexamen das Prädikat nicht erreicht?

Versagt jemand, der diese Prüfung nicht auf Anhieb besteht? Nein. Das Prädikat nicht zu erreichen ist normal; durchzufallen ist Pech.

Wenn es euch ähnlich geht wie dem Menschen A aus unserem Beispiel, dann leidet ihr unter überzogenen Erwartungen. Überprüft einmal eure innere Haltung: Was ist euer Ziel? Was sind eure Möglichkeiten? Mit welchem Erfolg könnt ihr realistischerweise rechnen? Was passiert eigentlich, wenn ihr nicht erreicht, was ihr anstrebt? Überprüft auch die Erwartungen, die von außen an euch herangetragen werden. Sagen eure FreundInnen dauernd: „Ach, du kriegst das schon hin", obwohl ihr selbst durch jede zweite Klausur im Klausurenkurs durchfallt? Bei vielen ExamenskandidatInnen steht zudem im Geiste die ganze Familie oder Nachbarschaft mit dem Rohrstock neben dem Schreibtisch und flüstert: „Du wirst uns doch wohl nicht enttäuschen". Versucht, euch von diesen Ansprüchen nicht gefangen nehmen zu lassen. Ihr seid es, die die Prüfungen bewältigen müsst, niemand sonst. Zwar könnt ihr überzeugt davon sein, dass ihr das Potential zu einem bestandenen oder sogar zu einem überdurchschnittlichen Examen habt. Eine derartige Selbsteinschätzung schadet nicht – wenn sie euch nicht in die Angst treibt, vor ihr zu versagen.

Negative Selbstbilder...

Nicht besser sind Menschen dran, die unter der gegenteiligen Geisteshaltung leiden: der negativen Selbsteinschätzung. Denken wir uns eine Person X, die an die Examensvorbereitung herantritt mit dem Gefühl: „Da muss ich jetzt durch." Eine sehr verbreitete Haltung: Viele Jurastudierende haben höhere Semester in der Examenszeit erlebt, kennen Erzählungen aus Repetitorien und wissen daher: Examen machen ist schrecklich. Die Anforderungen sind übermenschlich. Wer besteht, hat Glück gehabt. So denkt auch X. Von Anfang an schleppt sie an dem Gefühl, einen Riesenberg zusammenhanglosen Wissens durchackern zu müssen, um sich mit ihm der Willkür des Prüfungsamtes zu stellen. Löst sie einen Fall, wird sie das nicht als Erfolg verbuchen, sondern als Zufall oder Glück begreifen. Löst sie ihn nicht, wird sie sagen: „Ich wusste ja, dass es nicht geht." Solche Prophezeiungen pflegen sich zu erfüllen. Wir selbst erfüllen sie, indem wir die Dinge so interpretieren, dass sie unseren Erwartungen entsprechen. X wird tatsächlich auf lange Sicht weniger erfolgreich lernen. Denn das Langzeitgedächtnis merkt sich Informationen besser, wenn sie von der Erwartung begleitet sind, dass es sie sich auch merken *kann*.

...und ihre Überwindung

Was könnte X tun, um ihre negative Selbsteinschätzung zu überwinden? Wenn sie eine AG hat, kann sie sich mit ihren KollegInnen vergleichen. Dann merkt sie vermutlich, dass auch die anderen nicht unfehlbar sind. Es sei denn, X hat ausgerechnet eine AG erwischt, in der die anderen sehr viel besser zurechtkommen als sie. In diesem Fall sollte sie überlegen, die AG zu verlassen, um sich nicht weiter so überfordert zu fühlen.

Die inneren Bilder gehen oft einher mit inneren Monologen: „Na, da hast du aber Glück gehabt, dass du mal was gewusst hast" – so spricht die innere Stimme der X. X kann versuchen, diese inneren Monologe zu verändern. Sie könnte lernen zu sagen: „Wunderbar, das weiß ich also schon." Eigenlob stinkt in diesem Fall keineswegs. Sich selbst loben zu lernen, wäre im Übrigen auch eine Aufgabe für den ehrgeizigen A. Seine innere Stimme sagt zu einem gelösten Fall vermutlich so etwas wie: „Na, wenigstens *etwas*". Auch er könnte lernen zu sagen: „Das habe ich gut gemacht".

e) Abschalten

Prüfungsangst ist in den seltensten Fällen ein Zustand, der schnell vorbeigeht. Gerade in einem Fach wie Jura, in dem die Examensvorbereitung und auch das Examen selbst sich über Monate hinziehen. Studierende in der Examensvorbereitung stehen in diesen ganzen Monaten unter einem intensiven Dauerdruck. Das Fatale an diesem dauerhaften Stresszustand ist, dass die Betroffenen nach einiger Zeit gar nicht mehr merken, wie angespannt sie sind – denn die Anspannung ist längst zum Normalzustand geworden. Viele von ihnen verändern sich daher im Laufe ihrer Examensvorbereitung. Sie werden ernster, unkommunikativer und reizbarer.

Entspannung und Ablenkung

Gegen Dauerstress hilft nur, für Unterbrechungen zu sorgen und die Gedanken und Gefühle, die sich um die Prüfungen drehen, einmal abzuschalten. Das kann auf verschiedene Weise geschehen. Sehr wirksam sind die verschiedenen Entspannungstechniken wie Autogenes Training, Yoga oder progressive Muskelentspannung. Mit ihnen kann eine sogenannte Tiefenentspannung erreicht werden, die erholsamer sein kann als ein unruhiger Schlaf. Der einzige Nachteil der Entspannungstechniken ist der, dass sie gelernt werden müssen. Das bedeutet in der Regel, dass ihr einen Kurs besuchen müsst. Solche Kurse werden von den Volkshochschulen und ähnlichen Trägern angeboten, manchmal sogar auch vom Hochschulsport oder vom Studierendenwerk der Universität. Als Alternative bieten sich entsprechende Trainings-CDs an, die es in manchen Bibliotheken zu leihen gibt.

Abschalten lässt sich aber auch auf andere Weise. Manche schlafen einfach ein und wachen am nächsten Morgen erholt auf. Andere können die Gedanken an das Examen gerade dann gut verdrängen, wenn sie sich in andere Aktivitäten stürzen: Ausflüge, Kneipenbummel, Sport etc. Wieder andere versinken gern in einem spannenden Roman, um die Welt um sich herum zu vergessen. Dem Abschalten sehr dienlich sind auch Freunde und Freundinnen, insbesondere solche, die von juristischen Detailfragen keine Ahnung haben und nicht selbst Horrorgeschichten aus Examenszeiten zu erzählen wissen.

Mal blau machen

Schließlich, ganz wichtig: Gönnt euch freie Tage, mindestens alle zwei Wochen oder besser an jedem Wochenende. Streicht sie rot im Kalender an, schlaft aus, so lange es euch im Bett hält, und seid einfach nur faul oder unternehmt nette Dinge. Bis zum nächsten Morgen. Solche Auszeiten heben eure Lebensqualität, und auch der Lernarbeit werden sie dienen. Denn je besser ihr euch zwischendurch erholt und mit anderen Dingen beschäftigt, desto frischer werdet ihr am nächsten Morgen wieder über den Büchern sitzen.

f) Hilfe gegen die Angst kurz vor der Prüfung

Das alles sind langfristige Lösungen – Hilfen gegen die schleichende Prüfungsangst, die den Alltag zu durchdringen droht. Nun gibt es auch die andere Angst, die auftaucht, wenn die Prüfung unmittelbar bevorsteht. Was tun, wenn ihr in zwei Tagen euren Termin habt und vergeht vor Panik? Hier hilft es natürlich nicht mehr, eine Entspannungstechnik zu lernen. Beherrscht ihr schon eine, kann sie euch aber gute Dienste leisten.

Ruhe fürs Gehirn

Ansonsten könnt ihr versuchen, euch Beistand zu verschaffen: Ruft die KollegInnen aus der AG an, trefft euch mit guten FreundInnen und lasst euch ablenken. Im Zustand der Panik zu lernen ist vollkommen nutzlos. Spart euch also die Quälerei, mit angstschweißigen Händen noch die letzten Karteikarten durchzugehen. LerntheoretikerInnen empfehlen ganz im Gegenteil, die letzten 24 Stunden vor einer Prüfung gar nicht mehr zu lernen. Sprich: *Nichts* zu tun, was mit dem juristischen Wissen zu tun hat, außer vielleicht ein paar Übersichten zu überfliegen. Das mag ungewohnt klingen, hat aber seine lernpsychologische Begründung: Gerade kurz vor der Prüfung haben viele KandidatInnen das Gefühl, alles vergessen zu haben. Wiederholt ihr in dieser Stimmung den Stoff, werdet ihr entsprechend wenig reproduzieren können – außer der Prüfungsangst. Wollt ihr euch gar noch neue Inhalte eintrichtern, dann drohen euch die schon erwähnten Lernhemmungen (→ siehe S. 103). In der Prüfung erinnert ihr euch dann vielleicht noch an das, was ihr kurz vor der Prüfung gelernt habt, aber an sonst nichts.

Lasst also das Gehirn in Ruhe. Glaubt nicht, dass es nicht arbeiten würde, nur weil ihr gerade einen Waldspaziergang macht. Es weiß ganz genau, dass ihr morgen eine Prüfung habt und richtet sich darauf ein. Auch große SportlerInnen fangen nicht schon vor dem Start an zu rennen. Sie machen sich warm, trinken isotonische Flüssigkeiten und lassen sich von ihren TrainerInnen sagen, dass sie es schon schaffen werden.

In der Prüfung: Auszeit nehmen

Dieses Rezept funktioniert natürlich nicht mehr, wenn ihr schon in der Prüfung sitzt. Auch das gibt es: Ihr lest den Fall und denkt „kann ich nicht". Die Wissensbrocken treiben vor eurem geistigen Auge entlang, aber eine konkrete Idee will sich nicht einstellen. In solchen Momenten habt ihr nur zwei Möglichkeiten: Ihr könnt panisch losschreiben und jede Menge Müll produzieren – den Müll der Verzweiflung. Oder ihr atmet erst einmal kräftig durch. Macht eine kleine Rauchpause, auch wenn ihr nicht raucht. Lasst euer Herz sich beruhigen. Dann versucht es noch einmal. Wie gesagt, der totale „Blackout", den alle so fürchten, kommt im wirklichen Leben nur sehr selten vor.

Diese Überlegungen gelten auch für die mündliche Prüfung. Zwar könnt ihr in dieser nicht einfach aufstehen und eine Rauchpause einlegen. Aber auch im Prüfungsgespräch könnt ihr einmal kurz durchatmen, bevor ihr antwortet. Selbst wenn euch eine Antwort misslungen ist, lässt sich die Angst beruhigen. Meistens gibt es eine zweite Chance. Sonst gibt es immer noch das nächste Fach. Überhaupt: Wenn ihr schon in der mündlichen Prüfung angekommen seid – was soll da noch schiefgehen?

3. Lebensqualität: Es gibt ein Leben abseits des Schreibtisches

Nun wurde so viel darüber geschrieben, wie ihr euch das Lernen, das Wiederholen und das Geprüftwerden so einrichten könnt, dass es einerseits erfolgreich und andererseits erträglich ist. Auch in der Examensvorbereitung besteht das Leben jedoch nicht nur aus Lernen und Pausen. Es gibt auch noch Privatleben und Freizeit, und das ist auch gut so. Denn der beste Ausgleich für anstrengende Arbeit ist eine genussreiche Freizeit. Das beste Mittel gegen Prüfungsangst ist die Erkenntnis, dass es andere, bessere und wichtigere Dinge gibt als juristische Zusammenhänge und Examensnoten. Pflegt darum euer Privatleben. Gönnt euch Abstand und angenehme Freizeiterlebnisse. Wie ihr die Freizeit am angenehmsten gestaltet, wisst ihr vermutlich selbst am besten. Berücksichtigt aber wohlwollend die folgenden Punkte:

- Vergesst nicht, gut und gern zu essen. Geistige Arbeit verbraucht Kalorien, und ein angenehm gefüllter Bauch steigert das Lebensgefühl. Schiebt nicht zwischen zwei Karteikarten eine Stulle zwischen die Zähne, sondern macht eine Pause für eine richtige Mahlzeit.
- Verschafft euch Bewegung. Der Kreislauf will von Zeit zu Zeit auf Trab gebracht werden, und der Körper braucht einen Ausgleich zum ewigen Sitzen. Geht spazieren, treibt Sport oder macht wenigstens ein bisschen Rückengymnastik – das erspart euch Schmerzen, entspannt und baut Angst und Aggressionen ab.
- Sorgt für Luft. Lüftet euer Arbeitszimmer, sonst erstickt euer Geist. Geht von Zeit zu Zeit nach draußen, spaziert um den Block, lauft oder fahrt Fahrrad, und wenn es nur zum nächsten Supermarkt ist, um etwas zu essen zu kaufen (s. o.).
- Schlaft. Wenn es nachts nicht geht, versucht es tagsüber. Lernt nur, wenn ihr wach seid.
- Pflegt euer Sozialleben. Trefft euch mit FreundInnen. Geht hin und wieder ins Kino, ins Theater, auf ein Konzert oder auf eine Party. Stellt dabei an euer Umfeld ruhig Ansprüche. Die Examenszeit ist für euch körperlich und seelisch belastend – ihr könnt verlangen, dass eure FreundInnen, PartnerInnen, AG-KollegInnen, Verwandten und MitbewohnerInnen darauf Rücksicht nehmen.

Und, nicht vergessen: Examensnoten sind nicht alles. Weder bei Bewerbungen noch im Leben. Besteht darum auf ein wenig Lebensqualität auch in Zeiten der Prüfungsvorbereitung. „Lebensqualität" ist schließlich nicht gleichbedeutend mit „Faulheit". Auf Lebensqualität zu pochen, bedeutet, so zu lernen und zu arbeiten, wie es der eigenen Persönlichkeit entspricht: sich in geistig klaren Momenten an den Schreibtisch zu setzen und ihn wieder zu verlassen, wenn der Kopf ohnehin nicht mehr aufnahmefähig ist. Es bedeutet allerdings auch, sich selbst und die eigenen Möglichkeiten realistisch einzuschätzen. Wenn ihr merkt, dass ihr nicht so schnell vorankommt, wie ihr es euch vorgenommen hattet, wenn ihr Klausuren nicht so virtuos schreiben könnt, wie ihr es erhofft hattet, wenn euch der Stoff nicht so zu fesseln vermag, dass ihr gern damit umgeht – dann müsst ihr das akzeptieren.

Genauso, wie ihr akzeptieren müsst, dass es in Prüfungen ungerechte, willkürliche und nicht nachvollziehbare Bewertungen gibt. Immer wieder kommt es vor, dass Leute im Examen die Klausuren ihres Lebens schreiben oder in der mündlichen Prüfung plötzlich reden können wie Wasserfälle und mit Noten davongehen, von denen sie niemals zu träumen gewagt hätten. Aber auch den umgekehrten Fall gibt es: Nicht alle, die vor den Prüfungen gründlich gelernt haben, halten hinterher die entsprechenden Zeugnisse in der Hand. Das kann daran liegen, dass sie sich überschätzt haben, aber genauso gut auch daran, dass sie einen schlechten Tag hatten oder ungerecht bewertet wurden – rückgängig machen lässt es sich nicht. Euer Einfluss auf die Notengebung ist begrenzt. Euer Einfluss auf eure Lebensgestaltung ist enorm. Nutzt ihn.

Teil 4: Die Interviews

„Examen ohne Rep" ist keine graue Theorie, sondern für viele Studierende Jahr für Jahr erfolgreiche Praxis. Einige von ihnen wollen wir in den folgenden Interviews vorstellen.

Wir haben dabei versucht, euch möglichst verschiedene Lerntypen und Arbeitsformen zu präsentieren. Beim Lesen werdet ihr schnell merken, was euch anspricht und womit ihr weniger anfangen könnt. Auch hier gilt: „Examen ohne Rep" ist kein fertiges Konzept, sondern die Freiheit, sich individuell für eine passende Examensvorbereitung zu entscheiden.

Die Auswahl der InterviewpartnerInnen ist natürlich nicht „repräsentativ". Eine Sache, die wir bei unseren Interviews feststellen konnten, hat uns allerdings doch überrascht: Es gibt mehr AlleinlernerInnen, als wir dachten, und ihre Examensergebnisse sind oft ziemlich beeindruckend.

Aus den längeren Gesprächen mit unseren InterviewpartnerInnen haben wir immer versucht, das Besondere herauszufiltern – schließlich wollen wir euch nicht durch Wiederholungen langweilen. „Fürs Lernen auch noch Geld zu bezahlen, das habe ich wirklich nicht eingesehen" oder „Der Druck, sich für die AG gut vorzubereiten, ist viel höher als beim Rep", so etwas haben fast alle unserer GesprächspartnerInnen gesagt. Falls es nicht gesondert erwähnt wird, dann denkt es euch bei Bedarf einfach hinzu.

In der vorliegenden Zusammenstellung haben wir einen gewissen Überhang hervorragender Examensergebnisse. Der Grund: Gerade die erfolgreichen Prüflinge hatten oft bemerkenswerte Varianten entwickelt, um sich aufs Examen vorzubereiten und waren daher auch als InterviewpartnerInnen besonders interessant. Damit soll jedoch keinesfalls der Eindruck erweckt werden, man müsse – auf gut schwäbisch gesagt – ein „Käpsele" sein, um vom Verzicht auf den Repetitor zu profitieren. Tatsächlich sind ja auch diejenigen, die kein Prädikatsexamen erzielt haben, mit ihrer Examensvorbereitung ziemlich zufrieden.

Ob wir die Examensergebnisse der InterviewpartnerInnen überhaupt angeben, haben wir längere Zeit diskutiert. Schließlich gaukeln die Noten eine Pseudo-Objektivität vor, die regionale Unterschiede sowie Glück und Willkür bei der Korrektur völlig ausblendet. Noten sagen auch nichts darüber aus, ob jemand gute juristische Arbeit leisten kann oder nicht. Sie bezeugen lediglich, dass die Prüfperson zu einem bestimmten Termin die im Examen gestellten Anforderungen zur mehr oder weniger großen Zufriedenheit der PrüferInnen erfüllen konnte.

Da es euch im Examen aber, so vermuten wir, nicht zuletzt auf das Ergebnis ankommt, haben wir uns letztlich dafür entschieden, sie auch anzugeben. Denn gute Noten sind einfach ein überzeugendes Argument für das „Examen ohne Rep", und die meist überdurchschnittlichen Ergebnisse unserer InterviewpartnerInnen werden euch, so hoffen wir, Mut machen. Man kann „ohne Rep" eben nicht nur gerade so durchkommen, vielmehr entstehen häufig sogar recht gute Examina. Im Übrigen belegen die Ergebnisse auch, dass gerade manch eigenwillige Methode der Examensvorbereitung besonders erfolgreich war. Und das zeigt einmal mehr: Es lohnt sich, über individuelle Wege zum Examen nachzudenken.

Auf der anderen Seite haben jedoch einige unsere InterviewpartnerInnen explizit darauf verzichtet, ihr Ergebnis anzugeben, und manche erscheinen, wie ihr sehen werdet, ohne Foto – denn auch wenn all das von Interesse ist, bleiben diese Informationen private

Daten, die nicht jede/r preisgeben will, und das mit gutem Recht. Diese Interviews sind deshalb nicht weniger informativ.

Falls ihr an der Examensvorbereitung von einer interviewten Personen ein besonderes Interesse habt oder eine Frage habt, die wir nicht gestellt haben, könnt ihr dies gerne nachholen und uns schreiben unter: mail@ex-o-rep.de. Wir stellen dann gerne einen Kontakt her.

Ulrike Müller
Examen im Sommer 2004 in Berlin;
Ergebnis: vollbefriedigend
Vorbereitung: mit AG (drei Frauen)

„Die Meinung, keine Freizeit mehr haben zu dürfen, ist reaktionär und nicht sinnvoll"

Aus der AG von Ulrike Müller ist nach einiger Zeit ein Teilnehmer ausgestiegen, weil es nicht geklappt hat. Im Nachhinein findet sie, zu viel Zeit mit Lernen verbracht zu haben.

Du hast deine Examensvorbereitung vor allem auf eine AG gestützt. Wie hattet ihr euch gefunden?

Ich habe meine AG auf einem AG-Findungstreffen kennengelernt. Wir haben in unterschiedlichen Konstellationen Probe-AGs gehalten und uns dann zusammengefunden.

Wie seid ihr dann genau vorgegangen?

Um den Lernplan zu erarbeiten, haben wir uns zwei Tage Zeit genommen, haben alle unsere Lehrbücher auf dem Küchentisch ausgebreitet und anhand der Seitenzahlen den Stoff aufgeteilt. Das war ein gutes Gefühl, weil wir gesehen haben: So viel müssen wir lernen, mehr aber auch nicht.

Und dann ging es los mit dem Lernen.

Ja, wir hatten zweimal wöchentlich Treffen à drei oder vier Stunden, ein Jahr lang. Alle sechs Wochen gab es eine Woche Pause. In den AG-Sitzungen haben wir Fälle gelöst, die eine von uns vorbereitet hatte. Alle paar Wochen haben wir ein Meta-Treffen eingeschoben, um über Plananpassungen, Befindlichkeiten usw. zu reden.

Mussten da also auch ab und an mal Schwierigkeiten zwischen euch behoben werden?

An sich haben wir uns sehr gut verstanden – wir sind auch immer noch befreundet. Wir hatten ähnliche Ziele und Vorstellungen von der Arbeitsdisziplin. Aber natürlich gab es auch Spannungen, vor allem wegen unterschiedlicher Arbeitsgeschwindigkeiten. Das hat letztlich dazu geführt, dass einer von uns ausgestiegen ist aus der AG. Auch danach mussten wir manchmal Kompromisse finden. Da ist so ein Meta-Treffen gut, um Probleme nicht nur nebenbei zu besprechen.

Warum bist du den Problemen einer AG nicht von Vornherein durch einen Rep-Besuch aus dem Weg gegangen?

Ich hatte im ersten Semester eine Lesung der Vorauflage eures Buches besucht und war sofort von dem Konzept überzeugt, auch wegen des selbstbestimmten Ansatzes. Ich hielt und halte Repetitorien für didaktisch und politisch fragwürdig. Vom Uni-Rep habe ich Teile besucht, aber meistens kostete das zu viel Zeit. Ich finde AGs am besten, da mensch dort lernt, sich selbst zu organisieren und sich ein Thema anzueignen, und damit auch ein gewisses Selbstbewusstsein bekommt. Sich nicht ins Bockshorn jagen zu lassen, ist für die Klausursituation ganz wichtig. Ich hatte mir einmal den Alpmann-Schmidt-Kurs eines Freundes angeschaut und fand die schulklassen-ähnliche Atmosphäre dort ziemlich unangemessen für ein Examen, das viel Selbstdisziplin verlangt.

Ich bin also total zufrieden mit meiner Entscheidung. Ob das alle von uns genauso sehen, weiß ich nicht, denn wir haben relativ unterschiedlich abgeschnitten: Zweimal vollbefriedigend, einmal knapp befriedigend im zweiten Versuch, und einmal endgültig nicht bestanden, nach AG und Rep. Ich weiß aber auch nicht, ob es bei jemandem mit einer anderen Vorbereitung besser gelaufen wäre. In der AG konnten wir uns gegenseitig ganz gut beim Durchhalten unterstützen.

Mit welchen Materialien hast du allein gelernt?

Ich habe hauptsächlich mit Lehrbüchern gearbeitet, und habe mit unterschiedlichen Farben unterstrichen – für Definitionen, Meinungsstreits oder Normen. Leider habe ich zu spät festgestellt, dass Skripten wegen des übersichtlicheren Layouts besser sind. Mittlerweile finde ich den viel zu dichten Satz der meisten Lehrbücher total ungeeignet.

Zum Auswendiglernen hatte ich anfangs Karteikarten geschrieben. Aber das hat bei mir zu lange gedauert und hatte keinen Merk-Effekt, deshalb bin ich irgendwann auf Kauf-Karteikarten und die Randnummernmethode umgestiegen. Das heißt, ich habe nur die Frage und die Randnummer, in der die Antwort steht, auf einer Karteikarte notiert.

Als ihr mit eurer AG den Lernplan durchgearbeitet hattet: Wie ging es dann weiter?

Nach der AG-Phase hatten wir drei Monate zur Wiederholung. Außerdem habe ich regelmäßig den Klausurenkurs an der Uni besucht, in den letzten Monaten zusätzlich bei Hemmer.

Mit dem Uni-Kurs habe ich fast gleichzeitig wie mit dem Lernen angefangen, auch unter Klausurbedingungen, um Routine zu kriegen. Natürlich war das erst mal nicht so erfolgreich. Aber wenn ich das Thema noch gar nicht gelernt hatte, fand ich auch mal zwei Punkte nicht so schlimm. Klausurpraxis ist eine mechanische Übung: hinsetzen, Sachverhalt lesen, Lösung skizzieren, rechtzeitig losschreiben, fünf Stunden durchhalten. Ich fand die Zeiteinteilung immer schwierig, bin aber irgendwie fertig geworden. Mein AG-Partner ist nur deswegen durchgefallen, weil er fast nie fertig geworden ist – in der einen Klausur, die er fertig geschrieben hatte, waren es dann zwölf Punkte. So etwas ist natürlich total bitter.

Du bist zum Alleinlernen in die Bibliothek gegangen?

Ja, mir hilft eine räumliche Trennung zwischen Arbeit und Freizeit. In der Bib war ich meist von 9.30 Uhr bis 19.00 oder 20.00 Uhr, mit einer langen Mittagspause und einer effektiven Lernzeit von etwa acht Stunden. Ich glaube aber, dass es sinnvoller ist, weniger

Zeit mit Lernen zu verbringen; meine Aufnahmefähigkeit ist gegen Ende des Tages rapide abgesunken.

Das klingt logisch, denn acht Stunden sind wirklich sehr viel.

Ja, aber zu diesem Schluss bin ich erst spät gekommen. Und tatsächlich halte ich diese Meinung, dass mensch während der Lernphase keine Freizeit mehr haben darf, für total reaktionär. Für ein gutes Examen ist das auch nicht sinnvoll. Stattdessen sollte mensch weniger Details lernen, mehr Basics wiederholen und sich entspannen. Das ist definitiv eine meiner wichtigsten Erkenntnisse. Im Examen kommt es nicht so sehr auf Detailwissen an, sondern eher darauf, auf Basiswissen sicher zurückgreifen zu können. Ich habe zu viel gelesen, zu wenig wiederholt und dann ganz viel wieder vergessen.

Außerdem ist es sinnvoll, sich in der Klausur möglichst wenig aus der Ruhe bringen zu lassen. Und dafür ist ein „nachhaltiger" Umgang mit sich selbst in der Lernphase gut. Meine Wochenenden waren z. B. fast immer lernfrei.

Was diese freizeit- und spaßfreie Vorbereitung bewirkt und was das gesamte Examen vielleicht auch bewirken soll, ist eine Erziehung von Menschen hin zu Rücksichtslosigkeit und autoritärem Verhalten. Wer gelernt hat, mit sich selbst unfreundlich umzugehen, kann das danach auch anderen gegenüber besser, und in vielen juristischen Berufen wird das gefordert. Insofern halte ich dieses extreme Examen für eine Form von Herrschaftssicherung durch Persönlichkeitsformung. Und diesen Erfolg gönne ich dem Ausbildungssystem nicht! Konkret bedeutet das, diese Phase nicht nur mit Lernen zu verbringen, sondern sich auch richtig zu erholen, ein Sozialleben zu haben usw. Damit mensch nicht vergisst, dass das Examen nicht alles im Leben ist und auch nicht so viel über die eigene Person aussagt.

Jakob Quirin
Examen im Juli 2009 in Göttingen
Ergebnis: vollbefriedigend
Vorbereitung: Öffentliches Recht mit AG (zwei bzw. drei Frauen und ein Mann), Zivilrecht und Strafrecht hauptsächlich alleine

„Eine gesunde Konkurrenzsituation gab es in der AG schon."

Jakob Quirin hat seine Klausuren abgeschichtet. Als Ex-o-Repler hat er viel positives Feedback von anderen erfahren.

Du hast deine Klausuren abgeschichtet. Findest du, dass das ein Vorteil war?

Auf jeden Fall. Dadurch kann man sich auf ein Fach richtig konzentrieren. Ich habe erst acht Monate für das Öffentliche Recht gelernt und in der Zeit auch den großen Schein im Öffentlichen Recht gemacht. Dann habe ich mir noch mal acht Monate Zeit für Zivilrecht und Strafrecht genommen. Ich konnte das nur machen, weil ich wegen eines Auslandssemesters und der Teilnahme an einem Moot Court zwei Freisemester hatte, würde es aber jedem/jeder empfehlen, der/die die Möglichkeit dazu hat.

Hast du dich nur deshalb auf eine Vorbereitung ohne Rep eingelassen, oder hatte das andere Gründe?

Nein, das hatte auch andere Gründe. Sehr wichtig war, dass ich bei Freunden gesehen hatte, dass man auch ohne Rep zum Examen kommt, und, dass in meinem damaligen Umfeld relativ viele Leute nicht zum Rep gegangen sind bzw. eine sehr kritische Haltung diesem gegenüber hatten.

Wie hast du Dich stattdessen vorbereitet? Hattest du einen Lernplan?

Ja, ich hatte während der gesamten Examensvorbereitung einen recht detaillierten Lernplan und würde im Rückblick sagen, dass das vielleicht sogar am wichtigsten ist, wenn man nicht zum kommerziellen Rep geht. Bei der Erstellung haben wir bzw. ich uns an Vorgaben aus Büchern orientiert. Inhaltlich habe ich mich im Öffentlichen Recht fast ausschließlich mit wissenschaftlichen Lehrbüchern und Aufsätzen vorbereitet. Im Zivilrecht und Strafrecht habe ich dann auch viel mit Skripten gearbeitet. In einigen Nebengebieten – etwa im Gewerberecht – habe ich mir auch ein eigenes Skript zusammengestellt. Wichtig fand ich, verschiedene Themen in mehreren Büchern und Aufsätzen nachzulesen, um unterschiedliche Blickwinkel zu bekommen. Nichts schult meines Erachtens das systematische Verständnis so gut, wie die Bearbeitung einer Frage durch verschiedene AutorInnen zu vergleichen.

Kostet das nicht unheimlich viel Zeit?

Ja und nein. Wenn man sich einmal eine systematische Grundstruktur erarbeitet hat – und die kann auch sehr grob sein – liest man Literatur sehr viel schneller. Ich finde, man merkt sich Fakten auch viel besser, wenn man sie sich in einprägsamen Formulierungen von diesem Autor oder jener Autorin merkt und nicht als Tatsache „an sich". Das ist natürlich beim Rep nicht so möglich, da man meist mit den vorgegebenen Materialien arbeitet.

Hast du trotzdem mehr gelernt als andere?

Kann ich schwer sagen. Meistens habe ich sechs Stunden pro Tag gelernt, die aber dafür sehr konzentriert. Kurz vor den Klausuren und vor der Mündlichen auch mal acht oder neun Stunden. Ich hätte nicht mehr lernen können. Leider habe ich nie richtigen Urlaub gemacht und es nicht wirklich geschafft, einen Tag in der Woche ganz frei zu halten. Aber das würde ich keinem empfehlen. Mal eine längere Zeit gar nicht an Jura zu denken, ist glaube ich sehr sinnvoll.

Hast du nebenher mit einer AG gelernt?

Im Öffentlichen Recht hatte ich eine AG mit wechselnder Besetzung, meistens mit zwei Frauen. Mit denen hatte ich dann auch einen gemeinsamen Lernplan. Wir haben uns meist einmal pro Woche getroffen und uns dann gegenseitig jeweils ein Thema vorgestellt. Im Zivilrecht und Strafrecht haben wir die AG teilweise fortgesetzt, insgesamt habe ich mich aber in beiden Gebieten sehr viel stärker alleine vorbereitet.

Du kanntest die beiden schon vorher?

Ja, ich kannte die anderen AG-Mitglieder, aber das Verhältnis war nicht spannungsfrei. Während der AG war das manchmal sehr anstrengend, hat aber auch dazu geführt, dass wir alle versucht haben, uns auf Jura zu konzentrieren, wenn wir zusammen waren. Ich glaube eine AG kann nicht nur Friede, Freude, Eierkuchen sein, und darauf sollte man auch vorbereitet sein.

Habt ihr euch gegenseitig als so etwas wie KonkurrentInnen gesehen?

Eine gesunde Konkurrenzsituation gab es schon. Wenn beispielsweise der/die andere gerade die neueste Rechtsprechung in einem Gebiet kannte, dann wollte man das natürlich selbst auch. Aber wir haben uns niemals Materialien vorenthalten oder uns sonst unsolidarisch verhalten.

Hast du nebenher noch irgendwelche Unikurse besucht?

Ich war im Ö-Recht oft beim Uni-Rep – im Zivilrecht und Strafrecht weniger – und fand das auch sinnvoll, da es nah an der wissenschaftlichen Diskussion dran war und man ganz gut mitbekam, was ProfessorInnen gerade für ein gutes Klausurenthema halten könnten. Außerdem habe ich regelmäßig den Klausurenkurs mitgeschrieben, was ich jedem/jeder empfehlen würde.

Und, haben sich deine Ergebnisse aus dem Klausurenkurs im Examen bestätigt?

Nicht wirklich. Durch die letzten zwei Klausuren im Zivilrecht vor der Prüfung bin ich z. B. durchgefallen, im Examen waren es dann im Durchschnitt elf Punkte. Aber auch meine Ergebnisse in den Klausurenkursen waren nicht sehr einheitlich mit starken Ausschlägen nach unten und oben.

Die Vorbereitung scheint ja insgesamt gut geklappt zu haben. Würdest du dich also wieder ohne Rep zum Examen vorbereiten?

Definitiv. Eine echte Motivation während der Vorbereitung war für mich, dass man ständig positives Feedback von FreundInnen, ProfessorInnen, „fertigen" JuristInnen usw. für die Entscheidung gegen das kommerzielle Rep bekommt. Das ist vielleicht ein nicht zu vernachlässigender Faktor in einer so anstrengenden Phase wie der Examensvorbereitung.

Birte Brodkorb
Examen im Mai 2004/März 2005 in Berlin
Ergebnis: befriedigend/vollbefriedigend
Vorbereitung: mit AG (zwei Frauen, ein Mann)

„So lernen, wie man sich am Wohlsten fühlt"

Birte Brodkorb wollte den Stoff selbst erarbeiten anstatt nur auswendig zu lernen. Für ihren Verbesserungsversuch hat sie sich mit ihrer AG jeden Tag drei Stunden getroffen.

Du hast auch dein Zweites Examen hinter dir und hattest dich auch darauf ohne Rep vorbereitet. Offensichtlich bist du zufrieden mit dieser Art der Vorbereitung?

Das kann ich wohl sagen. Der kommerzielle Rep kam allerdings aus vielen Gründen für mich nicht in Frage. Neben dem vielen Geld, welches ich nicht hätte aufbringen können, hatte ich vor allem keine Lust, mich per Vorlesungsstil vorzubereiten und mir den Stoff so eintrichtern zu lassen. Letzten Endes lernt man im Rep nur auswendig anstatt die Sachen zu verstehen. Ich wollte den Stoff lieber selbst durcharbeiten und wirklich verstehen.

Wie hast du das gemacht?

Ich habe zweimal geschrieben, und nach dem ersten Durchgang noch einen Verbesserungsversuch gemacht – der auch gelungen ist. Für den ersten Versuch habe ich über ein Jahr lang mit einer AG gelernt, wobei wir uns zu Beginn einen gemeinsamen Plan erarbeitet hatten und uns zweimal pro Woche einige Stunden zusammengesetzt haben. Beim zweiten Versuch habe ich mich mit zwei Kommilitoninnen sogar jeden Tag, um 8.00 Uhr morgens, getroffen.

Zur ersten deiner AGs: Wie habt ihr euch den Plan erarbeitet? Und wie sahen eure Sitzungen dann genau aus?

Wir haben uns die Inhaltsverzeichnisse von Büchern zu den jeweiligen Gebieten durchgeschaut, und die Teilgebiete entsprechend eingeteilt. Je eine Sitzung pro Woche war für Zivilrecht reserviert, die zweite Sitzung in der Woche im Wechsel für Strafrecht oder Öffentliches Recht. In den Sitzungen hat dann jeweils eine Person das Thema aufbereitet und zusammengefasst und eine andere Person hat Fälle zum Thema herausgesucht und vorbereitet, die dann gemeinsam gelöst wurden. Die dritte Person hatte dann immer frei. Insgesamt ist diese Art und Weise des Lernens in einer Kleingruppe ideal, denn man muss immer gut vorbereitet und gedanklich dabei sein – im Gegensatz zum Rep. Das bringt dann auch viel mehr, weil man sich die Sachen gemeinsam erarbeitet und sie versteht. Das bleibt viel besser hängen. Man hört nicht nur passiv zu, sondern ist aktiv dabei.

Hört sich nach viel gegenseitiger Verantwortung an. Kanntet ihr euch vorher? Und gab es mal zwischendrin Probleme unter euch?

Meine erste Lerngruppe kannte ich vorher gar nicht. Wir haben uns per Aushang in der Uni gefunden. Natürlich gab es auch mal Probleme, vor allem wenn es um die Terminfindung ging – da haben wir uns manchmal richtig gestritten. Aber das gehört doch dazu, wenn man so eng zusammenhockt. Und obwohl wir sehr verschiedene Typen waren, hat uns das gemeinsame Lernen sehr zusammengeschweißt. Mit der Zeit sind wir ab und an auch mal was trinken gegangen, und mit einem der drei bin ich noch immer ganz gut befreundet. Manchmal haben wir uns während der Sitzungen sogar zu viel über privaten Kram unterhalten – das war in der zweiten AG, also vor dem zweiten Versuch, anders, da waren wir etwas konsequenter. Im Großen und Ganzen haben mir jedenfalls die AGs immer unheimlich den Druck genommen, denn dort wusste ich, dass man gegenseitig für einander da ist – bei den Leuten vom Rep hatte ich hingegen eher das Gefühl, dass die sich gegenseitig total kirre machen.

A propos: Wieso bist du überhaupt nochmal angetreten, schließlich war ja dein erster Versuch nicht ganz schlecht?

Das stimmt schon, und eigentlich hatte ich auch schon abgeschlossen, und nach dem ersten Versuch erst mal ein Praktikum in einer Kanzlei gemacht. Dann aber meinte meine Praktikumsbetreuerin: Versuch's doch einfach nochmal! Und das hab ich dann auch gemacht.

So einfach hast du es dir dann aber doch nicht gemacht, sondern ja schon nochmal eine Menge Lernaufwand reingesteckt, vor allem mit täglich drei Stunden AG. Wie kam es dazu?

Ich hab dann doch mal einen gewissen Ehrgeiz entwickelt. Die anderen beiden kannte ich noch aus dem Studium – sie hatten beide vorher Kommerz-Rep gemacht und das Gefühl, sie müssten das alles noch mal richtig lernen. Zusammen haben wir dann vor allem Fälle gemeinsam gelöst.

Wie hast du, neben den beiden AGs, alleine gelernt?

Ich hab mich am AG-Plan orientiert, also auch wochenweise die Gebiete gelernt. Die konkrete Vorbereitung der AG hat natürlich auch immer einige Zeit in Anspruch genommen. Bei all dem hab ich mich vor allem an den gängigen Lehrbüchern, aber z. T. auch an Rep-Skripten orientiert und die durchgearbeitet. Bei einigen Skripten sind mir aber viele Fehler aufgefallen, so dass ich mich damit nicht so sicher gefühlt habe. Für alle Gebiete habe ich Karteikarten geschrieben, mit denen ich dann vor dem Examen gut wiederholen konnte. Die letzten drei Monate vor dem Examen, als die AG zu Ende war, habe ich mich dann vor allem auf meine Schwächen konzentriert.

Würdest du sagen, dass du viel Zeitaufwand in die Examensvorbereitung gesteckt hast?

Am Anfang bin ich erstmal gar nicht gut reingekommen, was aber wohl auch daran lag, dass ich zum einen vom Studium einiges aufzuholen hatte und zum anderen zu Hause gelernt habe. Später bin ich dann jeden Tag in die Bibliothek gegangen, und war dann dort bis zu zwölf Stunden am Tag. Das hing mit einer gewissen Examenspanik zusammen, aber auch damit, dass man in der Bibliothek viele Leute getroffen hat und teils längere Pausen gemacht hat – ich war daher auch gerne dort, zu Hause wäre ich viel zu einsam gewesen. Insofern ist die Bib bestimmt auch das Pendant zum Rep, wo man ja sonst seine sozialen Kontakte hat – wenn auch auf andere Art. An den Wochenenden habe meist auch gelernt, besonders als das Examen näher rückte. Im Nachhinein halte ich das für falsch. Man muss mindestens ein bis zwei Tage in der Woche Lernpause machen. Interessanterweise hat mir die Thematik aber auch immer mehr Spaß gemacht, je näher das Examen rückte – wenn man sich so reingearbeitet hat, hat man irgendwann die Sachen auch mal richtig verstanden anstatt immer nur auswendig zu lernen, wie ich das vom Rep her gehört habe.

Hast du ansonsten Angebote an der Uni wahrgenommen?

Beim Uni-Rep habe ich einen Kurs im Strafrecht besucht, weil der Prof gut war. Ansonsten habe ich viele Klausuren geschrieben, etwa 60 Stück. Das ist natürlich auch Geschmackssache, aber mir hat es sehr viel gebracht, um zu lernen, auch zu unbekannten Sachen etwas zu schreiben und das dann auch abzugeben. Nur von den Korrekturen sollte man sich nicht verrückt machen lassen, da ist viel Zufall und etwas Willkür dabei.

Was hast du in der lernfreien Zeit gemacht?

Am Anfang habe ich noch etwas Hochschulpolitik mit den Kritischen JuristInnen hier in Berlin gemacht, z. B. mich an der Herausgabe der Zeitung „Streit" beteiligt oder auch einfach nur Veranstaltungen besucht. Ich brauchte das auch nebenher, als ideologischen Ausgleich. Aber das wurde immer weniger, je näher das Examen rückte. Ich habe dann zunehmend Sport gemacht. Mir hat das total geholfen, mich nach dem Lernen zu bewegen. Zum Abschalten und Auspowern ist das sehr wichtig.

Den Lernplan von Birtes AG findet ihr in Teil 6 auf S. 209.

Moritz Assall
Examen im Winter 2009 in Hamburg
Ergebnis: befriedigend
Vorbereitung: alleine mit begleitender AG (zwei Männer, eine Frau)

„Ich bin einfach nicht so der auditive Typ"

Für Moritz Assall hatten Kommerz- und Uni-Rep einen gemeinsamen Nachteil: Sie setzen fast ausschließlich auf auditives Lernen. Deshalb entschied sich Moritz für eine seiner Lernweise entsprechende Art der Examensvorbereitung und zog sie 14 Monate lang durch.

Wie hast du entschieden, auf welche Weise du dich auf dein Examen vorbereiten willst?

Ich befand mich in einer ziemlich schlechten Ausgangssituation. Zwar war ich ziemlich schnell scheinfrei, bin dann aber erst einmal für ein Semester ins Ausland und habe mich sehr intensiv mit dem Schwerpunkt beschäftigt, weil ich den thematisch sehr spannend fand. Für die Scheine hatte ich immer nur auf die konkrete Klausur gelernt, deshalb konnte ich kaum nachhaltiges Wissen erwerben. Und ich hatte kaum Erfahrung mit komplexeren Klausuren. Das wurde wegen der langen Pause, also Erasmus plus Schwerpunkt, natürlich auch nicht besser. Ich hatte deshalb das Gefühl, noch mal von der Pieke auf beginnen zu müssen.

Deshalb sah ich drei Varianten: Entweder konsequent zum Uni-Rep, einen kompletten Durchlauf im Kommerz-Rep oder alleine lernen. Über das Uni-Rep hatte ich sehr durchwachsene Geschichten gehört. Einige der verantwortlichen Profs kannte ich auch schon aus früheren Vorlesungen, und wusste daher, dass sie – freundlich formuliert – didaktisch nicht so die Bringer waren. Ich wüsste gerne, wie die Fakultät das entscheidet... Jedenfalls war das Uni-Rep raus. Das Kommerz-Rep habe ich ein paar Mal Probe gehört und ziemlich schnell ebenfalls für schlecht befunden. Also habe ich angefangen, mich über verschiedene Modelle des Allein-Lernens schlau zu machen, und auch bald im Internet eine gefunden, die zu mir passte.

Wie hast du beim Probehören das Kommerz-Rep erlebt?

Also, vorweg muss ich sagen: Ich glaube, ich bin einfach nicht so der auditive Typ. Auch wenn eine Vorlesung gut gemacht wäre, würde bei mir nicht so viel hängen bleiben wie vielleicht bei anderen Leuten. Abgesehen davon waren die Lehrveranstaltungen beim Kommerz-Rep aber auch nicht so gut gemacht. Dazu kam, dass ich die HörerInnen im

Kommerz-Rep als extrem unmotiviert und passiv wahrgenommen habe. Und ein Jahr schnarchen wollte ich bestimmt nicht.

Und für welche Methode hast du dich letztendlich entschieden?

Unter http://examen-ohne-rep.piranho.de stieß ich auf die „Drei-Stufen-Methode". Sie basiert darauf, sich selbst Skripten zu machen. Ich wusste schon, dass ich eher „durch die Hand" lerne, deshalb hat mir das mit den selbst geschriebenen Skripten gleich sehr gut gefallen. Auf der ersten Stufe geht es darum, sich das jeweils ausgesuchte Lernmaterial durchzusehen und das Wesentliche raus zuschreiben. Weil ich alles von vorne noch einmal durchgehend lernen wollte, habe ich v. a. mit den recht umfangreichen Skripten von Alpmann gearbeitet.

Geskriptet habe ich mit einer zweispaltigen Tabelle. Links stand ein Schlagwort, eine konkrete Frage, eine Art Kategorie eben. Und rechts dann das, was ich mir zu dem Begriff merken wollte, z. B. eine Definition, ein Aufbauschema oder die Antwort zu der Frage. So war alles schön übersichtlich und durch Zuhalten der rechten Spalte konnte ich mich gut abfragen. Auf der zweiten Stufe kommt das Vertiefen und Üben. Hierzu habe ich den Klausurenkurs der Uni besucht, und am Schluss zusätzlich auch den Klausurenkurs eines Kommerz-Reps gebucht. An der Uni besuchte ich ein sehr gutes Seminar, das sich mit aktueller Rechtsprechung beschäftigte. Zusätzlich hatte ich eine begleitende Lerngruppe. Und währenddessen habe ich neue Erkenntnisse stets in meine Skripten eingearbeitet.

Die dritte Stufe schließlich war ein System expotentiellen Wiederholens. Vor dem Examen hatte ich alles mindestens zweimal wiederholt, die Sachen, die ich für besonders schwer oder relevant hielt, sogar bis zu viermal.

Das klingt ganz schön langwierig. Wie lange hast du denn gebraucht, um so den ganzen Stoff durch zuarbeiten?

Brutto habe ich eineinhalb Jahre nur gelernt, netto waren es aber eher 14 Monate, denn ich war auch mal ein, zwei Wochen krank und bin in der Zeit auch ganz dekadent verreißt. Die Methode klingt auch statischer, als ich sie praktiziert habe. Denn die drei Stufen werden nicht nacheinander absolviert, sondern überlappen sich ständig. Am meisten Zeit habe ich auf der ersten Stufe verloren. An einem guten Tag habe ich etwa 60 Seiten eines Skriptes verarbeitet.

Wie sah deine Lerngruppe aus?

Das waren drei Leute, die ich aus dem Studium kannte. Alle drei hatten das Kommerz-Rep fast durchlaufen und ich war in der ersten Phase schon recht weit fortgeschritten, deshalb passte es ganz gut. Meine erste erfreuliche Entdeckung: Wir waren ungefähr auf dem gleichen Stand. So unglaublich toll konnte das Kommerz-Rep also gar nicht sein. In jeder AG-Session gab es zuerst ein Referat, in dem einer von uns ein Teilgebiet im Überblick mit seinen Problemen vorstellte. Anschließend diskutierten wir das Referat. Später behandelten wir eher aktuelle Rechtsprechung in Form von Fällen, wobei wir auch hier darauf achteten, dass sich die Struktur des behandelten Rechtsgebietes gut in die Lösung eingebettet referieren ließ. Besonders viel zusätzliche Fall-Praxis brauchten wir aber auch gar nicht, weil wir ja pro Woche zwei Klausuren geschrieben haben.

Würdest du es noch mal so machen?

Naja, im Prinzip schon, aber im Nachhinein betrachtet habe ich mich viel zu sehr auf die Details konzentriert und viel zu wenig auf Überblick gelernt. Dieser Perfektionismus stand mir dann auch bei der Klausurbearbeitung im Weg. Der Aufwand war immens, ich habe eineinhalb Jahre lang gelernt und fast alle Alpmann-Skripten einmal gelesen. Das hat sich im Hinblick auf mein Ergebnis vielleicht nicht unbedingt gelohnt – wobei in meinem Fall aber auch einfach Pech dabei war.

Auf der anderen Seite war ich vorher aber auch komplett blank. Und für das Zweite Examen habe ich das ganze materielle Recht bereits schön komprimiert in meinen Skripten, die ich nur noch mal wiederholen muss. Das ist auch der riesige Vorteil und das beste Argument für diese Methode. Gegen sie spricht die Gefahr, in der ersten Phase kleben zu bleiben. Man braucht den Mut, sich nicht in den Details zu verlieren. In diese Falle bin ich wohl getappt. Es sollte in der ersten Phase eher um das grobe Verständnis gehen, nicht so sehr um Detailkenntnisse. Die kommen mit den Fällen und der Zeit von selbst und müssen dann nur noch geskriptet werden.

Babette Nossol
Examen im Januar 2004 in Halle-Wittenberg
Ergebnis: befriedigend
Vorbereitung: alleine

„Repetitorium und Privat-AG passen nicht zu meinem Lerntyp"

Statt ein kommerzielles Repetitorium zu besuchen, hat Babette Nossol die Skripten der Repetitorien durchgearbeitet und eigene Lernstrukturen gefunden.

Du hast dich ganz allein auf das Examen vorbereitet – mutig?

Das würde ich nicht sagen, das hat einfach am besten zu meinem Lerntyp gepasst. Ich habe mein eigenes Tempo und meine eigene Stoffaufteilung beim Lernen, insofern passt eine Gruppe nicht zu mir. Außerdem muss ich mir den Stoff erst abstrakt anschauen, weshalb reines Lernen an Fällen für mich auch nicht geeignet ist. Im Examen bekommt man ohnehin einen unbekannten Sachverhalt vorgelegt und muss die Probleme des Falles anhand der Strukturen, die man gelernt hat, finden und aufbereiten.

Hast du gar nicht mit Fällen gelernt?

Doch, aber dafür habe ich vor allem den Klausurenkurs an der Uni besucht. Daneben habe ich regelmäßig auch Fälle für mich selbst gelöst.

Wie bist du genau vorgegangen bei deiner Vorbereitung?

Ich habe mich umgeschaut, wie viele Hemmer-Skripten es gibt, um den Stoff zu sichten. Dann errechnete ich ungefähr, wie lange ich zum Durcharbeiten der einzelnen Skripte brauchen würde. Durchgegangen bin ich diese dann anhand von Hemmer-Karteikarten. Im Rückblick kann ich sagen, dass dies nicht optimal war – den Inhalt der Karteikarten konnte ich mir nicht wirklich merken. Im Zweiten Examen habe ich mich auch daher stattdessen anhand eines Lernplanes vorbereitet, den ich von der Internetseite eines Repetitoriums heruntergeladen und mithilfe der Vorgaben in den Ausbildungsordnungen angepasst habe. Dabei unterteilte ich die drei Gebiete in jeweils etwa vierzig Einheiten, die ich dann mit Alpmann-Skripten durchgearbeitet habe. Daneben habe ich eigene Überblicksschemata erstellt. Das Vorgehen zum Zweiten Examen war in jedem Fall effektiver, hier war das Ergebnis auch besser (8,86 Punkte). Bei der Planung ist es ansonsten sehr wichtig, dass auch Unvorhergesehenes wie Krankheiten bedacht werden und dafür etwas Puffer bleibt.

Mit den Skripten von Hemmer bist du gut klargekommen?

Ja, die haben den Stoff gut aufbereitet. Die Lehrbücher sind oft zu lang und detailliert. Aber von der Hemmermethode habe ich keinen Gebrauch gemacht. Im Rückblick fand ich Alpmann-Skripten besser, da diese mehr auf Struktur setzen.

Warum bist du dann nicht auch zum Rep gegangen?

Für mich war der finanzielle Punkt entscheidend. Außerdem bin ich nicht der Lerntyp dafür. Ich lerne nicht beim bloßen Zuhören. Ich muss den Stoff selbst lesen und selbst bearbeiten, damit ich ihn im Kopf habe.

Hast du neben dem Klausurenkurs noch andere Uniangebote wahrgenommen?

Ich habe auch noch das Universitätsrepetitorium besucht. Aber wie bereits gesagt, ich bin nicht der Lerntyp hierfür. Das Angebot habe ich aber trotzdem wahrgenommen. Im Zweiten Examen habe ich gar kein Repetitorium besucht.

Hast du dir viel Zeit genommen für die Vorbereitung?

Ich hatte zwei Freisemester durch meine ehrenamtliche Arbeit im Fachschafts- und Fakultätsrat sowie im AStA und konnte so am Ende des zehnten Fachsemesters meine Klausuren schreiben. Ich war dabei von Montag bis Samstag von morgens gegen 9.00 Uhr bis 19.00 oder 20.00 Uhr abends in der Bibliothek, da ich dort besser lernen konnte. Dort ist die Ablenkung geringer. Urlaub habe ich während der Vorbereitung nicht gemacht – allerdings kommt das Bedürfnis für Pausen von allein, wenn man sich nicht mehr konzentrieren kann.

Bei deiner ganz eigenständigen Vorbereitung: Wurdest du nicht manchmal komisch angeschaut?

Viele meiner KommilitonInnen in Halle haben sich ebenfalls eigenständig vorbereitet und das Universitätsrepetitorium besucht. Insofern fanden sie das normal.

Babettes Lernplan für das Zweite Staatsexamen findet ihr in Teil 6 auf S. 195.

Thomas (Tom) Seefried
Examen im Frühjahr 2010/Herbst 2010 in Freiburg
Ergebnis: befriedigend
Vorbereitung: mit AG (drei Männer, eine Frau)

„Wir haben uns vier Monate auf die Examensvorbereitung vorbereitet"

Tom und seine AG haben sich für die Planung ihrer Examensvorbereitung viel Zeit genommen. Und auch wenn sich dies insgesamt ausgezahlt hat, waren sie vor Unerwartetem nicht gefeit: Nach kurzer Zeit mussten sie den Ausstieg einer Mitstreiterin verkraften und später eine Rep-Wechslerin in die Gruppe integrieren. Toms Tipp für eine gute Examensvorbereitung: Sich nichts einreden lassen – und auch mal mutig sein.

Tom, du hast Examen ohne Repetitor gemacht. Wie bist du dazugekommen?

Ich habe mich nicht von heute auf morgen entschieden, sondern lange überlegt. An sich dachte ich schon, dass bei den Reps didaktisch sinnvolle Arbeit geleistet und gutes Material zur Verfügung gestellt wird: Aber man darf nicht danach fragen, welche Art der Vorbereitung richtig oder falsch, besser oder schlechter ist, sondern welche zu einem selbst passt. Inspirierend waren neben Gesprächen mit älteren ExamenskandidatInnen auch der Ex-o-Rep-Workshop der Universität und die Vorauflage eures Buches.

Im Ergebnis habe ich gemerkt, dass ich mir nur selten etwas erklären lassen kann, da ich den Leuten im Zweifel nicht traue und lieber alles nochmal selbst nachlese. Ich habe den zeitaufwendigen Zwang, mindestens zwei Texte zu einem Thema zu lesen, um schließlich aus der Differenz der Darstellung zu lernen. Mir vier bis zwölf Stunden pro Woche Jura „erklären" zu lassen, um es dann in den Skripten aus derselben Quelle nachzulesen, kam für mich methodisch einfach nicht in Frage.

Du hattest eine Lerngruppe. Hattet ihr irgendwelche besonderen Rezepte?

Wir haben uns außergewöhnlich viel Zeit für die Vorbereitung der Lerngruppe genommen. Wirklich angefangen haben wir im November 2008, aber zusammen mit einem guten Freund habe ich bereits sechs Monate im Voraus nach LerngruppenpartnerInnen gesucht. Während des Sommersemesters haben wir dann bereits „Probe-Sitzungen" gemacht. Wir haben uns auch individuell viel Zeit genommen und Bücher über Lernmethoden und Erfahrungsberichte gelesen. Da unser Lernplan bereits über einen Monat vor Beginn der Lerngruppe fertig war, hatten wir alle viel Zeit, um nochmals Luft zu holen, bevor es losging.

Besonders war auch die Idee, immer eine Woche im Voraus zu lernen, also den Stoff für die Lerngruppe in der 20. Kalenderwoche bereits in der 19. Woche gelernt zu haben. Das bringt etwas Entspannung ins Lernen und ist auch lerntechnisch optimal, da man nicht nur über das Kurzzeitgedächtnis arbeitet. Erfordert aber viel Disziplin, ich hab's leider auch nicht immer durchgehalten.

Und da war der Ausstieg unserer Lernpartnerin in der zweiten Woche. Das hat uns erst einmal ganz schön aus der Bahn geworfen, da vom Lernplan über die Wiederholungs-organisation bis zur Sitzungsleitung alles auf vier Personen ausgelegt war. Wir mussten das dann drei Monate zu dritt schultern, bis wir wieder Zuwachs bekommen haben. Allerdings hat die neue vierte Person noch parallel Zivilrecht beim Repetitor gehört. Zwar gibt es viele gelungene Beispiele, wie man Repetitor und Ex-o-Rep kombinieren kann, einen Quereinstieg wie bei uns würde ich im Nachhinein aber weder dem/der Ein-steigerIn noch einer Lerngruppe empfehlen.

Gab es denn auch sonst Unerwartetes, auf das ihr euch einstellen musstet?

Ja, unser Lernplan sah zunächst nur fünf freie Wochen vor dem Examen vor. Wir haben uns dann aber von anderen Lerngruppen inspirieren lassen und unseren Plan so umge-stellt, dass wir zuletzt zwei Monate frei hatten. Das hat sich sehr gelohnt und ging wegen unseres großzügigen Lernplans und der vielen Pufferstunden relativ leicht.

Wie habt ihr wiederholt?

Wir haben nach dem Prinzip „Lernen in Potenzen" in 2er-Potenzen wiederholt. Zu Be-ginn jeder Sitzung 15 Minuten pro Thema, bei maximal sechs Wiederholungseinheiten. Ich habe die Wiederholung in der Lerngruppe und vor allem auch das eigene Wiederholen des Stoffs nach diesem Schema als sehr effektiv und beruhigend empfunden.

Inwieweit habt ihr bei den Planungen die jeweiligen Schwerpunkte berücksichtigt?

Grundsätzlich galt: Wer die Sitzung leitet, muss nie mehr wissen als die anderen. Bei der Planung wurde spezifisches Schwerpunktwissen nur bei IPR, StPO und einer Vernet-zungsstunde im Öffentlichen Recht genutzt. Diese Sitzungen wurden von den jeweiligen „ExpertInnen" geleitet, die dann nicht nur moderiert, sondern eben auch ein wenig „un-terrichtet" haben.

Inwieweit habt ihr die universitäre Examensvorbereitung in Freiburg eingebunden?

Bei der Terminierung der Lerngruppentreffen haben wir die WuV-Kurse berücksichtigt. Was generell gilt, gilt aber für die WuV-Kurse im Besonderen: auf sich selbst hören und keine Kurse aus schlechtem Gewissen besuchen, oder nur weil alle anderen es auch tun. Verschwendete Zeit beruhigt kein Gewissen.

Beim Examensklausurenkurs habe ich früh mit Schreiben angefangen, aber vor allem anfangs einen kapitalen Fehler gemacht: Wenn ich in einer Klausur das Gefühl hatte, das müsste ich eigentlich können, schaffe es aber nicht, dann habe ich zu oft abgebrochen, anstatt mich durchzubeißen. Aber genau das ist für das Examen wichtig. Andererseits sollte man natürlich auch Frust vermeiden – wenn wirklich gar nichts geht, dann geht man besser nach Hause als sich das Wochenende zu versauen.

Apropos Wochenende: Wie seid ihr in der Lerngruppe mit Freizeit umgegangen?

Wir hatten alle sieben Wochen eine Woche frei und im Sommer zwei Wochen Urlaub. Dazu kamen dann noch die entzerrende Wirkung der Pufferstunden. Auch die Wochenenden, wenigstens die Sonntage sollten frei sein. Ich würde fast sagen, man sollte genauso viel Disziplin aufs Urlaubmachen verwenden wie aufs Lernen.

Würdest Du im Rückblick irgendetwas anders machen?

Ich bin wirklich sehr zufrieden, wie es gelaufen ist. Unsere Gruppe hat super funktioniert, wir haben uns gegenseitig bereichert und gestützt. Was ich ändern würde, hat denn auch weniger mit dem Gesamtkonzept zu tun, sondern mit meiner eigenen Lernmethode. Ich habe stets versucht, die groben Strukturen zuerst zu verstehen und bei Streitfragen vor allem nach den dahinter liegenden Wertungen gesucht. Das kostet zu viel Zeit und Kraft, und erst spät habe ich eingesehen, dass Verständnis und Strukturwissen mit Zeit und Übung von allein kommen, und zudem benötigt man fürs Examen einfach auch ein gewisses Maß an Detailwissen.

Die Ergebnisse lagen innerhalb eurer AG recht weit auseinander. War das sehr schwer für dich?

Ergebnisse, wie sie meine MitstreiterInnen eingefahren haben, hatte ich auf keinen Fall erwartet, war aber über die 7,0 Punkte im Schriftlichen trotzdem enttäuscht. Unsere Ergebnisse hatten sich in der Tendenz in der Lerngruppe schon abgezeichnet, gewundert hat mich also nicht das gute Abschneiden meiner KollegInnen, sondern der große Abstand. Nach einer Woche Magenschmerzen war ich wieder guter Dinge und habe mich für den Verbesserungsversuch angemeldet.

Den Lernplan von Toms AG findet ihr in Teil 6 auf S. 184.

Claudia Perlitius
Examen im Herbst 2002 in Berlin
Ergebnis: gut
Vorbereitung: mit AG (eine Frau, zwei Männer)

„Keine Lust auf Pappnasen"

Für Claudia Perlitius stand der Gang zum Repetitor gar nicht erst zur Diskussion – schließlich hatte sie die Vorauflage dieses Buches gelesen.

Warum kam ein Repetitorium für dich nicht in Frage?

Aus Kostengründen, weil ich nicht nur auswendig lernen wollte, weil ich keine Lust hatte, nur mit Pappnasen zusammen zu sitzen, und weil ich den Druck nicht haben wollte, mir ständig einreden zu lassen, dass ich nichts kann. Zu dieser Überzeugung kam ich schon ziemlich früh, während meines Studiums in Göttingen. Dort machte ich bei einer linken Fachschaftsgruppe mit, der „Basisgruppe Jura", in der wir uns kritisch mit dem Repetitor und Alternativen beschäftigten.

Hast du alleine gelernt?

Nein, in einer AG, zwei Männer und ich. Wir kannten uns vorher auch nicht, sondern hatten uns über gemeinsame Bekannte kennen gelernt. Als wir – in Anlehnung an einen der Pläne aus der letzten Auflage eures Buches – an unserem gemeinsamen Lernplan arbeiteten, stellte sich heraus, dass wir auf jeden Fall eine solide Arbeitsbeziehung würden führen können.

Wie oft habt ihr Euch getroffen?

Anfangs zweimal die Woche für je vier Stunden. Eine Person hat die AG jeweils für die anderen beiden vorbereitet. Zuerst wurden Fragen gestellt und kleine Fälle gemacht – so im Stil der „Prüfe Dein Wissen"-Bände. Danach haben wir jeweils einen größeren Fall besprochen. Meistens war das ein Examensfall aus einer Ausbildungszeitschrift. Am Anfang haben wir ihn auch erst während der AG-Sitzungen gelöst, also nicht alleine in der Bibliothek vorbereitet. Das hat aber zu lange gedauert, so dass wir später dazu übergegangen sind, ihn schon vor Beginn der AG-Treffen zu lösen, und in der AG nur die Lösungen diskutiert und mit der offiziellen Lösungsskizze verglichen haben. Mit dieser Mischung aus einem großen und einigen kleinen Fällen haben wir es ganz gut geschafft, immer alle wichtigen Probleme eines Themas abzudecken. Auf die jeweiligen Sessions vorbereitet haben wir uns in der Bibliothek. Jede/r war selbst dafür verantwortlich, sich in den Stoff einzuarbeiten. Nachdem wir ins Lernen reingekommen waren, nach ca. drei Monaten, haben wir auf drei Sessions pro Woche erhöht – das war ganz schön hart.

Kamt ihr trotzdem mit dem Stoff durch?

Ja, nach einem knappen Jahr hatten wir alles einmal behandelt. Und dann haben wir – wie geplant – noch zwei Monate lang alles wiederholt. Es war eine sehr ernüchternde Erfahrung für mich, wie viele Sachen ich schon wieder vergessen hatte. Noch dazu musste ich in dieser Zeit oft neue Karteikarten schreiben, weil ich das nicht von Vornherein für alle Bereiche konsequent gemacht hatte. Als die Zeit noch knapper wurde, habe ich mir aber auch kommerzielle Karten besorgt.

Habt ihr parallel auch Klausuren geschrieben?

Ja, wir haben am Klausurenkurs teilgenommen, der an der Humboldt-Universität angeboten wurde. Als der in den Semesterferien unterbrochen war, habe wir einen Bezahl-Kurs von Alpmann-Schmidt gemacht, bei dem man die Klausuren einschickte und dann korrigiert zurück bekam.

Wart ihr parallel im Uni-Rep?

Nur einzelne Termine bei einem Prof, der die Strafrechts-Veranstaltung wirklich gut gemacht hat. Wir haben uns die anderen zusammen angeschaut und kamen recht schnell zu dem Ergebnis, dass das Uni-Rep – das ja auch vor- und nachbereitet werden muss – im Vergleich zum Nutzen für uns zu viel Zeit kostet, die uns dann für die AG gefehlt hätte.

Wie war die Stimmung in deiner AG?

Inhaltlich haben wir uns viel gestritten, sind aber ansonsten gute Freunde geworden – was am Anfang wohl keiner von uns gedacht hätte. Aus einer Gemeinsamkeit – wir waren alle drei mit Erasmus in Italien – wurde dann die Tradition, sich zur Belohnung nach jedem größeren Lern-Abschnitt gemeinsam ein italienisches Menü zu kochen. Das war immer ein Highlight. Ganz wichtig für die gute Stimmung war es auch, dass wir alle drei die Arbeit in der AG sehr ernst genommen haben.

Wie hast du deine Freizeitgestaltung geregelt?

Die war witziger Weise entspannter als im Studium. Da habe ich nämlich sehr viel politische Arbeit gemacht, war z. B. an einem Zeitschriftenprojekt – der Forum Recht – beteiligt. Das habe ich in der Lernphase stark zurückgefahren. Anstatt abends E-Mails an Leute aus dem AStA oder irgendwelche Polit-Gruppen zu schreiben, war ich in dieser Zeit oft im Kino oder habe mich mit FreundInnen getroffen.

Ludger Pflug
Examen im Juni 2005 in Freiburg
Ergebnis: vollbefriedigend
Vorbereitung: mit AG (drei Männer, eine Frau)

„Verschieben war keine Option"

Ludger Pflug hat seine AG auf einem Ex-o-Rep-Workshop kennengelernt. Zwei AG-TeilnehmerInnen haben später sogar geheiratet.

Du hast dich in einer Vierer-AG auf das Examen vorbereitet. Wie habt ihr euch gefunden?

Den E. kannte ich schon länger, wir wollten das zusammen machen. Dann habe ich über meine Ex-Freundin noch eine Frau kennengelernt, die mitmachen wollte. Und unseren vierten Mann haben wir auf dem Examen-ohne-Rep-Workshop in Freiburg gefunden, den kannten wir vorher aber auch schon.

Wie ist das, auf einem Workshop nach AG-PartnerInnen zu suchen? Wie auf der Jobmesse?

Da waren 30 Leute, die alle Examen ohne Rep machen wollten, nur ganz wenige mussten erst noch überzeugt werden. Eine Dreiergruppe hat richtig gecastet, die haben zwei oder drei Leute rausgeschossen, bevor sie jemand hatten, mit dem sie zufrieden waren. Aber wir kannten uns ja eigentlich alle, da gab es keine lange Diskussion.

Und dann habt ihr einen Plan gemacht.

Genau. Wir sind generalstabsmäßig vorgegangen und haben gleich den ganzen Stoff aufgeteilt. Das hat eine ganze Woche gekostet, aber dafür haben wir in anderthalb Jahren auch nur einmal eine AG verschieben müssen.

Ihr seid die ganze Zeit nach eurem Plan gegangen? Ist nie etwas dazwischen gekommen?

Wir haben das alle absolut ernst genommen. Es war von Anfang an klar, dass Verschieben keine Option ist, sonst verzettelt man sich nur.

Wie war die Arbeit in der AG organisiert?

Wir haben fast nur Fälle gelöst, immer auf Examensniveau. Das war am Anfang manchmal ganz schön frustrierend. Aber da mussten wir halt durch. Man darf das alles sowieso nicht so persönlich nehmen. Die Fälle hat immer einer für alle vorbereitet und in der Stunde vorher ausgeteilt. So konnte sich jeder schon einmal vorher ansehen, was drankommt.

Hat das auch jeder gemacht?

Klar, wir hatten alle einen hohen Anspruch.

Ist es nicht schwierig, wenn lauter ehrgeizige Menschen zusammen lernen?

E. war im Zivilrecht besser als wir anderen, das hat uns natürlich schon manchmal gewurmt. Aber wir hatten nie ernsthafte Auseinandersetzungen. In den Sitzungen hat immer der- und diejenige die Diskussion geleitet, der bzw. die den Fall vorbereitet hatte.

Und es war klar, dass diese Person bestimmt, was läuft, wer dran ist und wie lange jede/r redet. Eigentlich war es eher gut, dass wir alle einen hohen Anspruch hatten. Wir waren uns einig, dass wir alles verstehen wollen.

„Alles verstehen" klingt anstrengend. Habt ihr überhaupt noch etwas anderes gemacht außer zu lernen?

Ja sicher, sonst wird man ja verrückt. Das muss man sich gut organisieren. Ich habe jeden Tag ungefähr von 08.30 bis 17.00 oder 18.00 Uhr gelernt, mit einer ordentlichen Mittagspause. An den Wochenenden habe ich nichts gemacht, und wir hatten insgesamt ungefähr drei bis vier Wochen Urlaub. Das war auszuhalten.

Waren deine KollegInnen genauso zufrieden mit der AG wie du?

Auf jeden Fall. L. war mit ihrer Note nicht glücklich, aber das hat sie nicht auf die AG geschoben. In den Klausurenkursen waren wir immer ungefähr gleich gut. Im Examen ist eben auch immer ein bisschen Glück dabei, das muss man wissen. Aber L. hat sich im Verbesserungsversuch dann auch noch gesteigert.

Versteht ihr euch heute noch?

Sehr gut sogar. Zwei von uns haben gerade geheiratet.

Henrike Wegener
Examen im Februar 2007 in Frankfurt/Oder
Ergebnis: befriedigend
Vorbereitung: mit AG (zwei bzw. drei Frauen und ein
Mann)

„Die AG hat mich diszipliniert"

Henrike Wegener hatte einen strikten Lernplan mit ihrer AG. Neben der Examensvorbereitung hat sie dennoch viel Zeit in ehrenamtliches Engagement gesteckt.

Du hast dein Schicksal selbst in die Hand genommen und mit deiner AG einen sehr detaillierten Lernplan vereinbart. Kamt ihr euch nicht etwas exotisch vor?

Keinesfalls. An unserer Uni in Frankfurt/Oder und in meinem Freundeskreis gab es schon vorher einige andere Leute, die sich mit einer AG auf das Examen vorbereitet haben. So hatten wir auch einige Vorbilder für unseren Lernplan.

Ihr habt also teilweise den Plan einer Vorgängergruppe übernommen? Wie sah der aus?

Wir haben ein solchen Plan genommen, durchgeschaut, ob der uns logisch erscheint, und dann losgeplant. Insgesamt haben wir, über 15 Monate verteilt, 115 Lerneinheiten vereinbart, und uns dafür jede Woche zweimal vier Stunden getroffen. So wussten wir auch schon im Voraus ganz genau, was wir an welchem Datum in der AG bearbeiten und damit auch selbst lernen müssen.

Das hört sich aufwändig und anstrengend an. Und einen Lernplan bekommt man beim Rep doch auch.

Natürlich war es anstrengend. Aber das ist die Examensvorbereitung nun mal. Der Vorteil einer AG im Gegensatz zum Rep ist, dass man diskutieren kann, und das auch muss. Wir haben außerdem immer versucht, uns gegenseitig zu kritisieren, das hilft ungemein.

Empfandest du es aber nicht als Risiko, dich auf deine AG-PartnerInnen verlassen zu müssen?

Wir waren – und sind – gut befreundet, so konnten wir einschätzen, was auf uns zukommt, und dass wir gut zusammenpassen. Und das hat sich auch bewahrheitet. Das hat sich übrigens auch in den Ergebnissen bestätigt, wir hatten alle etwa die gleiche Note. Zudem war von Beginn an klar: Die AG hat vor allem Vorrang, auch eine Geburtstagseinladung darf keine Ausrede sein. Pünktlichkeit muss auch sein, und über Privates können wir auch wann anders quatschen. Zugleich weiß jeder und jede in einer solchen AG, dass man Verantwortung gegenüber den anderen hat – anders als im Rep sind die aufgeschmissen, wenn man sich nicht an die Regeln hält und unvorbereitet ist. So hat mich die AG auch für das eigene Lernen diszipliniert.

Wie sah eine AG-Einheit genau aus?

Wir haben uns meist am späten Nachmittag getroffen, so hat man morgens, wenn man besser konzentriert ist, noch genügend Zeit zum Selbstlernen. Dann haben wir in erster Linie Fälle gelöst – diejenige, die den Fall vorbereitet hatte, hat die anderen drangenommen, so konnte man sich nicht verstecken. Nach etwa der Hälfte der Examensvorbereitungszeit haben wir noch Wiederholungsphasen eingebaut. Vor den Klausuren haben wir einen Intensivkurs gemacht, und uns vier Wochen lang jeden Tag zwei bis drei Stunden getroffen, um die wichtigsten Sachen nochmal zu wiederholen. Vor der Mündlichen gab es dann nochmal einen sechswöchigen Intensivkurs, in dem wir die Prüfung simuliert haben.

Wie hast du alleine gelernt?

Ich hab mir immer verschiedenen Lehrbücher aus der Bibliothek genommen und damit gelernt. Teilweise hatte ich aus dem Studium auch noch selbstgemachte Karteikarten. Wir haben die Lernmaterialien aber nicht in der AG abgesprochen. Das ist aber auch besser, denn mit unterschiedlichem Hintergrundwissen kann man häufig offene Fragen klären.

Du hast daneben auch noch einzelne Veranstaltungen an der Uni besucht?

Ja, es gab für einzelne Fächer ein Examinatorium. Das war teils sehr ergiebig, weil man manchmal mit nur drei Leuten und einem Prof dort saß und diskutieren konnte. Außerdem gab es einen Klausurenkurs mit drei Klausuren pro Woche, da habe ich auch viele mitgeschrieben – auch wenn die Ergebnisse nicht immer motivierend waren.

Hast du denn bei einem solch strikten AG- und Lernplan überhaupt noch Zeit für andere Sachen gehabt?

Natürlich war das alles viel. Aber das Leben ist nicht nur Examensvorbereitung. Urlaubswochen waren in unserer AG auch eingeplant, insgesamt über den gesamten Zeitraum fünf Wochen. Ich selbst habe normalerweise auch nicht am Wochenende gelernt.

Und was hast du mit der freien Zeit gemacht?

Ich war zeitweise im Vorstand der Grünen in Frankfurt/Oder. Daneben habe ich mehrere Seminare für Jugendliche gegeben, im Verein zur Förderung politischen Handelns, bei dem ich aktiv bin. Ich fand diese Sachen enorm wichtig, auch um bei der ganzen Lernerei zu verhindern, dass ich mir ein Scheuklappendenken zulege.

Lotta Leichtsinn
Examen im Frühling 2009 in Berlin
Ergebnis: vollbefriedigend
Vorbereitung: Uni-Rep und diverse AGs

„Die Mischung macht's"

Lotta Leichtsinn hat zahlreiche Arten der Examensvorbereitung ausprobiert, keine so richtig zu Ende gebracht und war am Schluss doch erfolgreich.

Wie hast du dich vorbereitet?

Meine Vorbereitung war eher planlos, wobei das nicht heißt, dass ich keine Pläne gemacht hätte. Es waren eher zu viele Pläne, die ich aber nie bis zum Schluss verfolgte und oft schnell wieder verwarf. Ich bin sozusagen mehrfach in die Examensvorbereitung gegangen, die ersten Male habe ich das Ganze nach ein paar Wochen wieder bleiben lassen. 2006 ließ ich meinen Freiversuch sausen und musste, weil die alte auslief, auf die neue Studienordnung umsatteln. Insgesamt habe ich drei Jahre mehr oder auch weniger mit der Examensvorbereitung verbracht, war Teil verschiedenster Lerngruppen, habe das Uni-Rep besucht und war auch für mehrere Monate im Kommerz-Rep.

Wie sahen deine Lerngruppen aus?

In meiner ersten Lerngruppe waren außer mir noch zwei Frauen. Die beiden anderen gingen zum Kommerz-Rep, ich habe in der Zeit meine Wohnung renoviert. Die beiden anderen meldeten sich an, ich verschob. Dann lernte ich zusammen mit einer Frau, die ich bei meinem Abstecher zum Kommerz-Rep kennengelernt hatte. Das lief dann ganz ähnlich ab wie in meiner ersten AG, allerdings lernten wir bis kurz vor ihren Klausuren gemeinsam.

Warum hast du das Kommerz-Rep besucht?

In meinem zweiten Semester wurde gerade die Schuldrechtsmodernisierung beschlossen. Ich sah' nicht ein, warum ich meine Zeit dem alten Schuldrecht widmen sollte, wenn doch ohnehin bald alles anders sein würde. Da ich leider auch das neue Schuldrecht während des Studiums komplett vernachlässigte, stand ich kurz vor der Examensvorbereitung ziemlich hilflos vor Riesenlücken im Zivilrecht. Und so meldete ich mich beim Kommerz-Rep an.

Wurde deine Erwartung enttäuscht?

Ja. Der Vorlesungsstil beim Kommerz-Rep war sehr zackig. In meinem Kurs saßen fast 60 Leute und es gab keinerlei Möglichkeit zum Diskutieren. Damit will ich gar nicht sagen, dass jedes Kommerz-Rep per se schlecht ist. Aber ich kann besser durch gedankliches Nachverfolgen lernen als durch bloßes Vorkauen. Mir hilft es, wenn ich weiß, wer eine Auffassung vertritt, und wenn ich rechtliche Streitstände einzelnen Theorie-Schulen zuordnen kann. Von daher bringt es mir nichts, wenn mir ein Repetitor die absolute Wahrheit verkaufen will, mit der die Klausuren angeblich optimal bestanden werden. Und so ließ ich auch das Kommerz-Rep wieder bleiben.

Hast du mit dem Uni-Rep bessere Erfahrungen gemacht?

Ja, viel bessere. Für meinen Lernfortschritt war es viel besser, wenn ein Dozent mir sein persönliches Anliegen, seinen Umgang mit einer bestimmten Materie näher bringen wollte und auch erklären konnte, warum er vom „Schema" abweicht. Im Nachhinein komme ich fast ins Schwärmen. Umso schlimmer ist es, dass es an der FU Bestrebungen gibt, das Uni-Rep-Angebot aus Kostengründen wieder einzuschränken.

Eines meiner Probleme war, dass ich mich immer sehr gerne mit den Sachen beschäftigt habe, die ich eh schon konnte, v. a. Öffentliches Recht, während ich mich nur schwer aufraffen konnte, für diejenigen Rechtsgebiete zu lernen, die ich noch nicht konnte. Im Uni-Rep habe ich mich dann zum Zivilrecht gezwungen, bis es irgendwann sogar Spaß gemacht hat. Ich startete eine dritte Lerngruppe mit zwei Frauen, die ich über eine linke Fachschaftsgruppe kannte. Parallel dazu lernte ich mit einem Bekannten vom Uni-Rep. Wir haben zusammen v. a. Fälle gelöst und uns zwei Mal jede Woche für ungefähr zwei Stunden getroffen. Ansonsten gingen drei bis vier Vormittage pro Woche für das Uni-Rep drauf. Dazu samstags Klausurenkurs und einmal die Woche Klausurbesprechung. Und irgendwie habe ich es geschafft, mein soziales Umfeld dabei nicht komplett aus den Augen zu verlieren.

Wie hast du konkret gelernt?

Gute Frage. Ich saß keinen einzigen Tag in meinem Leben acht Stunden lang in der Bibliothek. Das hätte ich nie geschafft. Geskriptet oder Karteikarten geschrieben habe ich auch nicht. Also, damit angefangen habe ich schon, aber nach der fünften schon wieder aufgehört. Stattdessen habe ich lieber die Materialien vom Uni-Rep genommen und in der Lerngruppe noch einmal durchdiskutiert. Ich habe während der Zeit auch nur ein einziges Lehrbuch von hinten bis vorne durchgearbeitet, den Neuner – Sachenrecht – und ansonsten alles wild quer gelesen. Details zu pauken habe ich möglichst vermieden. Unter einer meiner Examens-Klausuren stand dann auch „Höchstrichterliche Rechtsprechung offensichtlich nicht bekannt". Etwas später aber dafür: „Subsumtion auf höchstem Niveau".

Wie hast du dir die nötige Klausurpraxis antrainiert?

Geplant hatte ich ein Jahr lang jeden Samstag eine Klausur zu schreiben, die im Klausurenkurs an der FU angeboten wurde. Anfangs habe ich nicht immer abgegeben. Ich hatte das Gefühl, was ich da schreibe, ist ohnehin nur Schrott. Bis kurz vor den richtigen Prüfungen benutzte ich noch Lehrbücher, eigene Aufzeichnungen oder Kommentare, weil ich dachte, nicht genug zu wissen. Etwa fünf Monate vor'm Examen gab ich dann wirklich jede geschriebene Klausur ab – und wenn es nur vier Seiten waren.

Würdest du es nochmal genau so machen?

Das weiß ich nicht, aber wahrscheinlich könnte ich mich gar nicht anders auf das Examen vorbereiten.

Fabrice Witzke
Examen: 2008 in Köln
Ergebnis: vollbefriedigend
Vorbereitung: allein und mit AG (zwei Männer und zwei
Frauen)

„Selbst lernen muss man ohnehin"

Fabrice Witzke hat sich eigene Skripten mit insgesamt 1.200 Seiten geschrieben. Ein Teil seiner Examensvorbereitung hat er in Paris verbracht.

Fabrice, du hast in Paris mit der Examensvorbereitung – und zwar für das deutsche Examen – angefangen. Wie kam es dazu?

Ich hatte vorher in Paris studiert und hatte noch eine Stelle als wissenschaftliche Hilfskraft. Außerdem hat meine damalige Freundin in einer Bibliothek in Paris gearbeitet, dort konnte ich dann sehr gut lernen.

Rep kam für dich also von Vornherein nicht in Frage?

Ich habe das nie kategorisch ausgeschlossen, weil ich dachte, was so viele Leute machen, das kann nicht grundfalsch sein. Ich habe dann auch mal probegehört, hatte aber das Gefühl, mir dort eine mehr oder weniger gute Vorlesung anzuhören. Und selbst lernen muss man ohnehin.

In Paris hattest du doch wahrscheinlich gar nicht alle Bücher, die du brauchtest?

Die hatte ich mir vorher gekauft. Ich habe mich dafür ein Wochenende in die Bibliothek in Köln gesetzt, und mir angeschaut, welche Bücher die Richtigen für mich sind.

War das nicht sehr teuer?

Ich hab dafür bestimmt mehr als 300 Euro ausgegeben. Aber gut, ein kommerzielles Rep kostet ein Vielfaches davon.

Und wie hast du mit den Büchern gelernt?

Ich habe mir für jedes Teilgebiet ein Skript erstellt, in dem ich die wichtigsten Sachen zusammengefasst und auch Fälle eingebaut habe. Am Ende kamen über 1200 DIN-A 4-Seiten dabei raus. Voller Rechtschreibfehler und einem Zeichen-Code, den vermutlich nur ich verstehe. Das Skript war nicht besonders originell und hat im Grunde nur das enthalten, was wirklich wichtig war: Prüfungsschemata und Streitdarstellungen, und zwar so, wie man sie in einer Klausur idealerweise schreiben würde. Damit habe ich dann später wiederholt. Natürlich konnte ich mir nicht alles merken, aber visuell blieb doch etwas hängen.

Gab es für deinen Plan irgendwelche Vorbilder?

Ja, ich habe mich am Lernplan eines Freundes sowie an einem aus dem Internet orientiert. Ich habe einfach gegoogelt und einen gefunden, der so plausibel aufgebaut war, dass ich ihn zur Grundlage gemacht und dann an meine Bedürfnisse angepasst habe. Dabei waren acht Monate für das Erstellen des Skripts vorgesehen und vier Monate Wiederholung. Ich habe für das Skript etwas länger gebraucht, aber im Großen und Ganzen war ich damit sehr zufrieden.

Wie waren deine Lernwochen eingeteilt?

Ich habe in jeder Woche zwei Tage Zivilrecht, zwei Tage Öffentliches Recht und einen Tag Strafrecht gelernt. Das Problem ist aber natürlich die Selbstkontrolle. Deshalb habe ich mir einen Wochenplan ausgedruckt, in dem ich dann immer nachträglich angestrichen habe, was ich gelernt habe. So konnte ich immer sehen: Das habe also schon geschafft – und das noch nicht.

Zurück zu deinen Lernorten: Nach einiger Zeit bist du von Paris zurück nach Köln gegangen. Wie ging es dann weiter?

An sich wie vorher. Allerdings habe ich dann in Köln noch eine AG gefunden: mit einem alten Kumpel und zwei Mädchen, die ich entfernt kannte. Das fand ich sehr hilfreich, um zu sehen, wie weit man so ist, und auch, um mit dem eigenen Lernen nicht so zu vereinsamen.

Ihr hattet aber keinen gemeinsamen Lernplan?

Nein, wir waren sogar teilweise unterschiedlich weit, einige haben nebenher auch noch Rep gemacht. Wir haben dann in jeder Sitzung aus jedem Fach jeweils einen Fall gemacht. Dass wir so heterogen waren, fand ich auch sehr angenehm. Eine von uns war sehr schlau und hat immer ganz besonders viel gelernt, die hat uns dann immer alle mitgerissen. Das andere Mädchen war ausgesprochen cool und hat sogar unmittelbar vor dem Examen noch zwei Wochen Skiurlaub gemacht. So konnte man sich immer etwas von den anderen abgucken.

Wie viel Freizeit hast du dir denn gegönnt?

Ich habe jeden Tag von 8.00 Uhr bis 18.30 Uhr mit eineinhalb Stunden Mittagspause gelernt. Der Sonntag war aber immer frei. Und Urlaub habe ich mir auch ab und an gegönnt, auch ruhig mal zwei Wochen, um einfach mal gar nicht an Jura zu denken.

Neben dem Lernen hast du aber auch noch Probeklausuren geschrieben?

Ja, das war eine sehr gute Übung. Alleine schon, um das Schreiben mit Stift zu trainieren. Und natürlich war es ein guter Test, um den Leistungsstand einzuschätzen. Das kann natürlich auch mal deprimierend sein, aber an sich waren für mich sowohl die guten als auch die weniger guten Ergebnisse immer eine Motivation.

Annelie Kaufmann
Examen im Juli 2010 in Münster
Ergebnis: befriedigend
Vorbereitung: alleine und mit AG (drei Frauen)

„Pausen sind das Wichtigste während der Examensvorbereitung"

Annelie Kaufmann hat das Uni-Rep nach einigen Monaten nicht mehr besucht, um mehr Zeit für eigenständiges Lernen zu haben. Im Rückblick würde sie nicht noch einmal Jura studieren.

Du hast deine Examensvorbereitung zunächst mit dem Uni-Rep begonnen, hast aber nach einem halben Jahr darauf verzichtet. Wie kam es dazu?

Das Uni-Rep in Münster findet jeden Tag von 8.00 bis 11.00 Uhr statt. Dazu kommen noch die Klausurenkurse. Und ich hatte auch eine Lerngruppe. Damit blieb mir überhaupt keine Zeit mehr selbst zu lernen. Die brauchte ich aber, schließlich kann das Uni-Rep nicht alle individuellen Bedürfnisse abdecken.

Was sind deine Bedürfnisse?

Im Repetitorium wird ja der gesamte Stoff wiederholt. Ich hatte aber im Schwerpunkt viel Öffentliches Recht gemacht und da weniger Nachholbedarf als zum Beispiel im Zivilrecht. Deshalb wollte ich mir den Lernstoff lieber selbst einteilen. Außerdem fällt es mir schwer, drei Stunden konzentriert zuzuhören. Ich lese lieber und versuche den Stoff so aufzubereiten, dass ich ihn mir gut merken kann.

Wie hast du den Stoff genau aufbereitet?

Bevor ich mit der Examensvorbereitung angefangen habe, hab ich mich mit Lerntechniken beschäftigt und ausprobiert, was für mich am besten funktioniert. Übersichten und Prüfungsschemata hab ich dann in Form von mindmaps erstellt. Meinungsstreits und Definitionen kamen auf kleinere Merkzettel. Das alles hab ich in drei großen Ordnern abgeheftet – und zwar so, dass ich den Stoff in alle Richtungen erweitern konnte, wenn mir später noch etwas einfiel. Das fand ich praktischer als etwa zusammenhängende Skripten zu schreiben. Außerdem fasst man sich dabei schön kurz. Das ist wichtig, sonst kommt man mit der Wiederholung nicht mehr hinterher.

Wie hast du deine Vorbereitungszeit geplant?

Ich habe mir den Lernstoff wochenweise eingeteilt. Der Plan hing über meinem Schreibtisch, ein Kalender mit bunten Klebezetteln. So konnte ich leicht etwas ändern, wenn es mal schneller oder langsamer voran ging. Trotzdem war ein Plan wichtig, damit ich mich nicht jeden Tag aufs Neue frage musste, was gerade dran war.

Den Klausurenkurs an der Uni hast du später auch nicht mehr besucht?

Stimmt, etwa ein halbes Jahr vor dem Examen habe ich damit aufgehört. Das Klausurenschreiben fiel mir schwer, mir fehlte der Druck, den man in einer echten Klausur hat. Wenn ich den Fall nicht konnte, bin ich lieber nach Hause gegangen und habe gelernt. Außerdem werden die Probeklausuren hier eher schlechter bewertet als im Examen und dann noch mit wenig hilfreichen Anmerkungen versehen – das hat alles viel Frustpotenzial.

Stattdessen habe ich aber später mit Vorlagen aus Fallbüchern Klausuren geschrieben. Dabei habe ich nur Teilaspekte trainiert: Eine Lösungsskizze in ein bis zwei Stunden erstellen oder ein Gutachten in drei Stunden schreiben, um die Formulierungen zu üben. Mit dem Zeitmanagement hatte ich dann im Examen auch keine Probleme, obwohl ich selten fünf Stunden am Stück geschrieben habe. Das muss auch nicht sein, die Examenssituation kann man ohnehin nicht nachstellen.

Was habt ihr in eurer AG gemacht?

Wir haben uns einmal pro Woche getroffen und Fälle gelöst. Diejenige, die den Fall vorbereitet hatte, hat zu Beginn der Sitzung einige Eingangsfragen gestellt und eine Zusammenfassung zum jeweiligen Thema geschrieben. Unsere AG hat sich später allerdings aufgelöst, da wir alle zu unterschiedlichen Zeitpunkten die Klausuren geschrieben haben – obwohl wir gleichzeitig mit dem Uni-Rep angefangen hatten. Vor der mündlichen Prüfung habe ich mit einer anderen Kommilitonin für den Prüfungsvortrag geübt. Das war richtig gut, schließlich hat man das im Studium nie gemacht. Ich finde aber, die Lerngruppe war nicht nur inhaltlich wichtig, sondern vor allem, weil wir diese stressige Examenszeit einfach gemeinsam durchgestanden haben.

Während deiner Examensvorbereitung hast du festgestellt, dass die Juristerei eigentlich nichts für dich ist. Wie bist du damit umgegangen?

Zu Beginn des Repetitoriums dachte ich: Wie langweilig ist das Ganze eigentlich! Ich war mir sicher, dass ich nicht in einem klassischen juristischen Beruf arbeiten will. Trotzdem wollte ich das Studium erst einmal abschließen und danach überlegen, was dann passiert. Wichtig war, dass ich versucht habe, mich auch in anderen Bereichen weiterzuentwickeln. Ich habe Kampfsport gemacht und fotografiert – und da auch viel Zeit darauf verwendet. Außerdem habe ich mich immer neben dem Studium mit den gesellschaftspolitischen Bezügen der Rechtswissenschaft beschäftigt, und bin zum Beispiel auf Kongresse gefahren, die ich interessant fand. Die Examensvorbereitung habe ich demgegenüber als meinen Job angesehen, für den ich eine gewisse Zeit aufwende, dann aber auch Feierabend mache.

Wie viel Zeit hast du denn aufgewendet?

Mein Arbeitstag ging etwa von 10.00 Uhr bis 18.00 Uhr. Dabei habe ich eine längere Mittagspause gemacht und ansonsten viele kleine Pausen. Alle 45 Minuten mal kurz abschalten, das ist sehr gut für die Konzentration – Pausen sind das Wichtigste an der ganzen Examensvorbereitung! Hilfreich ist es übrigens, die tatsächliche Arbeitszeit mit der Stoppuhr zu stoppen. Auch wenn das Ergebnis anfangs schockierend ist – es diszipliniert. An einem guten Tag hab ich dann knapp vier Stunden gearbeitet, die aber wirklich effektiv.

Wie bewertest du dein Examensergebnis?

Natürlich ist es ein bisschen ärgerlich mit einem „befriedigend" rauszugehen, wenn man soviel gelernt hat. Andererseits will ich jetzt nicht in der Großkanzlei Karriere machen, also kann ich damit ganz gut leben. Man muss sich auch klar machen, dass die Note eben kaum widerspiegelt, was man wirklich kann, sondern von ziemlich vielen Zufällen abhängt. Ich hatte Pech bei den Klausuren mit sehr ungewöhnlichen Sachverhalten und vielleicht auch mit der Korrektur. Dafür hatte ich Glück bei der mündlichen Prüfung: nette Prüfer, schöne Fragen, ich konnte meine Punktzahl noch mehr als verdoppeln. Noch extremer lief es bei einer Kommilitonin: In ihren Klausuren hatte sie zwei bis vierzehn Punkte. Was sagt das schon aus?

Gibt es denn Sachen, die du im Rückblick anders machen würdest?

Ich würde nicht nochmal Jura studieren. Das war wirklich keine schöne Zeit.

Felix Weyreuther
Examen: Juli 2009 (1. Versuch) und 2010 (2. Versuch) in Jena
Vorbereitung: alleine.

„Examen ohne Repetitor ist für mich keine Glaubensfrage"

Felix Weyreuther entschied sich für eine Examensvorbereitung ohne Repetitor und private Arbeitsgemeinschaft, weil genau das für ihn funktionierte. Obwohl er schon im ersten Anlauf bestand, hat er ein zweites Mal Examen geschrieben, und kann das nur empfehlen.

Wie kam es dazu, dass du Examen ohne Rep machen wolltest?

Ich hatte mir schon kurz nach der Zwischenprüfung überlegt, mich ohne Repetitor auf das Examen vorzubereiten. Das lag auch daran, dass wir von den ProfessorInnen in diese Richtung beeinflusst worden sind. Im Nachhinein würde ich aber sagen, dass es für mich nicht wirklich fest stand. Hätte ich gemerkt, dass es ohne nicht funktioniert, hätte ich den Repetitor ausprobiert.

Wie haben die Profs denn versucht, euch das Examen ohne Rep schmackhaft zu machen?

In der Vorlesung haben die ProfessorInnen immer wieder betont, dass sie dafür da wären, den Stoff zu vermitteln, und dass wir Studierende auch einen Anspruch darauf hätten, den Stoff gut vermittelt zu bekommen. Deswegen gäbe es gar keinen Grund zum Repetitor zu gehen. Manche bezeichneten die Repetitoren gar als „Scharlatane". Ein Dozent empfahl uns für den Fall des Zusammentreffens mit einem Repetitor, diesen nach seiner Note im Examen zu fragen.

Sind trotz Eurer engagierten Profs noch viele Leute zum Repetitor gegangen?

Es sind schon einige hingegangen. Wenn ich schätzen müsste, würde ich sagen, dass sich die Zahlen der Leute, die sich mit und ohne Repetitor vorbereitet haben, in etwa die Waage gehalten habent.

Welche Veranstaltungen hat deine Fakultät denn zur Examensvorbereitung angeboten?

Jeden Samstag gab es eine Probeexamensklausur, und in der vorlesungsfreien Zeit wurde ein Probeexamen angeboten, bei dem die Klausuren wie im richtigen Examen verblockt gestellt wurden. Während des Semesters wurden für jedes Rechtsgebiet spezielle Kurse angeboten, in denen ProfessorInnen anhand von Examensklausuren die Prüfungsschwerpunkte der einzelnen Rechtsgebiete im Examen dargestellt haben.

Hast du dich darauf beschränkt, diese Kurse vor- und nachzubereiten?

Zunächst hatte ich auch noch eine private Arbeitsgemeinschaft, aber nur ein halbes Jahr lang. Es hat sich schnell herausgestellt, dass das für mich nicht die optimale Art der Vorbereitung war. Wir waren zu Dritt und haben immer abwechselnd je einen Fall vorbereitet, den die anderen dann selbstständig gelöst haben. Anschließend haben wir die Lösungen gemeinsam besprochen. Problematisch war für mich, dass wir sehr unterschiedliche Leistungsniveaus hatten – teilweise fühlte ich mich unterfordert, teilweise dachte ich: „Oh, das kann ich ja noch überhaupt nicht". Die Arbeitsgemeinschaft hat

143

mich eher nervös gemacht, als das sie mir genützt hätte. Ich habe dann entschieden, dass ich auch selbst weiß, wo meine Lücken sind, und habe alleine weiter gemacht.

Wie sah das dann aus?

Ich saß in der Bibliothek und habe die Probleme aus dem Examenskurs nachgearbeitet, meistens mit Lehrbüchern. Dazu habe ich mir Kartei-Karten gemacht – später habe ich aber auch fertige Karten von kommerziellen Anbietern genutzt. Anfänglich hatte ich neben dem Examens-Kurs noch einen eigenen, zeitlich ziemlich ausdifferenzierten Lernplan zur Orientierung, den ich auf Basis des Planes eines Bekannten zusammengestellt hatte. Ich habe aber ziemlich schnell gemerkt, dass ich diesen Plan überhaupt nicht einhalten kann. Deshalb habe ich meine Lernstrategie geändert: Priorität hatte der Examenskurs. Wenn ich dort bei meinen Kenntnissen Lücken bemerkt habe, wurden die zuerst aufgearbeitet. Im Übrigen bekam man durch die universitären Examenskurse im Laufe ein Gefühl für die wichtigen Rechtsgebiete, diese habe ich dann mir anhand von Lehrbüchern erarbeitet.

Hast du es irgendwann bereut, nicht zum Kommerz-Rep gegangen zu sein?

Nur in der Zeit, in der ich auf die Noten der Examens-Klausuren gewartet habe, hat mich manchmal der Gedanke beschlichen, dass ich vielleicht doch hätte zum Repetitor gehen sollen. Aber ich bin auch nicht grundsätzlich gegen Repetitorien und halte mir diese Möglichkeit für die Vorbereitung auf das zweite Examen offen. Ich werde es mir zu gegebener Zeit erneut überlegen, vielleicht mache ich es dann mit Repetitor, vielleicht wieder ohne. Das ist für mich keine Glaubensfrage.

Du hast ja einen Verbesserungsversuch gemacht. Kannst du das empfehlen?

Ja, ich habe beim zweiten Mal erheblich besser abgeschnitten. Im ersten Durchgang merkte ich deutlich, dass ich zu wenig Klausurpraxis, und deswegen Probleme mit Formulierungen hatte. Auch in manchen Rechtsgebieten war ich einfach nicht fit. Die Noten waren zwar okay, aber nicht in dem Bereich, in dem ich eigentlich landen wollte. Da ich eine Promotionsstelle annahm, musste ich allerdings neben Lehrstuhl-Tätigkeit und Dissertation weiter lernen.

Hat das denn zeitlich funktioniert?

Neben der Arbeit und Promotion blieb zwar nicht viel Zeit, aber ich war deutlich effektiver. Entgegen meiner Befürchtung war das „alte" Wissen nach den Prüfungen auch nicht plötzlich weg. Ich konnte gut darauf aufbauen, und habe trotz der knappen Zeit durch die erneute Beschäftigung mit manchen Rechtsgebieten ein tieferes Verständnis entwickelt.

Wie lief es bei dir in den mündlichen Prüfungen?

In beiden sehr gut. Ich hatte zur Vorbereitung tagesaktuelle Presse gelesen, und am Tag vor der Prüfung gab es dort eine Übersicht der Änderungen durch den Vertrag von Lissabon. Genau hierzu wurden wir dann auch tatsächlich befragt, und ich war perfekt vorbereitet. Was ich außer einer seriösen Tageszeitung noch empfehlen kann, ist in der Prüfung immer dran zu bleiben und die Zeit, in der gerade ein anderer Prüfling mit Antworten beschäftigt ist, zu nutzen, um das eigene Wissen zur Frage aufzuschreiben. So bewahrt man sich die Möglichkeit auf eine weiter- oder freigegebene Frage ausführlich zu antworten. Außerdem lohnt es sich, vor Beantwortung der eigentlichen Frage noch kurz anzudeuten, was man zum Thema noch alles weiß. Auf diese Weise lässt sich das Prüfungsgespräch oft in die für einen selbst richtige Richtung lenken.

Sarah Ehlers
Examen im März 2008 in Berlin
Ergebnis: vollbefriedigend
Vorbereitung: mit AG (vier Frauen)

„Autonomie und Pizzaconnection"

Sarah Ehlers wollte sich nicht alles vorschreiben lassen. Zwei Monate vor dem Examen ist sie sogar nochmal verreist.

Für dich stand von Beginn an fest, dass du kein kommerzielles Rep machen willst. Warum?

Ich hatte keine Lust, angstgetrieben zu lernen. Die kommerziellen Reps aber leben aus meiner Sicht davon, dass sie Angst schüren. Selbst wenn man den Jahreskurs gemacht hat, vermitteln sie das Gefühl, dass man noch nicht alles kann, indem sie irgendwelche unabdingbaren Crashkurse anbieten. In diese Mühle wollte ich nicht geraten.

Wieso bist du dann nicht zum Uni-Rep gegangen?

Beim Uni-Rep hört man die gleichen Profs, die man schon aus dem Studium kennt, nochmal. Das fand ich nicht effektiv. Vor allem wollte ich in der Examensvorbereitung auch ein bisschen selbst vorkommen und mir nicht das ganze Programm vorschreiben lassen. Außerdem war mir meine AG wichtiger, und daneben waren mehrere Stunden Uni-Rep einfach nicht zu schaffen.

Deine AG hat dir also richtig viel gebracht?

Ja, in jedem Fall. Vor allem haben wir uns gegenseitig gut unterstützt. Während der Examensvorbereitung fand ich es unheimlich wichtig, häufig genug gesagt zu bekommen, was man gut kann.

Wie hattet ihr euch denn kennengelernt?

Mit einer meiner AG-Partnerinnen hatte ich schon während des Studiums gelernt. Die anderen beiden haben wir spontan gefunden: Kurz vor Beginn der Vorbereitung hatte eine Freundin 15 Leute zum Pizzaessen eingeladen, die allesamt Interesse an einer Examensvorbereitung ohne Rep und mit AG hatten. Die Zahl der möglichen AG-PartnerInnen bei dem Treffen reduzierte sich dadurch, dass nicht alle zum gleichen Zeitpunkt mit dem Lernen beginnen wollten. Unter den Verbleibenden waren zwei, die zusammen lernen wollten. Es stellte sich schnell heraus, dass wir ähnliche Vorstellungen von der

Gestaltung einer Lerngruppe hatten und so fanden wir uns zusammen. Schon kurze Zeit später haben wir einen Lernplan erarbeitet.

Wie sah der genau aus?

Wir haben zweimal pro Woche jeweils vier bis fünf Stunden gelernt. Den Stoff haben wir dann auf Sitzungen für insgesamt zehn Monate verteilt. Für alle zwei Monate haben wir eine Woche Pause eingeplant. Danach hat jede bis zu den Klausuren noch etwa zwei Monate individuell gelernt.

Viele lernen länger. Hat die Zeit gereicht?

Das war natürlich knapp bemessen, hat aber ausgereicht. Zwischendrin haben wir außerdem nochmal zwei Lernwochenenden eingeschoben. Wir sind dann in irgendwelche Jugendherbergen gefahren und haben die aus unserer Sicht besonders wackeligen Themengebiete nachgearbeitet. Zumindest hatte ich dann vor den Examensklausuren ein gutes Gefühl und war mir sicher, ich werde zumindest irgendetwas schreiben können.

Wie hast du dich auf die AG-Sitzungen vorbereitet?

Ich lerne sehr gut, indem ich mir den Stoff selbst aufschreibe. Für jedes Thema, das wir danach in den Sitzungen besprochen haben, habe ich mir immer etwa fünf Computer-Seiten aus einem Lehrbuch zusammengeschrieben. Mit den Notizen habe ich dann vor dem Examen auch nochmal eigenständig gelernt.

War das nicht alles, vor allem in der kurzen Zeit, sehr anstrengend?

Ganz klar. Ich habe ohnehin darunter gelitten, so reduziert zu sein und kaum Zeit für andere Dinge zu haben. Aber im Großen und Ganzen ging es noch. Ich habe mir einen oder zwei Tage pro Woche frei genommen und habe versucht, in den AG-freien Wochen auch immer wegzufahren, um mal richtig abzuschalten. Zwei Monate vor dem Examen – also vor Beginn der individuellen Wiederholungsphase – bin ich sogar auch nochmal für eine Woche verreist. Das hat mich zwischendrin etwas verrückt gemacht, weil alle anderen aus meiner AG am Schreibtisch saßen. Am Ende aber war ich sehr froh, es gemacht zu haben, um Kraft für die letzten intensiven Lernwochen zu haben. Auch zwei Tage Entspannung direkt vor Beginn der Prüfungen finde ich empfehlenswert, weil es doch gut tut, sich kurz vor den Klausuren nochmal auszuruhen.

Sebastian Deckers
Examen im Januar 2005 in Düsseldorf
Ergebnis: vollbefriedigend
Vorbereitung: alleine und mit AG (eine Frau und ein
Mann)

„Hilfe braucht man nur bei der Organisation"

Sebastian Deckers hat sich, mangels einer Bibliothek vor Ort, in der eigenen Küche auf das Examen vorbereitet. Bei seinem Lernplan hat er sich an einem e-Learning-Kurs orientiert.

Du hast dich vor allem allein in der eigenen Küche auf das Examen vorbereitet. Ging das gut?

Ich bereue das überhaupt nicht. Das Rep war mir für als ein reines Beruhigungsmittel von Beginn an zu teuer. Vom restlichen Nutzen war ich nicht überzeugt. Lernen ist schließlich eine sehr persönliche Angelegenheit. Hilfe braucht man nur bei der Organisation. Selbst Probleme, die man nicht auf Anhieb gleich versteht, lassen sich mit Literatur eigenständig (allerdings sehr mühevoll) erschließen. Zudem erschien mir der Zeitaufwand verglichen mit konzentrierter Arbeit am Schreibtisch für zu groß. Deshalb habe ich einfach so gelernt, und zwar tatsächlich immer zu Hause, weil es in Mönchengladbach, wo ich zu der Zeit gewohnt habe, keine gute Bibliothek gibt.

Wie hast du gelernt? Hattest du einen Lernplan?

Ich habe mich vor allem an der Struktur eines e-Learning-Kurses von Alpmann-Schmidt orientiert. Dabei war der Stoff in fünf so genannte Fahrpläne unterteilt, die man dann abarbeiten musste. Teils habe ich auch mit deren Materialien gearbeitet, daneben aber vor allem die üblichen Lehrbücher wie etwa den Medicus zu Rate gezogen, die RÜ gelesen und mir Karteikarten erstellt.

Und das war nicht schwierig durchzuhalten, wenn man nicht so viele LeidensgenossInnen um sich herum hat?

Natürlich musste ich mich disziplinieren. Ich habe Buch geführt und immer abgehakt, wenn ich etwas verstanden hatte. Selbst die Arbeitszeiten habe ich erfasst. Dabei kam ich mir gelegentlich etwas vor wie ein Gewerkschaftsfunktionär. Und ganz allein habe ich mich auch nicht vorbereitet. Denn zusätzlich hatte ich noch eine AG mit einer Freundin, die allerdings selbst zum Rep gegangen ist. Wir haben dann immer zusammen Fälle gelöst.

A propos Gewerkschaftsfunktionär: Hast du viele Überstunden gemacht?

Ich habe immer sechs Stunden am Tag gelernt und glaube auch nicht, dass man – wenn man nur die effektive Zeit berücksichtigt – mehr schaffen kann. Mit Pausen und nicht berücksichtigtem Verwaltungsaufwand wie Kopierzeiten in der Bibliothek, Literaturrecherche usw. hatte ich damit einen ganz normalen Arbeitstag von 9.00 Uhr bis etwa 18.30 Uhr. Die Wochenenden waren immer ganz frei. Allein der Urlaub kam etwas zu kurz in der Zeit, ich habe nie mal länger freigemacht außer an den Weihnachtstagen. Wichtig war aber außerdem, nebenher noch ein paar Sachen zu machen. Ich war bei den Jusos aktiv und habe regelmäßig Sport betrieben.

Hast du denn neben dem Lernen auch Klausuren zur Vorbereitung geschrieben?

Ja, und zwar auch über einen Fernklausurenkurs und den Klausurenkurs der Uni. Ich habe ungefähr zwei Klausuren pro Woche geschrieben. Das ist natürlich viel, diszipliniert aber auch nochmal zusätzlich.

Warst du im Ergebnis zufrieden?

Das kann man wohl sagen, jedenfalls habe ich besser abgeschnitten als viele Kommilitonen, die den Alpmann-Kurs besucht haben. Die Umstände waren aber auch sehr günstig: Die Entscheidung, die einer Ö-Rechts-Klausur zugrunde lag, hatte ich kurz vorher gelesen. Etwas Glück gehört halt zum Examen auch dazu.

Ulrike Lembke
Examen im Herbst 2003 in Greifswald
Ergebnis: gut
Vorbereitung: alleine

„Das Examen ist auch eine Frage des richtigen Stils"

Ulrike Lembke wollte autonom und flexibel bleiben. Sie lernte deshalb ohne AG und nutzte konsequent die Vorbereitungsangebote ihrer Fakultät.

Wie hast Du für Dein Examen gelernt?

Ich habe eineinhalb Jahre lang den Examenskurs der Uni besucht, und in dieser Zeit auch immer den Klausurenkurs wahrgenommen – jeden Samstag von 8.00 bis 13.00 Uhr. Ich war in dieser Zeit nicht beim Repetitor und hatte auch keine Lerngruppe.

Musstest du dich überwinden, zum Klausurenkurs zu gehen?

Ja, aber ich habe das trotzdem jedes Wochenende durchgezogen. Nach der Klausur ging es immer zu einer guten Freundin. Dort gab es was zu Essen und wir sind den Ryck entlang zur Ostsee spaziert. Dort haben wir heiße Schokolade getrunken, Kuchen gegessen und uns über alles Mögliche unterhalten – nur Jura war tabu. Dieses Ritual war mir sehr wichtig, denn es stand fest: Samstag wird schön, auch wenn die Klausur in die Hose gegangen ist.

Hast du auch sonntags gelernt?

Höchstens ausnahmsweise mal in der Schlussphase. Die begann auch erst ca. fünf Monate vor den Examensklausuren, weil ich davor an einem rechtspolitischen Kongress der Fachschaft zu Demokratie und Hochschule gearbeitet habe. Das hat sehr viel Zeit in Anspruch genommen. Erst danach habe ich klassisch, also intensiv und den ganzen Tag „gelernt". Davor habe ich die Vorbereitung eher nebenher laufen lassen, habe halt die Klausuren geschrieben und den Examenskurs besucht, aber nur minimal vor- und nachbereitet. Mich länger als fünf Monate lang jeden Wochentag zum Lernen in die Bibliothek zu setzen, hätte ich aber auch nicht geschafft.

Hast du in so kurzer Zeit alles lernen können?

Naja, ich hatte schon so meine Lücken. Als ich die erste Zivilrechtsklausur im Examen gelesen habe, war es auch einer von diesen unterbelichteten Bereichen: Arbeitsrecht. Es ist aber trotzdem ganz okay gelaufen, war nicht meine beste Klausur, aber ich habe solide bestanden. Nichtsdestotrotz war es erstmal ein Riesen-Schock.

Hat dir der Examenskurs der Uni was gebracht?

Oh, das hing sehr stark davon ab, wer ihn gemacht hat. Was mir aber extrem geholfen hat, war der Überblick: „Was muss ich eigentlich alles machen?" Einen eigenen Lernplan habe ich mir nie gemacht. Ich habe aus dem Examenskurs also vor allem den Erwartungshorizont der Prüfung erfahren.

Wie hast du außerhalb der Vor- und Nachbereitung des Klausurenkurses gelernt?

Besonders hilfreich fand ich die Klausuren und Lösungen in den Ausbildungszeitschriften, besonders in den Nebengebieten. Durch deren Lektüre kriegte ich ganz gut mit, was die PrüferInnen hören wollten. Ich habe aber auch insgesamt sehr klausur- und fallorientiert gelernt.

Hattest du im Klausurenkurs demotivierende Einstiegserfahrungen oder hast du die ganze Zeit über in der Liga mitgespielt, in der du dann später Examen gemacht hast?

Nein, in den ersten Klausuren bin ich knallhart durchgefallen – übrigens auch im Öffentlichen Recht. Außer im Strafrecht ging es dann aber gemächlich bergauf. Im Strafrecht fand ich besonders frustrierend, dass selbst an gefühlt besten Tagen am Ende doch nie mehr heraus kam als sieben, acht Punkte. Und das ging allen so, auch den absoluten Cracks.

Wie hast du innerhalb der Schlussphase bestimmt, was du jeweils lernen wolltest?

Das habe ich Woche für Woche konkret entschieden. Ich habe mir überlegt, wo sind noch Lücken, und habe dann das entsprechende Rechtsgebiet eine Woche lang beackert, mir Literatur besorgt und so weit gelernt, wie ich eben kam. Ich gehörte nie zu den disziplinierten Leuten mit den ausgefeilten Lernplänen, die sich um Punkt 8.00 Uhr in die Bibliothek gesetzt haben, obwohl ich sie oft bewundert habe. Dafür hatte ich aber auch weniger Stress. Ich wusste, dass ich in den fünf Monaten eh nicht mehr alles schaffen konnte, musste also anders als meine KommilitonInnen mit den Lernplänen nie fürchten, hinter den Zeitplan zu geraten und deshalb in Panik zu verfallen. Außerdem konnte ich vollkommen selbstständig entscheiden, was ich wann und wie lange lernen wollte. Hätte ich z. B. eine Lerngruppe gehabt, hätte ich das absprechen müssen, was mir auch zu stressig gewesen wäre. Ich wollte das „durchziehen", was mir gerade als wichtig oder interessant erschien. In der Lerngruppe hätten wir das gemeinsam planen müssen. Das wäre mir zu kompliziert gewesen.

Hast du dich als Exotin gefühlt – ohne Lerngruppe und Rep?

Nein, in Greifswald haben damals recht viele Leute Examen ohne Rep gemacht. Die verschiedenen Lernformen haben wir aber in der Bib nicht diskutiert. Nur, warum ich keinen Lernplan hatte, musste ich oft erklären.

Wie hast du den Kontakt zu deinen KommilitonInnen gehalten?

Die Greifswalder Fakultät war damals noch sehr überschaubar; in der Bib kannte man sich gegenseitig und ging auch mal zusammen Kaffee trinken. Und ansonsten hing ich oft im Büro der Fachschaft herum, wo ich viele nette Leute kannte.

Hast du gezielt für das Mündliche gelernt?

Ja, ich habe immer brav die taz gelesen. Es kam dann zwar gar nichts Aktuelles zum Einstieg dran, ein ausgiebiges Frühstück mit Zeitung erschien mir aber auch als eine sehr angenehme Form der Examensvorbereitung. Die Fakultät hat dankenswerterweise eine Prüfungssimulation angeboten, wo Studierende an einer gestellten mündlichen Prüfung teilnehmen konnten. Ich habe dieses Angebot wahrgenommen und – so etwas kann wahrscheinlich nur in Greifswald passieren – zwei der Prüfer saßen mir später auch in der „echten" mündlichen Prüfung gegenüber.

Was, glaubst du, hat dir für den Lernfortschritt am meisten gebracht?

Ganz klar der Klausurenkurs. Einmal hatte der Korrektor neben meine Klausur geschrieben, diese Rechtsprechung des BGH sei ihm gänzlich unbekannt – wie Wunder, die hatte ich mir auch ausgedacht. Es ist wichtig, dass man bei unbekannten Problemen die eigene Lösung im Brustton der Überzeugung vorträgt und sie so formulieren kann, wie sie auch ein Bundesgericht urteilen würde. Der „juristische Stil" ist überhaupt sehr wichtig. In den Anfangssemestern habe ich mich sehr für die Dogmatik der Grundrechte interessiert und fast alle Klassiker-Entscheidungen des Bundesverfassungsgerichtes irgendwann mal im Original gelesen. Dabei habe ich ein grundlegendes Gefühl für diese spezifische Art und Weise der juristischen Argumentation gewonnen, mit Für und Wider, Regel und Ausnahme und komplexen Abwägungsentscheidungen. Und das hat sich in den Klausuren ausgezahlt. So habe ich mich in einer Zivilrechtsklausur des Examens im Sinne der Lösungsskizze falsch entschieden, bekam aber eine beachtliche Zahl an Punkten einfach dafür, dass ich nach juristischen Maßstäben sorgfältig argumentiert hatte und dass die PrüferInnen das Gefühl hatten, einen „echten" juristischen Text zu lesen.

Teil 5: „Best Practice" der universitären Examensvorbereitung

Seit der ersten Auflage dieses Buches hat sich im Bereich der universitären Examensvorbereitung einiges getan – manche Fakultäten bieten inzwischen sogar eigene „Rundum Sorglos-Pakete" für die Examensvorbereitung an.

Zwar stehen die AutorInnen dieses Buches – wie bei der Lektüre deutlich geworden sein dürfte – jeglicher „vorgefertigter" Art der Examensvorbereitung tendenziell skeptisch gegenüber, weil diese mit dem hier verfolgten Ansatz einer selbstbestimmten Examensvorbereitung oft nur schwer vereinbar ist. Zudem sind die Uni-Reps teilweise in ihrer Machart den Einpauk-Konzepten kommerzieller Sorte erschreckend ähnlich. Allerdings gibt es auch erfreuliche Beispiele und Fakultäten, die sich mit vielschichtigen Angeboten erfolgreich darum bemühen, ihren Anteil zu einer selbstbestimmten und erfolgreichen Examensvorbereitung beizutragen. Sie sollen in diesem Teil des Buches vorgestellt werden – um sie zu würdigen, um Studierenden, die vor der Examensvorbereitung über einen Uni-Wechsel nachdenken, als Entscheidungshilfe zu dienen und um dort, wo an Fakultäten noch Ergänzungsbedarf besteht, als Ideen- und Anregungssammlung zu dienen, was am eigenen Angebot noch verbessert werden könnte.

Solche Änderungen geschehen allerdings nicht von alleine – und da dieses Buch wohl vornehmlich von Studierenden gelesen werden wird, liegt es auch an euch, diese Anregungen weiterzutragen und Verbesserungen der Examensvorbereitung von eurer Fakultät einzufordern. Wenn ihr also feststellt, dass vieles von dem, was hier als „Best Practice" beschrieben wird, an eurer Fakultät (noch) nicht angeboten wird, dann ist es vielleicht an der Zeit, die entsprechenden Seiten dieses Buches unter einen Kopierer zu legen und mit den Kopien zur Fachschaft, euren FakultätsratvertreterInnen oder ins Studiendekanat zu gehen. Oder vielleicht gibt es an eurer Fakultät engagierte DozentInnen, die sich besonders für die Examensvorbereitung einsetzen? Jedenfalls: Konfrontiert eure Fakultät mit eurer im besten Sinne des Wortes konstruktiven Kritik. Ihr habt ein Anrecht auf eine gute universitäre Examensvorbereitung. Und dies nicht erst, seit es in einigen Ländern Studiengebühren gibt – auch wenn dieses Argument dort traurigerweise nicht selten eine beeindruckende Überzeugungskraft zu entfalten scheint. Gerade so, als wären ein paar Euro-Scheine mehr wert als die verfassungsrechtliche Verbürgung der Ausbildungsfreiheit.

Die hier verwendeten Daten und Einschätzungen basieren auf eigener Recherche der AutorInnen und einer Umfrage, die im Herbst 2009 und Frühjahr 2010 unter den Fachschaften der juristischen Fakultäten durchgeführt wurde. Eine tabellarische Übersicht über die Examensvorbereitungsangebote der verschiedenen Fakultäten findet sich am Ende dieses Kapitels; ebenso sind dort der Umfragebogen und die Auswertung der Umfrage abgedruckt, die mit sieben antwortenden Fachschaften leider nur einen sehr überschaubaren Rücklauf verzeichnete und entsprechend mit Vorsicht zu genießen ist – zumal mit Ausnahme der Freiburger Antwort die Daten auf Schätzungen und nicht auf Umfragen beruhen.

Für noch aktuellere Daten, ein Link-Verzeichnis der Webseiten der einzelnen Fakultäten und vieles mehr empfehlen wir einen Blick auf unsere Homepage

http://www.ex-o-rep.de

Da wir bei der Aktualisierung dieser Seite auch auf „user generated content" setzen, sind wir euch dankbar, wenn ihr die Angaben verbessert und ergänzt, soweit sich an eurer Uni etwas geändert hat.

A. „Best Practice" Beispiele

1. Ex-o-Rep-Workshops

Meist von Fachschaften oder Studierendengruppen wie dem akj (arbeitskreis kritischer juristinnen und juristen) ins Leben gerufen, sind Ex-o-Rep-Workshops für viele *die* Entscheidungshilfe schlechthin, wenn es um die Frage „Examen mit oder ohne Kommerz-Rep?" geht. Im Rahmen solcher Workshops wird, zumeist von Ex-o-Rep-„VeteranInnen" aus dem Mittelbau oder ReferendarInnen, zunächst das Konzept „Examen ohne Repetitor" vorgestellt. Anschließend berichten oftmals frisch examinierte Ex-o-ReplerInnen von ihren Erfahrungen und Vorbereitungskonzepten. Abgerundet werden die Veranstaltungen durch Workshopelemente, die sich mit der Erstellung von Lernplänen oder der Simulation von AG-Sitzungen befassen.

Eine Universität, an der solche Workshops in großer Kontinuität und inzwischen auch offiziell von der Fakultät unterstützt, seit mehreren Jahren durchgeführt werden, ist die Uni Freiburg. Kontakt zur dortigen Fachschaft gibt es über deren Homepage unter http://portal.uni-freiburg.de/fachschaft-jura, wo sich auch Workshop-Materialien zum Herunterladen finden.

2. Unterstützung von Arbeitsgruppen

Einige Fakultäten bieten mittlerweile zudem gezielt Unterstützung für die von den meisten Ex-o-ReplerInnen bevorzugte Arbeitsform – die AG – an. Diese reicht von der Unterstützung der LernpartnerInnensuche über spezielle Raumangebote bis hin zu Foren oder Stammtischen zum gegenseitigen Erfahrungsaustausch.

a) AG-Findung

Ein Ex-o-Rep-Projekt „mit AG" steht und fällt oft mit dem Finden von Gleichgesinnten (→ siehe S. 44 in Teil 2) für eine Arbeitsgemeinschaft. Da dies angesichts der Anonymität eines Massenstudiengangs und der zunehmenden Unübersichtlichkeit des juristischen Studiums (Schwerpunktbereiche, Auslandsaufenthalte...) nicht immer einfach ist, sind Unterstützungsangebote der Fakultät hier Gold wert. Solche Unterstützung kann bei „AG-Börsen" anfangen und mit anderen Angeboten, etwa Ex-o-Rep-Workshops, Examens-Informationsveranstaltungen oder Stammtischen kombiniert werden.

Die juristische Fakultät in Freiburg bietet beispielsweise eine Lerngruppen-Vermittlung an: Man füllt ein Online-Formular mit verschiedenen mehr oder weniger vorbereitungsrelevanten Informationen aus (gewünschter Examenstermin, Anzahl der Treffen pro Woche, angestrebtes Ergebnis etc.) und erhält dann eine Kontaktliste von potentiell Gleichgesinnten (vgl. http://www.jura.uni-freiburg.de/ex_o_rep/lerngruppen). Andere Beispiele sind die Heidelberger Fakultät, die zu diesem Zweck ein Online-Forum anbietet oder der Fachbereich Rechtswissenschaft der Uni Gießen, an dem die AG-Vermittlung einem wissenschaftlichen Mitarbeiter anvertraut ist, der für die Koordination des Uni-Reps und die Beratung der Studierenden zuständig ist.

b) AG-Räume

Eigentlich eine Grundvoraussetzung für angemessene Lernbedingungen an der Uni und dennoch an den meisten rechtswissenschaftlichen Fakultäten Mangelware sind Arbeitsgruppen-Räume. Wo sich solche nicht in guten Universitätsbibliotheken finden (und, für eine verlässliche Planung notwendig, auch reservieren) lassen, ist man als AG auf der Suche nach geschützten Arbeitsräumen oft aufgeschmissen und auf private Räume (mit all ihren Nachteilen, → vgl. S. 60 in Teil 2) angewiesen. Aber auch hier können Universitäten nachhelfen: beispielsweise, indem sie Hörsäle und Übungsräume zur Verfügung stellen, die in den Semesterferien nicht belegt sind – oder auch während des Semesters abends, freitags nachmittags oder am Wochenende. Entweder sieht die Universitätsverwaltung eine solche Raumvergabe an Studierende ohnehin vor oder die rechtswissenschaftliche Fakultät kann ihre ExamenskandidatInnen hier unterstützen. Dies ist zum Beispiel in Gießen der Fall. Noch weiter gehen die Fakultäten Freiburg und Heidelberg, die während des Semesters eine Reihe von Räumen speziell für Ex-o-Rep-Gruppen vorhalten.

c) Foren/Stammtische: Austausch unter ExamenskandidatInnen

Gerade wenn man sich „off the beaten track" auf den Weg zum Staatsexamen macht, ist der Austausch mit anderen ExamenskandidatInnen, insbesondere mit Gleichgesinnten, wichtig. Immerhin wird man, auch wenn man in einer AG und damit nicht ganz alleine arbeitet, immer wieder auf Fragen und Schwierigkeiten treffen, die man am besten im Gespräch mit anderen löst.

Haben die Rep-BesucherInnen ihre peer group quasi „mitgebucht", so sind Ex-o-ReplerInnen schon allein wegen ihrer zahlenmäßigen Unterlegenheit auf eine mehr oder weniger organisierte Vernetzung angewiesen. Sehr hilfreich für den Erfahrungsaustausch können hier Ex-o-Rep-Foren auf der Homepage der Fakultät oder der Fachschaft oder – mit höherem Aufwand, aber dafür einem Mehr an Zwischenmenschlichkeit verbunden – Ex-o-Rep-Stammtische sein, bei denen sich Ex-o-ReplerInnen in oder auch – z. B. im Falle von Uni-Angestellten – nach Abschluss der Examensvorbereitung treffen können. Eingerichtet ist ein solches Konzept als Online-Forum in Heidelberg und Marburg; in Freiburg befindet sich eine entsprechende Infrastruktur im Aufbau.

3. Klausurenkurse

Den „Klassiker" der universitären Examensvorbereitung schlechthin stellen die Klausurenkurse dar: Meist Samstagvormittag werden den ExamenskandidatInnen hier Klausuren auf Examensniveau angeboten und diese im Anschluss – mit mehr oder weniger hoher Qualität – korrigiert und besprochen. Viele Fakultäten sind inzwischen so weit, dieses Angebot nicht nur während des Semesters, sondern auch während der Semesterferien aufrechtzuerhalten. Einige Fakultäten, so z. B. die Uni Erlangen-Nürnberg, bieten inzwischen im Rahmen von „Klausur-Kliniken" in begrenztem Rahmen auch die individuelle Besprechung von Klausuren mit den KorrektorInnen an.

4. Probeexamen

Eine ergänzende Weiterentwicklung des Klausurenkurses stellt das Angebot von „Probeexamina" dar: Meist einmal pro Semester werden hier innerhalb einer oder zwei Wochen Probeexamensklausuren in allen Fachbereichen angeboten, um die Zusatzbelastung, die durch das Schreiben mehrerer Examensklausuren innerhalb weniger Tage entsteht, erfahren und testen zu können. Auch diese Klausuren werden gewöhnlich korrigiert und besprochen; teilweise – wie z. B. an der Heidelberger Fakultät – auch „auf Examensniveau" durch PrüferInnen der Ersten Staatsprüfung und mit entsprechenden Voten.

5. Simulation mündlicher Prüfungen

Ein Angebot, das sich inzwischen an mehreren Fakultäten findet und angesichts der systematischen Unterbelichtung von Rhetorik und mündlichem Ausdrucksvermögen im juristischen Studium sehr sinnvoll erscheint, ist die Simulation mündlicher Prüfungen. In unterschiedlichen Formen ausgestaltet, finden hier entweder „vollständige" mündliche Prüfungen in allen Fachbereichen oder Prüfungssimulationen nur für ein bestimmtes Rechtsgebiet statt. An die Simulation der Prüfung schließt sich eine Besprechung und manchmal auch eine Bewertung des Prüfungsgesprächs an. Beispielsweise an der Uni Göttingen wird dies seit einiger Zeit erfolgreich durchgeführt; an einigen Universitäten, z. B. Augsburg und Heidelberg, erfolgt sogar eine Videoaufzeichnung, die analysiert werden kann.

6. Wiederholungs- und Vertiefungskurse

Wiederholungs- und Vertiefungskurse – auf liebevoll-canine Weise meist „WuV"-Kurse abgekürzt – stellen neben den Klausurenkursen das traditionelle Rückgrat der universitären Examensvorbereitung dar. Nicht zu verwechseln mit „Uni-Rep-Kursen", die konzeptionell schlicht die Repetitorien nachahmen, setzt das WuV-Konzept ein relativ hohes Niveau an Wissen voraus und behandelt den Stoff – wie der Name schon sagt – in wiederholender und im Vergleich zum Hauptstudium vertiefender Weise, zumeist anhand von komplexen Fallbesprechungen. Dies hat einerseits große Vorteile: Aufgrund des Niveaus, der meist sehr hohen Aktualität und der Interaktivität dieser Veranstaltungen kann man hier gegenüber dem (Uni-)Rep und Lehrbüchern ein tatsächliches „Mehr" mitnehmen, das man sich auch als sehr engagierte Lerngruppe kaum erarbeiten kann. Gleichzeitig können solche Veranstaltungen wunderbar zum „Testen" des selbst erarbeiteten Wissens mit unmittelbarer Rückmeldung der DozentInnen dienen. Andererseits sind WuV-Kurse fast schon notwendig elitär und entfalten für die Beteiligten nur bei relativ geringer BesucherInnenzahl ihr volles Potential – sie sind kein Ersatz für eine Lerngruppe oder das Erarbeiten von Grundlagenwissen am Schreibtisch und richten sich konzeptionell eher an die ExamenskandidatInnen mit mehr Vorwissen; nicht selten wird dies seitens der Dozierenden sogar ausdrücklich formuliert. Sind WuV-Kurse als *Teilstück* einer universitären Examensvorbereitung also bereichernd und wichtig, so muss die Universität dennoch die gesamte Breite ihrer Studierenden im Auge haben und Angebote schaffen, die allen Studierenden eine universitäre Examensvorbereitung ermöglichen – sie darf sich nicht mit dem Verweis aus der Affäre ziehen, das „untere Drittel" gehe ja ohnehin zum Rep und sei da auch richtig aufgehoben. Umfassende Beratungsangebote und die Unterstützung einer Lerngruppenkultur wären hier neben dem Angebot niedrigschwelligerer Lehrveranstaltungen zu Beginn der Examensvorbereitung, beispielsweise durch eine „Vorbereitung auf die Examensvorbereitung", wie sie in Würzburg in den Semesterferien angeboten wird, eine Herangehensweise, die den Universitäten besser zu Gesicht stünde.

7. Original-Examensklausuren

Eine Veranstaltungsform, die wie kaum eine andere in der Lage ist, Examensangst entgegenzuwirken, sind universitäre Fallrepetitorien, bei denen Original-Examensklausuren aus vergangenen Examensterminen anhand überarbeiteter Original-Lösungsskizzen besprochen werden. Der Charme dieser Examenskurse ist der Umgang mit „echten" Klausuren und deren Besprechung anhand des tatsächlichen Erwartungshorizonts. So können Unsicherheiten vor „dem großen Unbekannten" des Staatsexamens abgebaut werden. Gleichzeitig handelt es sich hierbei um eine Veranstaltung, die tatsächlich nur an den Universitäten angeboten werden kann: Denn nur UniversitätsprofessorInnen erhalten bislang Zugriff auf die Originalexamensklausuren. Leider ist diese Form der universitären Examensvorbereitung noch nicht sehr verbreitet – wir wissen beispielsweise von den Universitäten Tübingen und Freiburg, wo solche Kurse im Zivilrecht angeboten werden. An anderen Fakultäten werden im Probeexamen oder im Examensklausurenkurs alte „Original-Klausuren" gestellt.

8. Examensberatung/AnsprechpartnerInnen

Viele Fakultäten bieten inzwischen examensbezogene Studienberatung, teilweise sogar spezielle Ex-o-Rep-Beratung an und benennen (rechtsgebietsbezogene) AnsprechpartnerInnen für die Examensvorbereitung. Ein Angebot, das eigentlich selbstverständlich sein sollte – es aber an zu vielen Fakultäten noch nicht ist. Erfreuliche Vorreiterinnen sind beispielsweise die Fakultäten in Göttingen, Heidelberg und Freiburg; in jüngerer Zeit haben mehrere andere Fakultäten nachgezogen, auch wenn spezifische Ex-o-Rep-Beratung immer noch die Ausnahme bleibt.

Hinzu kommen an verschiedenen Fakultäten inzwischen immer umfassendere Online-Angebote. Diese stellen nicht nur Kurs- und Klausurmaterialien zur Verfügung, sondern dienen auch einerseits als Anlauf- und Beratungsstelle für Studierende und andererseits der Vernetzung unter den Studierenden selbst. Auch werden hier teilweise „e-learning"-Methoden erprobt, die von der Online-Abgabe von Klausurlösungsskizzen über kooperativ gestaltete „Problem-Wikis" bis hin zu Online-Wiederholungsmodulen reichen. Ein beeindruckendes Beispiel ist in diesem Zusammenhang die Fakultät Münster mit ihrem Online-Angebot unter http://www.unirep-online.de.

9. (Lern)Psychologische Beratung

Einen erfreulichen Schritt weiter geht zum Beispiel die Fakultät in Düsseldorf, die ihren Studierenden (lern)psychologische Beratung anbietet. Die Nachfrage nach solchen Beratungsangeboten ist jedenfalls dann, wenn diese über reine „Lerntipps" hinausgehen, auf der einen Seite zwar ein deutliches Zeichen für den teilweise unmenschlichen Stress, dem sich viele Studierende in der Examensvorbereitung ausgesetzt sehen. Auf der anderen Seite zeigen Fakultäten, die solche Angebote vorsehen, wenigstens, dass sie diese Auswirkungen wahr- und die Sorgen und Ängste ihrer Studierenden ernstnehmen. Ein Beispiel, das Schule machen sollte – um Studierenden ganz konkret zu helfen, aber auch um der Privatisierung und Pathologisierung von Examensangst entgegenzutreten. Ein solches Angebot lässt sich auch gut in die sonstigen Examensberatung integrieren: An der Fakultät in Gießen wird z. B. ein Workshop angeboten, der von einer Diplompsychologin geleitet wird und sich neben Lerntechniken und Motivationsstrategien auch mit dem Umgang mit Prüfungsangst befasst. Dabei darf allerdings die individuelle (und damit: die Privatsphäre achtende) Beratung nicht aus den Augen verloren werden.

B. Überblick über die Examensvorbereitungsangebote der rechtswissenschaftlichen Fakultäten

1. Tabellarischer Überblick (Stand 17.11.2010)

Uni	WuV/ Uni-Rep	Klausurenkurs	Probeexamen	Mündl. Prüfungssimul.	Original-Examensklausuren	Workshops	AG-Vermittlung	AG-Raumvergabe	Forum/ Stammtisch	Examensberatung	Psych. Beratung[1]
Augsburg	Uni-Rep[2]	ja	2/Jahr	ja	im Klausurenkurs/ Probeexamen	ja	nein	ja	nein	ja	(ja)[3]
Bayreuth	Uni-Rep[4]	ja	2/Jahr	nein	teilw. im Klausurenkurs und im Uni-Rep	nein	nein	nein	nein	ja	nein
Berlin (FU)	Uni-Rep	ja	nein	ja	teilw. im Klausurenkurs	nein	nein	nein	nein	ja	nein
Berlin (HU)	Uni-Rep	ja	1/Jahr	ja	nein	nein	nein	nein	nein	nein	nein
Bielefeld	Uni-Rep[5]	ja	1/Jahr	ja	teilw. im Klausurenkurs	nein	nein	nein	nein	ja	nein
Bochum	WuV[6]	ja[7]	1/Jahr	ja	im Klausurenkurs	nein	ja	nein	nein	ja	nein
Bonn	Uni-Rep[8]	ja[9]	2/Jahr	ja[10]	nein	nein	nein	nein	nein	nein	nein
Bremen	Uni-Rep[11]	ja	1/Jahr	ja	nein	nein	nein	nein	nein	nein	nein
Dresden[12]	?	?	?	?	?	?	?	?	?	?	?

Uni	WuV / Uni-Rep	Klausurenkurs	Probeexamen	Mündl. Prüfungssimul.	Original-Examensklausuren	Workshops	AG-Vermittlung	AG-Raumvergabe	Forum/Stammtisch	Examensberatung	Psych. Beratung[1]
Düsseldorf	Uni-Rep	ja	nein	ja	im Uni-Rep	ja[13]	nein	ja	nein	ja	ja[14]
Erlangen/Nürnberg	Uni-Rep	ja[15]	2/Jahr	ja	im Strafrecht-Uni-Rep	ja[16]	nein	nein	nein	ja	nein
Frankfurt (Oder)	WuV	ja	nein	ja	nein	nein	nein	nein	nein	nein	nein
Frankfurt a.M.	Uni-Rep/WuV[17]	ja	2/Jahr	ja	im Probeexamen	ja[18]	in Planung	in Planung	nein	ja	nein
Freiburg	WuV[19]	ja	2/Jahr	nein	im Zivilrecht	ja[20]	ja	ja	in Planung	ja	nein
Gießen	Uni-Rep[21]	ja	2/Jahr	nein	im Probeexamen	ja[22]	ja	ja	in Planung	ja	ja[23]
Göttingen	Uni-Rep	ja	2/Jahr	ja	nein	nein	nein	nein	nein	ja	nein
Greifswald	Uni-Rep	ja	2/Jahr	nein	nein	nein	nein	nein	ja[24]	nein	nein
Halle	Uni-Rep	ja	nein	ja	großteils im Klausurenkurs	nein	nein	ja	nein	ja	nein
Hamburg	WuV	ja[25]	2/Jahr	ja[26]	ja[27]	ja	nein	ja	nein	ja	(ja)[28]
Hamburg (BLS)[29]	?	?	?	?	?	?	?	?	?	?	?
Hannover	Uni-Rep	ja[30]	nein	im Zivilrecht	nein	nein	nein	nein	nein	nein	nein

Uni	WuV / Uni-Rep	Klausurenkurs	Probeexamen	Mündl. Prüfungssimul.	Original-Examensklausuren	Workshops	AG-Vermittlung	AG-Raumvergabe	Forum/Stammtisch	Examensberatung	Psych. Beratung[1]
Heidelberg	Uni-Rep[31]	ja[32]	2/Jahr[33]	ja	im Probeexamen	nein	ja[34]	ja	ja[35]	ja	nein
Jena	Uni-Rep	ja	2/Jahr	nein	nein	nein	nein	nein	nein	nein	nein
Kiel	WuV	ja	nein	nein	nein	nein	nein	nein	nein	nein	nein
Köln	WuV[36]	ja[37]	2/Jahr	ja[38]	im Klausurenkurs/Probeexamen	ja	ja	ja	ja[39]	ja	nein
Konstanz	Uni-Rep	ja	2/Jahr	nein	nein	nein	nein	nein	nein	ja	nein
Leipzig	Uni-Rep	ja	2/Jahr	ja	im Probeexamen	nein	nein	nein	nein	nein	nein
Mainz	WuV	ja	2/Jahr	ja	nein	nein	nein	nein	nein	nein	nein
Mannheim	Uni-Rep	ja	2/Jahr	ja[40]	im Klausurenkurs	nein	nein	nein	nein	ja	nein
Marburg	Uni-Rep	ja	nein	nein	nein	nein	ja	nein	ja[41]	nein	nein
München	WuV[42]	ja[43]	2/Jahr	ja	im Klausurenkurs	ja[44]	ja	nein	nein	ja[45]	nein
Münster	Uni-Rep[46]	ja[47]	nein	ja[48]	(ja)[49]	nein	ja	nein	nein	nein	nein
Osnabrück	Uni-Rep	ja	2/Jahr[50]	ja	im Probeexamen	nein	nein	nein	nein	ja	nein

Uni	WuV / Uni-Rep	Klausurenkurs	Probeexamen	Mündl. Prüfungssimul.	Original-Examensklausuren	Workshops	AG-Vermittlung	AG-Raumvergabe	Forum/Stammtisch	Examensberatung	Psych. Beratung[1]
Passau	Uni-Rep[51]	ja[52]	2/Jahr	ja	teilw. im Uni-Rep; überwiegend im Probeexamen	nein	nein	nein	nein	ja[53]	nein
Potsdam	Uni-Rep	ja	nein	ja	nein	nein	nein	nein	nein	nein	nein
Regensburg	Uni-Rep	ja	2/Jahr	nein	nein	nein	nein	nein	nein	nein	nein
Rostock	Uni-Rep[54]	ja	nein	nein	nein	nein	nein	nein	nein	nein	nein
Saarbrücken	Uni-Rep[55]	ja	nein	ja	nein	nein	nein	nein	nein	nein	nein
Trier	Uni-Rep	ja	2/Jahr	nein	im Klausurenkurs	ja	nein	nein	nein	nein	nein
Tübingen	Uni-Rep[56]	ja	2/Jahr	nein	nein	nein	nein	nein	nein	nein	in Planung
Würzburg	Uni-Rep[57]	ja	2/Jahr	ja	nein	ja[58]	nein	ja	nein	ja	(ja)[59]

1. Die psychologischen Beratungsangebote der jeweiligen Studentenwerke sind hier unberücksichtigt geblieben; es werden allein speziell auf Prüfungsangst oder in die juristische Examensvorbereitung integrierte Angebote aufgeführt.
2. Ergänzt durch Crash-Kurse mit geringer TeilnehmerInnenzahl, die dem WuV-Konzept folgen.
3. Prüfungspsychologische Beratung im Kurs „Der Prüfer und sein Kandidat".
4. Ergänzt durch zweiwöchige Crash-Kurse.
5. Inkl. eines „Repetenten-Kurses" für PrüfungswiederholerInnen.
6. Ergänzt durch „Wiederholer-Kurse" für PrüfungswiederholerInnen.
7. Zwei Klausuren pro Woche; alle drei Wochen eine Woche Pause.

161

8. Die Bonner Examensvorbereitung ist vom Landesjustizprüfungsamt NRW evaluiert worden; vgl. http://www.jm.nrw.de/JM/landesjustizpruefungsamt/evaluation/index.php.

9. Zwei Klausuren pro Woche.

10. Ergänzt durch eine „Vortrags-AG".

11. Ergänzt durch ein „Propädeutikum".

12. Keine Informationen verfügbar; Studiengang läuft aus.

13. Workshops zum Thema „Lernen lernen".

14. Seminare zum Thema Prüfungsangst.

15. Ergänzt durch eine „Klausuren-Klinik", in der Klausuren individuell besprochen werden können.

16. In Form eines „Examen-Tutorials", allerdings nicht speziell auf Arbeitsgruppen abgestimmt.

17. Nach Auskunft der Fakultät „Gemengelage" der beiden Konzepte; auf der einen Seite ganzjähriges Programm, auf der anderen Seite konzeptionelle Nähe zu WuV-Kursen mit Falllösung auf Examensniveau.

18. Workshops von AssistentInnen zum Thema „Examensvorbereitung/Lernen-Lernen" und zur Schwerpunktbereichsprüfung.

19. Ergänzt durch ein Intensivkurswochenende im Zivilrecht und eine Blockveranstaltung „Verwaltungsgerichtliche Praxis" mit Richtern des VG Freiburg.

20. Ex-o-Rep-Workshops, organisiert von der Fachschaft.

21. Abgestimmt auf einen ausführlichen Lernplan und ergänzt durch Falltutorien, in denen der Stoff in Kleingruppen fallbezogen wiederholt wird.

22. Workshops zu Lernmethodik und -psychologie.

23. Im Rahmen eines lernpsychologischen Workshops.

24. Online-Forum.

25. Ergänzt durch eine Klausurenwerkstatt.

26. Ergänzt durch eine Videoaufzeichnung zur Vorbereitung auf den Prüfungsvortrag.

27. Spezielle Fallbesprechung anhand aktueller Rechtsprechung, nicht anhand von Originalklausuren.

28. Workshops zum Stressmanagement.

29. Keine öffentlich zugänglichen Informationen; keine Reaktion der Hochschule auf Anfrage.

30. Zwei Klausuren pro Woche.

31. Ergänzt durch ein „Examenstutorium", in dem das Lösen „großer Fälle" trainiert wird und eine umfassende Online-Begleitung der Examensvorbereitung; vgl. www.examensvorbereitung-heidelberg.de.

32. Ergänzt durch eine Blockveranstaltung „Klausurenlehre", in der typische Klausurfehler aufgezeigt werden und einen Online-Rechtsprechungsdienst, durch den aktuelle Gerichtsentscheidungen in Form von Klausuren aufbereitet werden.

33. Ergänzt durch Einzelbesprechung einer Klausur bei einem/r PrüferIn der Ersten Juristischen Staatsprüfung.

34. Ergänzt um die Möglichkeit, die Arbeitsgemeinschaft von erfahrenen AssistentInnen „coachen" zu lassen.

35. Online-Forum.
36. Ergänzt durch „Crash-Kurse" in der vorlesungsfreien Zeit und Tutorien für WiederholerInnen.
37. Ergänzt durch Lehrveranstaltung „Typische Fehler in der Examensklausur".
38. Ergänzt durch ein Vortragstraining einschließlich Videoanalyse.
39. Online-Forum.
40. Ergänzt durch einen Kurs zur Vorbereitung auf die mündliche Prüfung.
41. Online-Forum zur Vernetzung und zum Austausch unter den ExamenskandidatInnen.
42. Ergänzt durch ein „Examinatorium", in dem Fallösungstechnik eingeübt wird und Blockkurse in den Nebengebieten.
43. Zwei Klausuren pro Woche; eine davon eine Originalexamensklausur; zudem Angebot einer „Korrektorensprechstunde" zur individuellen Klausurbesprechung.
44. Workshops zum „Effektiven Lernen" sowie zu „Typischen Fehlern in der Examensklausur".
45. Umfasst auch das Angebot einer individuellen „Klausur-Klinik".
46. Ergänzt um eine umfassende E-Learning-Plattform unter http://www.unirep-online.de/ und spezielle Angebote für PrüfungswiederholerInnen.
47. Zwei Klausuren pro Woche.
48. Prüfungstraining; Prüfungssimulation und Übungsveranstaltung für die Examensvorträge.
49. Die E-Learning-Plattform bietet einen Pool von Originalexamensklausuren an.
50. Teilnahme aber beschränkt; jede/r Studierende darf nur ein Mal teilnehmen.
51. Die Passauer Fakultät hat im Frühjahr 2009 eigens 3 Lehrprofessuren und ein „Institut für Rechtsdidaktik" für die Examensvorbereitung eingerichtet.
52. Ergänzt durch individuelles „Einzelcoaching" bei der Klausurbesprechung.
53. Im Rahmen des klausurbezogenen „Einzelcoachings", vgl. http://www.jura.uni-passau.de/ird_einzelcoaching.html.
54. Ergänzt durch „Examens-AGs".
55. Ergänzt durch einen WuV-Kurs im Verwaltungsrecht und einen „Intensivkurs" in den Semesterferien.
56. Ergänzt durch ein „Ferienexaminatorium" der AssistentInnen zur Vertiefung und Ergänzung.
57. Ergänzt durch „Vorbereitungskurse" des Mittelbaus in der vorlesungsfreien Zeit.
58. In Form einer „Kleingruppen-Betreuung", die sich über mehrere Termine erstreckt.
59. Universitätsweites Projekt; nicht speziell für JuristInnen und nicht im Examensvorbereitungsprogramm erwähnt; vgl. http://www.pruefungsvorbereitung.uni-wuerzburg.de/startseite/.

2. Umfragebogen

Liebe FachschaftlerInnen,

wir sind Thorsten Deppner und Matthias Lehnert und arbeiten gerade an einer Neu-auflage des im Nomos-Verlag erscheinenden Buches „Examen ohne Repetitor". Wie der Name bereits sagt, geht es in diesem Buch um die Möglichkeit, sich ohne die In-anspruchnahme vor allem kommerzieller Repetitorien auf das erste juristische Staats-examen vorzubereiten. Dabei ist es natürlich auch von Bedeutung, was die Studieren-den an den unterschiedlichen Universitäten machen und was von den jeweiligen Fa-kultäten zur Examensvorbereitung angeboten wird. Wir wollen euch deshalb fragen, ob ihr uns bezüglich eurer Fakultät folgende Fragen beantworten könnt:

1. Wie hoch ist der Anteil der Studierenden, die für die Examensvorbereitung ein kommerzielles Repetitorium in Anspruch nehmen?

2. Wie hoch ist der Anteil der Studierenden, die das Universitätsrepetitorium/die Ex-amensvorbereitungskurse besuchen?

3. Wie hoch ist der Anteil der Studierenden, die sich ohne den Besuch eines kom-merziellen Repetitoriums auf das Examen vorbereiten?

4. Wie hoch ist der Anteil der Studierenden, die für die Examensvorbereitung eine private Arbeitsgemeinschaft nutzen?

5. Wie ist die universitäre Examensvorbereitung ausgestaltet (gibt es Klausurenkur-se, Fallrepetitorien, Examensvorbereitungskurse, Angebote in den Semesterferien etc.)?

6. Welche Angebote existieren neben dem Repetitorium an der Fakultät zur Ex-amensvorbereitung (z. B. Examensworkshops, Raumvergabe für Lerngruppen, AnsprechpartnerInnen für ExamenskandidatInnen etc.)?

7. Wie bewertet ihr das Angebot eurer Fakultät hinsichtlich der Examensvorberei-tung? Gibt es bestimmte Verbesserungswünsche, Anlass zu besonderer Kritik oder zu besonderem Lob?

Sollten euch hinsichtlich der ersten vier Fragen keine genauen Werte und Zahlen vor-liegen, würde uns trotzdem eine ganz ungefähre Schätzung bzw. auch einfach ein per-sönlicher Eindruck interessieren. Vielleicht könnt ihr dazu auch Kontakt zu Ex-Fach-schaftlerInnen aus höheren Semestern aufnehmen, wenn wie an unseren Universitäten die aktive Fachschaftsarbeit auch bei euch vor allem von Studierenden aus den unteren Fachsemestern getragen wird.

Vielen Dank schon mal für die Umstände und viele Grüße aus Freiburg/Münster

Thorsten und Matthias

3. Umfrageergebnisse

Fachschaft/ Frage Nr.	(U)mfrage / (S)chätzung	1	2	3	4	5	6	7
Bayreuth	S	97,00%	10,00%	3,00%	60,00%	s. Tab. o.	wenig Räume; ein Studienassistent für Examenskandidaten.	mehr Crashkurse; mehr Fallbezug in Examinatorien; sonst sehr gut.
Bonn	S	80,00%	20,00%	20,00%	5,00%	s. Tab. o.	keine.	Klausurenkurs super; Uni-Rep nicht so toll; Studienberatung Ex-o-Rep-fern; AnsprechpartnerInnen und „psychologische" Betreuung als Verbesserungswunsch.
Düsseldorf	S	82,50%	12,50%	17,50%	35,00%	s. Tab. o.	Lerngruppenräume; Profs und Mittelbau immer ansprechbar; Seminare gegen Prüfungsangst; Workshops „Lernen lernen".	Uni-Rep in jüngerer Zeit besser geworden; viele gute Materialien; gute Abstimmung der Zeiten mit dem Schwerpunktstudium; Verbesserungswunsch: Materialien gedruckt zur Verfügung stellen.
Freiburg	U	72,50%	58,75%	27,50%	58,75%	s. Tab. o.	Ex-o-Rep-Workshops am Ende des Semesters; Räume für Ex-o-ReplerInnen; Ex-o-Rep-Sprechstunde.	nicht schlecht, aber erheblicher Verbesserungsbedarf; WuV-Kurse sehr unterschiedliche Qualität; insgesamt zu sehr personenabhängig und zu wenig institutionalisiert; Mittelbau leider nicht eingebunden.
Göttingen	S	90,00%	20,00%	10,00%	„die meisten"	s. Tab. o.	drei Mitarbeiter für das Uni-Rep; simulierte mündliche Prüfungen.	an sich gut; Kommerz-Reps aber sehr etabliert, es fehlt an offensiver Werbung für das Uni-Rep.

Fachschaft/ Frage Nr.	(U)mfrage / (S)chätzung	1	2	3	4	5	6	7
Heidelberg	S	80,00%	60,00%	10,00%	„fast alle"	s. Tab. o.	Heidelpräp bietet Ansprechpartner und Raumvergabe.	keine.
Jena	S	30,00%	80,00%	k.A.	50,00%	s. Tab. o.	keine.	gut; könnte manchmal strukturierter sein.

Teil 6: Lernpläne

Wie sieht ein Lernplan aus? Wie werden die verschiedenen Möglichkeiten, einen Plan zu gestalten, von denen im Teil 2 die Rede war, umgesetzt? Nun, Lernpläne werden in der Regel nicht aus dem Nichts geboren, sondern haben Vorbilder. Im Folgenden erwarten euch daher sechs unterschiedliche Exemplare zur freien Verwendung.

Die hier abgedruckten Pläne stammen sowohl von privaten Arbeitsgemeinschaften als auch AlleinlernerInnen. Sie wurden erfolgreich bei der Examensvorbereitung genutzt und basieren auf dem im jeweiligen Bundesland geforderten Prüfungsstoff, wobei die Abweichungen zwischen den Bundesländern nur in Nebengebieten und bezüglich der Gewichtung der Kernfächer (ablesbar an der Zahl der zu schreibenden Klausuren) relevant werden und in der Regel minimal sind.

Obwohl die regionalen Abweichungen also gering sind und die komplette Übernahme eines Planes möglich und auch ausreichend ist, empfehlen wir euch die Überarbeitung eines Planes nach euren Bedürfnissen. Vielleicht wollt ihr mit guten Gründen ein Schwergewicht auf ein bestimmtes Thema legen, weil ihr es für besonders examensrelevant, schwierig oder von euch noch nie richtig durchdrungen erachtet. Oder ihr wollt einen Bereich vernachlässigen, weil ihr euch in ihm schon fit genug fühlt oder sich keine tiefergehende Auseinandersetzung lohnt.

Welcher Plan als Ausgangspunkt am ehesten für euch in Frage kommt, hängt davon ab, welcher Plan-Typ euch am sinnvollsten erscheint. Soll es der „klassische" Plan sein, der alle Lerninhalte en detail auflistet, sollen einzelnen Themenbereichen „Selbstlerneinheiten" vorgeschoben werden, oder plant ihr eine Schwerpunktphase, um typische Klausurthemen schnell parat zu haben? Hat euch vielleicht das Konzept des „Lernen in Potenzen" (→ siehe S. 67 in Teil 2) so sehr begeistert, dass ihr euren Lernplan ganz danach ausrichten möchtet? Oder ist euch das alles zu aufgeblasen, und eine grobe Gliederung reicht euch vollkommen. Unsere exemplarischen Lernpläne werden allen diesen Anforderungen gerecht.

Die Pläne folgen unterschiedlichen Aufbauprinzipien: Bei den ersten vier ist die Ordnung chronologisch, gibt also die tatsächliche Abfolge der Sitzungen wieder. Zivilrechts-, Strafrechts- und öffentlich-rechtliche Lerneinheiten wechseln sich daher ab. Dagegen ist der Stoff in den Plänen Nr. 5 und 6 nach den drei großen Rechtsgebieten sortiert dargestellt. Letzteres hat den Vorteil der schnelleren Übersicht im jeweiligen Rechtsgebiet, die chronologische Ordnung gibt schneller Hinweis auf die nächste Sitzung und kann auch geblockte Sitzungen (z. B. drei Sitzungen Bereicherungsrecht direkt hintereinander) anzeigen.

Lernplan Nr. 1: „Der Klassiker"

Im Folgenden findet ihr einen „klassischen" Lernplan: Die Themen der einzelnen AG-Sitzungen sind detailliert beschrieben, und der Stoff wird systematisch vom Allgemeinen zum Besonderen abgearbeitet.

Erstellt und verwendet wurde dieser Plan von Alea Blöbaum, Ulla Deutsch, Martin Eigenberger und Nancy Kapell. Sie schrieben ihr Examen in Bielefeld (Nordrhein-Westfalen) und erreichten dabei Noten im Bereich von „ausreichend" bis „vollbefriedigend".

Aufgeteilt wurde der Stoff in 89 Sitzungen, wobei das Strafrecht geringer gewichtet ist, als es der Gewichtung in den Examensklausuren in Nordrhein-Westfalen (Strafrecht – Zivilrecht – Öffentliches Recht im Verhältnis 20:40:40) entspricht.

Soweit sich bei einem Thema der Vermerk „Ü" befindet, bedeutet dies, dass auch die Prüfungsordnung hier nur Überblickswissen erwartet.

1. AG: BGB AT 1, Grundlagen des Rechtsgeschäfts
Tatbestandsmerkmale der Willenserklärung, Abgabe, Zugang und Wirksamwerden der Willenserklärung

2. AG: ÖR StaatsorgR 1, Staatsorgane
Bundestag (Wahlen, Parteien, direkte Demokratie, Funktionen, Organisation, Stellung des Abgeordneten), Bundesrat (Funktion, Organisation), Bundesregierung, Bundespräsident

3. AG: BGB AT 2, Vertragsschluss
Angebot und Annahme, Widerruf, Konsens und Dissens

4. AG: StR AT 1, Allgemeines
Rechtssubjekt Mensch, Grundlagen des StR, Einteilung der Delikte, Garantiefunktion, Analogie und Auslegung, Handlung, strafrechtliche Handlungslehre, vorsätzliche Begehungsdelikte, Allgemeines, Tatbestand, Tatbestandslehre, Kausalität, objektive Zurechnung

5. AG: BGB AT 3, Allgemeine Grundlagen
Subjektive Rechte, Rechtssubjekte, Rechtsobjekte, Verpflichtungs- und Verfügungsgeschäfte, Abstraktionsgrundsatz, Auslegung des Rechtsgeschäfts

6. AG: ÖR StaatsorgR 2, Gesetzgebung, Föderalismus
Gesetzgebung (Kompetenzen, Ausführung), bundesstaatlicher Aufbau

7. AG: BGB AT 4, Geschäftsfähigkeit, Bedingung und Befristung
Geschäftsunfähigkeit, beschränkte Geschäftsfähigkeit, Betreuungsgesetz, Bedingung und Befristung, zustimmungsbedürftige Rechtsgeschäfte

8. AG: StR AT 2, Subjektiver Tatbestand und Rechtswidrigkeit
Subjektiver Tatbestand, Formen und Irrtümer, Rechtswidrigkeit, Rechtfertigungsgründe, Einverständnis, Einwilligung, Züchtigungsrecht

9. AG: BGB AT 5, Stellvertretung
Zulässigkeit, Voraussetzungen, Vertretungsmacht, Rechtsfolgen, Vertreter ohne Vertretungsmacht

10. AG: ÖR Grundrechte 1, Art. 1, 2, 4, 5 GG

11. AG: BGB AT 6, Verbraucherschutz
AGB, Widerruf, Haustürgeschäft, Fernabsatzvertrag, verbundenes Geschäft

12. AG: ÖR Grundrechte 2, Art. 3, 6, 7 GG

13. AG: BGB SchuldR AT 1, Allgemeines, Entstehung von Schuldverhältnissen
Begriff und Abgrenzung des Schuldverhältnisses, Entstehen durch Rechtsgeschäft, Entstehen durch Gesetz, Begründung von Schuldverträgen

14. AG: StR AT 3, Schuld und Irrtum
Schuldfähigkeit, Schuldmerkmale, Schuldform, Unrechtsbewusstsein, Entschuldigungsgründe, persönliche Strafausschließungs- und Strafaufhebungsgründe, Irrtumslehre

15. AG: BGB SchuldR AT 2, Inhalt der Schuldverhältnisse
Gegenstand der Leistung, Gattungsschuld, Wahlschuld, Ersatzbefugnis, Aufwendungsersatz, Vertragsstrafe, Leistungszeit und -ort, Nebenleistungspflichten, Leistungsverweigerungsrechte

16. AG: ÖR Grundrechte 3, Art. 14, 12, 8, 9, 10 GG und Sonstiges

17. AG: BGB SchuldR AT 3, Erlöschen, Änderung und Beendigung der Schuldverhältnisse
Erfüllung, Hinterlegung, Aufrechnung, Rücktritt

18. AG: StR AT 4, Täterschaft, Teilnahme und Versuch
Unmittelbare und mittelbare Täterschaft, Mittäter, Nebentäter, Anstiftung, Beihilfe, Tatbestand des Versuchs, untauglicher Versuch und Wahndelikt, Rücktritt vom Versuch und tätige Reue

19. AG: BGB SchuldR AT 4, Einwendungen, Einreden, Wegfall der Geschäftsgrundlage, Mehrheit
Einreden, Einwendungen, Grundsatz von Treu und Glauben, Fehlen der Geschäftsgrundlage, Wegfall der Geschäftsgrundlage, Mehrheit von Schuldnern und Gläubigern

20. AG: BGB SchuldR AT 5, Verzug
Schuldnerverzug, Gläubigerverzug

21. AG: ÖR StaatsorgR 3, Rechts- und Sozialstaat
Verfassungsstreitverfahren, Gerichtsorganisation, Sozialstaatsprinzip

22. AG: BGB SchuldR AT 6, Unmöglichkeit
Arten, Voraussetzungen, Rechtsfolgen

23. AG: StR AT 5, Fahrlässige Begehungsdelikte
Tatbestand, Rechtswidrigkeit und Schuld, Vorsatz-Fahrlässigkeits-Kombinationen

24. AG: BGB SchuldR AT 7, culpa in contrahendo
Entstehung von und Haftung aus vorvertraglichen Schuldverhältnissen, Verletzung vertraglicher Nebenpflichten

25. AG: ÖR AllgVwR 1, Grundsätzliches
Gesetzmäßigkeit der Verwaltung, Ermessen, unbestimmte Rechtsbegriffe, internes Verwaltungshandeln, Handeln mit Außenwirkung, eingreifende und leistende Verwaltung, subjektives öffentliches Recht

26. AG: BGB SchuldR AT 8, Sonstige Leistungsstörungen, Schadensersatz
Verantwortlichkeit des Schuldners bei Dauerschuldverhältnissen, Schadensersatzpflicht, Schaden, Verursachung und Zurechnung, Art und Umfang des Schadensersatzes

27. AG: StR AT 6, Unterlassen
Echte und unechte Unterlassensdelikte, Tatbestand (insbesondere Garantenstellung), Rechtswidrigkeit und Schuld, Versuch

28. AG: SchuldR AT 9, Beteiligung Dritter am Schuldverhältnis
Vertrag zugunsten Dritter, Gläubigerwechsel, Schuldübernahme

29. AG: ÖR AllgVwR 2, Verwaltungsakt 1
Begriff, Rechtswidrigkeit, Nebenbestimmungen

30. AG: BGB SchuldR AT 10, Wiederholung

31. AG: ÖR AllgVwR 3, Verwaltungsakt 2
Bestandskraft, Widerruf, Rücknahme

32. AG: BGB SchuldR BT 1, Kaufrecht
Inhalt, Vertragspflichten, Nichterfüllung der Leistungspflichten, Gattungskauf,

Stückkauf, besondere Kaufarten und Tauschvertrag

33. AG: StR AT 7, Konkurrenzen
Handlungseinheit, Handlungsmehrheit, Idealkonkurrenz, Realkonkurrenz, Gesetzeseinheit, mitbestrafte Vor- und Nachtat

34. AG: BGB SchuldR BT 2, Gewährleistung beim Kauf
Sach- und Rechtsmangel, Ausschluss der Gewährleistung, Nacherfüllung, Rücktritt, Minderung, Schadensersatzansprüche, Verhältnis zu sonstigen Gewährleistungsrechten

35. AG: ÖR AllgVwR 4, übrige Handlungsformen
Rechtsverordnung, Satzung, öffentlich-rechtlicher Vertrag, Warnung, Realakt

36. AG: BGB SchuldR BT 3, Werkvertrag, Dienstvertrag, Arbeitsvertrag
Inhalt, Vertragspflichten, Werklieferungsvertrag, Mängelgewährleistung, Garantie, Pflichten des Bestellers, Kündigungsrecht, Dienstvertrag, Arbeitsvertrag

37. AG: StR BT 1, Straftaten gegen Leben und Gesundheit
Lebensschutz im Strafrecht, Euthanasie und Sterbehilfe, Selbstmord, Totschlag, Mord, fahrlässige Tötung, Aussetzung, Schwangerschaftsabbruch, Körperverletzung, Heilbehandlung, Beteiligung an einer Schlägerei, Vergiftung

38. AG: BGB SchR BT 4, Miete, Leihe, Pacht, Leasing

39. AG: ÖR AllgVwR 5, Verwaltungsprivatrecht, Verwaltungsorganisation
Zweistufentheorie, Behördenaufbau

40. AG: BGB SchuldR BT 5, Darlehen, Bürgschaft, Maklervertrag, Schenkung

41. AG: ÖR AllgVwR 6, (un)mittelbare Staatsverwaltung, Verwaltungsverfahren, Verwaltungsvollstreckung

42. AG: BGB SchuldR BT 6, sonstige Vertragstypen

43. AG: StR BT 2, Straftaten gegen persönliche Freiheit und Ehre
Freiheitsberaubung, Nötigung, Entführung, Kindesentziehung, Geiselnahme, Beleidigung, Verletzung des persönlichen Lebensbereichs, Briefgeheimnis, Datenschutz, Hausfriedensbruch

44. AG: BGB SchR BT 7, GoA

45. AG: ÖR VwGO 1
Allgemeine Sachurteilsvoraussetzungen, Anfechtungs- und Verpflichtungsklage

46. AG: BGB SchuldR BT 8, Verbraucherschutzrecht, Recht der Gefährdungshaftung (Ü)

47. AG: StR BT 3, Widerstand gegen die Staatsgewalt, Straftaten gegen öffentliche Ordnung und Rechtspflege
z. B. Amtsanmaßung, Gefangenenbefreiung, Siegel-, Verstrickungs- und Verwahrungsbruch, Falschverdächtigung, Strafvereitlung, Aussagedelikte

48. AG: BGB SchuldR BT 9, Bereicherungsrecht 1

49. AG: ÖR VwGO 2
Übrige Klagearten, vorläufiger Rechtsschutz

50. AG: BGB SchuldR BT 10, Bereicherungsrecht 2

51. AG: ÖR Staatshaftungsrecht 1 (Ü)
Überblick, Amtshaftung

52. AG: BGB SchuldR BT 11, Unerlaubte Handlung 1

53. AG: StR BT 4, Sachbeschädigung, Diebstahl und Unterschlagung

54. AG: BGB SchuldR BT 12, Unerlaubte Handlung 2

55. AG: ÖR Staatshaftungsrecht 2 (Ü)
Enteignung, enteignender und enteignungsgleicher Eingriff

56. AG: BGB SachenR 1, Besitz
Besitzarten, Besitzschutz, Besitzansprüche

57. AG: ÖR Staatshaftungsrecht 3 (Ü)
Aufopferungsanspruch etc., z. B. Folgenbeseitigungsanspruch

58. AG: BGB SachenR 2, Eigentum an beweglichen Sachen
Inhalt und Arten, Erwerb und Verlust des Eigentums, gutgläubiger Erwerb

59. AG: StR BT 5, Raub u. a.
Raub und raubähnliche Sonderdelikte, Gebrauchsanmaßung, Jagd- und Fischwilderei, Pfandkehr, Begünstigung, Hehlerei

60. AG: BGB SachenR 3, Ansprüche aus Eigentum, Eigentumsvorbehalt
Eigentümer-Besitzer-Verhältnis, Eigentumsstörungsanspruch, Nebenansprüche

61. AG: ÖR PolizeiR 1, Generalklausel
Gefahrenbegriff

62. AG: BGB SachenR 4, Grundeigentum
Liegenschaftsrecht, materielles und formelles Grundstücksrecht, Erwerb und Verlust des Grundeigentums

63. AG: ÖR PolizeiR 2, Polizeipflichtige Personen, Standardmaßnahmen, Rechtsschutz

64. AG: BGB SachenR 5, Grundpfandrechte 1
Eigentumsvorbehalt

65. AG: StR BT 6, Betrug u. a.
Betrug, Erpressung, Untreue und untreueähnliche Delikte, Urkundenfälschung und Geldfälschung

66. AG: BGB SachenR 6, Grundpfandrechte 2
Rechte an beweglichen Sachen, sonstige Rechte

67. AG: ÖR PolizeiR 3, Handlungsformen, Durchsetzung
Verfügung, Verordnung, Verwaltungszwang

68. AG: BGB FamR (Ü)
Wirkungen der Ehe im allgemeinen, gesetzliches Güterrecht, Scheidungsgründe, Verwandtschaft, eheliche Abstammung, Unterhaltspflicht, allgemeine Vorschriften, elterliche Sorge für eheliche Kinder

69. AG: ÖR KommunalR 1
Selbstverwaltungsgarantie

70. AG: BGB ErbR (Ü)
Erbfolge, rechtliche Stellung des Erben, Testament, Erbvertrag, Erbschein

71. AG: StR BT 7, gemeingefährliche Straftaten, Verkehrsdelikte, Straftaten gegen die Umwelt, Straftaten im Amt
Brandstiftung, Straßenverkehrsgefährdung, Unterlassene Hilfeleistung, Vollrausch, Verunreinigung eines Gewässers, Bestechungsdelikte, Rechtsbeugung

72. AG: HandelsR 1 (Ü)
Kaufleute, Handelsregister, Handelsfirma, Prokura, Handlungsvollmacht (HGB, 1. Buch, 1.-3. und 5. Abschnitt)

73. AG: ÖR KommunalR 2
Satzungsrecht, öffentliche Einrichtung

74. AG: HandelsR 2 (Ü)
Allgemeine Vorschriften über Handelsgeschäfte, Handelskauf (HGB, 4. Buch, 1. und 2. Abschnitt)

75. AG: ÖR KommunalR 3
Kommunalverfassung, Kommunalaufsicht

76. **AG: GesellschaftsR 1 (Ü)**
Offene Handelsgesellschaft, Kommandit-
gesellschaft (HGB, 2. Buch, 1. und 2. Abschnitt)

77. **AG: StPO 1 (Ü)**
Verfahrensgrundsätze, verfassungsrechtliche Bezüge des Strafprozessrechts, erst-
instanzliche gerichtliche Zuständigkeit
und der weitere Instanzenzug, Revisionsgründe

78. **AG: GesellschaftsR 2 (Ü)**
GmbH, Errichtung der Gesellschaft,
Rechtsverhältnisse der Gesellschaft und
der Gesellschafter, Vertretung und Geschäftsführung (GmbHG, 1.-3. Abschnitt)

79. **AG: ÖR BauR 1, BauplanungsR**

80. **AG: VerfahrensR 1, Erkenntnisverfahren (Ü)**
Gerichtsverfassungsrechtliche Grundlagen, Verfahren im ersten Rechtszug (ohne
Wiederaufnahme des Verfahrens, Urkun-
den- und Wechselprozess, Familiensa-
chen, Kindschaftssachen und Unterhalts-
sachen), Verfahrensgrundsätze, Prozessvoraussetzungen, Arten und Wirkungen
von Klagen und gerichtliche Entscheidungen

81. **AG: StPO 2 (Ü)**
Allgemeiner Gang des Strafverfahrens,
Rechtsstellung und Aufgaben der wesent-
lichen Verfahrensbeteiligten, Beweisrecht
(Arten der Beweismittel, Beweisantrags-
recht, Beweisverbote)

82. **AG: VerfahrensR 2, Vollstreckungs-
verfahren (Ü)**
Allgemeine Voraussetzungen, Arten der
Zwangsvollstreckung, Arten der Rechtsbehelfe

83. **AG: ÖR BauR 2, BauordnungsR,
Rechtsschutz**
Nachbarklage, Klageaufbau, Genehmi-
gung u. a.

84. **AG: ArbeitsR 1**
Inhalt, Begründung, Beendigung von Ar-
beitsverhältnissen

85. **AG: StPO 3 (Ü)**
Zwangsmittel (körperliche Untersuchung
Beschuldigter und anderer Personen, Te-
lefonüberwachung, vorläufige Festnahme
und Verhaftung), Rechtskraft

86. **AG: ArbeitsR 2**
Leistungsstörungen und Haftung im Ar-
beitsverhältnis

87. **AG: ÖR EuropaR 1, Organe, Handlungsformen (Ü)**

88. **AG: ArbeitsR 3**
Tarif- und Betriebsverfassungsrecht

89. **AG: ÖR EuropaR 2, Rechtsquellen,
Grundfreiheiten und Durchsetzung (Ü)**

Lernplan Nr. 2 „Klassiker mit Selbstlerneinheiten"

Auch im folgenden Plan ist der Stoff in systematischer Reihenfolge gegliedert. Neben den Themen sind jedoch auch so genannte „Selbstlerneinheiten" angeführt, deren Inhalte nicht Gegenstand der AG-Sitzungen waren. Meist handelt es sich dabei um allgemeine Grundlagen oder um nebensächlichere Problembereiche. Die Ausgliederung von Stoff in Selbstlerneinheiten bietet sich an, wenn Zeit gespart werden muss und die AG in diesen Bereichen bereits solide Vorkenntnisse aufweist.

Der Plan wurde von Astrid Brauksiepe, Sophie Hack, Franca Kriesel und Friederike Wapler aus Göttingen (Niedersachsen) verwendet und basierte auf einer Vorlage aus Baden-Württemberg. Bei den Examina wurden Noten im Bereich von „befriedigend" und „vollbefriedigend" erzielt.

Die 130 Sitzungen basieren auf der in Niedersachsen üblichen Stoffaufteilung Strafrecht – Zivilrecht – Öffentliches Recht im Verhältnis 20:40:40. Randgebiete und prozessrechtliche Fragen wurden bewusst nicht sehr eingehend behandelt, weil sie in Niedersachsen nur selten in den Klausuren abgefragt werden.

Selbstlerneinheit BGB AT

– Recht, Privatrecht, bürgerliches Recht
– das BGB (Entstehung, Grundlagen, Inhalt und Arten der Normen, Aufbau und Gliederung, Geltungsbereich, Rechtsanwendung, Gesetzesauslegung)
– Ansprüche, Untergang und Durchsetzbarkeit
– Rechtssubjekte, Rechtsobjekte

1. AG: BGB AT 1

– Begriffe von Vertrag, Willenserklärung und Rechtsgeschäft
– Abstraktionsprinzip
– bedingte und befristete Geschäfte

2. AG: BGB AT 2

– Auslegung des Rechtsgeschäfts
– Abgabe und Zugang der Willenserklärung

3. AG: BGB AT 3

– Angebot und Annahme
– Widerrufsrechte

4. AG: BGB AT 4

– Konsens und Dissens
– AGB

5. AG: BGB AT 5

– Geschäftsfähigkeit

– Form des Rechtsgeschäfts
– Zustimmung, Einwilligung, Genehmigung

Selbstlerneinheit StaatsorgR

– Rechtsquellen, Normenhierarchie
– Übertragung von Staatsgewalt an supranationale Organisationen, Bezug zum Völkerrecht
– Verfassung, Verfassungsinterpretation
– Gliederung des GG
– Staatsgebiet, Staatsangehörigkeit

6. AG: StaatsorgR 1

– Staatszielbestimmungen allgemein
– materielle Ordnungsentscheidungen des GG (Wirtschafts-, Finanz-, Sozial- und Wehrordnung, Verhältnis Staat/Kirche)
– Demokratieprinzip
– Parteien
– Wahlen

7. AG: BGB AT 6

– inhaltliche Schranken des Rechtsgeschäfts (§§ 134, 138 BGB; Veräußerungsverbote)
– Teilnichtigkeit, Umdeutung, Bestätigung

8. AG: StaatsorgR 2

Rechtsstaatsprinzip

9. AG 9: BGB AT 7

Willensmängel 1: Bewusstes Abweichen von Wille und Erklärung

10. AG: StaatsorgR 3

Bundesstaatsprinzip

11. AG: BGB AT 8

– Willensmängel 2: Irrtum und Anfechtung
– beiderseitiger Motivirrtum, Wegfall der Geschäftsgrundlage

12. AG: StaatsorgR 4

– Sozialstaatsprinzip
– Bundestag 1

13. AG: BGB AT 9

Arglistige Täuschung; widerrechtliche Drohung

14. AG: BGB AT 10

Stellvertretung 1: Voraussetzungen und Wirkung, Vollmacht

15. AG: StaatsorgR 5

Bundestag 2

16. AG: BGB AT 11

Stellvertretung 2: Begrenzung der Vertretungsmacht, Vertreter ohne Vertretungsmacht, Handelsrechtliche Stellvertretung

17. AG: BGB AT 12

– Privatrechtsverhältnis und subjektives Recht
– Erwerb der subjektiven Rechte
– Einreden und Einwendungen incl. Verjährung
– Grenzen und Schutz der Rechtsmacht

18. AG: StaatsorgR 6

– Bundesrat
– Gemeinsamer Ausschuss
– Bundespräsident
– Bundesversammlung

Selbstlerneinheit 1 SchuldR AT

– Begriff und Abgrenzung
– Begründung von Schuldverhältnissen

19. AG: SchuldR AT 1

– Vorvertragliche Schuldverhältnisse
– Verletzung vertraglicher Nebenpflichten

20. AG: SchuldR AT 2

– Bestimmung des Schuldinhalts
– Treu und Glauben
– Übersicht Leistungsstörungen

21. AG: StaatsorgR 7

Bundesregierung

22. AG: SchuldR AT 3

– Gattungsschuld und Stückschuld
– Wahlschuld und Vorratsschuld
– Ersetzungsbefugnis
– Geld- und Zinsschuld

Selbstlerneinheit 2 SchuldR AT

– Aufwendungsersatz, Wegnahmerecht und Auskunftspflicht
– Vertragsstrafe

23. AG: SchuldR AT 4

– Art und Weise der Leistung
– Leistungsverweigerungsrechte der Schuldnerin (§§ 273, 320 BGB)

24. AG: StaatsorgR 8

– Gesetzgebung

25. AG: SchuldR AT 5

Erlöschen der Schuldverhältnisse: Erfüllung, Aufrechnung, Hinterlegung, Rücktritt

26. AG: SchuldR AT 6

Verantwortlichkeit der Schuldnerin (§§ 276, 278 BGB)

27. AG: StaatsorgR 9

– Rechtsprechung
– Verfassungsgerichtsbarkeit allgemein
– Organstreit
– Bund-Länder-Streit

28. und 29. AG: SchuldR AT 7 und 8

Unmöglichkeit

30. AG: StaatsorgR 10

abstrakte und konkrete Normenkontrolle

31. AG: SchuldR AT 9

SchuldnerInnenverzug

Selbstlerneinheit StR AT

Grundprinzipien des Strafrechts: Aufgaben, Grundprinzipien; Einteilung der Delikte; Anwendung, Geltungsbereich; Analogie und Auslegung; Tatbestandslehre und Gesetzessystematik; Voraussetzungen der Strafbarkeit und Verfolgbarkeit; Strafantrag, Verjährung; Sanktionensystem, Bewährung, Verwarnung, Absehen von Strafe, Maßregeln, Verfall und Einziehung etc.

32. AG: StR AT 1

Kausalität und objektive Zurechnung 1

33. AG: StaatsorgR 10

– Verfassungsbeschwerde
– einstweilige Anordnung

34. AG: SchuldR AT 10

– GläubigerInnenverzug

35. AG: StR AT 2

– Kausalität und objektive Zurechnung 2

36. AG: StaatshaftungsR 1

– Allgemeines, Haftungssystem
– Amtshaftung
– Enteignung, enteignungsgleicher und enteignender Eingriff, Aufopferung
– öffentlich-rechtliche GoA
– Haftung aus verwaltungsrechtlichen Schuldverhältnissen

37. AG: SchuldR BT 1

Darlehen 1

38. AG: StR AT 3

– Vorsatz
– Tatbestandsirrtum

39. AG: StaatshaftungsR 2

– öffentlich-rechtlicher Unterlassungsanspruch, Folgenbeseitigungsanspruch, Beseitigungsanspruch, Herausgabeanspruch
– öffentlich-rechtlicher Erstattungsanspruch

40. AG: SchuldR AT 11

Schadensersatz 1

41. AG: StR AT 4

Rechtswidrigkeit und Rechtfertigung 1

42. AG: Grundrechte 1

Allgemeine Grundrechtslehren: Systematik; Auslegung, Drittwirkung, Fiskalgeltung; Grundrechtskonkurrenz; GrundrechtsträgerInnen, Grundrechtsmündigkeit, Grundrechtsberechtigung

43. AG: SchuldR AT 12

Schadensersatz 2

44. AG: StR AT 5

Rechtswidrigkeit und Rechtfertigung 2

45. AG: Grundrechte 2

Grundrechtsgewährleistungen und Grundrechtsbeschränkungen

46. AG: SchuldR AT 13

– Vertrag zugunsten Dritter
– Vertrag mit Schutzwirkung zugunsten Dritter
– GläubigerInnenwechsel
– Schuldübernahme
– Schuldbeitritt

47. AG: StR AT 6

Einverständnis, Einwilligung und Züchtigungsrecht

48. AG: Grundrechte 3

– Menschenwürdegarantie
– Art. 2 I GG
– Art. 2 II GG

49. AG: SchuldR AT 14

– TeilschuldnerInnen und TeilgläubigerInnen
– GesamtschuldnerInnen
– SchuldnerInnen- und GläubigerInnengemeinschaft

50. AG: StR AT 7

Schuld

51. AG: Grundrechte 3

– Berufsfreiheit
– Vereinigungsfreiheit
– Brief-, Post- und Fernmeldegeheimnis
– Freizügigkeit

52. AG: SchuldR AT 15

– Forderungsabtretung
– fiduziarische Sicherungsrechte (Eigentumsvorbehalt, Sicherungsabtretung, Sicherungsübereignung)

53. AG: StR AT 8

– Irrtum über die Verbotsnorm
– Irrtum über Rechtfertigungsgründe
– Irrtum über Entschuldigungsgründe

54. AG: Grundrechte 4

Art. 5, 8 GG

55. AG: SchuldR BT 2

Kauf und kaufähnliche Verträge, Kaufgewährleistung

55. AG: StR AT 9

– unmittelbare und mittelbare Täterschaft
– Mittäterschaft und Nebentäterschaft

56. AG: SchuldR BT 3

– Miete
– Leihe
– Gemeinschaft

57. AG: Grundrechte 5

Gleichheitsrechte

58. AG: SchuldR BT 4

– Schenkung
– Gesellschaft
– Tausch

59. AG: StR AT 10

Anstiftung und Beihilfe

60. AG: Grundrechte 6

Eigentumsgarantie

61. AG: SchuldR BT 5

– Darlehen 2
– Verbraucherkredit
– Pacht und Landpacht

62. AG: StR AT 11

Versuch 1

63. AG: Grundrechte 7

– Ehe, Familie, Schule
– Religionsfreiheit

64. AG: SchuldR BT 6

Dienstvertrag

65. AG: StR AT 12

Versuch 2

66. AG: Grundrechte 8

– Unverletzlichkeit der Wohnung
– Schutz vor Ausbürgerung und Auslieferung, Asylrecht
– Petitionsrecht
– Widerstandsrecht

67. AG: SchuldR BT 7

Werkvertrag 1

68. AG: StR AT 13

Fahrlässigkeit 1

69. AG: Grundrechte 9

– Rechtsschutzgarantie
– Justizgrundrechte

70. AG: SchuldR BT 8

– Werkvertrag 2
– Werklieferungsvertrag
– Arztvertrag
– Reisevertrag

71. AG: StR AT 14

– Fahrlässigkeit 2

Selbstlerneinheit 1 VwR

– Abgrenzung Öffentliches Recht – Privatrecht
– Vorrang und Vorbehalt des Gesetzes
– Ermessen und unbestimmte Rechtsbegriffe

72. AG: VwR AT 1

- Verwaltungsakt
- Nebenbestimmungen

73. AG: SchuldR BT 9

- Auftrag
- Entgeltliche Geschäftsbesorgung
- Maklervertrag, Aufbewahrung
- Verwahrung

74. AG: StR AT 15

Unterlassungsdelikte 1

75. AG: VwR AT 2

Aufhebung eines VA: Rechtswidrigkeit; Nichtigkeit und Anfechtbarkeit; Widerruf und Rücknahme; Wiederaufgreifen des Verfahrens

76. AG: SchuldR BT 10

GoA

77. AG: StR AT 16

Unterlassungsdelikte 2

78. AG: VwR AT 3

- subjektives öffentliches Recht
- Rechtsverordnungen
- Verwaltungsvertrag
- Satzungen

79. AG: SchuldR BT 11

Bereicherungsrecht 1

80. AG: StR AT 17

Konkurrenzen

81. AG: VwR AT 4

- Subventionierung, Zweistufentheorie, Verwaltungsprivatrecht
- Plan und Planung
- Realakt

82. AG: SchuldR BT 12

Bereicherungsrecht 2

83. AG: StR BT 1

Körperverletzungsdelikte (§§ 223-226a, 230, 232, 340 StGB)

Selbstlerneinheit 2 VwR

- Verwaltungsverfahren

- Verwaltungsvollstreckung
- Verwaltungsorganisation
- Verwaltungsgerichtsbarkeit allgemein

84. AG: VwGO 1

Anfechtungsklage

85. AG: SchuldR BT 13

- Bürgschaft
- Schuldanerkenntnis
- Schuldversprechen, Leibrente, verbriefte Forderungen, Anweisung, Vergleich

86. AG: StR BT 2

- Sachbeschädigung (§§ 303, 303c StGB)
- Hausfriedensbruch (§ 123 StGB)
- Widerstand gegen die Staatsgewalt (§ 113 StGB)

87. AG: VwGO 2

Verpflichtungsklage

88. AG: SchuldR BT 14

Unerlaubte Handlungen 1

89. AG: StR BT 3

- Diebstahl
- Unterschlagung

90. AG: VwGO 3

Allgemeine Leistungsklage

91. AG: SchuldR BT 15

Unerlaubte Handlungen 2

92. AG: StR BT 4

Raub und Erpressung

93. AG: VwGO 4

Feststellungsklage und Fortsetzungsfeststellungsklage

Selbstlerneinheit SchuldR BT

- Spiel, Wette
- Einbringung von Sachen bei Gastwirten
- Vorlegung von Sachen
- neuere Vertragsarten (Leasing, Factoring, Softwareüberlassung)

– typengemischte Verträge

94. AG: SchuldR BT 15

Unerlaubte Handlungen 3

95. AG: StR BT 5

– Aussagedelikte
– Beleidigungsdelikte

96. AG: VwGO 5

vorläufiger Rechtsschutz, §§ 47 VI, 80, 80a, 80b, 123 VwGO

97. AG: SachenR 1

– Prinzipien des Sachenrechts
– Besitz

98. AG: StR BT 6

Mord und Totschlag

99. AG: VwGO 6

– Normenkontrollklage
– Kommunalverfassungsstreit
– außergerichtliche Rechtsbehelfe (Fachaufsichtsbeschwerde, Dienstaufsichtsbeschwerde, Gegenvorstellung, Widerspruchsverfahren)

100. AG: SachenR 2

Erwerb und Verlust des Eigentums an beweglichen Sachen 1

101. AG: StR BT 7

– Aussetzung
– sonstige Tötungsdelikte, fahrlässige Tötung

102. AG: PolizeiR 1

– repressives und präventives Verwaltungshandeln
– spezielle Gefahrenabwehrrechte
– öffentliche Sicherheit
– Gefahrenbegriff
– Störer
– Zweckveranlasser
– Störerauswahl

103. AG: SachenR 3

– Erwerb und Verlust des Eigentums an beweglichen Sachen 2

– Ansprüche aus dem Eigentum, Eigentümer-Besitzer-Verhältnis

104. AG: StR BT 8

– Begünstigung
– Hehlerei
– Strafvereitlung

105. AG: PolizeiR 2

– Zweckveranlasser, latente Gefahr, Dereliktion, atypische Risiken
– Polizeiliche Standardmaßnahmen

106. AG: SachenR 4

formelles und materielles Grundstücksrecht

107. AG: SachenR 5

Hypothek

108. AG: StR BT 9

– Freiheitsberaubung
– Nötigung
– Bedrohung

109. AG: PolizeiR 3

– Inanspruchnahme des Nichtstörers
– Rechtsnachfolge bei Ordnungspflichtigkeit
– Ordnungspflicht von Hoheitsträgern
– Ordnungsverfügung

110. AG: SachenR 6

– Grundschuld
– Pfandrechte an beweglichen Sachen und Rechten

111. AG: StR BT 10

Betrug 1

112. AG: PolizeiR 4

– Anspruch des Bürgers auf Einschreiten
– Entschädigungsansprüche gegen die Behörde
– Rechtsverordnung zur Gefahrenabwehr
– Ordnungsbehördliche Erlaubnis
– Kostenrecht

113. AG: SachenR 7
- Miteigentum
- Dienstbarkeiten

114. AG: StR BT 11

Betrug 2 und Untreue

115. AG: BauR 1

116. AG: HandelsR 1

117. AG: StR BT 12
- Straßenverkehrsdelikte
- Vollrausch
- Unterlassene Hilfeleistung

118. AG: BauR 2

119. AG: HandelsR 2

120. AG: StR BT 13
- Brandstiftungsdelikte
- falsche Verdächtigung

121. AG: KommunalR 1
- Öffentliches Sachenrecht

- öffentliche Anstalten und Einrichtungen

122. AG: GesellschaftsR

123. AG: StR BT 14
- Urkundenfälschung
- Straftaten im Amt

124. AG: KommunalR 2

125. AG: FamilienR

126. AG: StR BT 15
- Straftaten gegen die öffentliche Ordnung
- Verletzung des persönlichen Lebens- und Geheimbereichs

127. AG: KommunalR 3

128. AG: ErbR

129. AG: StPO

130. AG: ZPO

Lernplan Nr. 3 „Klassiker mit Schwerpunktphase"

Im folgenden Plan sind besonders wichtige oder komplizierte Themen als Schwerpunktphase vorgezogen, um möglichst früh Sicherheit im Klausurenkurs zu erhalten. Daran schließt sich eine breit angelegte Vertiefungsphase an, in der der Stoff noch einmal vollständig und systematisch durchgearbeitet wird.

Der Plan wurde von Iris Muth, Heiko Moshagen, Stefan Soost und Lars Werner in Göttingen (Niedersachsen) erarbeitet. Im Examen erzielten sie dreimal „vollbefriedigend" und einmal „gut".

In den insgesamt 93 Sitzungen, von denen 20 auf die Schwerpunktphase und 72 auf die Vertiefungsphase entfallen, ist das Strafrecht etwas stärker, das Öffentliche Recht dafür etwas schwächer gewichtet, als es der Anzahl der in Niedersachsen zu absolvierenden Klausuren entspricht (Strafrecht – Zivilrecht – Öffentliches Recht im Verhältnis 20:40:40).

Soweit sich bei einem Thema der Vermerk „Ü" befindet, bedeutet dies, dass die Prüfungsordnung hier nur Überblickswissen erwartet.

A. Schwerpunktphase

1. AG: BGB 1
- BGB AT: Rechtsgeschäft und Willenserklärung, Begriff des Rechtsgeschäfts
- Willenserklärung: Tatbestand, Auslegung, Bindung (fehlendes Erklärungsbewusstsein, Rechtsbindungswille), Abgabe und Zugang, konkludente Willenserklärung

2. AG: ÖR 1

Staatsorganisation: Rechts-, Bundes-, Sozialstaats- u. Demokratieprinzip

3. AG: BGB 2
- Einwendungen: Nichtigkeit (§§ 134, 138 I, II BGB), Anfechtung (§§ 142 I, 119 I, 143 I BGB)
- rechtsvernichtende Einwendungen (z. B. § 362 I BGB)
- rechtshemmende Einreden

4. AG: StR 1

Kausalität, objektive Zurechnung, Vorsatz, Rechtfertigungsgründe

4a. AG: BGB 2a

Geschäftsfähigkeit 1, Stellvertretung

5. AG: BGB 3

Verschulden, vorvertragliche Schuldverhältnisse, Verletzung vertraglicher Nebenpflichten (im einseitigen und im gegenseitigen Schuldverhältnis)

6. AG: ÖR 2

allgemeine Grundrechtslehren, ausgewählte Grundrechte (z. B. Menschenwürde, freie Entfaltung der Persönlichkeit, Recht auf Leben und körperliche Unversehrtheit, Gleichheitsgebot, Meinungsäußerung, Berufsfreiheit, Eigentumsgarantie)

7. AG: BGB 4

Überblick über die Leistungsstörungen, Unmöglichkeit im einseitigen Schuldverhältnis, Unmöglichkeit im gegenseitigen Schuldverhältnis

8. AG: StR 2

Tatbestandsirrtum, Verbotsirrtum, Irrtum über Rechtfertigungsgründe und Entschuldigungsgründe

9. AG: BGB 5

Schuldnerverzug, Gläubigerverzug, andere Leistungsstörungen, jeweils im einseitigen und im gegenseitigen Schuldverhältnis

10. AG: ÖR 3

Prozessgrundrechte, verfassungskonforme Auslegung, Verfassungsbeschwerde, Normenkontrolle, Organstreit

11. AG: BGB 6

Kaufrecht, Gewährleistung

12. AG: StR 3

Täterschaft und Teilnahme 1

13. AG: BGB 7

Bereicherungsrecht 1 (§§ 812 ff. BGB)

14. AG: ÖR 4

Verwaltungsrecht AT: Verwaltungsakt und Nebenbestimmungen

15. AG: BGB 8

Bereicherungsrecht 2 (im Mehrpersonenverhältnis), Überblick Schadensersatz (§§ 249 ff. BGB)

16. AG: StR 4

Versuch und Rücktritt vom Versuch

17. AG: BGB 9

Deliktsrecht, §§ 823 ff. BGB

18. AG: ÖR 5

Ermessen und unbestimmter Rechtsbegriff, Klagearten und Sachurteilsvoraussetzungen (Anfechtungs-, Verpflichtungs-, Feststellungs-, Fortsetzungsfeststellungs- und allgemeine Leistungsklage)

19. AG: BGB 10

Eigentumserwerb an beweglichen Sachen, Überblick Eigentumsherausgabe, EBV

20. AG: StR 5

Fahrlässigkeit, Unterlassungsdelikte, Konkurrenzen

B. Vertiefungsphase

21. AG: StR 6

Täterschaft und Teilnahme 2: limitierte Akzessorietät der Teilnahme (§ 28 StGB, Abgrenzung von Irrtümern, i. V. m. §§ 211 ff. StGB und Amtsdelikten)

22. AG: BGB 12

- Grundbegriffe, Rechtssubjekte (juristische Person usw.), Willenserklärung, Rechtsgeschäft
- Vertragsschluss 1 (Gefälligkeit, Schweigen im BGB und HGB)

23. AG: ÖR 6

- Verfassungsbeschwerde
- allgemeine Grundrechtslehren
- Grundrechte aus Art. 2, 6, 10, 11, 13, 16, 16a GG

24. AG: BGB 13

- Vertragsschluss 2 (Dissens, Form, AGB)
- Geschäftsfähigkeit 2 (Minderjährige, Betreuung)

25. AG: StR 7

Einverständnis, Einwilligung (Selbstgefährdung, Irrtümer)

26. AG: BGB 14

- Stellvertretung 2 (Ü: Vertretung von Gesellschaften, Handelsvollmacht, Handelsgehilfe)
- Eigenhaftung des Vertreters

27. AG: ÖR 7

- Eigentum und Sozialisierung
- Beruf, Schule
- Versammlung
- Vereinigung & Koalition

28. AG: BGB 15

Irrtum 2, Motivirrtum im Erbrecht, §§ 134, 138 BGB, sonstige rechtshindernde Einwendungen

29. AG: StR 8

Schuld, actio libera in causa, Abgrenzung von § 323a StGB

30. AG: BGB 16

Erlöschen der Forderung 1: Erfüllung, Surrogate, Verjährung, Fristen

31. AG: ÖR 8

– Rechte aus Art. 5 GG, Religions- und Gewissensfreiheit (Ü: Art. 136-141 WRV)
– Gleichheitsgrundrechte
– Art. 19 GG, Prozessgrundrechte und übrige Grundrechte

32. AG: BGB 17

Erlöschen der Forderung 2: Gestaltungsrechte (Rücktritt, Kündigung, Widerruf, Haustürgeschäft, Fernabsatzvertrag, Verbraucherkredit)

33. AG: StR 9

Täterschaft und Teilnahme 3: Mittäterexzess, sukzessive Mittäterschaft, psychische Beihilfe, Anstiftung zur Qualifikation

34. AG: BGB 18

Treu und Glauben, faktische Verträge, Inhalt von Schuldverhältnissen, Haupt- und Nebenpflichten

35. AG: ÖR 9

Allgemeine Grundsätze des Verwaltungsrechts, Gesetzmäßigkeit der Verwaltung, Abgrenzung zum Privatrecht, Verwaltungsorganisation, Zulässigkeit des Verwaltungsrechtsweges

36. AG: BGB 19

Kaufrecht 2, Ü: Handelskauf

37. AG: StR 10

Unterlassen 2, echte und unechte Unterlassungsdelikte, spezielle Probleme von Täterschaft, Teilnahme und Versuch

38. AG: BGB 20

Ü: Handelsrecht: Kaufmann, Firma, Register, OHG, KG, GmbH, GbR

39. AG: ÖR 10

Lehre vom Verwaltungsakt, Bestandskraft, Rücknahme, Widerruf, Nichtigkeit

40. AG: BGB 21

Abweichung von der kaufrechtlichen Gewährleistung bei Miete, Werk- und Reisevertrag

41. AG: StR 11

Konkurrenzlehre

42. AG: BGB 22

Vertrag zugunsten Dritter, Vertrag mit Schutzwirkung zugunsten Dritter, Drittschadensliquidation

43. AG: ÖR 11

Öffentlich-rechtlicher Vertrag, Realakt, Plan, Verwaltungsprivatrecht

44. AG: BGB 23

Kreditsicherung, Darlehen, Bürgschaft, Schuldner-/Gläubigerwechsel, Gesamtschuld

45. AG: StR 12

StPO, Verfahrensgrundsätze, Instanzenzug, Beweisverwertungsverbote, Revisionsgründe

46. AG: BGB 24

Atypischer Vertrag, Unentgeltliche Geschäfte (Leihe usw.), Abgrenzung

47. AG: ÖR 12

Klagearten der VwGO, Anfechtungsklage, Verpflichtungsklage, allgemeine Leistungsklage, Fortsetzungsfeststellungsklage, Normenkontrolle

48. AG: BGB 25

Ü: Arbeitsrecht 1: Dienstvertrag, Inhalt und Begründung des Arbeitsverhältnisses, Hauptpflichten, individuelle Leistungsstörungen

49. AG: StR 13

Straftaten gegen das Leben, §§ 211 ff. StGB

50. AG: BGB 26

Ü Arbeitsrecht 2: Beendigung (Kündigung, Kündigungsschutz), kollektives Arbeitsrecht

51. AG: ÖR 13

- Ü: Verfahrensgrundsätze, gerichtliche Entscheidung, Prüfungsumfang, Gerichtsorganisation, Rechtsmittel, vorläufiger Rechtsschutz
- Verwaltungsvollstreckung
- Zwangsmittel

52. AG: BGB 27

Unmöglichkeit 2, Verzug 2

53. AG: StR 14

Körperverletzung, §§ 223 ff. StGB, Vorsatz-Fahrlässigkeits-Kombinationen

54. AG: BGB 28

Vorvertragliche Schuldverhältnisse 2 (Haftung für Dritte, Fallgruppen), Verletzung vertraglicher Nebenpflichten 2, Wegfall der Geschäftsgrundlage

55. AG: ÖR 14

Allgemeines Gefahrenabwehrrecht, Polizeibegriff, Prävention/Repression, Begriff der öffentlichen Sicherheit, Gefahrbegriff, Störerverantwortlichkeit, Generalklausel

56. AG: BGB 29

GoA, Auftrag

57. AG: StR 15

Diebstahl und Unterschlagung, §§ 242 ff. StGB (Zueignung und Gewahrsam, Regelbeispiele, Hehlerei, Begünstigung)

58. AG: BGB 30

Ü: ZPO 1: Erkenntnisverfahren

59. AG: ÖR 15

Einfluss der Grundrechte, Verhältnismäßigkeit, Notstand, Rechtsschutz, Entschädigung, Standardmaßnahmen, Polizeiorganisation, Ordnungsverwaltung

60. AG: BGB 31

Ü ZPO 2: Erkenntnisverfahren

61. AG: StR 16

Raub und Erpressung, §§ 249 ff. StGB

62. AG: BGB 32

Deliktsrecht 2: Schwerpunkt Verschuldenshaftung

63. AG: ÖR 16

Bauplanungsrecht (städtebauliche Zulässigkeit, Bebauungspläne, Flächennutzungspläne, Innen- und Außenbereich, BauNVO)

64. AG: BGB 33

Deliktsrecht 3: Schwerpunkt vermutetes Verschulden und Gefährdungshaftung

65. AG: StR 17

Betrug und Untreue, §§ 263 ff. StGB

66. AG: BGB 34

Bereicherungsrecht 3: Schwerpunkt Leistungskondiktion

67. AG: ÖR 17

Bauordnungsrecht (Genehmigungsverfahren, Bauaufsicht)

68. AG: BGB 35

Bereicherungsrecht 4: Schwerpunkt Nichtleistungskondiktion, Abgrenzung zur Leistungskondiktion

69. AG: StR 18

Urkundenfälschung, §§ 267 ff. StGB i. V. m. Betrug und Untreue und den entsprechenden Amtsdelikten, §§ 352, 353 StGB

70. AG: BGB 36

Schadensersatz 2: Zurechnung, Inhalt und Umfang, Mitverschulden

71. AG: ÖR 18

Ü: Kommunalrecht (Verfassungsrechtliche Grundlagen, Aufgaben und Tätigkeitsbereiche, Kommunalverfassungsstreit)

72. AG: StR 19

Ü: Beleidigung, §§ 185 ff. StGB und Amtsdelikte

73. AG: BGB 38

- Sachenrecht: Erwerb und Verlust von Eigentum an beweglichen Sachen
- § 1004 BGB

74. AG: ÖR 19

Ü: Staatshaftungsrecht, Amtshaftung nach Art. 34 GG, § 839 BGB, Enteignung und enteignungsgleicher Eingriff, § 80 I 2 NdsSOG, Folgenbeseitigungsanspruch

75. AG: BGB 39

Sachenrecht 2: Grundstücke

76. AG: StR 20

Straftaten gegen die Rechtspflege u. ä., §§ 153-163, 164, 145d, 138, 139 StGB

77. AG: BGB 40

Sachenrecht 3: Besitz, Erwerb und Schutz, §§ 862, 1007 BGB

78. AG: ÖR 20

Ü Europarecht (Rechtsquellen, Grundfreiheiten und ihre Durchsetzung, Organe, Handlungsformen)

79. AG: BGB 41

Sachenrecht 4: Anwartschaften, Sonderfälle der Kreditsicherung, Eigentumsvorbehalt, Sicherungsübereignung

80. AG: StR 21

Straftaten gegen die persönliche Freiheit, §§ 239 ff. StGB, insbesondere § 240 StGB (i. V. m. mittelbarer Täterschaft, §§ 164, 145d StGB etc.)

81. AG: BGB 42

Sachenrecht 5: EBV, § 985 BGB, Erbschaftsanspruch §§ 2018 ff., Konkurrenzen

82. AG: ÖR 21

- Organstreit
- konkrete und abstrakte Normenkontrolle 2 (Zulässigkeitsvoraussetzungen)
- Rechtsstaatsprinzip 2 (Gewaltenteilung, Gesetzmäßigkeit der Verwaltung, Vertrauensschutz, Rückwirkungsverbot, Bestimmtheitsgrundsatz, Normenhierarchie)

83. AG: BGB 43

Ü: Sachenrecht 6: Nießbrauch, Dienstbarkeiten, Reallasten, Grundschuld, Hypothek, Pfandrecht, Miteigentum

84. AG: BGB 37

Ü: ZPO 3: Zwangsvollstreckung

85. AG: StR 22

gemeingefährliche Straftaten, insbesondere §§ 315b, 315c, 316 StGB, Ü: §§ 306 ff. StGB und Umweltdelikte

86. AG: BGB 44

Ü: Familienrecht 1: Ehe, Gütertrennung

87. AG: ÖR 22

Demokratie-Prinzip, Wahlrecht und Parteien, Bundestag, Gesetzgebungsverfahren

88. AG: BGB 45

Ü: Familienrecht 2: Eltern, Vormund, Pflege, Betreuung

89. AG: ÖR 23

Bundesstaatsprinzip, Bundesrat, Gemeinsamer Ausschuss, Art. 23, 24 GG

90. AG: BGB 46

Ü: Erbrecht 1: gesetzliche und gewillkürte Erbfolge (Testament, Erbvertrag, usw.)

91. AG: ÖR 24

- Übrige Staatsorgane (Bundespräsident, Bundesregierung, Bundesversammlung, BVerfG)
- Judikative
- Ü: Nds. Verfassung

92. AG: BGB 47

Ü: Erbrecht 2: Pflichtteile, Annahme, Erbengemeinschaft, Haftung

Lernplan Nr. 4: „Lernen in Potenzen"

Mit dem folgenden Lernplan haben sich Tom (→ siehe Interview auf S. 127), Jo, Peter und später Annika auf ihr Examen in Freiburg (Baden-Württemberg) vorbereitet. Die vier haben sehr viel Zeit auf die Erstellung des Plans verwendet, da ihre Vorbereitung fast ausschließlich auf den zweimal wöchentlich stattfindenden AG-Treffen beruhte.

Der Plan beinhaltet auch die vorbereitende Literatur für jede Sitzung. Bei jeder Session werden außerdem bereits behandelte Themen nach den Regeln des „Lernen in Potenzen" (→ Siehe S. 67 in Teil 3) wiederholt. Sowohl für die Moderation der AG als auch für die Wiederholung gibt es ein verantwortliches Mitglied.

Die AG erreichte Noten im Bereich von „befriedigend" bis „vollbefriedigend".

1. AG: SchuldR AT 1
Einführung in das Schuldverhältnis: Anspruch, Schuldverhältnis, Einreden, Einwendungen

Brox: §§ 1-2, Looschelders: § 1, Medicus BGB AT: §§ 8-13 (Annika)

2. AG: StR AT 1
Einführung; Deliktsstrukturen, Deliktstypen, Geltungsbereich des deutschen Strafrechts, Konkurrenzen, Wahlfeststellung, in dubio pro reo, Post- und Präpendenz; Vorsätzliches Begehungsdelikt: Handlungslehre, Kausalität, Objektive Zurechnung; Subjektiver Tatbestand; Tatbestandsirrtümer

Kühl: §§ 2, 3, 4, 5, 13 II, 21, 25, Beulke: §§ 4-6, 1 II, 17, 18 (Jo)

Zu wiederholende AG: 1

3. AG: SchuldR AT 2
Entstehung von Schuldverhältnissen: Notwendigkeit eines Vertrags, Vertragsfreiheit, Kontrahierungszwang, Abgrenzung zum Gefälligkeitsverhältnis, culpa in contrahendo, Vorverträge, AGB

Brox: §§ 3-5, Looschelders: §§ 3, 5-7, 10,12, 18 (Peter)

Zu wiederholende AG: 2

4. AG: Grundrechte 1
Einführung: Allgemeine Lehren; Verfassungsbeschwerde und konkrete Normenkontrolle; Art. 5 GG

Pieroth / Schlink: §§ 1-6, §§ 34-36, Alpmann: Teil 1 und 2 (Tom)

Zu wiederholende AGen: 3, 1

5. AG: SchuldR AT 3
Inhalt von Schuldverhältnissen: § 242 BGB, Hol-, Bring-, und Schickschuld, Bestimmung des Leistungsinhalts, Leistungszeit und Leistungsort (Erfüllungszeit und Erfolgsort), Geldschuld, Gattungsschuld, Stückschuld, Wahlschuld, Ersetzungsbefugnis, Zurückbehaltungsrechte (§§ 273, 320 BGB)

Brox: §§ 6-10, 12-13, Looschelders: §§ 4, 13-17 (Jo)

Zu wiederholende AGen: 4, 2

6. AG: StR AT 2
Rechtswidrigkeit 1: Notwehr, Notstand, Festnahmerecht, ziviler Ungehorsam

Kühl: §§ 6, 7, 8, 9, Beulke § 8 (Annika)

Zu wiederholende AGen: 5, 3

7. AG: Schuldrecht AT 4
Leistungsstörung 1 – Überblick über das Verschulden: §§ 278, 831 BGB; Garantie; Fahrlässigkeit, Vorsatz, Kausalität, Zurechnung, Gefährdungshaftung; Verschuldensmomente in den verschiedenen Rechtsinstituten (§§ 326, 346, 932, etc. BGB)

Brox: § 20, Looschelders: § 25 (Tom)

Zu wiederholende AGen: 6, 4

8. AG: Grundrechte 2
Eigentum: Art. 14, 15 GG

Pieroth / Schlink: § 23, Alpmann: Teil 3, 1. Abschnitt, Nr. 16 (Peter)

Zu wiederholende AGen: 7, 5, 1

9. AG: SchuldR AT 5
Leistungsstörung 2: Unmöglichkeit

Brox: §§ 21, 22, Looschelders: §§ 22-24 (Annika)

Zu wiederholende AGen: 8, 6, 2

10. AG: SchuldR AT 6
Leistungsstörung 3: Schlechtleistung, Nebenpflichtverletzung, Vertragsstrafe, Wegfall der Geschäftsgrundlage

Brox: §§ 11, 23-27, Looschelders: §§ 24, 26-33, 38-41 (Peter)

Zu wiederholende AGen: 9, 7, 3

11. AG: Grundrechte 3
Berufsfreiheit: Art. 12 GG; Art. 16a GG; Beamtengrundrechte

Pieroth / Schlink: §§ 21, 24, 28 (Jo)

Zu wiederholende AGen: 10, 8, 4

12. AG: StR AT 3
Rechtswidrigkeit 2: Einwilligung und mutmaßliche Einwilligung, Festnahmerecht, sonstige Rechtfertigungsgründe, Erlaubnisirrtum und Erlaubnistatbestandsirrtum

Kühl: §§ 9 B-H, 13 III, IV, Beulke: §§ 9, 11 II, III 23 (Tom)

Zu wiederholende AGen: 11, 9, 5

13. AG: SchuldR AT 7
Erfüllung und sonstige Beendigung von Schuldverhältnissen: Erfüllung, Hinterlegung, Erlass, Vergleich, Novation; Kündigung, Rücktritt, Widerruf (Grundzüge mit Widerrufsgründen)

Brox: §§ 14-19, Looschelders: §§ 8, 19-21, 34-37, 42-43 (Jo)

Zu wiederholende AGen: 12, 10, 6

14. AG: Grundrechte 4
Gleichheitsrechte: Art. 3, 6 V, 33 II, 38 I GG; justizielle Grundrechte: Art. 19 IV, 101 I 2, 103 GG

Pieroth / Schlink: §§ 11, 26, 30-33, Alpmann: Teil 3, 2. und 3. Abschnitt (Annika)

Zu wiederholende AGen: 13, 11, 7

15. AG: SchuldR AT 8
Schadensersatzrecht: Überblick, Berechnung, Konkurrenzen, Mitverschulden, Anspruchsgrundlagen (§§ 280 ff. BGB), Drittschadensliquidation

Brox: §§ 28-31 (Jo)

Zu wiederholende AGen: 14, 12, 8 (Peter)

16. AG: SchuldR AT 9
Auswechslung einer Vertragspartei, Mehrheit von Schuldnern und Gläubigern: Schuldübernahme, Schuldbeitritt, Vertragsübernahme; Abtretung; Gesamtschuldner; Vertrag zu Gunsten und mit Schutzwirkung zugunsten Dritten)

Brox: §§ 32-38, Looschelders: §§ 52-55 (Peter)

Zu wiederholende AGen: 15, 13, 9, 1 (Jo)

17. AG: Grundrechte 5
Art. 1, 2, 4, 11, 104, 10, 13 GG

Pieroth / Schlink: §§ 7-10, 12, 19, 20, 22, Alpmann: 3. Teil, 1. Abschnitt, Nr. 1-5, 12, 13, 15 (Jo)

Zu wiederholende AGen: 16, 14, 10, 2 (Tom)

18. AG: BGB AT 1
Willenserklärung, Rechtsgeschäft, Vertrag (inklusive Zugang), Dissens; Auslegung; natürliche Personen, Namensrecht

Brox: §§ 4-11, 33, Medicus BGB AT: §§ 21-26, 29, 62-64 (Tom)

Zu wiederholende AGen: 17, 15, 11, 3 (Peter)

19. AG: StR AT 4
Schuld: Schuldausschließungsgründe inklusive actio libera in causa, Entschuldigungsgründe, Notwehrexzess, Entschuldigungsirrtum

Kühl: §§ 10-12, 13, Beulke: §§ 10, 11 (Annika)

Zu wiederholende AGen: 18, 16, 12, 4 (Jo)

20. AG: Grundrechte 6

Art. 6, 7, 8, 9, 16, 16a, 17, 20 IV, 38 GG

Pieroth / Schlink: §§ 15-18, 24, 25, 27, 29, Alpmann: Teil 3, 1. Abschnitt, Nr. 8-11, 17-22 (Peter)

Zu wiederholende AGen: 19, 17, 13, 5 (Tom)

21 AG: StR AT 5

Versuch und Rücktritt, Vorbereitung und tätige Reue

Kühl: § 15, 16 I-III, Beulke: § 14 (Tom)

Zu wiederholende AGen: 20, 18, 14, 6 (Peter)

22. AG: BGB AT 2

Wirksamkeitsvoraussetzungen: Geschäftsfähigkeit; Form: Arten, Rechtsfolgen; §§ 134-138 BGB; Teilnichtigkeit, Umdeutung, Bestätigung; Bedingung, Befristung; Zustimmung (Einwilligung, Genehmigung); Termine, Fristen, Verjährung

Brox: §§ 12-15, 21, 22, 31 III, Medicus BGB AT: §§ 14, 33-46, 52, 60, 61 (Jo)

Zu wiederholende AGen: 21, 19, 15, 7 (Jo)

23. AG: VwR AT 1

Allgemeine Grundlagen, Rechtsstaatsprinzip, subjektives öffentliches Recht und Verwaltungsrechtsverhältnis; Ermessen, Beurteilungsspielraum und unbestimmter Rechtsbegriff; Verwaltungsorganisation

Maurer: §§ 6-8, 21-24, Detterbeck: §§ 5-9 (Annika)

Zu wiederholende AGen: 22, 20, 16, 8 (Tom)

24. AG: BGB AT 3

Willensmängel, Anfechtungsrecht

Brox: §§ 16-20, Medicus BGB AT: §§ 47-50 (Jo)

Zu wiederholende AGen: 23, 21, 17, 9 (Jo)

25. AG: StR AT 6

Täterschaft und Teilnahme 1: Mittelbare Täterschaft und Mittäterschaft inklusive Rücktritt und Versuch bei mehreren Beteiligten

Kühl: §§ 20 I-III, 16 IV, Beulke: §§ 13 I-III, 14 V 7 (Peter)

Zu wiederholende AGen: 24, 22, 18, 10 (Tom)

26. AG: VwR AT 2

Verwaltungsakt 1: Begriff, Arten, Rechtswidrigkeit (formell & materiell), Nichtigkeit

Maurer: §§ 9, 10, Detterbeck: § 10 I-VI (Annika)

Zu wiederholende AGen: 25, 23, 19, 11 (Peter)

27. AG: BGB AT 4

Stellvertretung

Brox: §§ 23-27, Medicus BGB AT: §§ 54-59 (Tom)

Zu wiederholende AGen: 26, 24, 20, 12 (Jo)

28. AG: Vertragliche SV 1

Kaufvertrag 1: Allgemeines Kaufrecht (Leistungsstörung, Gefahrtragung, Sachmängelhaftung, etc.)

Medicus SchuldR BT: §§ 71-74, Brox SchuldR BT: §§ 1-6 (Jo)

Zu wiederholende AGen: 27, 25, 21, 13 (Tom)

29. AG: VwR AT 3

Verwaltungsakt 2: Bestandskraft, Rücknahme, Widerruf, Nebenbestimmungen, Wiederaufnahme

Maurer: §§ 3, 11, 12, Detterbeck: § 10 VII-IX (Peter)

Zu wiederholende AGen: 28, 26, 22, 14 (Peter)

30. AG: StR AT 7

Täterschaft und Teilnahme 2: Anstiftung und Beihilfe, inklusive Rücktritt, Versuch der Beteiligung und Exzess, persönliche

Merkmale (Akzessorietät der Teilnahme, Organhandel)

Kühl: §§ 20 IV-VII, 16 IV, Beulke: § 13 IV (Annika)

Zu wiederholende AGen: 30, 29, 27, 23, 15 (Jo)

31. AG: Vertragliche SV 2
Kaufvertrag 2: Besondere Arten des Kaufs (Verbrauchsgüterkauf, Kauf auf Probe, Vorkauf, Wiederkauf); Eigentumsvorbehalt; Tausch, Schenkung

Medicus SchuldR BT: §§ 75-86, Brox SchuldR BT: §§ 7-9 (Tom)

Zu wiederholende AGen: 30, 28, 24, 16 (Tom)

32. AG VwR AT 4
Verwaltungsverfahren, öffentlich-rechtlicher Vertrag

Maurer: §§ 14, 19, Detterbeck: §§ 11, 18 (Peter)

Zu wiederholende AGen: 31, 29, 25, 17, 1 (Peter)

33. AG: StR AT 8
Fahrlässiges Begehungsdelikt: Sorgfaltswidrigkeit, objektive Zurechenbarkeit, Rechtswidrigkeit und Schuld, Erfolgsqualifikation

Kühl: §§ 17, 17a, Beulke: § 15 (Jo)

Zu wiederholende AGen: 32, 30, 26, 18, 2 (Jo)

34. AG: Vertragliche SV 3
Miete, Pacht, Leihe, Darlehen

Medicus SchuldR BT: §§ 87-93, Brox SchuldR BT: §§ 10-14, 16-18 (Peter)

Zu wiederholende AGen: 33, 31, 27, 19, 3 (Tom)

35. AG: VwR AT 5
Andere Handlungsformen: Rechtsverordnung, Realakt, Satzung, Verwaltungsvorschrift, privatrechtliches Handeln

Maurer: §§ 13, 15-18, Detterbeck: §§ 12-17 (Tom)

Zu wiederholende AGen: 34, 32, 28, 20, 4 (Peter)

36. AG: Strafrecht AT 9
Unterlassungsdelikt: Unechte, vorsätzliche und fahrlässige, Versuch, Rücktritt, Täterschaft und Teilnahme

Kühl: §§ 18, 19, 20 VIII, Beulke: § 16 (Annika)

Zu wiederholende AGen: 35, 33, 29, 21, 5 (Jo)

37. AG: Vertragliche SV 4
Dienstvertrag und Werkvertrag: Grundstruktur, Abgrenzungen

Medicus SchuldR BT: §§ 95-97, 99, 100, Brox SchuldR BT: §§ 19-26 (Jo)

Zu wiederholende AGen: 36, 34, 30, 22, 6 (Tom)

38. AG: VwR AT 6
Verwaltungsvollstreckung, Recht der öffentlichen Sachen

Detterbeck: §§ 19, 20 (Peter)

Zu wiederholende AGen: 37, 35, 31, 23, 7 (Peter)

39. AG: Vertragliche SV 5
Bürgschaft, Schuldversprechen, Schuldanerkenntnis, Vergleich, Inhaberschuldverschreibung

Medicus SchuldR BT: §§ 113, 115-118, Brox SchuldR BT: §§ 32, 33 (Tom)

Zu wiederholende AGen: 38, 36, 32, 24, 8 (Jo)

40. AG: Vertragliche SV 6
Auftrag, Geschäftsbesorgung, Maklervertrag, Verwahrung, Anweisung, Girovertrag, Überweisungsvertrag, Zahlungsvertrag

Medicus SchuldR BT: § 119, Brox SchuldR BT: §§ 29-31 (Peter)

Zu wiederholende AGen: 39, 37, 33, 25, 9 (Tom)

41. AG: VwGO 1

Überblick über die Klagearten; Allgemeine Sachentscheidungsvoraussetzungen, Verfahren des ersten Rechtszugs

Hufen: §§ 1, 4, 10-13, 23, 35-39 (Jo)

Zu wiederholende AGen: 40, 38, 34, 26, 10 (Jo)

42. AG: Strafrecht BT 1

Straftaten gegen das Leben, inklusive werdendes Leben

Rengier: II 2-11 ohne 10 (Tom)

Zu wiederholende AGen: 41, 39, 35, 27, 11 (Tom)

43. AG: Vertragliche SV 7

Gemischte Vertrage, insbesondere Leasing, Factoring, Franchising; Arztvertrag; Vertragsrecht Vertiefung

Medicus SchuldR BT: §§ 94, 120-122, Brox SchuldR BT: §§ 27, 28 (Jo)

Zu wiederholende AGen: 42, 40, 36, 28, 12 (Peter)

44. AG: VwGO 2

Anfechtungs- und Verpflichtungsklage

Hufen: §§ 14, 15, 24-26 (Annika)

Zu wiederholende AGen: 43, 41, 37, 29, 13 (Jo)

45. AG: Vertragliche SV 8

Verbraucherschützende Verträge: Verbraucherdarlehen, Verbraucherkredit, Ratenlieferungsverträge, Reisevertrag, Verbraucherschützende Elemente in anderen Verträgen (Bürgschaft, etc.), Vertiefung Widerrufrecht, Vernetzung

Medicus SchuldR BT: §§ 101, 113, Alpman SchuldR BT (Darlehen, Verbraucherschutz, Reise, Bürgschaft, atypische Verträge), Brox SchuldR BT: §§ 17, 18, 28, 29, 31 (Tom)

Zu wiederholende AGen: 44, 42, 38, 30, 14 (Tom)

46. AG: Gesetzliche SV 1

Bereicherungsrecht 1: Grundtatbestand der Leistungskondiktion (§ 812 I 1 1. Alt. BGB), Rechtsfolgen

Medicus SchuldR BT: §§ 125-129, Brox SchuldR BT: §§ 36, 37 (Jo)

Zu wiederholende AGen: 45, 43, 39, 31, 15 (Peter)

47. AG: VwGO 3

Alle anderen Klagearten

Hufen: §§ 16-22, 27-30 (Peter)

Zu wiederholende AGen: 46, 44, 40, 32, 16 (Jo)

48. AG: Strafrecht BT 2

Straftaten gegen die Körperliche Unversehrtheit, Aussetzung

Rengier: II 10, 12-21 (Jo)

Zu wiederholende AGen: 47, 45, 41, 33, 17 (Tom)

49. AG: Gesetzliche SV 2

Bereicherungsrecht 2: Nichtleistungskondiktion, besondere Kondiktionstatbestände, § 816 BGB, Verhältnis der Tatbestände untereinander

Medicus SchuldR BT: §§ 130-132, Brox SchuldR BT: §§ 38, 39 (Peter)

Zu wiederholende AGen: 48, 46, 42, 34, 18 (Peter)

50. AG: VwGO 4

Einstweiliger Rechtsschutz, Vorverfahren

Hufen: §§ 5-9, 31-34 (Tom)

Zu wiederholende AGen: 49, 47, 43, 35, 19 (Joe)

51. AG: Gesetzliche SV 3

Bereicherungsrecht 3: Kondiktion im Mehrpersonenverhältnis

Medicus SchuldR BT: § 133 (Peter)

Zu wiederholende AGen: 50, 48, 44, 36, 20 (Tom)

52. AG: PolizeiR 1

Einführung; Organisation der Polizei; Ermessen, Verhältnismäßigkeit; Generalklausel; Adressaten von Polizeimaßnahmen

Würtenberger: A, C, D, E IV-VIII, Schoch: I, II 1, 2, Schenke: §§ 1-6, 9 (Annika)

Zu wiederholende AGen: 51, 49, 45, 37, 21 (Peter)

53. AG: SachenR 1

Allgemeine Lehren; Arten des Eigentums, Sachenbegriff; Besitz; Grundfälle der Eigentumsübertragung (§§ 929-931 BGB) inklusive Geheißerwerb und Stellvertretung

Stürner: §§ 1-9, 50, 51, Wieling: §§ 1-9 (Jo)

Zu wiederholende AGen: 52, 50, 46, 38, 22 (Jo)

54. AG: StR BT 3

Diebstahl

Rengier: I 2 (Peter)

Zu wiederholende AGen: 53, 51, 47, 39, 23 (Tom)

55. AG: SachenR 2

Eigentumsübertragung 2: Erwerb vom Nichtberechtigten; Gesetzliche und Hoheitliche Eigentumsübertragung (Verbindung, Vermischung, Verarbeitung, Erwerb von Erzeugnissen, Bestandteilen, Aneignung und Fund, Erwerb durch hoheitlichen Akt)

Stürner: §§ 52, 53, Wieling: §§ 10, 11 (Tom)

Zu wiederholende AGen: 54, 52, 48, 40, 24 (Peter)

56. AG: PolizeiR 2

Standardmaßnahmen; Handlungsformen (Polizeiverordnung)

Würtenberger: E I, III, G, Schoch II 4 a, b, III, Schenke: §§ 3 III, 10-12 (Jo)

Zu wiederholende AGen: 55, 53, 49, 41, 25 (Tom)

57. AG: SachenR 3

Mobiliarsicherungsrecht 1: Eigentumsvorbehalt, Anwartschaftsrecht; Pfandrecht an Sachen (Ü)

Stürner: §§ 55, 56 A, B I-III, 59, Wieling: §§ 13-17 (Peter)

Zu wiederholende AGen: 56, 54, 50, 42, 26 (Peter)

58. AG: PolizeiR 3

Datenerhebung und Verarbeitung; besonderes Polizeirecht

Würtenberger: E II, F, Schoch: II 4 c, d, 5, Schenke §§ 3 IV, 5, 7, 8 (Tom)

Zu wiederholende AGen: 57, 55, 51, 43, 27 (Jo)

59. AG: SachenR 4

Mobiliarsicherungsrecht 2: Sicherungsübereignung; Sicherungsabtretung; Leasing

Stürner: §§ 48, 57, 58, 56 B IV, Wieling: § 18 (Jo)

Zu wiederholende AGen: 58, 56, 52, 44, 28 (Tom)

60. AG: StR BT 4

Diebstahl und Unterschlagung, Hausfriedensbruch

Rengier: I 3-6, II 30 (Annika)

Zu wiederholende AGen: 59, 57, 53, 45, 29 (Peter)

61. AG: SachenR 5

EBV 1: Herausgabeanspruch; Schadensersatzanspruch; Anspruch auf Herausgabe der Nutzungen; Anspruch auf Verwendungsersatz gegen den Eigentümer

Stürner: § 11, Wieling: § 12 I-VIII (Tom)

Zu wiederholende AGen: 60, 58, 54, 46, 30 (Jo)

62. AG: PolizeiR 4

Vollstreckung von Polizeiverfügungen; Kostenersatz

Würtenberger: H, I, J, Schoch: IV, Schenke: §§ 13, 14 (Peter)

Zu wiederholende AGen: 61, 59, 55, 47, 31 (Tom)

63. AG: SachenR 6

EBV 2 (Konkurrenzfragen und Vertiefung); § 1004 BGB, Nachbarrecht (insbesondere §§ 904, 906, 912, 917 BGB, nachbarrechtliches Gemeinschaftsverhältnis)

Stürner: § 12, Wieling: §§ 12 IX, 23, 25 (Tom)

Zu wiederholende AGen: 62, 60, 56, 48, 32 (Peter)

64. AG: BauR 1

Recht der Bauleitplanung, Raumordnungsrecht

Dürr: II.A, Stollmann: §§ 4-12 (Jo)

Zu wiederholende AGen: 63, 61, 57, 49, 33, 1 (Jo)

65. AG: SachenR 7

Grundeigentum 1: Übertragung von Grundstücken (Normalfall); Grundbuchrecht; Rang; Vorkaufsrecht

Stürner: §§ 14-19, 21, 22, Wieling: §§ 19, 20 I, 21 (Peter)

Zu wiederholende AGen: 64, 62, 58, 50, 34, 2 (Tom)

66. AG: StR BT 5

Betrug

Rengier: I 13 (Tom)

Zu wiederholende AGen: 65, 63, 59, 51, 35, 3 (Peter)

67. AG: SachenR 8

Grundeigentum 2: Erwerb vom Nichtberechtigten; Vormerkung

Stürner: § 19, 23, Wieling: § 20 II, III, 22 (Jo)

Zu wiederholende AGen: 66, 64, 60, 52, 36, 4 (Tom)

68. AG: BauR 2

Bauplanungsrechtliche Zulassung von Vorhaben

Dürr: II.B, Stollmann: §§ 13-17 (Annika)

Zu wiederholende AGen: 67, 65, 61, 53, 37, 5 (Peter)

69. AG: SachenR 9

Hypothek 1: Begründung und Übertragung der Hypothek

Stürner: §§ 36-38, Wieling: §§ 26, 27 (Jo)

Zu wiederholende AGen: 68, 66, 62, 54, 38, 6 (Jo)

70. AG: BauR 3

Bauordnungsrecht; Nachbarschutz

Dürr: III, IV, Stollmann: §§ 18-21 (Peter)

Zu wiederholende AGen: 69, 67, 63, 55, 39, 7 (Tom)

71. AG: SachenR 10

Hypothek 2: Umfang, Verwirklichung, Erlöschen, Besondere Arten der Hypothek

Stürner: §§ 39-43, Wieling: §§ 28-31 (Tom)

Zu wiederholende AGen: 70, 68, 64, 56, 40, 8 (Peter)

72. AG: StR BT 6

Computerbetrug und Untreue, etc.

Rengier: I 14-16, 18, 19 (Jo)

Zu wiederholende AGen: 71, 69, 65, 57, 41, 9 (Jo)

73. AG: SachenR 11

Grundschuld

Stürner: §§ 44-47, Wieling: §§ 32, 33 (Peter)

Zu wiederholende AGen: 72, 70, 66, 58, 42, 10 (Tom)

74. AG: Gesetzliche SV 4

Deliktsrecht 1: § 823 I und II BGB: Handlung, Kausalität, Zurechnung, Verschulden; Geschützte Rechtsgüter (inklusive Recht am Gewerbebetrieb, allgemeines Persönlichkeitsrecht)

Medicus SchuldR BT: §§ 134-141, Brox SchuldR BT: §§ 40-41 (Tom)

Zu wiederholende AGen: 73, 71, 67, 59, 43, 11 (Peter)

75. AG: BauR 4

Rechtsschutz im Baurecht; Wiederholung

Dürr: V (Peter)

Zu wiederholende AGen: 74, 72, 68, 60, 44, 12 (Jo)

76. AG KommunalR 1

Einführung; Selbstverwaltungsrecht; Begriff und Rechtsstellung; Gebietsänderung; Aufgaben, Satzungsrecht; Bezirks- und Ortsverfassung

Gern: Kap. 1-8, 13, Püttner: Kap. 1, 2 I-II, IV, VI-VII, 3 V, 5 (Annika)

Zu wiederholende AGen: 75, 73, 69, 61, 45, 13 (Tom)

77. AG: Gesetzliche SV 5

Deliktsrecht 2: § 826 BGB, Sonstige Verschuldenshaftung, Gefährdungshaftungstatbestände; Deliktsrechtlicher Ersatzanspruch (Hausfrau, Deliktsfähigkeit, etc.); Haftung mehrerer Schädiger

Medicus SchuldR BT: §§ 142-144, 145-148, 151-153, Brox SchuldR BT: § 42-46 (Peter)

Zu wiederholende AGen: 76, 74, 70, 62, 46, 14 (Peter)

78. AG: StR BT 7

Straftaten gegen die persönliche Freiheit, Widerstand gegen Vollstreckungsbeamte

Rengier: II 22-24, 27, 53 (Tom)

Zu wiederholende AGen: 77, 75, 71, 63, 47, 15 (Jo)

79. AG: Gesetzliche SV 7
GoA

Brox SchuldR BT: § 35 (Jo)

Zu wiederholende AGen: 78, 76, 72, 64, 48, 16 (Tom)

80. AG: ErbR 1

Gesetzliche Erbfolge; Testierfreiheit, Errichtung und Widerruf von Testamenten

Leipold: §§ 2-11 (Peter)

Zu wiederholende AGen: 79, 77, 73, 65, 49, 17 (Peter)

81. AG: KommunalR 2

Organe der Gemeinde; Gemeinderatssitzung (ohne Wahlrecht); Bürgerschaftliche Beteiligung

Gern: Kap. 9, 10, 11 II-XI, 16, Püttner: Kap. 3 I, II-VII (Jo)

Zu wiederholende AGen: 80, 78, 74, 66, 50, 18 (Jo)

82. AG: KommunalR 3

Einwohner und Bürger (inklusive kommunale Einrichtungen, ohne bürgerschaftliche Beteiligung); Anschluss- und Benutzungszwang; Gemeindewirtschaft; wirtschaftliche Betätigung der Gemeinde; Landkreise; interkommunale Zusammenarbeit

Gern: Kap. 11, 12, 14, 15, 19, 20, Püttner: Kap. 2 III, 4, 7 (Tom)

Zu wiederholende AGen: 81, 79, 75, 67, 51, 19 (Tom)

83. AG: ErbR 2

(weitere) Verfügungen von Todes wegen, Rechtsgeschäfte für den Todesfall

Leipold: §§ 12-17 (Jo)

Zu wiederholende AGen: 82, 80, 76, 68, 52, 20 (Peter)

84. AG: StR BT 8

Raub und Erpressung

Rengier: I 7-12 (Annika)

Zu wiederholende AGen: 83, 81, 77, 69, 53, 21 (Jo)

85. AG: ErbR 3

Rechtsfolgen der Erbschaft: Anfechtung, Annahme und Ausschlagung; Erbschaftsbesitz, Miterbengemeinschaft; Erbschein; Erbenhaftung; Pflichtteilsrecht; Erbschaftsanspruch

Leipold: §§ 18-25 (Tom)

Zu wiederholende AGen: 84, 82, 78, 70, 54, 22 (Annika)

86. AG: KommunalR 4

Vernetzungsstunde: Bauleitplanung und Kommunalrecht; Rechtsschutz der Gemeinde, Gemeindeaufsicht; Gemeindliche Zuständigkeit und Polizeirecht (insbesondere Polizeiverordnung); Kommunale Einrichtungen und öffentliches Sachenrecht; wirtschaftliche Betätigung und Verwaltungsprivatrecht

Gern: Kap. 17, 18, Püttner: Kap. 2 V (Peter)

Zu wiederholende AGen: 85, 83, 79, 71, 55, 23 (Tom)

87. AG: FamR 1
Verlöbnis, Eheschließung, Allgemeine Ehewirkungen (mit NeLG und LPartG)

Schwab: §§ 8-28, 91-97, Alpmann: Teil 1.1-1.3, Teile 4.1.1 und 4.2.1-4 (Jo)

Zu wiederholende AGen: 86, 84, 80, 72, 56, 24 (Peter)

88. AG: FamilienR 2
Eheliches Güterrecht, Scheidungsrecht (mit NeLG und LPartG)

Schwab: §§ 29-41, 98-101, Alpmann: Teil 1.4-Teil 1.5, Teile 4.1.2 und 4.2.5-8 (Annika)

Zu wiederholende AGen: 87, 85, 81, 73, 57, 25 (Jo)

89. AG: StaatsorgR 1
Allgemeines; Klagearten; Demokratieprinzip; Parteien und Wahlrecht

Degenhart: §§ 1, 2, 11, Ipsen: §§ 1, 2, 4, 5, 18 (Tom)

Zu wiederholende AGen: 88, 86, 82, 74, 58, 26 (Annika)

90. AG: StR BT 9
Begünstigung und Hehlerei, Urkundendelikte

Rengier: II 28, 29, 49-51 (Peter)

Zu wiederholende AGen: 89, 87, 83, 75, 59, 27 (Tom)

91. AG: FamR 3
Verwandtschaftsrecht (Abstammung, Kindschaft, elterliche Sorge, Unterhalt); Pflegschaft, Betreuung, Vormundschaft

Schwab: §§ 42-90, Alpmann: Teile 2, 3 (Jo)

Zu wiederholende AGen: 90, 88, 84, 76, 60, 28 (Peter)

92. AG: StaatsorgR 2
Sozialstaatsprinzip; Rechtsstaatsprinzip

Degenhart: §§ 4, 6, Ipsen: §§ 14-17, 19, 20 (Annika)

Zu wiederholende AGen: 91, 89, 85, 77, 61, 29 (Jo)

93. AG: HandelsR 1
Kaufmann, Handelsregister, Handelsfirma, Handelsunternehmen

Kindler: §§ 1-6, Oetker: §§ 2-5 (Tom)

Zu wiederholende AGen: 92, 90, 86, 78, 62, 30 (Annika)

94. AG: StaatsorgR 3
Bundesstaatsprinzip: Ausführung von Gesetzen und Außenbeziehungen

Degenhart: §§ 5, 12, Ipsen: §§ 11-13, 21, 22 (Peter)

Zu wiederholende AGen: 93, 91, 87, 79, 63, 31 (Tom)

95. AG: HandelsR 2
Bevollmächtigung; Allgemeine Vorschriften für Handelsgeschäfte

Kindler: § 7, Oetker § 7 (Jo)

Zu wiederholende AGen: 94, 92, 88, 80, 64, 32 (Peter)

96. AG: StR BT 10
Verkehrsdelikte, unerlaubtes Entfernen vom Unfallort, Vollrausch, unterlassene Hilfeleistung, Sachbeschädigung und Brandstiftung

Rengier: II 32-38 (Annika)

Zu wiederholende AGen: 95, 93, 89, 81, 65, 33 (Jo)

97. AG: HandesR 3
Handelskauf

Kindler: § 8, Oetker: §§ 8-10 (Tom)

Zu wiederholende AGen: 96, 94, 90, 82, 66, 34 (Annika)

98. AG: StaatsorgR 4
Gesetzgebung und Kompetenzen

Degenhart: § 3, Ipsen: § 10 (Peter)

Zu wiederholende AGen: 97, 95, 91, 83, 67, 35 (Tom)

99. AG: GesellschaftsR 1
Einführung; Entstehung und Außenverhältnis von GbR und OHG

Kindler §§ 9, 10 (Jo)

Zu wiederholende AGen: 98, 96, 92, 84, 68, 36 (Peter)

100. AG: StaatsorgR 5
Verfassungsorgane

Degenhart: §§ 7-10, Ipsen: §§ 6-9 (Annika)

Zu wiederholende AGen: 99, 97, 93, 85, 69, 37 (Jo)

101. GesellschaftsR 2
Innenverhältnis der GbR und OHG; Recht der KG (Änderung, Beendigung, Auflösung)

Kindler: §§ 11-13 (Tom)

Zu wiederholende AGen: 100, 98, 94, 86, 70, 38 (Annika)

102. StR BT 11
Ehre, falsche Verdächtigung, Vortäuschen einer Straftat, Aussagedelikte

Rengier: I 20-24 (Peter)

Zu wiederholende AGen: 101, 99, 95, 87, 71, 39 (Tom)

103. GesellschaftR 3
Vereine, GmbH, GmbH und Co. KG (Errichtung, Rechtsverhältnisse, Vertretung und Geschäftsführung)

Kindler: §§ 14-16 (Jo)

Zu wiederholende AGen: 102, 100, 96, 88, 72, 40 (Peter)

104. AG: Staatshaftung 1
Grundlagen; Amtshaftung nach Art. 34 GG, § 893 BGB; Folgenbeseitigungsanspruch

Maurer: §§ 25, 26, 30, Detterbeck: §§ 21, 24 (Annika)

Zu wiederholende AGen: 103, 101, 97, 89, 73, 41 (Jo)

105. AG: ArbeitsR 1
Einführung ins Arbeitsrecht: Grundlagen, Rechtsträger, Rechtsquellen; Arbeitsrechtsverhältnis: Begründung, Inhalt und Leistungsstörung

Dütz: §§ 1-5, Rüthers / Henssler: Kap. 1-6 (Tom)

Zu wiederholende AGen: 104, 102, 98, 90, 74, 42 (Annika)

106. AG: ArbeitsR 2
Beendigung des Arbeitsverhältnisses

Dütz: § 6, Rüthers / Henssler: Kap. 7 (Peter)

Zu wiederholende AGen: 105, 103, 99, 91, 75, 43 (Tom)

107. AG: StPO 1
Ermittlungsverfahren: Verfahrensgrundsätze; Zwangsmaßnahmen

Beulke: § 1-17 (Jo)

Zu wiederholende AGen: 106, 104, 100, 92, 76, 44 (Peter)

108. AG: ArbeitsR 3
Kollektivarbeitsrecht (Ü): Abschluss und Wirkung von Tarifverträgen und Betriebsvereinbarungen; Arbeitskampfrecht (inklusive der kommenden anarcho-syndikalistischen Revolution); AGG; Mitbestimmungsrecht

Dütz: §§ 8, 9, 10, 11, 12, Rüthers / Henssler: Kap. 8, 9, 10, 11, 12, 13 (Annika)

Zu wiederholende AGen: 107, 105, 101, 93, 77, 45 (Jo)

109. AG: Staatshaftung 2
Entschädigung für Beeinträchtigung des Eigentums; Aufopferungsanspruch; Weitere Anspruchsgrundlagen; Haftung für Verstöße gegen Gemeinschaftsrecht

Maurer: §§ 27-29, 31, Detterbeck: §§ 22, 23, 25-27 (Tom)

Zu wiederholende AGen: 108, 106, 102, 94, 78, 46 (Annika)

110. AG: ZPO 1
Einleitung: Personen der Rechtspflege, Grundzüge des GVG; Verfahrensgrundsätze; Klagearten (inklusive einstweiligem Rechtsschutz) und Prozessvoraussetzungen; Prozesshandlungen

Hemmer: Kap. 1, §§ 1, 2, 3, 4 A und D (Peter)

Zu wiederholende AGen: 109, 107, 103, 95, 79, 47 (Tom)

111. AG: EuropaR 1

Rechtsquellen; Struktur und Organe der Union; Handlungsformen; Rechtsschutz; Grundprinzipien

Arndt: Teile 3-7 (Jo)

Zu wiederholende AGen: 110, 108, 104, 96, 80, 48 (Peter)

112. AG: ZPO 2

Versäumnisurteil und Präklusion; Beteiligung mehrerer am Prozess; Beweislehren; Arten und Wirkungen von Entscheidungen; Rechtskraft, Rechtsbehelfe

Hemmer: Kap. 1, §§ 4 B, C, E, F, G, H (Annika)

Zu wiederholende AGen: 111, 109, 105, 97, 81, 49 (Annika)

113. AG: StPO 2

Hauptverhandlung: Grundlagen GVG, Verfahrensgrundsätze, Beweislehren, Beweisverwertungsverbote, Rechtskraft, Rechtsmittel

Beulke: §§ 18-33 (Tom)

Zu wiederholende AGen: 112, 110, 106, 98, 82, 50 (Tom)

114. AG: ZPO 3

Zwangsvollstreckungsrecht

Hemmer: Kap. 2 (Peter)

Zu wiederholende AGen: 113, 111, 107, 99, 83, 51 (Peter)

115. AG: EuropaR 2

Grundfreiheiten und Grundrechte

Arndt: Teile 8 und 9 (Jo)

Zu wiederholende AGen: 114, 112, 108, 100, 84, 52 (Jo)

116. AG: IPR

Hofmann/Thorn: §§ 4-6, 7, 10, 12 (Tom)

Zu wiederholende AGen: 115, 113, 109, 101, 85, 53 (Annika)

Lernplan Nr. 5: „Gliederung nach Rechtsgebieten"

Der folgende Lernplan folgt ebenfalls dem klassischen Schema: der zu beherrschende Stoff wird in 126 Lerneinheiten aufgeteilt, deren Inhalt detailliert beschrieben ist. Dabei folgt die Darstellung der systematischen Reihenfolge vom Allgemeinen zum Besonderen sowie von materiellen zum prozessualen Recht.

Erstellt und verwendet wurde der Plan von Babette Nossol (→ siehe Interview auf S. 125) zur Vorbereitung auf ihr Zweite Staatsexamen in Niedersachsen. Er beruht auf dem Niedersächsischen Justizausbildungsgesetz und den dazugehörigen Verordnungen bzw. Ausbildungsplänen sowie der Skizze eines kommerziellen Repetitors.

Eine der beiden Besonderheiten des Lernplans ist die vollständige Erfassung des prozessualen Rechts inklusive der anwaltlichen Klausurperspektive, das für das Erste Staatsexamen eigentlich eine untergeordnete Rolle spielt.

Da die Erstellerin nicht mit einer AG, sondern allein lernte, liegt eine zweite Besonderheit in der Sortierung des Stoffes nach Rechtsgebieten anstelle von AG-Sitzungen. Diese Sortierung ist besonders gut für KandidatInnen geeignet, die im Rahmen des Staatsexamens die Möglichkeit haben, ein Rechtsgebiet abzuschichten, und sich deshalb gezielt auf dieses vorbereiten wollen.

Öffentliches Recht

1. Verwaltungsakt
Begriffsmerkmale des VA § 35 S. 1 VwVfG, Allgemeinverfügung § 35 S. 2 VwVfG, Rechtmäßigkeitsvoraussetzungen eines VA, Bestandskraft, Nebenbestimmungen des VA § 36 VwVfG

2. Klagearten der VwGO
Voraussetzungen der Anfechtungs- und Verpflichtungsklage § 42 I VwGO, allgemeine Leistungsklage, Feststellungsklage § 43 I VwGO, abstrakte Normenkontrolle § 47 VwGO

3. Fortsetzungsfeststellungsklage
Voraussetzungen der FFK § 113 I 4 VwGO, analoge Anwendung auf Erledigung vor Klageerhebung und auf die Verpflichtungsklage, Verhältnis zur allgemeinen Feststellungsklage § 43 I VwGO, Fortsetzungsfeststellungsinteresse, Entbehrlichkeit des Widerspruchsverfahrens bei Erledigung innerhalb der Widerspruchsfrist

4. Subjektives öffentliches Recht
Zweck und Anwendungsbereich der Klagebefugnis § 42 II VwGO, Prüfung der Klagebefugnis in der Klausur, Möglich-keitstheorie, Arten von subjektiv-öffentlichen Rechten (einfachgesetzliche Normen, Sonderbeziehung, Grundrechte, Gemeinschaftsrecht), kein Recht auf ermessensfehlerfreie Entscheidung, Verbandsklage, Rolle von Art. 19 IV GG im verwaltungsgerichtlichen Verfahren

5. Eröffnung des Verwaltungsgerichtsweges
Generalklausel des § 40 VwGO, Begriff der öffentlich-rechtlichen Streitigkeit, Abgrenzungstheorien (Interessentheorie, Subordinationstheorie, modifizierte Subjektstheorie), Zweistufentheorie bei öffentlichen Einrichtungen und Subventionen, öffentlich-rechtliches Hausrecht, auf- und abdrängende Sonderzuweisungen, Zuständigkeit §§ 17 II, 17a GVG

6. Probleme des Widerspruchsverfahrens
Das Vorverfahren in seiner Doppelrolle als Zulässigkeitsvoraussetzung und eigenständigem Rechtsbehelf, Auswirkung von sachlichen Einlassungen der Behörde bei Verfristung des Widerspruchs, reformatio in peius, isolierte Anfechtung eines Widerspruchsbescheides, Klausuraufbau

195

der Zulässigkeit und Begründetheit eines Widerspruchs

7. Vorläufiger Rechtsschutz

Abgrenzung vorläufiger Rechtsschutz §§ 80 V, 80a VwGO zu § 123 VwGO, Voraussetzungen und Prüfungsaufbau des § 80 V VwGO, Unterschied zwischen Anordnung (§ 80 II 1 Nr. 1-3 VwGO) und Wiederherstellung (§ 80 II 1 Nr. 4 VwGO) der aufschiebenden Wirkung, Feststellung der Rechtswidrigkeit faktischen Vollzugs (§ 80 V VwGO analog), besondere Voraussetzungen der Anordnung der sofortigen Vollziehbarkeit (§ 80 II 1 Nr. 4, III VwGO), Verfahren bei VA mit Drittwirkung (§ 80a I, III VwGO)

8. Vorläufiger Rechtsschutz

Voraussetzungen und Prüfungsaufbau des § 123 VwGO, Sicherungs- oder Regelungsanordnung, Anordnungsanspruch und -grund, Vorwegnahme der Hauptsache

9. Unbestimmte Rechtsbegriffe und Ermessen

Unbestimmte Rechtsbegriffe und Beurteilungsspielraum, Ermessen und Ermessensfehler (Ermessensüberschreitung, Ermessensunterschreitung, Ermessensfehlgebrauch), Ermessensreduktion auf Null, norminterpretierende und normkonkretisierende Verwaltungsvorschriften, Ermessensrichtlinien, Anspruch auf Gleichbehandlung aus Art. 3 I GG i. V. m. Verwaltungspraxis

10. Öffentlich-rechtlicher Vertrag

Abgrenzung öffentlich-rechtlicher und privatrechtlicher Vertrag, Wirksamkeitsvoraussetzungen des öffentlich-rechtlichen Vertrages, koordinations- und subordinationsrechtlicher Vertrag, Nichtigkeitsgründe § 59 VwVfG, Voraussetzungen des Austauschvertrages nach § 56 VwVfG, Anwendbarkeit des BGB § 62 S. 2 VwVfG, prozessuale Behandlung des öffentlich-rechtlichen Vertrages

11. Polizeirecht 1

Polizeiliche Generalklausel § 11 NdsSOG, Begriff der öffentlichen Sicherheit und der öffentlichen Ordnung, Gefahrenbegriff § 2 NdsSOG, Anscheinsgefahr, Scheingefahr, Gefahrverdacht, Gefahrerforschungsmaßnahmen, Haftung auf Primär- und Sekundärebene, Handlungs- und Zustandsstörer §§ 6, 7 NdsSOG, Zweckveranlasser, latenter Störer, Rechtsnachfolge in die Störerhaftung, Polizeipflicht von Hoheitsträgern, unmittelbare Ausführung, Inanspruchnahme des Nichtstörers § 8 NdsSOG

12. Polizeirecht 2

Polizeiverordnung, ZustVO-SOG, Standardmaßnahmen §§ 12 ff. NdsSOG, Zuständigkeit der allgemeinen Polizeibehörden und des Polizeivollzugsdienstes, Abgrenzung zwischen präventivem und repressiven Tätigwerden der Polizei (abdrängende Sonderzuweisung § 23 EGGVG)

13. Verwaltungsvollstreckung

Voraussetzungen der Vollstreckung nach NdsVwVG, Erfordernis der Rechtmäßigkeit der Grundverfügung i.S. v. § 3 NdsVwVG, Arten der Verwaltungsvollstreckung (Zwangsgeld, Zwangshaft, Ersatzvornahme, unmittelbarer Zwang), Abgrenzung der Vollstreckung nach NdsVwVG und zur unmittelbaren Ausführung nach NdsSOG, Besonderheiten beim Abschleppen von Kfz, Rechtsbehelfe in der Verwaltungsvollstreckung

14. Grundzüge des Baurechts

Gesetzliche Grundlagen des Baurechts (Bauplanungs- und Bauordnungsrecht), Funktion des Flächennutzungsplans, Voraussetzungen für den Erlasse eines Bebauungsplans, Beachtlichkeit von Fehlern §§ 214, 215 BauGB, Veränderungssperre, Raumordnung

15. Vorhaben im Planbereich, Vorhaben im Innenbereich

Anwendung und Systematik der BauNVO im Plan- und Innenbereich,

Rücksichtnahmegebot des § 15 BauNVO, Ausnahmen vom Bebauungsplan § 31 BauGB, Begriff des Innenbereichs (in Abgrenzung zum Außenbereich) und des „Einfügens" in § 34 BauGB

16. Vorhaben im Außenbereich, Einvernehmen mit der Gemeinde

Bauvorhaben im Außenbereich, Privilegierte Vorhaben § 35 I BauGB, öffentliche Belange i. S. v. §§ 35 III BauGB, Bestandsschutz, Förderung der Windkraft im Außenbereich, Einvernehmen mit der Gemeinde § 36 BauGB, VA-Charakter des Einvernehmens, kongruentes/inkongruentes Prüfungsrecht, rechtswidrig versagtes Einvernehmen, Einvernehmenserfordernis bei Zusammenfallen von Gemeinde und Baubehörde

17. Drittschutz im Baurecht

Begriff des Nachbarn im Baurecht, nachbarschützende Vorschriften im Bauplanungs- und Bauordnungsrecht, Funktion und gesetzliche Konkretisierung des Rücksichtnahmegebots, Abwehrrechte zwischen Gemeinden, Abgrenzung zum privaten Nachbarrecht

18. Bauordnungsrechtliche Verfügungen

Baugenehmigung § 75 NdsBauO, Bauvorbescheid § 74 NdsBauO, verfahrensfreie Vorhaben § 68 ff. NdsBauO, Kenntnisvergabeverfahren, bauordnungsrechtliche Generalklausel § 68 NdsBauO, Baueinstellung, Voraussetzungen einer Abbruchanordnung (formelle und materielle Illegalität), Schwarzbau, Behördenaufbau, Bauaufsicht

19. Grundzüge des Kommunalrechts

Verfassungsrechtliche Grundlagen Art. 28 II GG, Struktur der kommunalen Verwaltung (Gemeinden, Landkreise, Region Hannover, kreisfreie Städte), Rechte des Gemeinderates und des Bürgermeisters, Zulässigkeitsvoraussetzungen des Kommunalverfassungsstreits, Kommunalaufsicht

20. Öffentliche Einrichtungen der Kommunen

Zugangsanspruch zu öffentlichen Einrichtungen der Kommune, Widmung, öffentliche Einrichtung in der Form des Privatrechts, Einwirkungsanspruch und Anspruch nach § 826 BGB, Zugangsanspruch Gebietsfremder, Verhältnis zu §§ 70 GewO, § 5 PartG, Anschluss- und Benutzungszwang

21. Wirtschaftliche Betätigung der Kommunen

Formen kommunaler wirtschaftlicher Betätigung (Regiebetrieb, Eigenbetrieb, Eigengesellschaft), Rechtsschutz privater Konkurrenten, drittschützender Charakter in der NdsGemO, Verhältnis zum zivilrechtlichen Rechtsschutz nach UWG und § 20 GWB, Ansiedlungs- und Folgekostenverträge, Befugnisse der Rechtsaufsicht über die Kommunen

22. Staatshaftungsrecht 1

Amtshaftungsanspruch § 839 i. V. m. Art. 34 GG, Folgenbeseitigungsanspruch, öffentlich-rechtlicher Unterlassungsanspruch, öffentlich-rechtlicher Erstattungsanspruch

23. Staatshaftungsrecht 2

Enteignender und enteignungsgleicher Eingriff, verwaltungsrechtliche Schuldverhältnisse, Anspruchsgrundlagen im NdsSOG, Ansprüche aus Aufopferung

24. Grundrechtsprüfung in der Klausur

Aufbau der Grundrechtsprüfung, persönlicher und sachlicher Schutzbereich, Grundrechtsschutz von EU-Bürgern und juristischen Personen Art. 19 III GG, Eingriffsbegriff, mittelbar-faktischer Eingriff, Rechtfertigung des Eingriff, einfacher und qualifizierter Gesetzesvorbehalt, verfassungsimmanente Schranken, Prüfung des Verhältnismäßigkeitsgrundsatz (Geeignetheit, Erforderlichkeit, Angemessenheit), mittelbare Drittwirkung der Grundrechte im Privatrecht

25. Allgemeine Handlungsfreiheit, Religionsfreiheit

Schutzbereich und Schranken der allgemeine Handlungsfreiheit Art. 2 I GG, Funktion als subsidiäres Auffanggrundrecht, allgemeines Persönlichkeitsrecht Art. 2 I i. V. m. Art. 1 I GG, Religionsfreiheit Art. 4 I, 140 GG i. V. m. 136 ff. WRV, Kirchen als Grundrechtsberechtigte und -verpflichtete, religiöse Äußerungen im staatsrechtlichen Bereich (Kruzifix-Urteil, Kopftuch), Schutz des Ritus (Schächten, Muezzin-Ruf etc.), Verbot religiöser Vereinigungen

26. Meinungsfreiheit, Kunstfreiheit

Definition der Meinung i. S. d. Art. 5 I GG und Abgrenzung zur Tatsachenbehauptung, Pressefreiheit, Begriff der allgemeinen Gesetze i. V. m. Art. 5 II GG, Wechselwirkungslehre, Abwehr von hoheitlichen Äußerungen, insbesondere behördliche Warnungen, Begriff der Kunst Art. 5 III GG, Werk- und Wirkbereich, Kunstfreiheit und allgemeines Persönlichkeitsrecht, Satire

27. Versammlungsfreiheit

Begriff der Versammlung i. S. v. Art. 8 I GG, Voraussetzungen eines Versammlungsverbots nach §§ 14, 15 VersG, Anmeldepflicht, Spontan- und Eildemonstrationen, Eingriffe in Versammlungen durch Standardmaßnahmen nach NdsSOG als mildere Mittel gegenüber der Auflösung, Maßnahmen im Vorfeld einer Versammlung, Überwälzung von Reinigungskosten im Nachgang einer Versammlung

28. Berufsfreiheit

Definition des Berufes i. S. d. Art. 12 GG, Ausschlusskriterium der Verbotenheit bzw. Sozialschädlichkeit, einheitliches Grundrecht der Berufswahl- und Berufsausübungsfreiheit, Begriff der berufsregelnden Tendenz, Prüfungsaufbau der Dreistufentheorie (Berufsausübung, subjektive und objektive Berufszulassungs-schranken mit den jeweiligen Eingriffsvoraussetzungen)

29. Eigentum

Begriff des Eigentums in Art. 14 GG, öffentlich-rechtliche Rechtspositionen als Eigentum, Abgrenzung zu Art. 12 GG, eingerichteter und ausgeübter Gewerbebetrieb, Abgrenzung zwischen Inhalts- und Schrankenbestimmung Art. 14 I 2 GG, und Enteignung Art. 14 III GG, Voraussetzungen der Enteignung, Legal- und Administrativenteignung, Enteignung zugunsten Privater (Entscheidung Teststrecke Boxberg), salvatorische Klauseln, Folgen der Nassauskiesungs-Entscheidung (keine Umdeutung rechtswidriger Inhalts- und Schrankenbestimmung in Enteignung, kein "dulde und liquidiere"), entschädigungspflichtige Inhalts- und Schrankenbestimmung (Entscheidung Pflichtexemplar)

30. Vereinigungsfreiheit, Freizügigkeit, Unverletzlichkeit der Wohnung

Begriff des Vereins nach Art. 9 I GG und nach VereinsG, Mitgliedschaft in öffentlich-rechtlichen Zwangskörperschaften, Schutz von Ausländervereinen, Schutz von Koalitionsfreiheit und Tarifautonomie Art. 9 III GG, Begriff und Grenzen der Freizügigkeit nach Art. 11 GG, Begriff der Wohnung i. S. v. Art. 13 GG, Schutz von Betriebs- und Geschäftsräumen, Abgrenzung der Durchsuchung zu sonstigen Eingriffen

31. Gleichheitsgrundsatz

Prüfungsaufbau des Art. 3 GG, Verhältnis zu den speziellen Gleichheitssätzen in Art. 3 II, III, 6 V, 33 I-III, 38 I 1 GG, Willkürverbot und neue Formel, Geltung im Bereich der Leistungs- und Fiskalverwaltung, keine Gleichheit im Unrecht, Rechtsfolgen des Verstoßes gegen Art. 3 I GG durch den Gesetzgeber

32. Beamtenrechtliche Konkurrentenklage

Anspruch auf fehlerhafte Auswahlentscheidung aus Art. 33 II GG, Leistungsgrundsatz, Prinzip der Bestenauslese, Beurteilungsspielraum bei der Auswahlentscheidung, hergebrachte Grundsätze des Berufsbeamtentums, Art. 33 V GG, Rechtsschutz gegen die negative Auswahlentscheidung: Mitteilungsanspruch Art. 33 II i. V. m. Art. 19 IV GG, Außenwirkung von Be-, Ver- und Umsetzung, Verpflichtungsklage als Bescheidungsklage § 113 V 2 VwGO, Prinzip der Ämterstabilität, vorläufiger Rechtsschutz im Beamtenrecht, Herstellungsanspruch, Besonderheiten des § 63 III BeamtStG i. V. m. § 126 BRRG

33. Rücknahme gemeinschaftsrechtswidriger Subventionen

Erforderlichkeit eines Notifizierungsverfahrens nach Art. 108 III AEUV für Subventionen, gemeinschaftsrechtskonforme Auslegung der §§ 48, 49 VwVfG, Prinzip des effet utile Art. 4 III EUV und seine Auswirkung auf Vertrauensschutz und Rücknahmefristen, Anforderung der Rückforderungsgrundsätze auf vertraglich gewährte Subventionen

34. Aufbau der EU, Verordnungen und Richtlinien

Struktur der EU, Organe (insbesondere Rat und Kommission, Parlament), Vertrag von Lissabon, Primär- und Sekundärrecht, unmittelbare Wirkung von Richtlinien entgegen Art. 288 III AEUV, Schadensersatzpflicht des Mitgliedsstaates bei Nichtumsetzung von Richtlinien (Francovich-Entscheidung), Umsetzung des Anspruchs in deutsches Staatshaftungsrecht

35. Grundfreiheiten des Binnenmarktes

Die vier Grundfreiheiten des Binnenmarktes (freier Verkehr von Waren, Personen, Kapital und Dienstleistungen), Warenverkehrsfreiheit Art. 34 ff. AEUV, Maßnahmen gleicher Wirkung, Dassonville-Formel, Keck-Formel, Ausnahmen nach Art. 36 AEUV, Cassis de Dijon-Formel, Abgrenzung der Niederlassungs- von der Dienstleistungsfreiheit, Arbeitnehmerfreizügigkeit und Diskriminierungsverbot, Inländerdiskriminierung und Art. 3 I GG, Niederlassungsfreiheit ausländischer Gesellschaften (Gründungs- und Sitztheorie)

36. Verhältnis Gemeinschaftsrecht zu GG

Vorabentscheidungsverfahren, EuGH als gesetzlicher Richter i. S. v. Art. 101 I 2 GG, Lissabon-Rechtsprechung des BVerfG, EU-Integration und Ewigkeitsklausel Art. 79 III GG, Voraussetzungen des Vorabentscheidungsverfahrens Art. 267 AEUV, Vorlagepflicht des letztinstanzlichen nationalen Gerichts, acte-clair-Theorie und acte-éclairé

37. GG

Normhierarchie, Gesetzesvorbehalt, Wesentlichkeitstheorie, Voraussetzungen für den Erlass von Verordnungen Art. 80 I 2, 3 GG, Bestimmtheitsgebot, Rückwirkungsverbot, Verwaltungskompetenzen Art. 83, 84 GG, Verfassungsmäßigkeit von Sonderabgaben, Rechtsstaatsprinzip Art. 20 GG, Parteienprivileg Art. 21 II GG

38. Anwaltsklausur

Verfassungsbeschwerde nach Art. 93a Nr. 4a GG, einstweilige Anordnung durch BVerfG § 32 BVerfGG

39. Verwaltungsentscheidung und öffentliches Dienstrecht

Aufbau und Ablauf der Verwaltung, Geschäftsordnung, Aufbau einer Verwaltungsentscheidung (Erst- und Widerspruchsbescheid), Grundzüge des öffentlichen Dienstrechts

40. Umweltrecht

Abfallentsorgung, Immissionsschutzrecht, Naturschutzrecht, Wasserrecht, Gewerberecht, Wasserverträglichkeitsprüfung

41. Staatliche Leistungen

staatliche Leistungen, staatliches Haushalts- und Finanzwesen, Beihilfeprogramme (auch auf europäischer Ebene), Wirtschaftsförderung

Zivilrecht

1. Grundprinzipien der BGB-Klausur: Willenserklärung

Prüfungsreihenfolge in der BGB-Klausur, Rechtsbindungswille, Gefälligkeitsverhältnisse, Zugang von Willenserklärungen, Schweigen als Annahme (§ 346 HGB: kaufmännisches Bestätigungsschreiben), Rechtsgeschäfte von Minderjährigen

2. Stellvertretung

Abgrenzung Stellvertretung/Botenschaft, Geschäft für den, den es angeht, Missbrauch der Vollmacht, Vertreter ohne Vertretungsmacht (§§ 177, 179 BGB), Anscheins- und Duldungsvollmacht, Rechtsscheinhaftung §§ 170-172 BGB, Insichgeschäft § 181 BGB

3. Anfechtung

Abgrenzung Inhalts- und Erklärungsirrtum, Definitionen der Begriffe Eigenschaft, Verkehrswesentlichkeit, Täuschung, Arglist, Doppelanfechtung, Rechtsfolgen der Anfechtung (§§ 142, 122 BGB), Verhältnis der Anfechtung zu anderen Rechtsinstituten (§§ 311 II, 241 II BGB, kaufmännische Gewährleistung)

4. Leistungsstörungsrecht 1

Schadensersatz neben der Leistung (§ 280 I BGB), Schadensersatz statt der Leistung (§§ 280 III, 281-283 BGB), insbesondere bei anfänglicher und nachträglicher Unmöglichkeit (§ 311a II BGB bzw. §§ 280 I, III, 283, 275 BGB), wirtschaftliche Unmöglichkeit, persönliches Leistungshindernis

5. Leistungsstörungsrecht 2

Verletzung von Nebenpflichten und vorvertraglichen Pflichten (§§ 311 II, 241 II BGB, Verzug (§§ 280, 286 BGB), Rücktrittsrecht bei gegenseitigen Verträgen, Rechtsfolgen des Rücktritts, Rückabwicklung bei Dauerschuldverhältnissen

6. Gläubigerannahmeverzug, Wegfall der Geschäftsgrundlage

7. Erfüllung und Erfüllungssurrogate, Schuldnerschutz und Forderungsabtretung

Leistung an Erfüllungs Statt und erfüllungshalber, Voraussetzungen der Aufrechnung, Schuldnerschutzvorschriften der §§ 404, 406-408 BGB

8. Dritte in Schuldverhältnissen 1

Vertrag zugunsten Dritter, Vertrag mit Schutzwirkung zugunsten Dritter, Drittschadensliquidation

9. Dritte in Schuldverhältnissen 2

Gesamtschuldnerschaft, Abgrenzung zum Zessionsregress § 255 BGB, gestörte Gesamtschuld

10. Verbraucherschutz 1

Wirksame Einbeziehung von AGB in Verträge, AGB gegenüber Kaufleuten, § 305c BGB, Inhaltskontrolle §§ 307-309 BGB, sich widersprechende AGB, Dissens §§ 154, 155 BGB, Rechtsfolgen unwirksamer AGB, Haustürgeschäft, Verhältnis des § 312 BGB zu anderen Vorschriften, Rechtsfolgen des Widerrufs §§ 355 f. BGB

11. Verbraucherschutz 2

Verbraucherkredit, verbundenes Geschäft, Widerrufs- und Einwendungsdurchgriff §§ 358, 359 BGB, Verbraucherschutz bei Geschäften über das Internet §§ 312b-312e BGB

12. Kaufrecht

Kaufrechtliche Gewährleistung für Sach- und Rechtsmängel, Unternehmenskauf, Gebrauchtwagenkauf

13. Miete

Abgrenzung zu Pacht, Sach- und Rechtsmängelhaftung, Verhältnis der Gewährleistung nach Mietrecht zum allgemeinen Schuldrecht, Kauf bricht nicht Miete § 566 BGB, Kündigung bei Wohnraum- und Gewerbemiete, Vermieterpfandrecht, Räumung und Herausgabe der Mietsache, Eigenbedarf

14. Leasing

Finanzierungs- und Operateleasing, Gefahrtragung und Ausschluss von Gewährleistungsrechten bei der Leasingsache, Rügeobliegenheit § 377 HGB, Beschädigung der Leasingsache durch Dritte

15. Werkvertrag, Reisevertrag, Maklervertrag

Abgrenzung zu Dienstvertrag § 611 BGB und Werklieferungsvertrag § 651 BGB, Gewährleistung beim Werkvertrag, Bauträgervertrag, VOB/B, Reisemängelhaftung, insbesondere bei höherer Gewalt, Abgrenzung des Reiserechts zum allgemeinen Schuldrecht, Architektenvertrag

16. Darlehen, Konsumentenkredit, Schenkung, Dienstvertrag

17. GoA

Begriff des auch fremden Geschäfts, Fremdgeschäftsführungswille, GoA aufgrund eines nichtigen Vertrags, Selbstaufopferung im Straßenverkehr, Rechtsfolgen der berechtigten und der nicht berechtigten GoA, angemaßte Eigengeschäftsführung, Verhältnis der GoA zum Gesamtschuldnerausgleich § 426 BGB

18. Bürgschaft, Schuldanerkenntnis

Abgrenzung zum Schuldbeitritt und Garantie, Formgebundenheit § 766 BGB, Einreden der Bürgen §§ 768-771 BGB, Ausgleich mehrerer Sicherungsgeber untereinander, Unwirksamkeit formularmäßiger Globalbürgschaften, Sittenwidrigkeit von Angehörigen- und Arbeitnehmerbürgschaften, Bürgschaft auf erstes Anfordern, deklaratorisches und konstitutives Schuldanerkenntnis

19. Bereicherungsrecht 1

Einteilung in Leistungs- und Nichtleistungskondiktionen, Vorrang der Leistungskondiktionen, Bereicherungsausgleich im Drei-Personen-Verhältnis, Anweisungsfälle

20. Bereicherungsrecht 2

Verfügung vom Nichtberechtigten § 816 I BGB, Umfang des Bereicherungsanspruchs, Entreicherung § 818 III BGB, Saldotheorie, verschärfte Haftung §§ 818 IV, 819 I BGB, Ausschluss § 817 S. 2 BGB

21. Deliktsrecht 1

Rechtsgüter des § 823 I BGB, allgemeines Persönlichkeitsrecht, Schmerzensgeld § 253 II BGB, Recht am eingerichteten und ausgeübten Gewerbebetrieb, Eigentumsverletzung bei Beeinträchtigung des Sachgebrauchs, Weiterfresserschäden, Produzentenhaftung, Schutzgesetze i. S. v. § 823 II BGB

22. Deliktsrecht 2

Deliktische Haftung für Dritte (§§ 830, 831, 31 BGB, Organisationsverschulden), Gefährdungshaftung (§ 833 BGB, § 7 StVG); quasi-negatorischer Abwehranspruch §§ 823, 1004 BGB, Grundsatz der Naturalrestitution §§ 249 ff. BGB, Schadensersatz bei Verkehrsunfällen (Reparaturwert, Prognose- und Werkstattrisiko, fiktive Mietwagenkosten, Mitverschulden § 254 BGB

23. Rechtsgeschäftlicher Eigentumserwerb, gutgläubiger Erwerb

Eigentumserwerb § 929 S. 1 BGB, Besitzkonstitut §§ 930, 868 BGB, Eigentumsübertragung durch Abtretung des Herausgabeanspruchs § 931 BGB, Voraussetzungen des gutgläubigen Erwerbs von beweglichen Sachen §§ 932 ff. BGB

24. Eigentumsvorbehalt, Anwartschaftsrecht, Sicherungsübereignung

Kollision verlängerter Eigentumsvorbehalt mit Globalzession, Doppelspiel des Besitzmittlers, Raumsicherungsvertrag, Übersicherung, Sicherungseigentum in der Zwangsvollstreckung und Insolvenz, Schutz des Anwartschaftsrechts

25. Gesetzlicher Eigentumserwerb

Verbindung, Vermischung und Verarbeitung, Ausgleichsanspruch nach §§ 951, 812 ff. BGB, Verhältnis zum EBV, Ersitzung §§ 937 ff. BGB, Fruchterwerb §§ 953 ff. BGB

26. EBV 1

Anspruchsvoraussetzungen der §§ 985, 1007, 861 BGB, Abschlussfiktion des EBV und Ausnahmen (Fremdbesitzerexzess, Rechtsfortwirkungsansprüche), Aufschwung vom Fremd- zum Eigenbesitzer, nicht so berechtigter Besitzer

27. EBV 2

System der §§ 987 ff. BGB, Gleichstellung des rechtsgrundlosen mit dem unentgeltlichen Besitzer bei § 988 BGB, Bösgläubigkeit i. S. v. § 990 BGB bei Minderjährigen und Hilfspersonen, Problem des nicht mehr berechtigten Besitzers bei §§ 994 ff. BGB, gutgläubiger Erwerb eines Werkunternehmerpfandrechts § 647 BGB

28. Rechtsgeschäftlicher Eigentumserwerb an Grundstücken, öffentlicher Glaube des Grundbuchs, formelles Grundbuchrecht

Voraussetzungen des rechtsgeschäftlichen Erwerbs von Grundstückseigentum §§ 873, 925 BGB, gutgläubiger Erwerb §§ 892, 893 BGB, formelle Voraussetzungen einer Grundbucheintragung §§ 13 ff. GBO, materielles Konsensprinzip § 20 GBO, Wirksamkeitsvoraussetzungen des Kausalgeschäfts und Heilung nach § 311b BGB, Grundbuchberichtigungsanspruch § 894 BGB

29. Vormerkung, Vorkaufsrecht

Voraussetzungen und Rechtswirkungen der Vormerkung §§ 883 ff. BGB, gutgläubiger Erst- und Zweiterwerb der Vormerkung, Verhältnis des Dritterwerbers zum Vormerkungsberechtigten, Unterschied zwischen schuldrechtlichem, subjektiv persönlichem und subjektiv dinglichem Vorkaufsrecht §§ 463 ff., 1094 ff. BGB, preislimitiertes Vorkaufsrecht, Umgehungsfälle

30. Hypothek

Erst- und Zweiterwerb der Hypothek, gutgläubiger (einredefreier) Hypothekenerwerb (§§ 892, 1138, 1157 S. 2 BGB), Mitreißen der Forderung, Zahlung auf ei-

ne Hypothek, Zahlung durch Dritte §§ 268 III, 1150 BGB

31. Grundschuld, Nießbrauch, Dienstbarkeit

Unterschiede zwischen Hypothek und Grundschuld, vertragswidrige Trennung von Forderung und Sicherungsgrundschuld, Vollstreckung einer Grundschuld § 1147 i. V. m. § 1192 BGB oder §§ 794 I Nr. 5, 800 ZPO), Voraussetzungen des Nießbrauchs, Wettbewerbsverbot als Dienstbarkeit

32. Pfandrecht an an beweglichen Sachen und Rechten sowie Miteigentum

33. Wirkungen der Ehe, Zugewinnausgleich

Pflicht zur ehelichen Lebensgemeinschaft § 1353 BGB, Geschäfte zur angemessenen Deckung des Lebensbedarfs § 1357 BGB, Haftungserleichterung § 1359 BGB, Eigentumsvermutung § 1362 BGB, Verfügungsbeschränkungen in der Zugewinngemeinschaft (§§ 1365, 1369 BGB), Grundzüge des Zugewinnausgleichs unter Lebenden (§§ 1372-1390 BGB)

34. Scheidung der Ehe, Verwandtschaft, Sorgerecht, nichteheliche Lebensgemeinschaft

Scheidungsgründe, Scheidungsfolgen, Verwandtschaft, Abstammung, elterliche Sorge, Betreuung, Probleme nichtehelicher Lebensgemeinschaften, Ausgleich von Zuwendungen nach dem Scheitern der nichtehelichen Lebensgemeinschaft, nichteheliche Lebensgemeinschaft im Mietrecht

35. Gesetzliche Erbfolge, Pflichtteilsrecht

Prüfungsreihenfolge bei erbrechtlicher Klausur, Prinzip der Universalsukzession und der Erbfolge nach Stämmen §§ 1922 ff. BGB, Ehegattenerbrecht § 1371 BGB, Berechnung des Pflichtteils, Pflichtteilsanspruch § 2307 BGB, Pflichtteilergänzungsanspruch §§ 2325, 2329 BGB

36. Verfügung von Todes wegen

Formen der Verfügung von Todes wegen (Testament, Ehegattentestament und Erbvertrag), Wirksamkeitsvoraussetzungen eines Testaments, Auslegung, Widerruf und Anfechtung eines Testaments, Annahme und Ausschlagung der Erbschaft

37. Sonderformen der Verfügung von Todes wegen

Auflage, Vermächtnis, Teilungsanordnung § 2048 BGB, Vor- und Nacherbschaft, Berliner Testament (insbesondere Bindung des überlebenden Ehegatten, Trennungsprinzip, Einheitsprinzip, Wiederverheiratungsklausel)

38. Miterbengemeinschaft

Auseinandersetzung der Miterbengemeinschaft, Verfügung am Nachlassanteil, Nachlassverwaltung § 2038 BGB im Innen- und Außenverhältnis

39. Erbschaftsanspruch, Erbschein

Verhältnis des Erbschaftsanspruchs §§ 2018 ff. BGB zu §§ 985 ff. BGB, Prinzip der dinglichen Surrogation § 2019 BGB, Verhältnis des Erben zum Erbschaftsbesitzer nach §§ 2020 ff. BGB, Voraussetzungen des Gutglaubenserwerbs vom Scheinerben §§ 2366, 2367 BGB, Zusammenspiel mit §§ 892 ff., 932 ff. BGB, Erbschaftsbesitz § 857 BGB, Ausnahme vom Voreintragungsgrundsatz im Erbfall § 40 GBO

40. Schenkung von Todes wegen, Vertrag zugunsten Dritter auf den Todesfall

Abgrenzung der Schenkung von Todes wegen § 2301 BGB zur auf den Tod befristeten Schenkung sowie der Schenkung unter Lebenden, Begriff des lebzeitigen Vollzugs § 2301 II BGB, Vertrag zugunsten Dritter auf den Todesfall § 331 BGB

41. Handelsrecht

Begriff des Kaufmanns §§ 1 ff. HGB und der Firma § 17 HGB, Publizität des Handelsregisters § 15 HGB, Ernennung und Befugnisse eines Prokuristen §§ 48 ff. HGB, Sonderregelungen für Handelsge-schäfte (§§ 343 ff. HGB, insbesondere Schutz des guten Glaubens an die Verfügungsbefugnis § 366 HGB und Rügeobliegenheit § 377 HGB)

42. Gründung, Vertretung und Haftung bei OHG und KG

Entstehung der OHG im Innen- und Außenverhältnis §§ 108, 123 II HGB, Geschäftsführung §§ 114 ff. HGB, und Vertretung der OHG nach außen §§ 125-127 HGB, Prinzip der Selbstorganschaft, Gesellschafterhaftung § 128 HGB, Sozialansprüche und Verpflichtungen, actio pro socio, zur KG §§ 161 ff. HGB: Haftung des Kommanditisten vor und nach Leistung der Einlage

43. Haftungsstruktur der BGB-Gesellschaft, WEG

Rechtsfähigkeit der BGB-Gesellschaft, analoge Anwendung von § 31 BGB, Haftung der Gesellschafter § 128 HGB analog, Ausgleichspflicht unter BGB-Gesellschaftern, Rechtsfähigkeit der WEG

44. Die Gesellschaft in der Zwangsvollstreckung, Vererbung von Gesellschaftsanteilen, faktische Gesellschaft, GmbH

Zwangsvollstreckung gegen die Gesellschaft, Zwangsvollstreckung in einen Gesellschaftsanteil, Rechtsfolgen beim Tod eines Gesellschafters, rechtsgeschäftliche und erbrechtliche Nachfolgeklauseln, Ausgleichsanspruch unter den Erben nach § 2050 BGB analog, Voraussetzungen und Rechtsfolgen der faktischen Gesellschaft, Grundprinzipien der GmbH (Entstehung, Vor-GmbH und Vorgründungs-GmbH, Rechtsfähigkeit)

45. Grundprinzipien des Arbeitsrechts

Rechtsquellen des Arbeitsrechts (Gesetze, Tarifverträge, Betriebsvereinbarungen, Arbeitsvertrag, betriebliche Übung), Begriff des Arbeitnehmers, faktischer Arbeitsvertrag, arbeitsrechtliches Haftungsprivileg, Direktionsrecht des Arbeitgebers § 315 BGB, Annahmeverzug des Arbeitgebers § 615 BGB, Betriebsrisikolehre, Günstigkeitsprinzip

46. Kündigungsschutzklage
Begründung eines Arbeitsverhältnisses, wesentliche Vertragspflichten, Unterschiede zwischen ordentlicher und außerordentlicher Kündigung und Umdeutung § 140 BGB, Anwendbarkeit des KSchG, wichtiger Grund i. S. v. § 626 BGB, Befugnisse des Betriebsrates § 102 BetrVG, besonderer Kündigungsschutz § 9 MuSchG, §§ 85 ff. SGB IX, § 15 KSchG, § 103 BetrVG, Klagefrist, Weiterbeschäftigungsanspruch, Abfindungsanspruch § 9 I KSchG

47. ZPO 1
Aufbau Urteil, Aufbau Relation, Klage- und Urteilsarten, Tenorierung, Nebenentscheidungen, Wirkungen der Rechtshängigkeit §§ 253, 261 ZPO, Zulässigkeitsvoraussetzungen, ordnungsgemäße Klageschrift, sachliche und örtliche Zuständigkeit, Zuständigkeitsbegründung durch rügeloses Verhandeln in der Hauptsache § 39 ZPO, Parteifähigkeit, Klageänderung §§ 263, 267 ZPO, Partei (Begriff, Änderung, subjektive Rechtskraft), Streitgegenstand und objektive Rechtskraft, Streitvermeidung, Streitschlichtung, Arten der Rechtsbehelfe (Berufung, Revision, Beschwerde)

48. ZPO 2
Grundzüge der Prozesskostenhilfe, Streitgenossenschaft, Streitverkündung, Haupt- und Nebenintervention, nichtstreitige Erledigung des Verfahrens (Anerkenntnis, Verzicht, Vergleich, Erledigung der Hauptsache, Klagerücknahme), Mahn- und Versäumnisverfahren, Beweisverfahren (Beweismittel, Beweislast, Beweiswürdigung, freie Schadensschätzung), Arrest und einstweilige Verfügung, Verkehrsunfallprozess (insbesondere Besonderheiten in der Relation), Rechtskrafterstreckung und doppelt gutgläubiger Erwerb §§ 265-325 ZPO

49. Voraussetzungen der Zwangsvollstreckung, Pfändungspfandrecht
Voraussetzungen der Zwangsvollstreckung (Titel, Klausel, Zustellung), Wirkungen der Pfändung (Verstrickung, Pfändungspfandrecht), Pfändung schuldnerfremder Sachen, Ersteigerung der Sache durch den Vollstreckungsgläubiger selbst (§ 817 IV ZPO)

50. Zwangsvollstreckung in Forderungen
Pfändungs- und Überweisungsbeschluss, Besonderheiten der Pfändung von Arbeitseinkommen, Wirkungen der Drittschuldnererklärung § 840 ZPO, Pfändung einer nicht existierenden Forderung, Pfändung sonstiger Rechte §§ 857 ff. ZPO, insbesondere Pfändung des Anwartschaftsrechts

51. Zwangsvollstreckung in Grundstücke, Haftungsverband
Gegenstand der Zwangsvollstreckung in das Grundstück, Haftungsverband (§§ 90 II, 55 I, 20 II ZVG, 1120 ff. BGB), Arten der Zwangsvollstreckung in Grundstücke (Zwangsversteigerung, Zwangsverwaltung, Zwangshypothek), Wirkung der Eintragung des Zwangsversteigerungsbeschlusses auf das Zubehör § 23 II S. 2 ZVG, Begriff des geringsten Gebots §§ 44 ff. ZVG

52. Rechtsbehelfe in der Zwangsvollstreckung
Vollstreckungserinnerung § 766 ZPO, Vollstreckungsgegenklage § 767 ZPO, Drittwiderspruchsklage § 771 ZPO, Klage auf vorzugsweise Befriedigung § 805 ZPO

Strafrecht

1. Kausalität und Zurechnung, dolus eventualis
Conditio sine qua non Formel, alternative und kumulative Kausalität, Lehre von der objektiven Zurechnung, eigenverantwortliches Eingreifen eines Dritten in den Kausalverlauf, Vorsatzformen, Abgren-

zung des dolus eventualis zur bewussten Fahrlässigkeit

2. Rechtfertigungsgründe, Entschuldigungsgründe

Voraussetzungen der Notwehr § 32 StGB, sozialethische Einschränkungen des Notwehrrechts, Notwehrprovokation, Schusswaffengebrauch bei Notwehr, fehlendes subjektives Rechtfertigungselement, Notwehrexzess § 33 StGB, rechtfertigende Notstände §§ 228, 904 BGB, § 34 StGB, Festnahmerecht § 127 I StPO, rechtfertigende Pflichtenkollision, Schuldfähigkeit §§ 19-21 StGB, entschuldigender Notstand § 35 StGB, übergesetzlicher entschuldigender Notstand

3. Revisionsrecht

Anforderungen und Formulierung von Sachrüge und Verfahrensrüge, Prozesshindernisse, Revisionsgründe, RiStBV

4. Versuch

Versuchsaufbau, Unterscheidung zwischen untauglichem Versuch und Wahndelikt, Begriff des unmittelbaren Ansetzens zur Tat, Versuch bei Regelbeispielen, Rücktritt vom Versuch, Abgrenzung unbeendeter und beendeter Versuch, Freiwilligkeit, Rücktritt vom Versuch beim Erreichen des außertatbestandlichen Handlungsziels (Denkzettel-Fall), Rücktritt bei mehreren Tatbeteiligten § 24 II StGB, Rücktritt trotz Vollendung und tätige Reue

5. Unterlassungsdelikt

Abgrenzung Tun zu Unterlassen, Kausalität beim Unterlassungsdelikt, Typen der Garantenpflicht, Versuchsbeginn und Rücktritt beim Unterlassungsdelikt, rechtfertigende Pflichtenkollision, echte Unterlassungsdelikte §§ 123 I 2. Alt., 138, 142 II, 323c StGB

6. Fahrlässigkeit

Aufbau des Fahrlässigkeitsdelikts, Begriff der objektiven Sorgfaltspflichtverletzung, Pflichtwidrigkeitszusammenhang, Lehre vom Schutzzweck der Norm, Rechtfertigung des Fahrlässigkeitsdelikts, freiver-

antwortliche Selbstgefährdung des Opfers

7. Mittäterschaft

Abgrenzung zwischen Täterschaft und Teilnahme (subjektive und objektive Theorie), sukzessive Mittäterschaft, Versuchsbeginn bei Mittäterschaft, Mittäterschaft und Irrtum, Mittäter-Exzess, Prüfung in der Klausur

8. Mittelbare Täterschaft

Voraussetzungen der mittelbaren Täterschaft, Fälle des Täters hinter dem Täter (Katzenkönig), Versuch und Rücktritt bei der mittelbaren Täterschaft

9. Anstiftung und Beihilfe

Aufbau von Anstiftung und Beihilfe, Doppelvorsatz, agent provocateur, versuchte Anstiftung § 30 StGB, Akzessorietätslockerung § 28 StGB, Kausalität bei der Beihilfe

10. Irrtümer in Mehrpersonen-Konstellationen

Auswirkungen des error in persona des Vordermanns auf den Hintermann (mittelbarer Täter/Anstifter), Irrtümer über die Tatherrschaft (Hintermann geht von mittelbarer Täterschaft aus, Vordermann ist aber selbst Täter bzw. Hintermann geht von Anstiftung aus, Vordermann ist aber Tatmittler)

11. Das erfolgsqualifizierte Delikt

Aufbau des erfolgsqualifizierten Delikts, gefahrenspezifischer Zusammenhang, Versuch des erfolgsqualifizierten Delikts, Rücktritt vom versuchten erfolgsqualifizierten Delikt, Beteiligung am erfolgsqualifizierten Delikt

12. Konkurrenzen, Wahlfeststellung, Garantie des Strafrechts, Internationales Strafrecht

Tateinheit § 52 StGB, Tatmehrheit § 53 StGB und Gesetzeskonkurrenz (Spezialität, Subsidiarität, Konsumtion), natürliche Handlungseinheit und Verklammerung, echte und unechte Wahlfeststellung, in dubio pro reo, Bestimmtheitsgebot, Rückwirkungsverbot, Analogieverbot, Anwendbarkeit deutschen Strafrechts §§ 3 ff. StGB

13. Diebstahl

Wegnahme, Gewahrsamsbegriff, Abgrenzung zwischen Trickdiebstahl und Betrug, Zueignungsabsicht (Aneignung und Enteignung), Gebrauchsanmaßung, Sachwertzueignung, Rechtswidrigkeit der Zueignung, Regelbeispiele des § 243 StGB, Begriff des gefährlichen Werkzeugs und der Bande i. S. v. § 244 StGB

14. Raub

Gewalt und Drohung, vis absoluta und vis compulsiva, Finalzusammenhang zwischen Nötigungsmittel und Wegnahme, Abgrenzung zwischen Raub und räuberischer Erpressung §§ 253, 255 StGB, Scheinwaffenproblematik im Rahmen des § 250 I Nr. 1 lit. b) StGB, Voraussetzungen des räuberischen Diebstahls § 252 StGB

15. Betrug 1

Täuschungsbegriff, konkludente Täuschung und Täuschung durch Unterlassen, Vermögensverfügung, Vermögensbegriff, Vermögensschaden bei gutgläubigem Erwerb, persönlicher Schadenseinschlag, Betrug bei bestehendem Widerrufsrecht

16. Betrug 2

Dreiecksbetrug, Zweckverfehlungslehre, Anstellungsbetrug, Submissionsbetrug, Prozessbetrug, Bereicherungsabsicht, Stoffgleichheit

17. Untreue und Unterschlagung

Missbrauchs- und Treuebruchtatbestand, Vermögensbetreuungspflicht, Untreue als Pflichtdelikt, Unterschlagung bei vorangegangenem Vermögensdelikt: Tatbestands- und Konkurrenzlösung, Fundunterschlagung (Abgrenzung zum Diebstahl), veruntreuende Unterschlagung

18. Urkundsdelikte

Urkundsbegriff, Namenstäuschung, Identitätstäuschung, Geistigkeitstheorie, Urkundseigenschaft einer Kopie, zusammengesetzte Urkunden, Abgrenzung des Beweiszeichens zum Kennzeichen, Straflosigkeit der schriftlichen Lüge, Schutz öffentlicher Urkunden §§ 348, 271 StGB, Urkundenbeschädigung und -unterdrückung § 274 BGB, Begriff der technischen Aufzeichnung § 268 StGB, Falschbekundung im Amt

19. Computerdelikte, Scheckkartendelikte

Schutzzweck und Systematik des § 263a StGB, unbefugte Verwendung einer Code- oder Kreditkarte durch den berechtigten Kreditkarteninhaber, Einsatz einer gestohlenen EC-Karte, Automatenmanipulation, Anwendungsbereich des § 266b StGB, andere Computerdelikte §§ 202a, 303a StGB

20. Begünstigung, Strafvereitelung, Hehlerei

Abgrenzung sukzessive Beihilfe und Begünstigung § 257 StGB, Privilegierungen bei der Strafverteilung § 258 StGB, Auslegung des Begriffs der Absatzhilfe bei der Hehlerei § 259 StGB, Ersatzhehlerei, Perpetuierungstheorie

21. Tötungs- und Körperverletzungsdelikte 1

Aufbau der Tötungsdelikte (Verhältnis § 211 StGB zu § 212 StGB), Mordmerkmale der niedrigen Beweggründe, Heimtücke und Verdeckungsabsicht, Anforderungen an den Tötungsvorsatz, Tatbestandsverschiebung nach § 28 StGB bei mehreren Beteiligten, Körperverletzung § 223 StGB, unbewegliche Gegenstände als Werkzeug i. S. d. § 224 StGB, Körperverletzung mit Todesfolge § 227 StGB, Verhältnis der vollendeten Körperverletzung zur versuchten Tötung

22. Tötungs- und Körperverletzungsdelikte 2

Voraussetzungen der Tötung auf Verlangen § 216 StGB, Abgrenzung der Beihilfe zum Selbstmord, Strafbarkeitsgrenzen ärztlicher Sterbehilfe, Voraussetzungen der rechtfertigenden Einwilligung in ärztliche Heileingriffe (bei Erwachsenen und Kindern, Zeugen-Jehovas-Fall)

23. Straßenverkehrsdelikte

Abgrenzung § 315b und § 315c StGB, § 315c StGB als konkretes Gefährdungsdelikt und echte Vorsatz- Fahrlässigkeits-Kombinationen, absolute und relative Fahruntüchtigkeit, strafbarer Vollrausch: § 323a StGB und actio libera in causa, Rückrechnungsformeln, Unfallflucht § 142 StGB

24. Brandstiftung

geschützte Rechtsgüter des §§ 306, 306a StGB, Begriff des Inbrandsetzens, teleologische Reduktion des § 306a I Nr. 1 StGB, Entwidmung, Versicherungsmissbrauch § 265 StGB als Straftat i. S. v. § 306 II Nr. 2 StGB, Brandstiftung mit Todesfolge § 306c StGB in den Retterfällen, Verhältnis der Qualifikationen der Brandstiftungsdelikte zueinander

25. Sonstige Delikte 1

Widerstand gegen Vollstreckungsbeamte § 113 StGB, Hausfriedensbruch § 123 StGB, Vortäuschen einer Straftat § 145d StGB, Aussagedelikte §§ 153 ff. StGB, Falsche Verdächtigung § 164 StGB, Rechtspflegedelikte, Bestechungsdelikte, Rechtsbeugung

26. Sonstige Delikte 2

Beleidigung §§ 185 ff. StGB, Freiheitsberaubung § 239 StGB, Nötigung § 240 StGB, Sachbeschädigung § 303 StGB, unterlassene Hilfeleistung § 323c StGB

27. Prinzipien und Ablauf des Strafverfahrens

Legalitätsgrundsatz, Stadien des Strafverfahrens (Ermittlungsverfahren, Zwischenverfahren und Hauptverfahren), Ablauf der Hauptverhandlung, Verteidigerrechte, Befangenheit von Verfahrenspersonen, Grundsatz der freien Beweiswürdigung, Verfahrensbeendigung durch Verfahrenseinstellung §§ 153a ff. StPO, Privatklage

28. Ermittlungsverfahren

Voraussetzungen von Beschlagnahme, Durchsuchung und Haftbefehl, vorläufige Festnahme § 127 StPO, körperliche Untersuchung § 81a StPO, vorläufige Entziehung der Fahrerlaubnis, Rechtsmittel im Ermittlungsverfahren

29. Beschuldigter und Zeuge im Verfahrens

Belehrungspflicht und Schweigerecht des Beschuldigten §§ 136, 243 V StPO, Zeugnis- und Auskunftsverweigerungsrecht nach § 52 ff. StPO, Verbot und Absehen von Vereidigung § 60 StPO, Verwertbarkeit von Spontanäußerungen und Aussagen von Mitbeschuldigten (formeller und materieller Mitbeschuldigtenbegriff)

30. Folgen rechtswidriger Beweisgewinnung

Verwertbarkeit von Aussagen aus dem Ermittlungsverfahren bei der Geltendmachung eines Schweigerechts im Hauptverfahren, Verbot der Protokollverlesung § 250 S. 2 StPO, Vernehmung der Verhörsperson, Zeugnisverweigerungsrecht in der Hauptverhandlung § 252 StPO, der Ermittlungsrichter als Verhörsperson, „fruit-of-the-poisonous-tree"-Doktrin, Rechtskreistheorie

31. Sonstiges

Arten der Sanktionen, Strafzumessung, Prozessvoraussetzungen, insbesondere Strafantrag und Verjährung, Rechtskraft, Arten der Rechtsbehelfe

32. Vorverfahren

Zusammenwirken der Staatsanwaltschaft mit anderen Behörden, insbesondere Gericht und Polizei, Rechtsstellung des Beschuldigten im Vorverfahren, Verteidigerbestellung, Rechtsstellung des Opfers, einschließlich Täter-Opfer-Ausgleich, Abschluss des Ermittlungsverfahrens (Einstellung, Klageerzwingungsverfahren und Erhebung der öffentlichen Klage), Abschlussverfügung der Staatsanwaltschaft, Anklageschrift

33. Hauptverfahren, Jugendstrafrecht, Recht der Ordnungswidrigkeiten
Durchführung und Umfang der Beweisaufnahme, Verfahrensgrundsätze, Begriff und Bedeutung der Tat § 264 StPO, Überblick Jugendstrafrecht und Recht der Ordnungswidrigkeiten

34. Anwaltsklausur
Berufungs- und Revisionsschrift, Schutzschrift

Lernplan Nr. 6: „Grobe Einteilung"

Mit dem nachfolgenden Lernplan bereitete sich Birte Brodkorb (→ siehe Interview auf S. 119) zusammen mit ihrer AG auf das Erste Staatsexamen in Berlin vor. Der zu erlernende Stoff wird nur grob beschrieben und auf 100 Sitzungen verteilt. Der Plan ist weit weniger detailliert als die Vorgänger.

Das Zivilrecht ist so gewichtet, dass es in etwa so viel Raum einnimmt wie die Rechtsgebiete Öffentliches Recht und Strafrecht zusammen genommen. Das entspricht zwar nicht der Berliner Klausurgewichtung (Strafrecht – Zivilrecht – Öffentliches Recht im Verhältnis 2:3:2), aber den gefühlten Defiziten der AG.

1. AG: Rechtsgeschäftslehre
Grundzüge, Vertrag, Willenserklärung, kaufmännisches Bestätigungsschreiben

2. AG:
- StR: Einstieg
- ÖR: Einstieg Grundrechte

3. AG: Stellvertretung 1

4. AG: Verfassungsbeschwerde

5. AG: Stellvertretung 2 und Insichgeschäft

6. AG:
- StR: Kausalität und objektive Zurechnung
- ÖR: Art. 5 GG

7. AG: Geschäftsfähigkeit

8. AG:
- StR: Vorsatz
- ÖR: Art. 5 GG

9. AG: AGB und Widerruf einer Willenserklärung

10. AG:
- StR: Tatbestandsirrtümer
- ÖR: Art. 1 und 2 GG

11. AG:
- StR: Rechtswidrigkeit
- ÖR: Art. 3, 101, 103 GG

12. AG: Wirksamkeit einer Willenserklärung
Form, inhaltliche Schranken, befristete, bedingte und zustimmungsbedürftige Rechtsgeschäfte, Teilnichtigkeit

13. AG:
- StR: Rechtswidrigkeit
- ÖR: Art. 4, 6, 7 GG

14. AG: Willensmängel
§§ 116, 117 BGB, Irrtum, Anfechtung, Täuschung, Drohung, Motivirrtum

15. AG:
- StR: Rechtswidrigkeitsirrtümer
- ÖR: Art. 8 GG

16. AG: Geschäftsgrundlage

17. AG:
- StR: Schuld 1
- ÖR: Art. 11, 13 GG

18. AG: Einreden und Einwendungen

19. AG:
- StR: Schuld 2
- ÖR: Art. 11, 13 GG

20. AG: Allgemeines Schuldrecht
Gattungsschuld, Stückschuld, Geldschuld, Leistungsort, Bring- und Holschuld

21. AG:
- StR: Überblick Irrtumslehre
- ÖR: Art. 12 GG

22. AG: § 242 BGB, Erfüllung und Erfüllungssurrogate

23. AG:
- StR: Fahrlässigkeit
- ÖR: Art. 14, 15 GG

24. AG: Unmöglichkeit

25. AG:
- StR: Unterlassen
- ÖR: Art. 16, 16a GG

26. AG: Verzug

27. AG:
- StR: Täterschaft und Teilnahme 1
- ÖR: Art. 17, 17a, 18, 19 GG

28. AG: Schlechtleistung

29. AG:
- StR: Täterschaft und Teilnahme 2
- ÖR: Klagearten im Verfassungsprozessrecht

30. AG: Vertretenmüssen und Gefahrtragung

31. AG:
- StR: Versuch
- ÖR: Grundprinzipien der Staatslehre

32. AG: Schadensersatzrecht

33. AG:
- StR: Teilnahme am Versuch
- ÖR: Staatsorgane 1

34. AG: Leistungsverweigerungsrechte des Schuldners

35. AG:
- StR: Konkurrenzen
- ÖR: Staatsorgane 2

36. AG: Erlöschen von Schuldverhältnissen
Rücktritt, Kündigung, Widerruf

37. AG:
- StR: Delikte gegen das Leben 1
- ÖR: Gesetzgebung

38. AG: Beteiligung Dritter am Schuldverhältnis

39. AG:
- StR: Delikte gegen das Leben 2
- ÖR: Verfassungsnormen zu Verwaltung und Finanzen

40. AG: Kaufrecht
Sachmängel, Rücktritt, Minderung, Schadensersatz, Verjährung.

41. AG:
- StR: Körperverletzung 1
- ÖR: Parteien

42. AG: Miete, Leihe, Pacht, Leasing

43. AG:
- StR: Körperverletzung 2
- ÖR: Wahlen

44. AG: Werkvertrag, Dienstvertrag, Reisevertrag

45. AG:
- StR: Delikte gegen Freiheit und Ehre 1
- ÖR: Gesetzmäßigkeit der Verwaltung

46. AG: Schenkung, Bürgschaft

47. AG:
- StR: Delikte gegen Freiheit und Ehre 2
- ÖR: Verwaltungsakt

48. AG: culpa in contrahendo

49. AG:
- StR: sonstige Delikte
- ÖR: Widerspruchsverfahren

50. AG: GoA

51. AG:
- StR: Amtsdelikte
- ÖR: Klagearten der VwGO

52. AG: Besitz und Besitzschutz

53. AG:
- StR: Delikte gegen die Rechtspflege
- ÖR: Anfechtungsklage

54. AG: Übereignung beweglicher Sachen (dingliche Einigung)

55. AG:
- StR: Urkundsdelikte 1
- ÖR: Nebenbestimmungen

56. AG:
- StR: Urkundsdelikte 2
- ÖR: Verpflichtungsklage

57. AG: EBV

58. AG:
- StR: Brandstiftung
- ÖR: Fortsetzungsfeststellungsklage

59. AG: Gutgläubiger Erwerb

60. AG:
- StR: Verkehrs- und Umweltdelikte
- ÖR: Leistungsklage

61. AG: Anwartschaftsrecht

62. AG:
- StR: Sachbeschädigung
- ÖR: Folgenbeseitigungsanspruch, Erstattungsanspruch

63. AG: Pfandrechte

64. AG:
- StR: Diebstahl 1
- ÖR: Feststellungsklage

65. AG: Sicherungsübereignung

66. AG:
- StR: Diebstahl 2 und Unterschlagung
- ÖR: Normenkontrollverfahren

67. AG: Eigentumserwerb kraft Gesetz

68. AG:
- StR: Raub und Gebrauchsanmaßung
- ÖR: Vorläufiger Rechtsschutz

69. AG: Immobiliarsachenrecht: Vormerkung

70. AG:
- StR: Raub und Erpressung
- ÖR: Rechtsmittel, Unterlassungsanspruch

71. AG: Vorkaufsrecht, Dienstbarkeit, Wohnungseigentum

72. AG:
- StR: Betrug
- ÖR: Polizeirecht 1

73. AG: Hypothek

74. AG:
- StR: Betrug (Abgrenzung zum Diebstahl)
- ÖR: Polizeirecht 2

75. AG: Grundschuld

76. AG:
- StR: Computerbetrug, Leistungserschleichung, Versicherungsmissbrauch
- ÖR: Polizeirecht 3

77. AG: Deliktsrecht

78. AG:
- StR: Hehlerei

- ÖR: Baurecht 1

79. AG: Verkehrspflichten

80. AG: Leistungskondiktion

81. AG:
- StR: Untreue, Begünstigung, Geldwäsche, Missbrauch von Scheck- und Kreditkarten
- ÖR: Baurecht 2

82. AG: Eingriffskondiktion

83. AG:
- StR: Pfandkehr, Vereitelung der Zwangsvollstreckung, Siegelbruch
- ÖR: Baurecht 3

84. AG: Familienrecht

85. AG:
- StR: StPO
- ÖR: Staatshaftungsrecht 1

86. AG: Erbrecht

87. AG:
- StR: StPO
- ÖR: Staatshaftungsrecht 2

88. AG: Handelsrecht

89. AG: Kommunalrecht im Allgemeinen

90. AG: Gesellschaftsrecht

91. AG: Kommunalrecht in Berlin

92. AG: Arbeitsrecht

93. AG: Straßen- und Wegerecht, Wasserrecht, Recht öffentlicher Anstalten

94. AG: Internationales Privatrecht

95. AG: GVG und FamFG

96. AG: ZPO 1

97. AG: Europarecht 1

98. AG: ZPO 2

99. AG: Europarecht 2

Anhang

Literatur

Juristische Ausbildung und Staatsexamen – Geschichte und Kritik

Baldus, Manfred/Finkenauer, Thomas/Rüfner, Thomas (Hrsg.), Juristenausbildung in Europa zwischen Tradition und Reform Tübingen, 2008.

Becker, Mirko, Juristenausbildung aus studentischer Sicht, in: Strempel, Dieter (Hrsg.), Juristenausbildung zwischen Internationalität und Individualität, Baden-Baden 1998, 45 ff.

Behrens, Falko, Welcome to the machine – Die Struktur des Jurastudiums und die Suche nach dem eigenen Weg, Forum Recht Sonderausgabe „Wozu Jura studieren?" 2009/10, 4 ff.

Bickel, Nell/Fabricius, Dirk/Lippmann, Jana/Pawlytta, Mark/Preuß, Jörg/Schindzielorz, Laís, Examiniertes Examen. Das Erste Juristische Staatsexamen – Interviews mit Prüflingen durch einen Prüfer und andere Texte, 2002.

Böckenförde, Ernst-Wolfgang, Juristenausbildung – auf dem Weg ins Abseits?, in: Strempel, Dieter (Hrsg.), Juristenausbildung zwischen Internationalität und Individualität, Baden-Baden 1998, 63 ff.

Buckel, Sonja, Die Mechanik der Macht in der juristischen Ausbildung, Kritische Justiz 2002, 111 ff.

Bundesarbeitskreis Kritischer Juragruppen, Emanzipation von der Examensangst, Forum Recht 1995, 68.

Dammann, Lena, Sozialisation durch Prüfungsangst und Leistungsdruck – Wirkung und Funktion des ersten juristischen Staatsexamens, Forum Recht 2006, 60 ff.

Dauner-Lieb, Barbara, Der Bologna-Prozess – endgültig kein Thema für die Juristenausbildung? Anwaltsblatt 2006, 5 ff.

Evangelische Akademie Loccum (Hrsg.), Die Reform der Juristenausbildung, Bonn 1992.

Fischer, Gerfried, Der Bologna-Prozess an den Juristischen Fakultäten, Baden-Baden 2006.

Greßmann, Michael, Die Reform der Juristenausbildung. Einführung – Texte – Materialien, Berlin 2002.

Hartmann, Bernd J., Jurassic Park – Keine Zeit zum Nach-Denken, Juristische Ausbildung 1998, 54 ff.

Hattenhauer, Hans, Juristenausbildung – Geschichte und Probleme, Juristische Schulung 1989, 513 ff.

Hermann, Dieter/Tag, Brigitte (Hrsg.), Die universitäre Juristenausbildung: Empirische und theoretische Analysen zur Studiendauer und Studienleistung, Forum Deutscher Hochschulverband, Bonn 1996.

Goerdeler, Jochen/Muth, Iris/Pelzer, Marei/Schilling, Oliver, Modell einer Integrierten Juraausbildung – Reformentwurf des Bundesarbeitskreises Kritischer Juragruppen, in: Strempel, Dieter (Hrsg.), Juristenausbildung zwischen Internationalität und Individualität, Baden-Baden 1998, 93 ff.

Kaufmann, Annelie, Jura nicht, Forum Recht Sonderausgabe „Wozu Jura studieren?" 2009/10, 8 ff.

Koritz, Nikola Anna, Die Entwicklung des Schwierigkeitsgrades des ersten juristischen Staatsexamens in den letzten 100 Jahren – dargestellt am Beispiel bayerischer zivilrechtlicher Examensklausuren, Berlin 1996.

Kühling, Jürgen, Neue Wege in der JuristInnenausbildung, Kritische Justiz 1997, 133 ff.

Loccumer Arbeitskreis für Juristenausbildung (Hrsg.), Neue Juristenausbildung: Materialien des Loccumer Arbeitskreises zur Reform der Juristenausbildung, Berlin 1970.

Lührig, Nicolas, Die Diskussion über die Reform der Juristenausbildung von 1945 bis 1995, Frankfurt/Main 1997.

Mußgnug, Reinhard, Würzburger Thesen des Juristen-Fakultätentags zur Juristenausbildung, Juristische Schulung 1995, 749 ff.

Pollähne, Helmut, Juristenausbildung in der Bundesrepublik Deutschland: Von Reformphasen und Phasenreformen, http://www.fes-forumberlin.de/Bundespolitik/pdf/d_6_6_01_pollaehne.pdf.

Röllecke, Gerd, Erziehung zum Bürokraten? Zur Tradition der deutschen Juristenausbildung, Juristische Schulung 1990, 337 ff.

Schulze, Ditmar, Die Juristenprüfung zwischen Anspruch und Realität, Saarbrücken 1999.

Voegli, Wolfgang, Einphasige Juristenausbildung – Zur Pathologie der Reform, 1979.

Wassermann (Hrsg.), Erziehung zum Establishment, Karlsruhe, 1969.

Wiethölter, Rudolf, „Reformatio in peius"? – Zur Geschichte der Ausbildungsreform. Ein Gespräch, Kritische Justiz 1981, 1 ff.

Examensangst

Bargel, Tina/Multrus, Frank/Ramm, Michael, Das Studium der Rechtswissenschaft: eine Fachmonographie aus studentischer Sicht, Bonn 1996.

Bickel, Nell/Fabricius, Dirk/Lippmann, Jana/Pawlytta, Mark/Preuß, Jörg/Schindzielorz, Laís (Hrsg.), Examiniertes Examen: Das Erste Juristische Staatsexamen – Interviews mit Prüflingen durch einen Prüfer und andere Texte, 2002.

Dammann, Lena, Sozialisation durch Prüfungsangst und Leistungsdruck – Wirkung und Funktion des ersten juristischen Staatsexamens, Forum Recht 2006, 60 ff.

Hermann, Dieter/Hillenkamp, Thomas/Tag, Brigitte, Studienorientierung und Studienerfolg – Die Vorbereitung auf das Erste Juristische Staatsexamen, Juristische Schulung 1991, 789 ff.

Hermann, Dieter/Stroezel, Holger/Tag, Brigitte, Die Juristenausbildung an der Universität Heidelberg – Ergebnisse einer Befragung von Examenskandidatinnen und Examenskandidaten, Juristische Schulung 1997, 476 ff.

Hommrich, Christoph, Die Dauer der Juristenausbildung: Indikator verpaßter Reformchancen, in: Hermann, Dieter/Tag, Brigitte (Hrsg.), Die universitäre Juristenausbildung: Empirische und theoretische Analysen zur Studiendauer und Studienleistung, Bonn 1996, 56 ff.

Prahl, Hans-Werner, Prüfungsangst: Symptome, Formen, Ursachen, München 1977.

Streng, Franz, Determinanten und Indikatoren von Examenserfolg und Studiendauer im Jurastudium: Ergebnisse der Absolventenbefragungen der Juristischen Fakultät Erlangen, in: Hermann, Dieter/Tag, Brigitte (Hrsg.), Die universitäre Juristenausbildung: Empirische und theoretische Analysen zur Studiendauer und Studienleistung, Bonn 1996, 32 ff.

Examensvorbereitung: Organisation – Lerntechniken – Methoden

Charbel, Ariane, Top vorbereitet in die mündliche Prüfung, 2. Aufl., Nürnberg 2005.

Deckert, Martina, Praktische Anleitung für ein erfolgreiches Jurastudium, Juristische Schulung 1994, L 1, L 9, L 25, L 33.

Edenfeld, Stefan, Die Struktur – das A und O des juristischen Lernens, Juristische Arbeitsblätter 1996, 843.

Gramm, Christoph/Wolff, Heinrich A., Jura erfolgreich studieren, 4. Aufl. 2006.

Grosch, Olaf, Studienführer Jura, 4. Aufl., Eibelstadt 2002.

Guhr, Ines, Es ist nie zu spät – Hinweise zu effektivem Lernen, Juristische Ausbildung 2006, 740.

Haft, Fritjof, Einführung in das juristische Lernen, 6. Aufl., Bielefeld 1997.

Herzberg, Rolf D./Ipsen, Knut/Schreiber, Klaus, Effizient studieren: Rechtswissenschaften, Wiesbaden 1999.

Hilligardt, Elisabeth/Lange, Barbara: Jurastudium erfolgreich – Planung, Lernstrategie, Zeitmanagement, 2. Aufl., Köln 1998.

Jurecks, Daniel, Party, Party und Prädikatsexamen, Norderstedt 2006.

Kallert, Rainer/Marschner, Lara/Schreiber, Frank/Söder, Stefan, Das erfolgreiche Jurastudium, Frankfurt/Main 1998.

Karacinar, Pinar, Jura lernen in Höchstgeschwindigkeit. Individuelle Begleitung auf dem Weg zum Examen, justament 1/2008, 15 ff.

Kitzler, Gerhard, Lernen mit Karteikarten, Juristische Schulung 1983, 725.

Klaner, Andreas, Richtiges Lernen für Jurastudenten und Rechtsreferendare, 2. Aufl., Berlin 2000.

Köbler, Wie werde ich Jurist? Eine Einführung in das Studium des Rechts, 5. Aufl., München 2007.

Lange, Barbara, Jurastudium erfolgreich. Planung, Lernstrategie, Zeitmanagement, 4. Aufl., Köln 2005.

Lenz, Karl-Friedrich, Lernstrategie Jura, Norderstedt 2002.

Meurer, Dieter/Rennig, Christoph, Lernen lernen, Juristische Schulung 1990, L. 1 ff., 9 ff.

Niederle, Jan, 500 Spezial-Tipps für Juristen. Wie man geschickt durchs Studium und das Examen kommt, 6. Aufl., Altenberge 2005.

Petersen, Die mündliche Prüfung im ersten juristischen Staatsexamen, Berlin 2005.

Rollmann, Christian, Die Examensvorbereitung, Juristische Schulung 1988, 206.

Scholz, Peter/Christian Schulte, Der Weg zum juristischen Prädikatsexamen, Berlin 2004.

von Münchhausen, Marco/Püschel, Ingo P., Lernprofi Jura – Wie Sie Jura richtig lernen, Lerntechnik – Klausurtechnik – Hausarbeitstechnik – Lernmotivation – Examensmanagement, Köln 2002.

Waringsholz, Annette Katharina, Der Fahrschein fürs Staatsexamen – oder: was einem sonst keiner sagt ..., Juristische Schulung 2000, 311 f.

Witte, Christoph, Unterstützung bei der Vorbereitung. Fit für das Examen – auch in der Theorie, Juristische Schulung – Magazin 2/2008, 24 ff.

http://www.juraexamen.com/forum/

http://www.staatsexamen-jura.de/

http://www.juraforum.de/

Juristische Repetitorien

Braun, Johannes, Nicht für das Leben, für die Prüfung paukt der Rep, Zeitschrift für Rechtspolitik 2000, 241.

Frankenberg, Günter, Rezension von Alpmann-Schmidt Verwaltungsrecht AT 1 und AT 2, Kritische Justiz 1994, 249 ff.

Gummert, Hans (Hrsg.), So schön kann Jura sein – Der Repetitor Dr. iur. Paul Schneider, Bonn 1985.

Hahn, Der Repetitor – ein Armutszeugnis' für die Juristenausbildung, Bundesrechtsanwaltskammer – Mitteilungen 1985, 5.

Hirsch, Hans Christoph, Die Notwendigkeit und die Gefahren des juristischen Privatunterrichts der Repetitorien, Berlin 1912.

Jahn, „Intensiv, erfolgreich, hart" – Vom Nutzen und Nachteil des Repetitors für die Rechtswissenschaft, Kritische Justiz 1994, 391 ff.

Katzenstein, Matthias, Zum Status quo des Repetitorwesens im juristischen Studium, Juristische Schulung – Magazin 2006, 418.

Kramer, Rainer, Das Geschäft mit der Examensangst, UniSpiegel vom 26.9.2003, http://www.spiegel.de/unispiegel/studium/0,1518,251854,00.html.

Lueg, Die Entstehung und Entwicklung des juristischen Privatunterrichts in den Repetitorien : ein Beitrag zur Diskussion über die Reform der Juristenausbildung, Frankfurt 1994.

Martin, Wolfgang, Die Stellung des Repetitors in der deutschen Juristenausbildung, Zeitschrift für Rechtspolitik 1991, 449.

Martin, Wolfgang, Juristische Repetitorien und staatliches Ausbildungsmonopol in der Bundesrepublik Deutschland, Berlin, 1993.

Examen ohne Repetitor

Behmenburg, Ben/Fronemann, Esther/Gregoritza, Anna/von Ungern-Sternberg, Antje, Die juristische Examensvorbereitung, Münster 1999.

Burian, Michael, Ein Prädikatsexamen ohne Repetitor, Juristische Arbeitsblätter 1997, 822.

Burian, Michael/Schultze, Michaela/Waldorf, Dirk, Ein Prädikatsexamen ohne Repetitor, Juristische Arbeitsblätter 1997, 822 ff.

Deckert, Martina, Praktische Anleitung für ein erfolgreiches Jurastudium, Juristische Schulung 1994, L 1, L 9, L 25, L 33.

Emde, Raimond, Muss ich zum Repetitor? – Gedanken zur Vermeidbarkeit eines Repetitoriums, Juristische Ausbildung 1989, 501.

Janssen, Bernhard, Ohne Repetitor in einem Jahr zum Staatsexamen, Juristische Ausbildung 1994, 277.

Ladeur, Contra: Examen mit Repetitor: „Wir bringen Sie sicher durchs Examen", Juristische Schulung – Magazin 2/2005, 8 f.

Lauenstein, Christian, Neue Wege zum Examen, Zeit vom 14.10.2008, http://www.zeit.de/campus/online/2008/42/jura-repetitor?page=1.

Müller, Michael: Sicher ins Examen – Repetitor oder Arbeitsgruppe?, Juristische Ausbildung 1986, 166 f.

Mutter, Stefan, Ohne Repetitor in einem Jahr zum Staatsexamen, Juristische Ausbildung 1994, 446.

Obergfell, Eva Inés, Der Gang zum Repetitor – Umweg oder Abkürzung auf dem Weg zum Examen?, Juristische Schulung 2001, 622 ff.

Odendahl, Kerstin, Examensvorbereitung ohne Repetitor, Juristische Schulung 1998, 572.

Schack, Haimo, Studieren ohne Repetitor, Juristische Schulung 1998, 190 ff.

Schäffer, Karin, Studieren ohne Repetitor, Juristische Schulung 1999, 311.

Schroiff, Thomas, Studieren ohne Reptitor, Juristische Schulung 1999, 1144.

ter Haar, Philipp/Lutz, Carsten/Wiedenfels, Matthias, Prädikatsexamen – Der selbständige Weg zum erfolgreichen Examen, Baden-Baden 2004.

von Ungern-Sternberg, Antje, Examen ohne Rep, Jura spezial. Orientierungshilfe für Abiturienten/Studienanfänger 2000, 26 ff.

Examensvorbereitung in der AG

Bacher, Klaus, Methodisches Lernen in der AG, Juristische Schulung 1992, 622.

Bleckmann, Frank/Niehues, Henrik/Ehlert, Percy, Examensvorbereitung in der Arbeitsgemeinschaft, Juristische Schulung 1995, L 25, L 33.

Burian, Michael/Schultze, Michaela/Waldorf, Dirk, Ein Prädikatsexamen ohne Repetitor, Juristische Arbeitsblätter 1997, 822 ff.

Lerntheorie – Lernpsychologie

Barthel, Wolfgang, Prüfungen – kein Problem! Bewältigung von Prüfungsangst, effektive Prüfungsvorbereitung, optimales Verhalten, Landsberg 2001.

Brandt, Edmund, Rationeller schreiben lernen – Hilfestellung zur Anfertigung wissenschaftlicher (Abschluss)-Arbeiten, 2. Aufl., Baden-Baden 2006.

Eschenröder, Christoph T., Selbstsicher in die Prüfung – Wie man Prüfungsangst überwindet und sich effektiv auf Prüfungen vorbereitet, 3. Aufl., München 2002.

Martinek, Schüchternheit im mündlichen Staatsexamen – Versuch einer Aufmunterung, Juristische Schulung 1994, 268.

Prahl, Hans-Werner, Prüfungsangst – Symptome, Formen, Ursachen, Frankfurt am Main 1979.

Examensvorbereitung und „neue Medien"

Hilgendorf, Juristenausbildung und neue Medien, JuristenZeitung 2005, 365.

Ranieri, Filippo, Der Computer, mein Repetitor – Die Neuen Medien und die neuen Verwirrungen in der deutschen Juristenausbildung, JuristenZeitung 2001, 856.

Erfahrungsberichte

http://home.arcor.de/pa/parkuhr/erfahrungsbericht/

Bickel, Nell/Fabricius, Dirk/Lippmann, Jana/Pawlytta, Mark/Preuß, Jörg/Schindzielorz, Laís, Examiniertes Examen. Das Erste Juristische Staatsexamen – Interviews mit Prüflingen durch einen Prüfer und andere Texte, 2002.

Bargel, Tino/Multrus, Frank/Ramm, Michael, Das Studium der Rechtswissenschaft – Eine Fachmonographie aus studentischer Sicht, Kurzfassung, hrsg. vom Bundesministerium für Bildung, Wissenschaft, Forschung und Technologie (BMBF), Bonn 1996.

Busch, Michael, Die Vorbereitung auf das Erste Juristische Staatsexamen – eine Umfrage unter Freiburger Examensabsolventen, Juristische Schulung 1990, 1028.

Hermann, Dieter/Stroezel, Holger/Tag, Brigitte, Die Juristenausbildung an der Universität Heidelberg – Ergebnisse einer Befragung von Examenskandidatinnen und Examenskandidaten, in: Juristische Schulung 1997, 476.

Hermann, Dieter/Tag, Brigitte (Hrsg.), Die universitäre Juristenausbildung: Empirische und theoretische Analysen zur Studiendauer und Studienleistung, Forum Deutscher Hochschulverband, Bonn 1996.

Der BAKJ – Selbstdarstellung und Kontaktadressen

Auf den folgenden Seiten findet ihr die Adressen der studentischen Initiativen, die sich im Bundesarbeitskreis kritischer Juragruppen (BAKJ) zusammengeschlossen haben. Bei den BAKJ-Gruppen könnt ihr Verbündete für ein Examen ohne Repetitor finden. Damit ihr auch wisst, mit wem ihr dann zu tun habt, geben wir dem BAKJ zunächst die Gelegenheit zu einer Selbstdarstellung.

Selbstdarstellung

Der BAKJ ist die bundesweite Koordination der linken kritischen Initiativen im juristischen Ausbildungsbereich. Er ist ein Zusammenschluss von studentischen Gruppen an juristischen Fachbereichen sowie RechtsreferendarInnen und interessierten Einzelpersonen. Hochschulpolitisch setzt sich der BAKJ ein für eine Ausbildung, die Theorie und Praxis vernetzt und so die sozialen Bezüge des Rechts reflektiert und den kritischen Umgang mit Recht fördert. Viele BAKJ-Gruppen setzen sich für diese Ziele auch im Rahmen der universitären „Selbstverwaltung" ein.

Der BAKJ tritt ein für eine antifaschistische, basisdemokratische und emanzipatorische Gesellschaft und wendet sich gegen jede Form von Diskriminierung, insbesondere Antisemitismus, Rassismus und Sexismus. Rechtspolitisch beschäftigt sich der BAKJ deshalb mit folgenden Themen: BürgerInnenrechte, Migrations- und Asylpolitik, Kapitalismuskritik, Feministische Rechtspolitik, Globalisierungskritik, Umweltpolitik und Anti-Militarismus.

Seit der Gründung im Jahre 1989 veranstaltet der BAKJ regelmäßig rechtspolitische Kongresse zu den oben genannten Themen. Daneben ist der BAKJ Mitherausgeber der Zeitschrift Forum Recht (www.forum-recht-online.de) und gibt seit 1997 jährlich mit verschiedenen BürgerInnenrechtsorganisationen den Grundrechtereport (www.grundrechte-report.de) heraus.

SprecherInnenrat

Jascha Amery (Jena), Moritz Assall (Hamburg), Björn Brisch (Trier), Bernadette Casu (Köln), Oona Grünebaum (Bonn), Julia Kopp (Göttingen), Johann Mall (Marburg), Caroline Peters (Bremen), Sophie Rotino (Freiburg), Tobias Schröder (Münster), Karen Schubert (Ansprechpartnerin HU Berlin), Hanna Uebach (FU Berlin).

Kontakt

BAKJ, c/o Interkulturelles Zentrum „Don Quijote", Scharnhorststraße 57, 48151 Münster, E-Mail: kontakt@bakj.de, Website: http://www.bakj.de.

BAKJ-Gruppen

Berlin: Kritische JuristInnen an der FU Berlin, Vant-Hoff-Straße 8, 14195 Berlin, E-Mail: kritischejuristinnen@gmx.net, Website: www.rechtskritik.de.

Bonn: Oona J. Grünebaum, E-Mail: ojg@gmx.de, Tel.: 0175/5999755.

Bremen: Studiengangsausschuss Jura Bremen, Universität Bremen, Fachbereich 6, Universitätsallee GW1, 28359 Bremen, E-Mail: akj-bremen@web.de.

Frankfurt am Main: Arbeitskreis kritischer JuristInnen Frankfurt/M., E-Mail: akj-frankfurt@gmx.de, Website: akjffm.blogsport.de.

Freiburg: Arbeitskreis kritischer Juristinnen und Juristen – akj Freiburg, c/o Fachschaft Jura, Platz der Alten Synagoge 1, 79085 Freiburg, Tel.: 0761/2032136, E-Mail: info@akj-freiburg.de, Website: www.akj-freiburg.de.

Göttingen: Basisgruppe Jura, E-Mail: bg-jura@web.de, Website: http://bgjura.blogsport.de.

Greifswald: Tobias Klarmann c/o Fachschaft Jura, Domstr. 20, Raum 115, 17489 Greifswald, E-Mail: akj-greifswald@systemausfall.org, Website: www.akj-greifswald.co.de

Hamburg: Hamburgs Aktive JurastudentInnen (HAJ), c/o Lisa Lührs, Silbersacktwiete 7, 20359 Hamburg, E-Mail: juramitbiss@gmx.de, Website: http://haj.blogsport.de.

Heidelberg: AkJ Heidelberg, Viktor Kilinski, Friedrich-Ebert-Anlage 40, 69117 Heidelberg, E-Mail: akj@fsk.uni-heidelberg.de, Website: http://akjhd.wordpress.com.

Kiel: Björn Elberling, Eichhofstr. 14, 24116 Kiel, BjoernElberling@gmx.de.

Marburg: Arbeitskreis Kritischer Juristinnen und Juristen (akj) Marburg, E-Mail: kontakt@akj-marburg.de, Website: www.akj-marburg.de.

Münster: Kritische JuristInnen Münster, c/o Interkulturelles Zentrum „Don Quijote", Scharnhorststraße 57, 48151 Münster, E-Mail: kritische.juristinnen@yahoo.de, Website: http://kritische.blogsport.de/.

Die AutorInnen

Thorsten Deppner

29 Jahre, lebt und promoviert in Freiburg; Redaktionsmitglied der Zeitschrift Forum Recht; Examen im Januar 2007 in Freiburg; Note: vollbefriedigend; Vorbereitung in einer AG (eine Frau, drei Männer).

Matthias Lehnert

30 Jahre, lebt und promoviert in Münster; Redaktionsmitglied der Zeitschrift Forum Recht; Examen im September 2007 in Münster; Note: gut; Vorbereitung: allein und begleitende AG (eine Frau und zwei Männer).

Philip Rusche

29 Jahre, Referendar in Berlin; Redaktionsmitglied der Zeitschrift Forum Recht; Examen im Oktober 2008 in Greifswald; Note: vollbefriedigend; Vorbereitung: alleine und ziemlich chaotisch.

Friederike Wapler

39 Jahre, lebt in Hannover und habilitiert sich an der Universität Göttingen. Erstes Staatsexamen im Sommer 1997 in Göttingen; Note: vollbefriedigend. Vorbereitung in einer AG (vier Frauen).